本书为国家社科基金项目"作为哲学范式的文学：伽达默尔文论研究"（编号：11BWW003）成果

作为哲学范式的文学
伽达默尔文论研究

秦明利　著

LITERATURE AS
A PHILOSOPHICAL PARADIGM:
A STUDY OF GADAMER'S
LITERARY THEORY

中国社会科学出版社

图书在版编目(CIP)数据

作为哲学范式的文学:伽达默尔文论研究/秦明利著.—北京:中国社会科学出版社,2020.9
ISBN 978-7-5203-7483-5

Ⅰ.①作… Ⅱ.①秦… Ⅲ.①伽达默尔(Gadamer, Hans-Georg 1900-2002)—阐释学—思想评论 Ⅳ.①B516.59 ②B089.2

中国版本图书馆 CIP 数据核字(2020)第 222773 号

出 版 人	赵剑英
责任编辑	张 潜
责任校对	来小伟
责任印制	王 超

出　　版	中国社会科学出版社
社　　址	北京鼓楼西大街甲 158 号
邮　　编	100720
网　　址	http://www.csspw.cn
发 行 部	010-84083685
门 市 部	010-84029450
经　　销	新华书店及其他书店
印　　刷	北京明恒达印务有限公司
装　　订	廊坊市广阳区广增装订厂
版　　次	2020 年 9 月第 1 版
印　　次	2020 年 9 月第 1 次印刷
开　　本	710×1000　1/16
印　　张	20
字　　数	318 千字
定　　价	108.00 元

凡购买中国社会科学出版社图书,如有质量问题请与本社营销中心联系调换
电话:010-84083683
版权所有　侵权必究

目　录

绪　论 …………………………………………………………… 1

第一章　文学经验的范式：伽达默尔文学存在论研究 ………… 22
　　第一节　伽达默尔的"本体"与"本体性"内涵 ………… 22
　　第二节　艺术作品的本体论和文学的本体性 …………… 30
　　第三节　文学经验的范式：展现性、可读事件性和语言性 …… 42
　　第四节　文学经验的真理可能性 ………………………… 52

第二章　自我理解的实现：伽达默尔文学知识性研究 ………… 61
　　第一节　伽达默尔对"知识"的把握 …………………… 61
　　第二节　文学的知识品性 ………………………………… 72
　　第三节　文学作为此在自我理解的经验范式 …………… 85

第三章　语言与世界观：伽达默尔文学语言性研究 …………… 97
　　第一节　伽达默尔的语言存在论 ………………………… 104
　　第二节　语言存在论与世界 ……………………………… 114
　　第三节　文学的语言性与对世界的理解 ………………… 124
　　第四节　文学的语言性与真理的关系 …………………… 135

第四章　参与与共在：文学游戏性存在论指涉 ………………… 144
　　第一节　伽达默尔的"游戏"与"游戏性"内涵 ………… 145

第二节　文学艺术作品的游戏性 …………………………… 156
　　第三节　游戏作为文学艺术作品的存在方式 ………………… 165
　　第四节　游戏性作为文学艺术作品的本体性 ………………… 172

第五章　作为伦理范式的文学：伽达默尔文学实践性研究 ……… 182
　　第一节　诠释学作为实践哲学 ………………………………… 182
　　第二节　伦理学：理论与实践 ………………………………… 193
　　第三节　伽达默尔"实践性"的伦理向度 …………………… 198
　　第四节　文学实践性的历史向度 ……………………………… 203
　　第五节　文学实践性的境遇向度 ……………………………… 209
　　第六节　文学实践性的共在向度 ……………………………… 213

第六章　20世纪文学与伽达默尔的文学真理性 ………………… 220
　　第一节　存在论的真理观 ……………………………………… 220
　　第二节　伽达默尔哲学诠释学中的真理维度 ………………… 226
　　第三节　20世纪文学的游戏性：真理开放的存在方式 ……… 233
　　第四节　20世纪文学的语言性：存在者显示自身真理的视阈 … 237
　　第五节　20世纪文学的时间性：真理的发生表现 …………… 242
　　第六节　伽达默尔的艺术真理观 ……………………………… 247

第七章　我们相互说故我在：伽达默尔对现代认识论的
　　　　修正和改造 ……………………………………………… 254
　　第一节　《存在论（实际性的解释学）》：海德格尔的路 …… 255
　　第二节　《艺术作品的本源》：伽达默尔的路标 …………… 263
　　第三节　我们相互说故我在：伽达默尔的哲学诠释学 ……… 269

结语　作为哲学范式的文学：21世纪文学研究的新思路 ………… 281

参考文献 …………………………………………………………… 286

致　　谢 …………………………………………………………… 318

绪　论

汉斯－格奥尔格·伽达默尔（Hans-Georg Gadamer，1900—2002）是20世纪西方哲学史上最重要的哲学家之一。他在1960年出版的《真理与方法》是继海德格尔《存在与时间》之后当代哲学又一具有里程碑意义的哲学经典。《真理与方法》跨越了传统的英美哲学和欧陆哲学的界限，重新界定了诠释学的意义，使诠释学从古典学家、神学家和法学家手上的工具，转化为对真理、意义和理性的哲学阐释，[①] 确立了伽达默尔在西方哲学史的地位。意大利哲学家詹尼·瓦蒂莫（Gianni Vattimo）评价说，伽达默尔的《真理与方法》为哲学诠释学勾勒了蓝图，是20世纪最重要的哲学著作之一。[②]《真理与方法》的意义不仅仅局限于哲学史和诠释学价值方面，更重要的是伽达默尔依此确立的哲学诠释学为人类完整阐释自己的世界经验提供了新的路径。在《真理与方法》出版后近60年的时间里，伽达默尔诠释学的思想主张在社会学、历史学、伦理学、文化学、人类学、神学、美学和文学艺术等诸多人文科学领域得到了广泛的应用。伽达默尔凭借哲学诠释学构建的新的思考范式，在诠释学研究、哲学史研究、美学研究、柏拉图研究、黑格尔研究、人文思想研究、文学艺术研究和精神科学其他研究等领域取得的成果，已经成为人类文明的重要财富。

伽达默尔的哲学诠释学蕴含着一种新的思考范式。它力图在人类的整个世界经验范围内，为精神科学及艺术经验、哲学经验、历史经验等科学

[①] Kristin Gjesdal, *Gadamer and the Legacy of German Idealism*, Cambridge: Cambridge University Press, 2009, p.1.

[②] Jeff Malpas, *Gadamer's Century Essays in Honor of Hans-Georg Gadamer,* ed. Ulric Arnswald and Jens Kertscher, Massachusetts: MIT Press, 2002, p.iv.

之外的一切经验提供一种不同的阐释方式,①使具有古老意义的诠释学理解现象重新成为真理显示自身的合法方式。在《真理与方法》中,伽达默尔声称,"本书所关注的是,在经验所及并且可以追问其合法性的一切地方,去探寻那种超出科学方法论控制范围的对真理的经验",②而并非把技术和科学方法确定为达到真理的唯一途径。伽达默尔的真理与方法的问题,实则是海德格尔对存在和存在者之间不同的存在论的另一种表述。在海德格尔看来,时间性是表述存在与存在者之间关系的关键,然而存在与存在者的这种时间性,也即真理证明自身的方式被忘却了。伽达默尔沿着海德格尔的路径,也将真理问题作为自己哲学的出发点,试图恢复既古老又具有现代意义的诠释学传统,找回揭示真理的合法途径。③伽达默尔用诠释循环限制了技术——方法式真理模式的核心逻辑推理,其意义在于澄明存在与存在者之间的关系。伽达默尔的做法"指明了在世存在（In-der-Welt-Sein）的结构本身,亦即对主—客体二分的扬弃"。④伽达默尔的这一主张为其哲学诠释学的构建奠定了基础。

伽达默尔的哲学诠释学奠基于对自笛卡尔以来的哲学主观主义和去历史化主张的摒弃。笛卡尔的怀疑考虑方式,在康德那里发展为以自我反思为核心的主观主义。在这种主观主义主张的影响下,"社会沉湎于对科学专门知识的遵从。有意识的计划以精确运行的行政管理的理想统治了生活的每一个领域,甚至使公众观点也模式化了"。⑤这种主观主义所引起的后果之一便是试图将世界理解对象化、数据化和可控化。尼采首先展开了对这种强烈主观色彩的哲学的批判。他认为主观反思意识是幼稚的,理性不仅具有一定的局限性,而且也具欺骗性。其次是狄尔泰的抵抗,他在诠释学中融入"生命"的元素,并以此建立前反思经验和世界构建的多样性,

---

① Jeff Malpas and Santiago Zabala, "Introduction", Jeff Malpas and Santiago Zabala, eds., *Consequences of Hermeneutics*, Illinois: Northern University Press, 2010, p.xiii.
② ［德］伽达默尔:《真理与方法》Ⅰ,洪汉鼎译,商务印书馆2010年版,第4页。
③ ［加］格朗丹:《诠释学真理？——论伽达默尔的真理概念》,洪汉鼎译,商务印书馆2015年版,第1-2页。
④ ［德］伽达默尔:《真理与方法》Ⅱ,洪汉鼎译,商务印书馆2010年版,第416页。
⑤ ［德］伽达默尔:《哲学解释学》,夏镇平、宋建平译,上海译文出版社2016年版,第112-113页。

用以抵制这种主观主义的单一性。再次是胡塞尔的抵制,他在《欧洲科学危机和超验现象学》中对意识的主观化也做出了批评,认为意识的主观化在一定程度上削弱了"从判断的抽象出发来构建世界"的尝试,胡塞尔通过"面向事物本身"还原意识的前反思意识的本来面目,他的主张对矫正哲学的主观主义倾向,和克服自笛卡尔以来欧洲哲学试图将世界科学化的倾向具有一定的积极作用。胡塞尔的具体做法是将哲学真正地建立在严格意义的科学基础之上,而不是科学主义和历史主义的基础之上。他"通过悬置对意识功能的普遍设定,也就是说,通过把世界实际存在的确信放在括弧里括起来",把"哲学的任务限制在确定的现象与相应的意识活动之间本质的对应关系上,在这种意识中现象被设定为它的客观性"。[①]也即构建一个意识的客观性为超验的自我,一切存在事物的本质都以这个超验的自我为基础。笛卡尔式的主观化意识和将知识客体化的理想还遭到了欧陆哲学家维特根斯坦、海德格尔、福柯、德里达、利科、吕克·南希等人的批判,也遭到来自具有分析色彩的维特根斯坦、卡维尔、戴维森、罗蒂和普特南等人的强烈批评。他们均质疑自笛卡尔以来哲学的语言逻辑化、人工智能化的做法,并认为基于生活的日常语言的哲学具有优先性。与海德格尔的基本主张一样,伽达默尔认为西方形而上学和认识论之路割裂了主体与客体之间的联系,阻碍了对人此在存在的理解。于是伽达默尔沿着海德格尔探索的道路,在文学艺术经验和历史经验中寻找秩序和真理的呈现方式。

文学艺术经验何以成为哲学诠释学澄明自身的一部分呢?文学艺术经验的合法性又在哪里呢?伽达默尔认为,无论是作为历史传承物,还是作为可能的科学研究对象,诉说都是文学艺术作品的本质核心。文学艺术作品的这种陈述永远不可能固化在概念之中,因为组织我们经验的概念来源于他人的经验和他者的经验,[②]概念只能捕捉和强制实在进入自己设定的

[①] [德]伽达默尔:《哲学解释学》,夏镇平、宋建平译,上海译文出版社2016年版,第37页。

[②] Gadamer, *Hermeneutics Between History and Philosophy: The Selected Writings of Hans-Georg Gadamer*, Vol.1, ed. & trans. by Pol Vandevelde and Arun Iyer, New York: Bloomsbury Academic, 2016, p.xxvii.

框架之中。①历史经验也具有同样的特征，只有回顾历史事件，才能弄清楚发生的意义所在。伽达默尔指出：

> 历史意识不是一种专门的科学的或世界观的被决定的方法的把握，而是一种我们感官的精神性调节手段，它已经事先决定了我们对艺术的鉴赏和经验。显然，与此相关的是——这也是一种反思形式——我们不要求素朴的、以一种变成持续存在的有效性向我们再一次说明对我们自己世界的重新认识，而且我们以同样的方式在其异己性中反思，并且正式由此才能把握我们自己历史的全部伟大传统。②

也就是说，文学艺术作品呈现的是一种共时性，这种共时性使过去被带入现在，而现在向未来敞开。在反思的过程中，读者在融合的视域之中看到了他们在其他场景中无法看到的"真理"，使他们对自己的世界拥有了重新的认识。据此，伽达默尔把被驱逐的文学艺术经验和历史经验重新纳入作为真理认知合法方式的王国。这是他哲学诠释学努力的基本组成部分。

伽达默尔力图解决文学艺术与获得知识和真理意义上的哲学之间的紧张关系问题。文学与哲学的紧张关系在西方文明中由来已久，或者说，文学艺术与哲学的对抗史渊源已久，甚至根深蒂固。在西方文明早期，文学艺术是人类世界经验的合法表达范式。诗歌对古希腊人来说并非狭义的文学作品，而是关于世界经验的完整表达，是城邦公民教育的基础。当时的雅典每四年举办一次"大泛雅典娜庆典"，庆典上咏诗队连续多天颂唱《伊利亚特》和《奥德赛》全篇，这是城邦教育的基础活动，雅典常年举办的悲剧节也是如此。这些活动的目的并不在于用史诗和悲剧给人带来娱乐和快感，而是通过诗歌和戏剧的教化作用来培育城邦公民的性情。修昔底德就是文学的主要倡导者之一，他拒绝哲学对城邦政治事务的参与。然而，

---

① Martin Heidegger, *History of Concept of Time: Prolegomena*, trans. by Theodore Kisiel, Bloomington: Indiana University Press, 1985, p.232.

② [德] 伽达默尔：《美的现实性——艺术作为游戏、象征和节庆》，郑涛译，人民出版社2018年版，第9页。

柏拉图试图让哲学家成为王者,他力图用形而上学的哲学取代文学作为合法的知识经验方式和教育基础。①他在《理想国》第十卷中指责诗歌是模仿的模仿、是制造影像、是以假乱真,因此无法通达真理。他还认为,诗歌怂恿欲望特别是爱欲的满足,有道德上和政治上的缺陷,不利于城邦的构建。因此,柏拉图提出要把诗人逐出城邦,把诗歌从认知和实践的王国驱逐出去。文学与哲学的对抗史在此明确开启。

伽达默尔在《百年哲学》一书中对柏拉图做出了批判性接受,甚至把哲学诠释学的源头表述为古希腊思想,特别是古希腊哲学。②伽达默尔认为,柏拉图一方面指责诗人的行为蛊惑人心,无助于真理的认识;另一方面他用与他人在一起的对话——辩证性结构开启了以对话方法交互式地使真理得以澄明的传统。柏拉图的对话——辩证性结构参与的双方呈现的不是神话而是现实中人的思想交锋,交换,③因此在对话——辩证性结构中参与人的相互澄明不仅在认识论层面发挥其澄清思想的作用,而且在对话这个与他人在一起的结构中维护共同体的伦理维度也得以体现,更重要的是这个与他人在一起的对话结构也体现了伽达默尔对人的实际性存在的存在性的思考。伽达默尔认为,虽然亚里士多德试图做柏拉图和修昔底德的调停人,但亚里士多德试图调和的是两种经验测量标准的问题,即古希腊对逻辑(logos)和神话(mythos)不同的理解和阐释的问题。它涉及古希腊人阐释现象的两种标准,即算数标准(arithmetical)和合适或适宜标准(appropriate, fitting),抑或是后来帕斯卡尔在《思想录》中提出的几何精神(esprit géométriqué)和敏感精神(esprit de finesse)标准。④罗森明确地指出,古希腊哲学和中世纪帕斯卡尔对人类经验的两种度量方式的实质分别是从整体的角度进行言说和从分类的角度进行言说。⑤伽达默尔之所以在他的哲学思考中追溯古希腊传统,是因为他认为,以教化的传统作为

---

① [美]罗森:《诗与哲学之争》,张辉译,华夏出版社2004年版,第1—2页。
② Gadamer and Riccardo Dottori, *A Century of Philosophy*, trans. by Sigrid Koepke, London and New York: Continuum International Publishing Group, 2003, p.22.
③ Gadamer, *Plato and Poets, Dialogue and Dialectic*, trans. by Christopher P. Smith, New Haven and London: Yale University Press, 1980, p.70.
④ [美]罗森:《诗与哲学之争》,张辉译,华夏出版社2004年版,第5页。
⑤ [美]罗森:《诗与哲学之争》,张辉译,华夏出版社2004年版,第7页。

开端来理解精神科学的科学性,要比从近代科学的方法开始更容易,而且他认为这个传统在康德之前还鲜活适用。① 在康德之后这个传统日渐式微。

在这场由柏拉图《理想国》第十卷所引起的纷争中,康德为美学划出的独立边界使得"算术标准或几何精神"获得了更稳固的基础。伽达默尔对康德美学主体化倾向的批判暗示了这一点。伽达默尔明确地指出康德的做法:

> 给美学设立一个自主的、摆脱概念尺度的基础,不是从根本上提出艺术领域内的真理问题,而是在生命情感的主观先天性上建立审美判断、建立我们的能力与构成趣味和天才的共同本质的"一般认识"的和谐。②

伽达默尔认为,康德把审美经验限制在仅仅与生命情感相关联的主体化意义范围内,从而把以审美经验作为对象的美学限制在与真理无关的艺术哲学领域中,美学仅仅是作为无关真理的艺术哲学而存在。③ 与此同时,康德给予理性判断以概念为尺度的基础,一方面为哲学赋予纯粹理性基础,另一方面为真理赋予概念属性,在基础和属性层面使关于真理的哲学与关于艺术的哲学区分开来。伽达默尔暗示,在康德哲学的意义上,任何以审美经验为基础的经验方式在认知真理的活动中都是无效的。无效的关键在于康德将审美标准的基础建立在普遍的规则之上,而伽达默尔认为审美的标准应该是特殊性的而不是共性的,更确切地说应该是视域融合的结果。④ 伽达默尔批判到,康德美学的审美主体化倾向导致了文学与哲学的分野、文学与知识和真理的失联。这一批判间接地意味着,文学与关于真理的哲学的对抗因康德所划定的美学边界而得到了具体化和强化。

然而,伽达默尔在透视黑格尔美学的过程中暗示,虽然文学与关于真

---

① [加]格朗丹:《哲学诠释学导论》,何卫平译,商务印书馆2009年版,第175页。
② [德]伽达默尔:《真理与方法》I,洪汉鼎译,商务印书馆2010年版,第91页。
③ [德]伽达默尔:《真理与方法》I,洪汉鼎译,商务印书馆2010年版,第88—89页。
④ Joel Weinsheimer, *Philosophical Hermeneutics and Literary Theory*, New Haven & London: Yale University Press, 1991, p.xi.

理的哲学的对抗性在西方哲学史上在越来越大的范围内得到认同,对文学作为真理来源的可靠性的认同却日趋减少。但在探究知识和真理问题的过程中,在不同程度上为文学做出辩护的哲学努力从未停止。黑格尔认为康德的关于理性至上的统一完成于思想,但他仅在思想中完成了统一,没有在现实中实现统一,因而康德关于美的思想是有缺陷的。① 黑格尔认为席勒和歌德克服了康德的缺陷,即只在思想中实现特殊和普遍的统一。黑格尔肯定艺术和理念的关联。他认为,席勒主张美的教育,使理性和感性实现了统一。

> 席勒把这种普遍性和特殊性、自由与必然、心灵与自然的统一科学地解释成为艺术的原则与本质,并且孜孜不倦地通过艺术和美感教育把这种统一体现于现实生活。他又进一步把这种统一看作理念本身,认为它是认识的原则,也是存在的原则,并且承认这个一样的理念是唯一的真实。②

黑格尔把艺术接纳为认识绝对理念的方式,为文学作为合法的真理认知方式重返哲学王国建立了基础,但他同时提出了艺术终结论,声称艺术不是认知绝对理念的最高方式。伽达默尔肯定了黑格尔美学把艺术作为立足点的主张,以及他对康德美学主体化的缺陷的克服。黑格尔从艺术本身出发,而不是从人出发,"在艺术中人发现了自身,精神发现了精神性的东西"。③ 伽达默尔对黑格尔美学的诠释,为文学作品作为人认识自身和使精神的真理得以显现的合法方式奠定了基础。

具体说来,艺术经验和历史经验之所以可以成为诠释学的结构,因为诗化与运思最切近,而且这是自古希腊以来的西方传统的核心。海德格尔将诗化作一种阐释方式来应对西方形而上学传统的挑战。海德格尔在《在通往语言的途中》一书中一再申明这个主张。他在《艺术作品的本源》中

---

① [德]黑格尔:《美学》Ⅰ,朱光潜译,商务印书馆2003年版,第75页。
② [德]黑格尔:《美学》Ⅰ,朱光潜译,商务印书馆2003年版,第78页。
③ [德]伽达默尔:《真理与方法》Ⅰ,洪汉鼎译,商务印书馆2010年版,第90-91页。

提出大地、世界、斗争和事件四个核心概念,试图阐明存在的问题。海德格尔对艺术作品的存在论理解为艺术作品与真理的关联提供了存在论基础,从而先行为伽达默尔探求艺术经验如何重返知识和真理王国的努力开辟了新的道路。在《艺术作品的本源》的后记中,海德格尔对自己关于艺术的讨论提出了这样的问题:"艺术对于我们的历史性在此来说仍然是决定性的真理的一种基本和必然发生方式吗?"① 不朽的文学艺术作品和永恒的艺术价值是否仍然具有意义?这既是海德格尔的问题,也是伽达默尔的问题。海德格尔认为黑格尔的《美学讲演录》是对艺术的一种形而上学的沉思。黑格尔的沉思主要围绕三个基本命题展开:艺术不再是真理由以获得实存的最高样式;艺术形式不再是精神的最高需求;艺术的最高职能已经失去了原有的作用,艺术已经成为过去。② 针对黑格尔的论断,海德格尔提出了存在论意义上的艺术观。

海德格尔之所以如此关注艺术,是因为在艺术背后"潜伏着自古希腊以降的西方思想,这种思想相当于一种已经发生了的存在者之真理"。③ 海德格尔指出,"真理是存在者之为存在者的无蔽状态",④ 而且解蔽与遮蔽在一个永不停息的运动过程中不断相互作用,运动中"既蕴含着空谈也孕育着回复语言真实的秘密"。⑤ 在谈到美与真理之间的关系时,海德格尔指出,美虽然并不等于真理,但是"当真理自行置入作品,它便显现出来。这种显现——作为在作品中的真理的这一存在和作品——就是美"。⑥ 也就是说美是真理的显现,是真理的呈现。美依据形式而显示自身,因为"存在发生为外观[爱多斯]"。⑦ 形式和质料的统一体就是作品,作品也就拥有了现实的存在方式,也就具有了现实性,因而作品具有凸显和照亮的作用。⑧ 由此可以看出海德格尔对伽达默尔的启示在于他对理解概念的深

---

① [德]海德格尔:《林中路》,孙周兴译,商务印书馆2015年版,第74页。
② [德]海德格尔:《林中路》,孙周兴译,商务印书馆2015年版,第59页。
③ [德]海德格尔:《林中路》,孙周兴译,商务印书馆2015年版,第75页。
④ [德]海德格尔:《林中路》,孙周兴译,商务印书馆2015年版,第75页。
⑤ [德]伽达默尔:《哲学生涯》,陈春文译,商务印书馆2010年版,第205页。
⑥ [德]海德格尔:《林中路》,孙周兴译,商务印书馆2015年版,第75页。
⑦ [德]海德格尔:《林中路》,孙周兴译,商务印书馆2015年版,第75页。
⑧ [德]海德格尔:《林中路》,孙周兴译,商务印书馆2015年版,第76页。

化，他赋予了理解以实存论的性质，"也即深化为人类此在的一个基本范畴规定"。①

伽达默尔虽然走在海德格尔所开辟的艺术与真理关系的道路上，但他们的艺术主张存在不同。伽达默尔没有把真理视为艺术作品的本源，而主张对艺术作品的理解是真理发生的必要条件。海德格尔以艺术作品和语言本身为真理发生的场所；而伽达默尔以其哲学诠释学的理解为真理发生的结构，以游戏为艺术经验的结构，因此艺术经验实现真理发生的条件是理解。海德格尔关注语言本身，认为卓越的存在方式存在于诗歌之中，诗歌是语言的起源和本质。②为此，海德格尔指出："因此诗歌不认为语言是一种现成的工具材料，而是诗本身才使语言成为可能。诗是一个历史性民族的原始语言。反之，语言的本质必须由诗的本质得到理解。"③诗歌是人们偏见语言中可显现的真理，诗歌所言说的东西可以摆脱诗人的主观意见和体验。④伽达默尔的诠释学理解发生于人类的全部经验范围，其中也包括艺术经验。他强调游戏对艺术真理的揭示作用，将游戏视为艺术真理展开的方式，并试图以此抵制康德美感主观化的倾向和主张。伽达默尔视游戏为游戏的主体，认为游戏本身是游戏自己。艺术经验中包含了艺术作品、创作者、观赏者，三者的存在以游戏为前提。文学经验包含于艺术经验之中，文学作品、作者以及读者在游戏性中使真理发生。除了游戏的作用外，文学艺术作品中的传统、视域融合、语言、知识性、实践性和真理性等都使得文学艺术作品能够肩负和发挥文学作为哲学范式的功能与作用。

伽达默尔哲学诠释学立基于对真理问题的重新思考，坚持认为在诠释学视域中只有在解释的光亮之中某物才能成为一件事实。为此，伽达默尔指出："解释并不是认识的附加过程，它构成了'在世存在'（In-der-Welt-Sein）的本源结构"，而这个"在世存在"基于和建立在语言性结构

---

① ［德］伽达默尔、［法］德里达等，《德法之争——伽达默尔与德里达对话》，孙周兴、孙善春译，商务印书馆2015年版，第5页。
② ［德］海德格尔：《荷尔德林诗的阐释》，孙周兴译，商务印书馆2014年版，第43页。
③ 转引自［加］格朗丹《诠释学真理？论伽达默尔的真理概念》，洪汉鼎译，商务出版社2015年版，第140页。
④ ［德］伽达默尔：《真理与方法》Ⅰ，洪汉鼎译，商务印书馆2010年版，第445-447页。

之中。① 因此，伽达默尔的哲学诠释学是在现代科学方法的认知方式之外对真理的重新把握，而科学方法意义上的真理观则以传统的形而上学为基础。伽达默尔在《真理与方法》中指出，传统形而上学的真理观主张自明性、符合性的真理。在这里，他与海德格尔的主张一致。海德格尔指出，陈述的东西与所说的东西一致、相符合，也即在陈述中所说的东西，陈述所指的东西"必须作为陈述的正确尺度已经被给予了"②。对此，亚里士多德的《解释篇》和托马斯·阿奎那的《探究真理》也都做了相同的阐释。③ 实际上这意味着，在我们做出某种陈述时，我们已经知道我们所谈及的东西，即我们已经拥有了关于这个"东西"的知识，我们已经掌握了关于"包含了真实"的知识的这个"东西"。正确性的真理，亦即共相性的真理。

伽达默尔探讨的艺术经验的真理性问题，或者他所谓的艺术经验里真理问题的展现，是其哲学诠释学的出发点，本书则是集中探讨属于他艺术经验范围的文学经验的真理问题。或者说，本书以伽达默尔的哲学诠释学为进路，以属于伽达默尔艺术经验范围的文学经验为研究对象，探讨文学的哲学性问题。伽达默尔的哲学诠释学反对精神科学方法论的立场，主张诠释学是关于理解现象的哲学。理解现象，或者说理解文本和解释文本的现象，属于人类的整个世界经验。理解在这里是经验方式，这是理解本身的本体论意义。因与经验相关，理解现象涉及知识和真理，诠释学在本体论意义上关涉知识和真理问题。在此基础上，本研究对伽达默尔文论主张的探讨，是从有关文学作品的理解现象入手，在知识和真理意义上探讨文学的哲学性问题的尝试。

具体来说，本书力图在维护文学经验的真理意义上，论述伽达默尔如何解决文学与哲学对抗的问题，从而使作为哲学范式的文学得以可能，并以此作为伽达默尔文论的基础。伽达默尔在为诠释学确立哲学基础时，把人类的全部经验作为诠释学现象发生的场域，因为理解和阐释不仅仅发生

---

① [德]伽达默尔：《真理与方法》Ⅱ，洪汉鼎译，商务印书馆2010年版，第426页。
② [德]海德格尔：《论真理的本质——柏拉图的洞喻和〈泰阿泰德〉讲疏》，赵卫国译，华夏出版社2008年版，第3页。
③ [德]海德格尔：《论真理的本质——柏拉图的洞喻和〈泰阿泰德〉讲疏》，赵卫国译，华夏出版社2008年版，第3页。

在"用文字固定下来的表达之中,而是涉及人与人和世界的普遍关系"。① 伽达默尔选择从艺术经验领域进入真理问题,以此作为其哲学诠释学的开端。伽达默尔以文学艺术作品作为其阐释哲学诠释学的机理,说明他致力于维护包括文学作品在内的艺术作品之于真理的意义。伽达默尔声称:"通过一部艺术作品所经验到的真理是用任何其他方式不能达到的。"② 在这里,真理不是任何依赖推理的哲学意义上的真理,也不是简单地依靠现代科学方法论的真理,而是艺术经验和历史经验共同参与的真理,这是由"在世界之中存在本身"的结构所决定的。这个结构本身实则是对主体—客体分裂关系的批评和扬弃。③ 这在某种程度上是试图摆脱西方形而上学传统,特别是摆脱自康德以来先验反思传统的一种尝试和努力。以艺术经验作为真理探究的范式的关键和意义所在,首先是将"辩证法回溯到活生生的对话艺术"④,这种艺术是以苏格拉底和柏拉图的思想方式为源头和基础的,它可以避免在经科学处理的经验中寻找阐释的结构。留给伽达默尔的任务是在人文科学的经验中找寻和构建阐释结构。⑤ 对于伽达默尔来说,文学艺术作品具有一种历史的给予性,而且文学艺术作品述说的经验和其所表达的意义,像历史经验意义一样无法被概念所穷尽。更关键的是,构成文学艺术经验的特性是将读者置放于由这些经验所构成的事件之中,通过回顾来把握事件的意义。这样每一个时代都会重新理解和阐释由这些经验构成的事件,也意味着重新书写这些具有事件性的经验,也即伽达默尔所说的"一切感性经验的不可完成性",⑥ 正是这种不可完成性为真理的开启提供了范式。

---

① [德]伽达默尔、[法]德里达等:《德法之争——伽达默尔与德里达对话》,孙周兴、孙善春译,商务印书馆2015年版,第3页。
② [德]伽达默尔:《真理与方法》Ⅰ,洪汉鼎译,商务印书馆2010年版,第5页。
③ [德]伽达默尔、[法]德里达等:《德法之争——伽达默尔与德里达对话》,孙周兴、孙善春译,商务印书馆2015年版,第5页。
④ [德]伽达默尔、[法]德里达等:《德法之争——伽达默尔与德里达对话》,孙周兴、孙善春译,商务印书馆2015年版,第6页。
⑤ [德]伽达默尔、[法]德里达等:《德法之争——伽达默尔与德里达对话》,孙周兴、孙善春译,商务印书馆2015年版,第7页。
⑥ [德]伽达默尔、[法]德里达等:《德法之争——伽达默尔与德里达对话》,孙周兴、孙善春译,商务印书馆2015年版,第7页。

围绕文学与哲学关系这一核心问题，本书在研究中涉及其他难点与重点问题。文学研究虽然是伽达默尔全部研究的核心组成部分，但伽达默尔并未明确提出要建构具有独立性和系统性的文论，因此系统化地建构伽达默尔的文论体系是本课题的研究重点，其中涉及系统化地建构伽达默尔的文学理论对于伽达默尔的哲学诠释学有何意义，伽达默尔的文论系统与伽达默尔的哲学诠释学有何关系等问题。而如何系统化将是本课题的难点，其中涉及系统化的理论依据是什么，系统化的标准是什么，系统化的构成部分是什么等问题。此外，伽达默尔的文学理论思想来源广泛且深奥，同时伽达默尔的文论或明确或潜在地与20世纪的文论构成对话关系，因此深入的影响比较研究和深入的平行比较研究是本课题的研究重点，其中涉及伽达默尔的文论同古希腊文论的关系是什么，伽达默尔的文论同德国古典美学的关系是什么，伽达默尔的文论同施莱尔马赫、狄尔泰以及海德格尔的文学理论观点之间的关系是什么等问题。而进行关系研究时如何分析比较研究结果的本质是本课题研究的难点，其中涉及伽达默尔如何分析西方哲学的各组成部分，如何理解康德以来的西方美学，如何理解后现代主义及当下的文学理论思潮以及当下的文学特征等问题。

针对研究中的核心问题及相关问题，在研究方法上，本书以本体性研究为出发点，将本体性作为理解的起点和标的，以整体的观照和透视为宏观研究方法，以部分的概念性分析为微观研究方法，目的是在宏微互容的研究方法指导下，建构具有系统性的伽达默尔文论。具体来说，哲学诠释学为主要研究方法。通过在伽达默尔的文学和伽达默尔的哲学之间构建对应关系为伽达默尔的文论定性，同时在哲学诠释学的基本概念指导下，在文学本体性、文学知识性、文学语言性、文学游戏性、文学实践性、文学传统观等层面建构文论的体系。同时，采用影响比较研究与平行比较研究为辅助研究方法。在论证伽达默尔文论各个构成层面问题的过程中，论证伽达默尔文论与其主要来源的关系，其中包括以古希腊文论为代表的西方古典文论，以康德和黑格尔为代表的德国古典美学，以施莱尔马赫和狄尔泰为代表的诠释学，以海德格尔为代表的现象学，以保罗·利科、莫里斯·梅洛-庞蒂、理查德·罗蒂为代表的诠释学。

本书主体由七章构成。第一章题为"文学经验的范式：伽达默尔文学

绪　论

存在论研究"。本章提出，伽达默尔在其哲学诠释学范围内，探讨了"文学以怎样的存在方式使文学经验得以成为获得真理的认知方式"这一问题，回答了这个问题，就能在本体论意义上维护文学的价值。伽达默尔曾说过，他的研究领域是人文科学、古典学、艺术和文学。[①] 在伽达默尔的著作中，他不仅讨论过古希腊艺术，而且也探讨过西班牙画家委拉斯凯兹（Velasquez，1599—1660）的绘画，评论过谢尔盖·波利雅科夫（Serge Poliakoff，1900—1969）的画作。荷马史诗、古希腊悲剧、歌德的诗歌、保罗·策兰和荷尔德林的诗歌、贝多芬的四重奏也经常出现在他的论著中。在《诠释学的实施》《对话与辩证法》《柏拉图——亚里士多德哲学中善的观念》《哲学的开端》《理论的开端》《理论的赞美》中，均有伽达默尔对文学本体性的阐述。特别是在《真理与方法》中，伽达默尔从维护文学艺术真理入手，力图提出不同于康德所主张的认识和真理概念。[②] 在哲学诠释学的领域中，文学艺术在本体论意义上是审美存在，其存在方式自身蕴含了对知识和真理的要求。理解艺术作品可以获得真理的经验，以人类的整个世界经验为基础的全部艺术经验包括以文学作品为存在方式的文学。通过文学获取的是一种不同于理论知识和技术知识的实践知识。[③] 在哲学诠释学的意义上，最宽广的文学概念不仅仅指涉文学艺术作品，任何语言传承物都构成了文学的存在方式。[④] 本章是在文学作品层面上，探讨文学的存在方式与知识和真理的关系，指出文学作为语言传承物的本体论意义，使文学经验凭借一种普遍结构性的范式，得以成为认知真理的方式。

第二章题为"自我理解的实现：伽达默尔文学知识性研究"。本章主要阐证"文学经验是知识和真理的来源"这一命题，同时阐述文学经验作为知识得以可能的基本原理。文学与哲学的对抗是自柏拉图以来的西方哲学中的一个基本命题。伽达默尔在其哲学诠释学中，试图缓解和解除文学

---

① John Arthos, *Gadamer's Poetics: A Critique of Modern Aesthetics*, London: Bloomsbury, 2013, p.iii.
② ［德］伽达默尔：《真理与方法》Ⅰ，洪汉鼎译，商务印书馆2010年版，第5页。
③ Gadamer, *The Idea of the Good in Platonic-Aristotelian Philosophy*, trans. by Christopher P. Smith, New Haven and London: Yale University Press, 1986, p.33.
④ ［德］伽达默尔：《真理与方法》Ⅰ，洪汉鼎译，商务印书馆2010年版，第239页。

与哲学的对抗，其目的是构建依据文学经验的实践知识（phronēsis）。伽达默尔认为柏拉图在其《申辩篇》中所展示的苏格拉底形象便是实践知识的一个典型，①实践知识也被亚里士多德在广义上称为实践理性。②伽达默尔把理解现象作为人类全部世界经验的普遍性结构，通过重新把握知识和真理问题，以维护文学艺术经验的知识意义和真理意义，从而抵制科学方法论在任何经验领域都谋求作为判断知识和真理合法手段的企图。本章从伽达默尔诠释学视角来探究文学的知识性问题，并说明文学知识作为一种经验形式对诠释学经验之为世界经验所具有的范式意义。文学作为知识，即实践智慧或实践理性，体现为一种具有普遍性意义的经验形式，文学知识即为文学经验，是有关存在的经验。在诠释学视阈下，对文学作品的理解所获得的是有关存在者的存在以及人的生存的知识，特别是通过文学经验去体会对话性（dialectic），③通过"一来一往"实现人的自我理解。文学，具有不同于自然科学认识论标准的知识性。

第三章题为"语言与世界观：伽达默尔文学语言性研究"。本章意在指出，伽达默尔的主张是，我们受限于我们的诠释学处境，我们的阅读、理解和阐释只能够发生在我们的实际性（facitity）之中，即我们作为人的有限性之中。④我们的诠释境遇或有限性的实际性决定了我们"在世界的存在方式"，即我们处于"被抛状态"，也即海德格尔的"生存总是实际性的生存"。⑤因此，伽达默尔在他的《真理与方法》第二部分提出了著名的断言："能够被理解的存在就是语言。"⑥这个断言就是伽达默尔有关语言就是世界经验的主张，也即"语言观即世界观"的命题。⑦这意味着人类的语言性在西方哲学中特别是被德国观念论忽视的传统已经过去，

---

① Gadamer, *The Idea of the Good in Platonic-Aristotelian Philosophy*, trans. by Christopher P. Smith, New Haven and London: Yale University Press, 1986, p.34.

② Gadamer, *The Idea of the Good in Platonic-Aristotelian Philosophy*, 1986, p.35.

③ Gadamer, *The Idea of the Good in Platonic-Aristotelian Philosophy*, p.37.

④ Rod Coltnanm, *The Language of Hermeneutics-Gadamer and Heidegger in Dialogue*, Albany: State University of New York Press, 1998, p.ix.

⑤ ［德］海德格尔：《存在论：实际性的解释学》，何卫平译，人民出版社2009年版，第13页。

⑥ ［德］伽达默尔：《真理与方法》Ⅱ，洪汉鼎译，商务印书馆2010年版，第391页。

⑦ ［德］伽达默尔：《真理与方法》Ⅰ，洪汉鼎译，商务印书馆2010年版，第623页。

语言研究进入到伽达默尔哲学诠释学的视野。① 本章以此为出发点，提出文学的语言性对文学意味着什么，或者，文学的语言究竟以怎样的方式把我们引入世界关系和世界行为之中的问题。通过对这个问题的阐释和回答，本章认为，正如伽达默尔所说，西方语言传统，希腊—拉丁传统，加之学术语言、技术性语言和宗教性语言的影响，使得语言的概念化倾向十分明显。然而海德格尔通过重新梳理古希腊的思想，发现亚里士多德在《形而上学》中对人的定性并非是理性，而是语言。在前概念时代，人的交往和理解主要是通过"语言的往来"，即对话来实现的。② 为此，伽达默尔把语言视作诠释学经验的媒介。人的故事变成神话，神话被语言记录成为文学经验，文学经验通过语言的载体，规定了生活中的各种仪式行为，巩固了民族传统，培育了人的性情。③ 为此伽达默尔把语言确定为诠释学的本体论视阈，二者得以达成的基础在于语言即世界观的主张。洪堡主张"语言是人类精神力量的产物"，语言形式中能够看到"精神的历史生命"，因此要"把每一种语言都理解为一种世界观"。④ 伽达默尔认为洪堡关于语言的命题表达了语言问题的根本意义。⑤ 在这种语言视阈下，伽达默尔关于文学的主张，在语言的普遍性意义基础上，同时以自身特有的存在方式关涉了世界观问题，使文学以自身的方式，把我们引入世界关系和世界行为之中。

第四章题为"参与与共在：文学游戏性存在论指涉"。本章认同莫妮卡·威尔豪尔（Monica Vilhauer）有关伽达默尔游戏性的主张。她认为游戏概念在伽达默尔哲学诠释学中扮演核心角色。哲学诠释学的核心是理解，而理解是通过与他者的游戏来实现的。⑥ 也就是说通过游戏，可以缩短甚

---

① Gadamer, "Towards a Phenomenology of Ritual and Language", Lawrence K Schmidt, ed., *Language and Linguisticality in Gadamer's Hermeneutics*, London: Lexington Books, 2000, p.20.
② Gadamer, "Towards a Phenomenology of Ritual and Language", p.22.
③ Gadamer, "Towards a Phenomenology of Ritual and Language", pp.36-37.
④ ［德］洪堡：《论人类语言结构的差异及其对人类精神发展的影响》，姚小平译，商务印书馆1999年版，第72页。
⑤ ［德］伽达默尔：《真理与方法》Ⅰ，洪汉鼎译，商务印书馆2010年版，第619-621页。
⑥ Monica Vilhauer, *Gadamer's Ethics of Play: Hermeneutics and The Other*, London: Lexington Books, 2010, p.xiii.

至消除"我"或者"读者"同"他者"之间的距离,同时也使"我"与"他者"达成理解协议。伽达默尔指出,游戏是艺术作品的存在方式,这种存在方式是通过艺术作品改变经验者的经验而实现的。所有与语言艺术作品的照面都是一个未完成的事件,而照面本身就是这个事件的一部分。[①] 为此伽达默尔把游戏作为探讨文学艺术作品本体论的主线。游戏所具有的自我更新、自我表现、为人而存在的特性,使游戏转化为构成物。在游戏向构成物的转化过程中,原有的东西不再存在,现存的东西永远成为真实的东西。[②] 这样,在伽达默尔那里,艺术经验范畴的文学作品的存在方式就具备了本体论基础,成为伽达默尔关于文学主张的基本维度。为使艺术作品成为获得知识和真理的合法来源,伽达默尔从艺术作品的存在方式入手,把游戏性作为艺术作品的本体论来把握。游戏性使艺术作品获得表现自身的合法性,伽达默尔又进一步为这种合法性赋予了优先性,使其优先于作品的创作者、表演者和观赏者的参与。与此同时,伽达默尔强调游戏性的整体性意义,或者说共在性。艺术作品表现自身,包含对此在性的要求,由此把创作者、表演者和观赏者的参与带入这种表现的此在,这就是共在。随着时间的变迁,文学艺术作品的意义并没有改变,所有的变迁都成为其共存的一部分。文学艺术作品的这种特性赋予阐释者以时间性阐释的任务。[③] 本章讨论和论证伽达默尔"游戏性即艺术作品本体性"的命题,摒弃文学艺术作品作为一种静态的客体,其意义潜藏于文学艺术作品内部的主张,[④] 以厘清和阐明伽达默尔在文学作品视阈下提出的文学的游戏性的基本特征与文学经验的知识性和真理性的关系。

第五章题为"作为伦理范式的文学:伽达默尔文学实践性研究"。本章指出,伽达默尔认为现代文学艺术作品中缺乏对真理的诉求,美学也失去了其作为一种求知方式的欲望。面对现代文学艺术的困境,伽达默尔提出,文学艺术作品的目的并非将我们带入一个梦幻世界去享受快感,而是

---

① [德]伽达默尔:《真理与方法》Ⅱ,洪汉鼎译,商务印书馆2010年版,第144-145页。
② [德]伽达默尔:《真理与方法》Ⅱ,洪汉鼎译,商务印书馆2010年版,第156-162页。
③ [德]伽达默尔:《真理与方法》Ⅱ,洪汉鼎译,商务印书馆2010年版,第170页。
④ Monica Vilhauer, *Gadamer's Ethics of Play: Hermeneutics and The Other*, London: Lexington Books, 2010, p.31.

要以一种新的、深刻的方式将我们同世界联结在一起。文学艺术作品应该对我们所居住的世界诉说，也即应该观照我们所生活的世界，对我们的世界做出有意义的断言，教育我们，使我们明智地生活。① 这意味着哲学诠释学对文学艺术作品提出了明确的伦理要求。本章澄清和论证了文学艺术作品作为伦理范式的合法地位，或文学艺术作品具有作为伦理范式所要求的包容一切的善的可能性。在伽达默尔诠释学意义上，狭义概念的文学指的是文学艺术作品，偶缘性是它的基本特征。因其偶缘性或特殊性，文学被现代科学意义上的以一般性为基本特征的知识领域拒斥在外。在此基础上，以康德哲学为代表的道德哲学和伦理学，所关涉的作为基本问题的普遍性意义的善，在文学中无法获得。然而，伽达默尔在赋予诠释学理论和实践双重任务的过程中，重提了亚里士多德关于实践哲学的讨论。他提倡重新回到柏拉图和亚里士多德以文学艺术作品或以文学艺术方式作为人关涉和观照自己生活世界的方式，并将这种方式视为非理论性的实践方式，认为实践哲学同时关涉"科学特性"的"一般性知识"② 和"一般性知识"的科学特性"所依赖的特殊条件"。③ 或者说，实践哲学是关于实践的研究，其中必然包含作为研究对象的实践本身，即伽达默尔倡导的古希腊哲学中的文学艺术作品作为"实践性"范本的实践。伽达默尔以具有理论和实践双重性的实践哲学为典范，赋予诠释学以同样的双重性。④ 本章探讨和论证在伽达默尔哲学诠释学视阈下，文学具有同样的双重性，即包含实践哲学所要求的一般性的伦理知识，或者说包容一切的善和这种知识所依赖的特殊条件这一命题，由此断言文学艺术作品具有作为伦理范式的功能和意义。

第六章题为"20世纪文学与伽达默尔的文学真理性"。本章试图以文学批评为例，阐释伽达默尔关于文学经验中真理展现的问题。伽达默尔将理解作为真理发生的境遇，或把理解作为存在的事件，用以抵制和弥补

---

① Monica Vilhauer, *Gadamer's Ethics of Play: Hermeneutics and The Other*, London: Lexington Books, 2010, p.11.
② ［德］伽达默尔：《真理与方法》Ⅱ，洪汉鼎译，商务印书馆2010年版，第382页。
③ ［德］伽达默尔：《真理与方法》Ⅱ，洪汉鼎译，商务印书馆2010年版，第382页。
④ ［德］伽达默尔：《真理与方法》Ⅱ，洪汉鼎译，商务印书馆2010年版，第400页。

作为哲学范式的文学：伽达默尔文论研究

德国观念论中自主的反思主体观念的缺陷，特别是康德《判断力批判》将美感视为美的客体作用于主体所阐发的主体的情感的主张。伽达默尔阐释理解的路径是将阐释者置放到游戏之中，使作为理解的揭蔽真理向阐释者敞开。① 在这个过程中，伽达默尔做了两件事，一是构建理解主体，二是构建理解对象。② 这意味着，伽达默尔试图完成让哲学诠释学构建真理，而无须借助方法而得以呈现的基本任务。③ 伽达默尔完成构建真理任务的手段是文学艺术经验。本章阐释和论证文学经验作为获得真理性知识的途径，是伽达默尔探讨艺术经验中的真理问题所包含的指向。伽达默尔力图把诠释学作为哲学的中心任务，目的是在科学方法之外探求认知真理的不同途径，为此他把理解作为人类世界经验的基础。他认为，科学方法意义上的真理知识是对象化的一般知识，④ 仅在现代科学所依赖的逻辑关系和方法论意义上是正确的。而人类生活实践的复杂性，或伽达默尔强调的境遇性特征，⑤ 却包含了对象化知识所不能达到的内容。⑥ 以理解为人类认知方式的基本结构，世界经验才能以完整的状态呈现出来，在这种意义上，对真理在文学艺术经验里的展现问题的回答成为哲学诠释学对自身的基本要求。姚斯在解析文学艺术经验时就曾指出，文学艺术经验可以使人从日常的角色中摆脱出来，这种经验如同人们参与游戏一样，其自由意志使其能够超越日常行为的局限，像阅读里尔克的诗歌一样，使人对自己的境遇有了超乎寻常的理解。⑦ 在阅读里尔克诗歌的时候，读者的视阈拓展了，过去的经验与自己的境况融合，从而在此基础上实现了顿悟。⑧ 正如伽达

---

① Kristin Gjesdal, *Gadamer and the Legacy of German Idealism*, Cambridge: Cambridge University Press, 2009, p.2.
② 潘德荣：《西方诠释学史》，北京大学出版社 2012 年版，第 353 页。
③ 潘德荣：《西方诠释学史》，北京大学出版社 2012 年版，第 359 页。
④ ［德］伽达默尔：《真理与方法》Ⅱ，洪汉鼎译，商务印书馆 2010 年版，第 205 页。
⑤ ［德］伽达默尔：《真理与方法》Ⅱ，洪汉鼎译，商务印书馆 2010 年版，第 205 页。
⑥ ［德］伽达默尔：《真理与方法》Ⅱ，洪汉鼎译，商务印书馆 2010 年版，第 205 页。
⑦ Hans Robert Jauss, *Aesthetic Experience and Literary Hermeneutics*, trans. by Michael Shaw, Minneapolis: University of Minnesota Press, 1984, p.5.
⑧ Bernard Micallef, "Surprised by Sameness", Madellene Kasten, ed., *Hermeneutics and the Humanities*, Amsterdam: Leiden University Press, 2012, p.217.

默尔所说，我们同文学艺术作品打交道，就如同我们和自己打交道一样。①本章试图在探讨哲学诠释学的真理问题的基础上，回答文学经验中真理如何展现的问题。由于历史性与真理性在伽达默尔这里有着根本性的关联，本章同时在20世纪历史境遇这一条件下，探讨在20世纪文学中真理是如何展现的。

第七章的标题是"我们相互说故我在：伽达默尔对现代认识论的修正和改造"。这一章试图说明，伽达默尔的哲学诠释学以"我们相互说故我在"这一命题，修正和改造了现代认识论。本章指出，海德格尔通过"我是故我在"完成了对笛卡尔认识论命题的改造。海德格尔的"我是故我在"将作为主体的我与存在关联在一起，通过"我是"赋予存在一个基本特质。海德格尔经由理性得出，笛卡尔的"我思故我在"忽视了存在的时间性，即此在性。为了恢复存在的本来面目，即存在的实际性，海德格尔把笛卡尔的命题改造成"我的存在基于我的此在"，即"我是故我在"。海德格尔对笛卡尔的改造是通过贯穿亚里士多德《尼各马可伦理学》和《形而上学》对存在的实际性阐释来实现的。海德格尔虽然澄清了存在的问题，但也使他的"人"孤独地深陷于一个沉沦的世界之中。海德格尔对笛卡尔的改造使其重新拾起了已经被"遗忘了的存在问题"，从而揭示了西方形而上学从揭蔽性的真理（alētheia）向正确性真理（orthoes）转化的本质。伽达默尔通过"我们相互说故我在"的命题，构建了一个与他人在一起的存在论结构。伽达默尔的构建是他对柏拉图的对话——辩证性和亚里士多德实践智慧的再认识。伽达默尔以这种再认识为基础，意图在效果历史意识的制约之下，即在教化的过程中，建立由习惯、习俗、传统和文化共建的共同体，并在共同体之中通过对语言性所达至的归属感之中实现理解。这是伽达默尔对海德格尔指引的哲学道路的再发现和创新，进而伽达默尔实现了对海德格尔"我是故我在"的改造。伽达默尔通过"我们在一起相互说故我在"这一命题，完成了他关于人通过对话协商，通过自我咨询和咨询他人（其中包括文学作品），把文学作品作为游戏的范例，完成了视域融合的哲学诠释学的构建。

---

① ［德］伽达默尔：《哲学解释学》，夏镇平等译，上海译文出版社2004年版，第97页。

在各章研究的基础上，本书试图得出结论：伽达默尔的文学主张是以哲学范式的思考方式看待文学，该范式由本体性、知识性、语言性、游戏性、传统观、实践性这六个哲学范畴构成，目的是为文学经验如何达及真理做出有利辩护，恢复文学经验作为真理认知的合法地位。伽达默尔将文学视为哲学范式的研究是对重新开启一种思考文学的全新思维方式的可能性探索，这种思维方式特别依据的是伽达默尔对自柏拉图以来的西方哲学的重新思考，这种思考为伽达默尔敞开了一个新的视阈。伽达默尔在这种新的视阈中发现，文学和哲学实际上各自用不同的语言，不同的规则和不同的表述方式去描述同一个世界的经验。虽然两种语言之间存在着难以调和的紧张关系，但伽达默尔通过敞开的新的视阈寻找和挖掘到文学和哲学的契合之处而不是背离之处。正如伽达默尔所说，人的此在历史性的基本结构决定和造就了自己成为自己中介这一境遇，而这个境遇使人必须自己同整个世界经验进行交往，传统在其中是最重要的一环。伽达默尔的哲学诠释学认为，传统囊括了"制度、生活形式和文本"，文学艺术作品在其中作为发挥范式作用的要素兼具同时性和道说意义的双重功能，而正是其意义的道说"从根本上超越了任何历史的限制"。与此同时，文学艺术作品也被赋予了不受时间限制的当下性。[①]这样伽达默尔就完成了康德式的审美问题向艺术经验问题的转化。世界上的一切经验都是由语言传递的，因此阐释和理解文学艺术经验自然离不开语言和语言传统。因此理解文学艺术经验就意味着遭遇文学艺术作品，知其向读者述说什么，从而实现"自我理解"。这就要求阅读者不断了解和把握文学艺术经验提出的新观念，并把它整合进读者对世界和对他们自己的理解之中。[②]伽达默尔在评述歌德"万物皆符号"的论断时指出，歌德的论断有两个含义：世界显示的方式并不是个体化的，即符号可以传递一切关系的不可能性，也表明特殊事物有代表整体意义的可能性。[③]伽达默尔试图构建一种新的前述方式，通过梳理和分析哲学（理性）和文学（启示）两种不同的言说形式的功能

---

① [德]伽达默尔：《哲学解释学》，夏镇平等译，上海译文出版社2004年版，第98页。
② [德]伽达默尔：《哲学解释学》，夏镇平等译，上海译文出版社2004年版，第100–103页。
③ [德]伽达默尔：《哲学解释学》，夏镇平等译，上海译文出版社2004年版，第105页。

和作用,对启示的优先性做出裁定。这样伽达默尔就克服了现代美学,尤其是康德美学概念的偏见,即用概念形式来把握终极真理并赋予假定系统的科学认识以优先权。伽达默尔通过文学艺术经验厘清和澄明了文学艺术作品的性质,文学艺术作品是一个真理性事件,真理通过它产生,也即存在本身就是一个真理事件。伽达默尔指出:

> 在艺术作品中——一个世界出现在其中——不仅人能体验到某些以前不为人知的有意义的东西,而且某些新的东西随着艺术品本身而产生。它不单单是真理的表现形式,它本身就是一个事件。①

伽达默尔从而建立起文学艺术经验的基本意义和哲学基本问题的联系,进而将文学艺术作为哲学的范式,在哲学诠释学的范围内完成了对作为真理的理解的论证。

---

① [德]伽达默尔:《哲学解释学》,夏镇平等译,上海译文出版社2004年版,第223页。

第一章 文学经验的范式:伽达默尔文学存在论研究

在伽达默尔哲学诠释学范围内,伽达默尔探讨了文学是以怎样的存在方式,使文学经验得以成为获得真理的认知方式的问题。对这个问题的回答,使文学的价值有可能在存在论意义上得到维护。在《真理与方法》中,伽达默尔力图提出与康德的主张不同的认识和真理概念,为此他从维护文学艺术真理入手。[①] 在哲学诠释学范围里,文学艺术在本体论意义上是审美存在,其存在方式自身蕴含了对知识和真理的要求。理解艺术作品可以获得真理的经验,即以人类的整个世界经验为基础的全部艺术经验,包括以文学作品为存在方式的文学。在哲学诠释学的意义上,最宽广的文学概念远比文学艺术作品更宽广,任何语言传承物都是文学的存在方式。[②] 本章是在文学作品层面上,探讨文学的存在方式与知识和真理的关系,试图提出,文学自身的本体论意义,使文学经验凭借一种普遍结构性的范式,得以作为认知真理的方式存在。

第一节 伽达默尔的"本体"与"本体性"内涵

伽达默尔哲学诠释学的出发点是对现代方法概念不足的认识和批判。伽达默尔秉承海德格尔"实存性诠释学"的基本主张,把认识论和方法论

---

① [德]伽达默尔:《真理与方法》I,洪汉鼎译,商务印书馆2010年版,第5页。
② [德]伽达默尔:《真理与方法》I,洪汉鼎译,商务印书馆2010年版,第239页。

性质的传统诠释学进一步转向本体论性质的哲学诠释学。^①海德格尔赋予理解以此在意义,根本上转变了将理解作为传统诠释学意义上的认识论和方法论性质。伽达默尔诠释学的哲学性就在于其本体性,本体性代表了伽达默尔诠释学的本体论—存在论立场。诠释学的本体论立场和认识论的立场相对立。伽达默尔哲学诠释学的转向,就是由以往的方法论诠释学和认识论诠释学转向本体论诠释学。同时,哲学诠释学作为一种本体论诠释学,就是将诠释学最重要的概念架构为本体论—存在论问题,而不是传统的认识论、方法论问题,即不是仅仅作为反思、批判的问题。伽达默尔继承了海德格尔对此在的存在意义的追问,尤其是继承了海德格尔对此在的存在方式的探讨,将理解作为诠释学的核心要素,并围绕理解、存在、真理、语言、经验、此在及其相互关系等建构"本体"要素。

伽达默尔批判了自施莱尔马赫以来诠释学理论所关注的科学理解的方法论问题,认为这种关注从理解的更广阔的过程中,孤立了对人文科学所用的方法论的理解,歪曲了诠释学因遍布于人类生活中而超出批判的解释和科学的自我控制界限之外的普遍性。^②伽达默尔主张,哲学诠释学面向生活整体、整个存在,这不是批判的解释或科学的解释所能包容的。伽达默尔哲学诠释学的意图在于扩大诠释学具有的普遍意义和价值,使诠释学包容更多的存在和经验,这是方法论诠释学和批判诠释学无法做到的。在伽达默尔看来,诠释学唯有经过本体论转向,才能阐发其普遍意义。伽达默尔认为,诠释学超出了科学方法论的范围,因为诠释学是对生活整体和整个世界经验的阐释,诠释学阐释和理解的有效性是普遍的,可以将科学包含在内。伽达默尔哲学诠释学或本体论诠释学的架构,就是对真理、存在等本体问题的探讨以及对诠释学所具有的普遍有效性的说明。

在伽达默尔看来,诠释学是关于理解以及如何理解的学问。围绕着理解问题,伽达默尔将诠释学拓展为一种对人类世界经验和生活实践经验的理解之可能条件的探讨。不同于认识论和方法论在主客二元对立前提下将

---

① 洪汉鼎:《理解的真理:解读伽达默尔〈真理与方法〉》,山东人民出版社2001年版,"序"第3页。

② [德]伽达默尔:《哲学解释学》,夏镇平等译,上海译文出版社2004年版,"导言"第1页。

理解作为主体对客体的行为，伽达默尔指出，理解是存在。对于理解问题的本体论意义，伽达默尔认可海德格尔将理解的概念扩展到有关存在的、亦即对人的存在的基本范畴的规定。① 伽达默尔也认同海德格尔提出的"把理解作为此在本身的存在方式，理解活动就是此在的前结构向未来筹划的存在方式"，② 从而揭示哲学诠释学本体论的研究任务。正如伽达默尔所设想，诠释学不是一种关于"客观的"理解方法的学科，抑或是致力于解释规则性的表述。③ 他强调理解属于被理解东西的存在。作为先于主体性的一切理解行为，以及先于理解的科学方法论及规范性的问题，他转向对一般理解之可能性条件的说明：理解不属于主体的存在行为方式，而是此在的存在方式，是标志此在的根本运动，这种运动性构成此在的有限性与历史性。④ 海德格尔通过对此在存在模式的结构研究找到通向存在的唯一入口，"它是一种实体，正是在此在的存在中，它使自己在理解上与该存在相符合"⑤。同时，海德格尔把此在描述为"投影"。作为投影，理解在本质上就与未来相关，此在不断地向未来作投影。理解的投影特性作为一种转让，把意义的"重复"作为此在本身存在的可能性。此外，海德格尔将此在的存在结构看作"在—世界—之中—存在"。海德格尔前期从此在出发对存在进行揭示，就是因为此在的生存结构中已包含"存在"。此在作为存在的揭示，给出其作为揭示得以出现的"地方"或"场所"，并承认存在的重要性、优先性，二者呈现为互补的状态。⑥

理解是人的生存性基本实际。伽达默尔认为，诠释学的本体性主要体现为理解是具有历史性、对话性和语言性的事件。伽达默尔主张，"诠释学必须在理解本身中显示历史的实在性"，"理解按其本性乃是一种效果

---

① 《伽达默尔集》，严平编，邓安庆等译，上海远东出版社2003年版，第50页。
② ［德］伽达默尔：《真理与方法》Ⅰ，洪汉鼎译，商务印书馆2010年版，第2—3页。
③ ［美］沃恩克：《伽达默尔——诠释学、传统和理性》，洪汉鼎译，商务印书馆2009年版，第6页。
④ ［德］伽达默尔：《真理与方法》Ⅰ，洪汉鼎译，商务印书馆2010年版，第3页。
⑤ ［德］伽达默尔：《哲学解释学》，夏镇平等译，上海译文出版社2004年版，第41页。
⑥ ［德］伽达默尔：《哲学解释学》，夏镇平等译，上海译文出版社2004年版，第42、47页。

历史事件"。① 在共同主题的探讨中，以对话的方式进行的理解，能够使存在显现，达到真理。理解的语言性使人能够把握整个世界经验。

伽达默尔的理解是运动的历史性事件。伽达默尔批驳的焦点正是以施莱尔马赫为代表的历史性的方法论的异化。施莱尔马赫指出文本的真实含义并不是它看上去直接像我们所说的那样，意义的达成需要通过严格地重建其所发生的历史情境或生活环境。狄尔泰在将文本或活动的意义等同于其作者的主观意图这一观点上与施莱尔马赫一致，同时他认为理解本质上是一种自我转换或一种想象的投射，认识者否定他与认识对象的时间距离，从而试图达到自己与对象的时空同时性。但对他们而言，理解发生的诠释学情境作为偏见和曲解的根源，阻碍了正确理解，因此诠释学情境对于认识者具有消极价值，只有通过历史的理解才能清除一切偏见的主观性活动。施莱尔马赫和狄尔泰的理解指的是将文本还原到原来的历史情境中，以文本所处的时代和作者的原意为根本指向，不断地贴近这个"原意"。对于他们来讲，历史距离或时间距离会阻碍理解或正确的理解，因为时间距离会产生偏见。他们反对过去与现在视阈的融合，强调在过去的情境中来理解过去，认为要消除情境的当下性。施莱尔马赫和狄尔泰的这种思路是在科学方法论控制下，一切以"主体"为中心的思维模式。在他们看来，作者是主体，过去代表主体，因此意义和真理只在过去的语境中才有可能，与现在无关，现在只可能造成对真理和意义的误解。

伽达默尔从本体论出发，否定认识者历史性的偶然性与主观性，认为理解本质地包含认识者自己的当前情境，并试图重新设定诠释学情境的反思性。② 伽达默尔认为，因时间间距而产生的"偏见"是有效应的历史意识的过去的自我开放，是历史理解得以进行的积极条件，也是理解的创造性基础。这是对新康德主义所倡导的先验主义在本质上无情境、非历史的以主体为前提的颠覆。伽达默尔肯定了前理解或前见是历史赋予理解者或解释者生产性的积极因素，它确保理解者置身于传统过程中，在这个过程中过去和现在得以中介，并为理解者提供特殊的视阈，构成解释者对于传

---

① ［德］伽达默尔：《真理与方法》Ⅰ，洪汉鼎译，商务印书馆2010年版，第424页。
② ［德］伽达默尔：《哲学解释学》，夏镇平等译，上海译文出版社2004年版，第4-5页。

统的直接参与。① 伽达默尔主张，在面对历史传承物时，将理解看作被理解东西的存在。这种理解活动是在前理解的基础上，通过效果历史反思和视阈融合过程实现的意义的统一。在这种理解中，历史传承物首先不是作为一个被认识的对象，而是作为一种存在而存在。作为理解者，也不是对立于认识对象的认识主体，而是作为理解活动的参与者存在。伽达默尔的理解概念强调在主客体之间、过去和现在之间以及自我和他者之间的融合和统一。此外，伽达默尔认为，认识者和认识对象的时间距离是传统的持续，这是"显现"的过程，亦即"调解"的过程。② 不仅如此，在这个过程中所谓的偏见也具有可纠正性，即认识者通过批判地倾听文本述说的内容，打破以往赋予偏见的永恒性与固定事实性，因而理解被当作一种包含解释者自身的诠释学情境、富有创造性的过程，是过去置入当前情境的一种调解或者翻译。正如伽达默尔所指出的，这一诠释学情境成为有效历史生活中流动的、相对的瞬间，是一种具有揭示性的瞬间。③ 因此，相比于施莱尔马赫和狄尔泰对时间距离的拒绝，伽达默尔认为，时间距离、历史距离不是问题，理解就是发生在时间中、历史中的创造过程。历史或时间距离不但不会干扰理解，而且能够促成理解。在伽达默尔看来，理解不是固定在过去的意义上，不是固化的理解，而总是会出现新的、不同的理解。理解是创造性的活动，理解随着不同的诠释学情境发生变化，这也是理解的创造性所在。

伽达默尔诠释学的本体性，除了历史性之外，还在于理解的对话性。按照伽达默尔的观点，理解具有对话的结构性，其中涉及的谈话应该使每一个谈话的参与者都完全关注主题并致力于达到该主题的真理。主题的统一不是自身前见或观点的强加与默认，而是真正地对主题完成一种可分享的理解，并为新理解的实现建构基础。这种苏格拉底交互式的对话在面对意义的共有性和他者的不可渗透性中达成对同一主题的真理认识的整合和

---

① ［德］伽达默尔：《真理与方法》Ⅰ，洪汉鼎译，商务印书馆2010年版，第8页。
② ［德］伽达默尔：《哲学解释学》，夏镇平等译，上海译文出版社2004年版，第3页。
③ ［德］伽达默尔：《哲学解释学》，夏镇平等译，上海译文出版社2004年版，第9页。

占有。① 如同真正的对话一样，在解释者和文本之间也进行着平等的对话和积极的相互作用。在解释者与文本的对话结构中，伽达默尔认为对话的焦点是研讨文本主题可能的真理，使理解达到一种新的判断统一，并将传统的权威或他人前见性的理解整合于我们对真理的研究中。② 伽达默尔在对真理的定义中提到真理在古希腊语言中的应用：真理（aletheia）被译为去蔽（Unverborgenheit）。他认为去蔽意味着某人意想的东西，只要它具有自身展示性，它即为真。③ 海德格尔也将"真理"看作"无蔽"或"解蔽"，这种无蔽的真理与海德格尔的"存在之真理"，即"敞开领域"或"存在之澄明"一致。④ 海德格尔认为，艺术作品以自己的方式开启自身作为存在者之存在，即解蔽，也就是存在者之真理，并在无蔽的存在者中安置自己。⑤ 因此，伽达默尔认为，理解的对话性是在对共同主题的探讨中，在观点可分享的前提下，同时也在各自前见的基础上达到视阈的融合。真理能够在对话中显示出来，对话是解蔽的过程，能够使存在者的存在得以显现。

伽达默尔有关理解的对话性也可以通过海德格尔有关真理发生的思想来理解。在海德格尔看来，真理并不是现成的，真理是发生，真理发生在世界与大地的争执过程中。然而，这种争执并不是分歧、争辩意义上的对立：

> 在本质性的争执中，争执者双方相互进入其本质的自我确立中。而本质之自我确立从来不是固执于某种偶然情形，而是投入本己存在之渊源的遮蔽了的原始性中。在争执中，一方超出自身包含着另一方。争执于是总是愈演愈烈，愈来愈成为争执本身。争执愈强烈地独自夸张自身，争执者也就愈加不屈不挠地纵身于质朴的恰如其分的亲密性之中。⑥

---

① ［美］沃恩克：《伽达默尔——诠释学、传统和理性》，洪汉鼎译，商务印书馆2009年版，第122页。
② ［美］沃恩克：《伽达默尔——诠释学、传统和理性》，洪汉鼎译，商务印书馆2009年版，第122页。
③ 《伽达默尔集》，严平编，邓安庆等译，上海远东出版社2003年版，第537页。
④ ［德］海德格尔：《林中路》，孙周兴译，上海译文出版社2008年版，第4页。
⑤ ［德］海德格尔：《论真理的本质：柏拉图的洞喻和〈泰阿泰德〉讲疏》，赵卫国译，华夏出版社2008年版，第12页。
⑥ ［德］海德格尔：《林中路》，孙周兴译，上海译文出版社2008年版，第30页。

可以看出，世界与大地的争执是为了自我确立，但不是孤立，因为双方具有原始的亲密性，一方包含着另一方。正是在这种本质的争执过程中，真理得以发生。诠释学理解的对话性如世界与大地的争执一样，对话得以进行离不开对话者的相互关系。而在文本理解中，理解者和文本之间同样具有某种"亲密性"，而不是对抗性。对话性的理解目的是围绕某个主题达到共同理解，真理在共同理解中发生。在世界和大地本质性的争执中，世界和大地之间相互依存、共属一体的特征得以显现：

> 大地离不开世界之敞开领域，因为大地本身是在其自行锁闭的被解放的涌动中显现的。而世界不能飘然飞离大地，因为世界是一切根本性命运的具有决定作用的境地和道路，它把自身建基于一个坚固的基础之上。①

也即是说，大地是世界的基础，而世界使大地得以涌现。在对话性的理解中，对话双方的关系也如大地与世界的争执本质一样，具有相互依存、共属一体的关系，体现为各自视阈基础上的融合，而正如真理发生在世界与大地的争执过程中，真理也发生在理解的对话过程中。

伽达默尔诠释学的本体性还体现为语言性，诠释学的本体论转向以语言为主线。伽达默尔认为，世界经验具有语言性，且这种语言性先于我们对世界的把握和认识。只有在语言的理解中，世界才真正被经验到，存在才能真正显露自身，才能实现真理。以科学方法论为主导的认识，将世界作为有待认识的对象，以主体的姿态来把握对象化的世界。在伽达默尔看来，这种科学认识并不能真正达到对作为整体的世界经验的理解。从世界经验的语言性出发，将世界作为与理解者进行对话的"你"，而不是"他"，世界经验将以事件的方式显露自身，显示自身的存在。同时，"能被理解的存在就是语言"，理解通过语言达到对存在的揭示，即真理。海德格尔主张，真理是对存在的去蔽，而这种对存在的揭示主要通过此在的活动，

---

① ［德］海德格尔：《林中路》，孙周兴译，上海译文出版社2008年版，第30页。

即通过人的存在的"看之操心"实现。① 在《存在与时间》中，海德格尔以此在为基础追问存在问题，正是因为人是对自身存在有所领会的存在者。人的此在对存在具有先行的、本质的洞察力，人能够保存"存在"，从而使得存在者与我们熟悉。② 伽达默尔仍然遵循海德格尔的思路，将真理看作"存在的显现"或"事件的显露"，并通过此在在历史性以及有限性的条件下的根本运动来达成对全部世界经验的把握，这种把握离不开语言与世界的关系。伽达默尔认为，世界是原型，而语言是摹本，语言使世界得以表现和再现，而人是在语言中把握世界和拥有世界的。③

由此可见，相对于认识论和方法论诠释学，伽达默尔的哲学诠释学是本体诠释学。在反对批判的解释和反思的解释的基础上，本体诠释学从存在整体、世界经验的整体出发，具有不同于科学方法论所认为的普遍有效性。诠释学本体论以理解为核心，围绕理解、存在、真理、语言、经验、此在及其相互关系等方面进行建构，同时理解的历史性、对话性以及语言性构成了哲学诠释学本体性的重要内容。伽达默尔将理解作为运动的历史性事件，反对施莱尔马赫和狄尔泰企图消除时间距离的历史性方法论异化，而是将诠释学情境作为理解的积极条件和创造性的基础。理解活动是在前理解的基础上，通过效果历史意识和视阈融合过程实现的意义的统一。同时，诠释学的本体性体现为理解的对话性，理解是在对话双方共同参与下研讨同一主题的真理的过程，真理在对话中自行揭示，对话具有解蔽作用。在对话中，对话双方相互依存、同属一体。此外，诠释学的本体性还体现为语言性，世界经验具有语言性，世界在语言中显露自身和表现自身，人通过语言实现对世界的把握和认识。伽达默尔的诠释学本体论以理解为核心，围绕理解、存在、真理、语言、经验、人及其相互关系等本体要素展开，并体现为理解的历史性、对话性以及语言性。进而，伽达默尔指出："文

---

① ［德］海德格尔：《存在与时间（修订译本）》，陈嘉映、王庆节译，生活·读书·新知三联书店 2014 年版，第 213-214 页。
② ［德］海德格尔：《论真理的本质：柏拉图的洞喻和〈泰阿泰德〉讲疏》，赵卫国译，华夏出版社 2008 年版，第 310 页。
③ ［德］伽达默尔：《真理与方法》Ⅰ，洪汉鼎译，商务印书馆 2010 年版，"序"第 11、12 页。

学文本是人们在阅读时必须倾听的文本。"①读者在阅读、倾听、朗读和背诵的过程中,体验作品的真实此在。读者在其阅读的过程中:

> 并不回证原初的语言行为,而是从它这方面来规定所有的重复和语言行为;没有一种讲话能完全实现诗歌的文本所表现的指令。诗歌的文本行使的规范功能既不能回指原初的讲话又不能回指讲话人的意图,它的功能产生于文本自身。②

伽达默尔哲学诠释学的本体论思想是"艺术作品的本体论"以及文学本体性研究的基础。

第二节 艺术作品的本体论和文学的本体性

伽达默尔批判席勒的美学本体论和康德以唯名论的实在概念为效用的本体论。伽达默尔指出,席勒在《审美教育书简》中将通过艺术的教育变成了通向艺术的教育,旨在构建一个由艺术统治、按美的法则发挥作用的审美的"理想王国",以艺术审美来达到对文化社会的教化。同时,席勒意在通过审美教化,确立一个不同于康德唯名论意义上的"实在"概念,即美和艺术中的"实在"。但是,伽达默尔指出,席勒在克服康德的"知识"和"道德"的二元对立中,却带来了新的对立,即审美和道德的对立或艺术审美的自由和实在的自由之间的对立。③显然,在伽达默尔看来,席勒的美学本体论是存在问题的,因为审美本体或审美存在不能以美与道德的对立为前提或结果。伽达默尔也指出,19世纪的美学本体论实际上源于康德的唯名论的实在概念,这种实在概念不仅使知识仅仅限于自然科学领域,而且带来了审美存在的模糊化。④而海德格尔在对艺术作品的探讨中,追问艺术作品的"本源"或本质来源,认为艺术作品的本源是艺术。实际上,

---

① [德]伽达默尔:《真理与方法》Ⅱ,洪汉鼎译,商务印书馆2010年版,第441页。
② [德]伽达默尔:《真理与方法》Ⅱ,洪汉鼎译,商务印书馆2010年版,第442页。
③ [德]伽达默尔:《真理与方法》Ⅰ,洪汉鼎译,商务印书馆2010年版,第123页。
④ [德]伽达默尔:《真理与方法》Ⅰ,洪汉鼎译,商务印书馆2010年版,第124页。

艺术不仅是作为本源，同时也作为本质的来源存在，因为艺术是一种存在，于是对艺术作品本源的探讨也就是对艺术作品的存在的探讨。在这一背景下，接下来要问的是：伽达默尔所认为的审美本体或审美存在是什么呢？或者，伽达默尔所认为的艺术作品的本体或存在是什么呢？又有何本体性或本体特征呢？

伽达默尔的艺术作品的本体或存在是意义统一体。伽达默尔以画家语言中的"主题"为例，指出：

> 主题既能是抽象的，又同样能是具象性的——从本体论看，它作为主题无论如何都是非材料性的，但这绝不是说，它是无内容的。其实，它之所以是一个主题，是因为它以令人信服的方式具有了一个统一体，并且艺术家必须把这个统一体作为某种意义的统一体去加以贯彻，完全就像接受者把它理解为统一体一样。[①]

在伽达默尔看来，意义统一体是联结艺术家与接受者的纽带，也是艺术品的内容和存在。他将这种"意义统一体"与康德的"审美理念"相对照，认为两者有某种相似之处，但也有根本的区别。康德的"审美理念"是一种先天的形式，代表着"审美特性的先验纯正性"。然而在伽达默尔看来，"审美理念"是缺少内容和存在的。同样，康德以天才概念的先验功能为美学奠定普遍基础的尝试，在伽达默尔看来也是失败的，因为这同样没有达到艺术作品的存在。伽达默尔之所以强调意义统一体在文学艺术作品中的重要性，是因为文学艺术作品需要不断通过意义来达到存在，而这种意义的存在，是在理解、解释和表现中实现的。同样，以意义统一体方式存在的文学艺术作品，构成了审美经验。

伽达默尔重视文学艺术作品中审美经验的获得，他通过对审美意识进行批判，试图捍卫从艺术作品中获得的真理经验，并区分其与自然科学的普遍方法论所获得的经验。自然科学的普遍方法论以康德的"人为自然立法"为代表，将从自我意识出发所建构的范畴、概念等作为框架

[①] ［德］伽达默尔：《真理与方法》Ⅰ，洪汉鼎译，商务印书馆2010年版，第136页。

运用于经验对象上，从而获得经验知识。康德的认识论前提是主客二分，即认识者与认识对象的二元对立。受自然科学普遍方法论影响的美学观强调审美批判反思、审美意识的培养，并以达到审美区分为目的。审美反思是一种抽象的活动，以审美地体验艺术作品为由企图撇开艺术作品与原始生命的关系，达到"纯粹的艺术作品"，这种对审美意识进行抽象的活动即为"审美区分"。①"审美区分"是来自席勒美学的一个观点。席勒在《审美教育书简》中提出了两种抽象：其一是使教化了的审美意识从共同体中抽象出来，其二是使艺术作品从其世界中抽象出来，使艺术作品成为"纯粹的"艺术作品。而这种审美意识抽象所达到的后果就是艺术家与其所在世界的脱离，以及艺术作品与其所表现的对象的脱离。艺术作品自主化，没有了自身的对象，也不受我们观点的束缚，成为纯粹的抽象。②审美区分以审美地看待一切事物为理由，审美意识追求审美的东西与非审美的东西之间的界限，从而分离出审美的独特要素。但伽达默尔指出，"审美区分"的问题在于它使得所有作品失去了自己所属的世界，也使得艺术家失去了他在世界中的位置，这虽然带来了艺术的自由和艺术家的自由，然而却是一种"局外人的生活方式"。③这种自由是抽象的自由，没有实在性，脱离了现实的基础和经验的基础。通过审美区分虽然实现了艺术作品的自主化，然而缺乏内容的艺术作品仅仅是抽象的形式，虽然独立自主、自为存在，却失去了丰富的意义关联。而伽达默尔从审美经验出发，对审美意识反思和"审美区分"的批判，是以经验整体和意义整体为指向的。

伽达默尔反对"审美区分"，并出于加强意义整体的目的提出"审美无区分"。他强调文学创作的素材与创作本身之间的关联，强调文学作品的塑造与表现的关联，强调文学作品的表现与再现的关联，这些都构成了文学作品所"意指的东西"或意义整体。

---

① ［德］伽达默尔：《真理与方法》Ⅰ，洪汉鼎译，商务印书馆2010年版，第126页。
② ［德］伽达默尔：《真理与方法》Ⅱ，洪汉鼎译，商务印书馆2010年版，第683、684页。
③ ［德］伽达默尔：《真理与方法》Ⅰ，洪汉鼎译，商务印书馆2010年版，第129、130页。

第一章 文学经验的范式：伽达默尔文学存在论研究

> 我们以"审美无区分"来反对审美区分，反对审美意识的真正组成要素。我们已看到，在模仿中被模仿的东西，被创作者所塑造的东西，被表演者所表现的东西，被观赏者所认识的东西，显然就是被意指的东西——表现的意义就包含于这种被意指的东西中——以致那种文学作品的塑造或表现的活动根本不能与这种被意指的东西相区别。而在人们作出这种区分的地方，创作的素材将与创作相区别，文学创作将与"观点"相区别。但是这种区分只具有次要性质。表演者所表现的东西，观赏者所认识的东西，乃是如同创作者所意指的那样一种塑造活动和行为本身。①

伽达默尔强调的"审美无区分"更加看重艺术作品的"中介活动"以及艺术作品的表现性和再现性，这是在审美反思、审美区分中不能达到的。伽达默尔举例说，我们在观看悲剧的时候，作为"审美意识"本质的"审美区分"并不在场，即悲剧再现并不是作为纯粹的审美对象，并不是在与我们的审美距离中展现的。相反，观看者参与到艺术作品的共享活动中，悲剧性的作用正是在于观看者在参与过程中的自我认识、自我发现。②黑格尔在《精神现象学》中，在从"意识"向"自我意识"的过渡中，强调自我意识作为意识的真理，认为一切对象意识都是自我意识。只有在自我意识中：

> 对象的自在和对象为他物而存在才是同一的；自我是这种关系的内容并且是这种关联过程的本身；自我是自我本身与一个对方相对立，并且统摄这对方，这对方在自我看来同样只是它自身。③

黑格尔对自我意识的看法与伽达默尔的"审美无区分"有相似之处，

---

① ［德］伽达默尔：《真理与方法》Ⅰ，洪汉鼎译，商务印书馆2010年版，第172、173页。
② ［德］伽达默尔：《真理与方法》Ⅰ，洪汉鼎译，商务印书馆2010年版，第195页。
③ ［德］黑格尔：《精神现象学》上册，贺麟、王玖兴译，商务印书馆1987年版，第115-116页。

黑格尔强调自我与对象的同一性，自我既是自我的对象，又是自我，自我意识是"无区分的区分"，而伽达默尔则强调在审美过程中创作者、欣赏者以及艺术作品的统一性。对于理解问题的本体性意义，伽达默尔赞同海德格尔将理解的概念扩展到有关存在的、亦即对人的存在的基本范畴的规定。因此，无论是在艺术鉴赏还是文学欣赏中，在艺术作品的表现和再现中，观察者在其中发现了自己的存在，并达到了自我认识和自我理解。这是在审美意识反思和审美区分前提下不能达到的，因为在审美区分的抽象中，意义整体被打破，同时在游戏过程中意义的展现和再现也不再重要。伽达默尔提出"审美无区分"是从存在整体出发，从创作者、欣赏者和艺术作品所构成的意义统一体出发，强调艺术作品在其表现和再现中的存在。

伽达默尔反对通过审美意识反思和审美区分以达到"纯粹艺术作品"的观点，同样，他也反对以施莱尔马赫为代表的有关理解活动是对作者原意的回返的主张。施莱尔马赫认为，理解是通过话语活动的回返或心理学预期完成对构造的再构造，最终达到对个别人的思想在特殊时间以特殊方式表现的个别性的再现。伽达默尔则指出，理解是对生命性或生命要素的把握，通过同质性预期行为的合理展开，通过研究作品的个别经验和筹划而说明作品产生的生活脉络和时代历史知识，从而确定其真理内容。[①] 施莱尔马赫重视心理学探究，在理解过程中重视对作者的时代、生平、意图等要素的展现，而伽达默尔则认为这些要素，在艺术作品的存在中，在对其真理的探索中，并不是最主要的。在伽达默尔看来，意义的统一体不是对作者原意的探寻，作品的个体性经验也并不在于作者的个体性展现。实际上，黑格尔在《精神现象学》中也曾对作为经验科学的心理学进行了批判，对心理学企图寻找某种规律的做法进行了分析。黑格尔认为，心理学对人的个体性的把握是不可能成功的，因为心理学或者说立足于个体来看个体与其所处的时代的关系，或者是立足于时代来看这种关系，个体性与普遍性两个方面始终不能统一起来。心理学的研究最终并不能得出规律，因此

---

① ［美］沃恩克：《伽达默尔——诠释学、传统和理性》，洪汉鼎译，商务印书馆2009年版，第18页。

没有必然性，即真理性。心理学作为经验科学，还是一种外在的、机械式的研究，并不能深入到人的内在本质，也不能将人与外在世界的关系有机地进行关联，不能在一个整体视阈中进行联系。在黑格尔看来，个体的本质是自由：

> 心理学所设想的那种自在而自为地存在着的现实世界，是对个体发生影响的，但由于个体有这种自由，现实对个体的影响就有绝对相反的两种情况，个体既可以听任现实的影响之流对自己冲击，也可以截住它，颠倒它或改变它。然而这样一来，所谓心理学的必然性，就变成了一句空话，空到这样程度：一个个体据说应该受有某种影响，可是它也有绝对的可能性，根本没能受到这种影响。①

也就是说，个体是否受到现实环境的影响，或者即使受到影响，受到何种程度的影响以及个体对这种影响有何反应，都不能够以规律的必然性加以确定。黑格尔对心理学的批判也进一步佐证了伽达默尔对施莱尔马赫企图重构作者原意的批判。当然，黑格尔是从个体性出发，认为心理学并不能把握个体性的本质，黑格尔的观点恰好解构了施莱尔马赫的心理学尝试，因为正如黑格尔所认为的，心理学对个体与其所处时代环境的研究并不具有必然性，这就进一步为伽达默尔从整体性出发建构意义统一体提供了基础。

除了对意义统一体的强调外，伽达默尔还认为艺术作品的存在方式是游戏，而艺术作品的游戏性即体现在其表现和再现过程中。"因为自我表现是游戏的真正本质——因此也就是艺术作品的真正本质。"② 伽达默尔指出，在游戏中，游戏者并不是游戏的主体，游戏的主体是游戏本身，也即是游戏的持续进行或游戏的往复运动。游戏相对于游戏者来讲具有优先性。③ 游戏者只是在游戏预先规定的空间中活动，游戏者受游戏本身规则

---

① ［德］黑格尔：《精神现象学》上册，贺麟、王玖兴译，商务印书馆1987年版，第203页。
② ［德］伽达默尔：《真理与方法》Ⅰ，洪汉鼎译，商务印书馆2010年版，第171页。
③ ［德］伽达默尔：《真理与方法》Ⅰ，洪汉鼎译，商务印书馆2010年版，第151、152、154页。

的限制。同时，游戏具有自我表现性，这种自我表现被游戏者误认为是游戏者自己的行为，但游戏者只是在参与游戏的自我表现。此外，游戏的表现面向观赏者，而不是游戏者，游戏者和观赏者是在游戏的意义中去意指游戏本身。① 在对游戏作为自我表现的存在进行论证后，伽达默尔推衍至游戏是艺术作品的存在方式。他强调在艺术经验里我们遭遇的东西就如在游戏中所遭遇的一样，经验艺术的方式就是一种游戏方式。艺术作品的游戏性揭示了艺术作品是以自我展示为标志的存在。同样地，艺术作品的本质就包含对自我表现的依赖性，它的真正存在不能与其表现相脱离。艺术作品这种被创造者所塑造的东西，被观赏者所认识的东西，正是通过以复现为标志的自我表现将其内涵带到具体存在。虽然在表现中会出现改变和变形，但每一种复现对于艺术作品本身都同样是本源的。② 艺术作品作为游戏就在这种自我表现过程中存在。

> 所以，对于这样的问题，即这种文学作品的真正存在是什么，我们可以回答说，这种真正存在只在于被展现的过程中，只在于作为戏剧的表现活动中，虽然在其中得以表现的东西乃是它自身的存在。③

因此，艺术作品的存在即是其自我表现、自我展现，而这也是艺术作品的游戏性所在。同时，伽达默尔强调艺术作品的游戏性，其自我表现是一种更新的重复过程，通过"向构成物的转化"和中介活动进行。转化，伽达默尔指出，是一种现在的东西代替早先的东西，然而也意味着现在的东西是永远真实的东西。④ 艺术作品在转化后的构成物中，以一种同时在场的形式表现自身。因此，真正说来，转化并不意味着艺术作品失去了过去的存在，而是将这种存在带入现在，带入同时性。转化不是分离和断裂，而是统一，是将艺术作品的过去和现在统一起来，而这种统一性和同一性

---

① ［德］伽达默尔：《真理与方法》Ⅰ，洪汉鼎译，商务印书馆2010年版，第161–162页。
② ［德］伽达默尔：《真理与方法》Ⅰ，洪汉鼎译，商务印书馆2010年版，第180页。
③ ［德］伽达默尔：《真理与方法》Ⅰ，洪汉鼎译，商务印书馆2010年版，第172页。
④ ［德］伽达默尔：《真理与方法》Ⅰ，洪汉鼎译，商务印书馆2010年版，第164页。

只有在艺术作品的自我表现中才会实现。① 伽达默尔这种关于转化的观点，同样可以追溯到黑格尔。黑格尔强调转化是同一事物在自身内发生的，是同一事物自我区分、自我区别的运动过程。转化使事物更新自身却并不丧失自身，正如在艺术作品中过去的存在在当下也同时在场一样。此外，转化意味着再认识，因为转化不单单是重复，而是更新意义上的重复，在转化中有更多的、更好的方面进入理解之中。在《精神现象学》中，不同意识经验之间的转化过程就是认识的不断推进过程，前一个阶段的意识经验在后一个阶段的再认识中得到扬弃，从而推动意识的形态不断进展。艺术作品的自我表现也是如此，在不断向构成物的转化过程中，艺术作品也不断获得新的存在。转化意味着变化，艺术作品的存在以自我表现的方式在变化中存在。

艺术作品的游戏性，强调艺术欣赏者的共在或同在。

> 同在就是参与（Teilhabe）。谁同在于某物，谁就完全知道该物本来是怎样的。同在在派生的意义上也指某物主体行为的方式，即'专心于某物'（Bei-der-Sache-sein）。所以，观赏是一种真正的参与方式。②

伽达默尔强调，同在是一种自我忘却，是专心致志于所注视的东西，即将自我完全投入到艺术作品的欣赏中。伽达默尔指出，这种"同在"的专心注视，与好奇心不同。海德格尔在探讨此在的日常生存状态时，指出好奇是一种不逗留于所操劳的世界、涣散于可能性中，并丧失于去留之所的状态，这种好奇与在休息时、逗留着"看"世界的方式相对，因为后者具有去远的性质，想要把远方的事物带上前来。③ 在好奇中观赏者没有自我，失去了自我，受观赏物的支配而不能摆脱。但同在则不同，观赏者在与艺术品的同在中，虽然也自我忘却，却参与了艺术作品的自我表现和意

---

① ［德］伽达默尔：《真理与方法》Ⅰ，洪汉鼎译，商务印书馆2010年版，第180页。
② ［德］伽达默尔：《真理与方法》Ⅰ，洪汉鼎译，商务印书馆2010年版，第183页。
③ ［德］海德格尔：《存在与时间（修订译本）》，陈嘉映、王庆节译，生活·读书·新知三联书店2014年版，第200-201页。

义构成。"观赏者所处于的绝对瞬间也同时既是忘却自我又是与自身的调解。使观赏者脱离任何事物的东西,同时就把观赏者的整个存在交给了观赏者。"① 可以说,观赏者在与艺术作品的同在或共在中,所看到的仍然是自己,所获得的也是自己的存在。艺术作品的存在与观赏者的存在并没有分离的意义,观赏者的自我忘却只是一种在主体性意义上的沉默,这种自我忘却也正表明了观赏者参与艺术作品、专心于艺术作品本身,即其存在的过程,同时观赏者也在参与过程中重新获得了自己的存在。因此,在观赏者参与游戏的过程中,即在观赏者参与艺术作品的存在中,观赏者的自我并未失去,反而得到和解。

艺术作品的存在是一种审美经验。伽达默尔指出:

> 艺术作品的经验包含着理解,本身表现了某种诠释学现象,而且这种现象确实不是在某种科学方法论意义上的现象。其实,理解归属于与艺术作品本身的照面,只有从艺术作品的存在方式出发,这种归属才能够得到阐明。②

可以看出,伽达默尔认为诠释学的理解应该从存在出发,是本体论研究。同样,对艺术作品的理解则归属于艺术作品的存在,即艺术经验。因此,艺术作品的本体论即是对艺术作品本身的存在方式的考察,艺术作品的本体性特征以意义统一体为核心,通过审美无区分、游戏的自我表现、游戏的共在等达成审美经验。

伽达默尔诠释学的存在论思想从存在整体和世界经验出发,其本体性主要体现在理解的历史性、对话性和语言性中。伽达默尔艺术作品的本体论思想则主张艺术作为一种存在,是一种由艺术家、接受者以及艺术作品构成的意义统一体。艺术的审美是"无区分"的,且艺术作品存在于其表现和再现中,因此艺术作品的存在方式也是游戏,艺术作品在其游戏中向

---

① [德]伽达默尔:《真理与方法》Ⅰ,洪汉鼎译,商务印书馆2010年版,第189页。
② [德]伽达默尔:《真理与方法》Ⅰ,洪汉鼎译,商务印书馆2010年版,第147、148页。

构成物转化，然而却并不失去其过去的存在，而是在更新的意义上，过去和现在构成统一体。同时，在艺术作品的游戏性中，欣赏者和艺术作品共在，欣赏者在参与艺术作品的表现的同时也在自我表现，并获得自己的存在。文学作为一种艺术，具有艺术的本体特性。文学作品的存在是由作家、读者和作品共同构成的意义统一体。文学作品不具有纯粹的独立自主性，不是某种脱离内容的纯粹形式，或某种脱离现实和经验的抽象物。文学作品承载着人类的生活经验和世界经验，且在作家的创作和读者的理解中不断形成经验的整体。同时，文学作品在表现和再现中获得其存在，文学作品的存在方式具有游戏性。在表现和再现中，文学作品将过去的存在和当下的存在结合起来，构成统一体，从而在表现和再现中进行"在的扩充"。不仅如此，文学读者、理解者也参与到文学作品的存在中，在与作品共在的过程中获得了自我表现和自我理解，并实现作为理解者的自我存在。因此，文学的本体性将文学作品的存在与理解者的存在融为一体，并在其游戏性中构成意义统一体。

然而，除了与其他艺术作品有相同的存在方式和本体特征外，文学也具有其独特之处，即文学是一种语言传承物。一方面，文学产生于游吟诗人的朗诵材料，在纯粹内在的阅读事件中，文学以朗诵的形式流传。从艺术作品的本体论出发，阅读作为审美体验，是文学艺术作品再创造的东西，表现出流动性艺术的原始存在方式。另一方面，文学作为文字传承物，使语词在文学文本中首先获得充分自我在场。这不仅使得作家用文字固定的内容显现，还使自身作为声音在其放射的现实中显现。语词作为声音的现实与意义的传达结合，赋予文本语言以文学容量。[1] 因此，文学作品的特殊本体性即体现在其语言性上，文学作品的存在方式是以语言为本体的传承物。

文学语言表明文学作品独特的存在特征。一切语言性东西的可书写性使得文学概念具有宽广于文学艺术作品的意义范围，即所有语言传承物都参与了文学的存在方式。[2]

在此意义上，艺术和科学的相互渗透就非偶然，艺术就具有同科学

---

[1] 《伽达默尔集》，严平编，邓安庆等译，上海远东出版社2003年版，第72页。
[2] ［德］伽达默尔：《真理与方法》Ⅰ，洪汉鼎译，商务印书馆2010年版，第238页。

一样的真理性和有效性,因为所有科学的探究都具有文学的形式。①也正是在这一意义上,文学艺术作品的真理性具有了普遍性的意义。文学艺术作品的可书写性使其与同样用文字固定的任何其他文著作品具有深层共同性。只要语言塑造使得应当被陈述的内容意义得以发挥作用,所有文著作品就实现了对共同性的占有。然而在语言所提出的真理要求的意义上,文学性的散文语言与科学性的语言之间的差别就得以显现。②文学性的散文语言或诗性语言与存在整体相关,而科学性的语言往往被用作语言符号或语言性的概念工具,脱离了与存在的关联。因此,虽然在广义上科学以及其他艺术形式都因文字形式而具有语言性,但狭义上的文学,其语言性又具有独特性,因为文学语言是文学作品的一种存在方式,文学语言作为存在揭示出存在整体,并使得文学成为真理性的存在。

文学作品的思辨性和思辨结构在于文学作品中的语词并非模仿存在物,而是以一种强化的意义说出同存在整体的关系:

> 诗歌所用语词的意义不带任何附加的偶然知识就被陈述在所说的话语本身之中,这不仅仅是有意义的,而且还被要求这样做。如果说人们之间的相互理解活动中陈述的意义发生了改变,那么陈述这个概念在这里就达到了它的完成,所说出的话同作者的一切主观意图和个人经历相分离才构成了诗的语词的现实性。③

其现实性就体现在文学作品的日常谈话之中。诗歌的形式(文学作品)所说出的话语所表达的是一种对存在的关系,为此文学作品便被赋予了思辨性。文学作品,特别是诗歌,提依照荷尔德林的观点,以"彻底清除一切熟悉的语词和说话方式为前提"。④伽达默尔援引卡尔·弗斯勒《唯心主义语言哲学的基本特征》证实了荷尔德林的命题:

---

① [德]伽达默尔:《真理与方法》Ⅰ,洪汉鼎译,商务印书馆2010年版,第237页。
② [德]伽达默尔:《真理与方法》Ⅰ,洪汉鼎译,商务印书馆2010年版,第238页。
③ [德]伽达默尔:《真理与方法》Ⅰ,洪汉鼎译,商务印书馆2010年版,第660页。
④ [德]伽达默尔:《真理与方法》上,洪汉鼎译,上海译文出版社1993年版,第598页。

> 由于诗人用他的原始感觉的纯粹声调感到自己处于整个内部和外部的生活之中，并在他的世界之中环视他自己，因此这个世界对他是新的、不熟悉的，他的所有经验、知识、知觉、回忆以及表现在他内部和外部的艺术和自然等等都似乎是第一次向他涌现，因而都是不可理解的、未规定的、消融在喧嚷的材料和生活之中。最为重要的是，他在这个当口并不接受既成的东西，并不从任何肯定的东西出发，而自然和艺术，尽管像他学到过和看到过的那样，在对他来说有一种语言存在于那里之前，甚至都不发一言……①

伽达默尔援引这段话旨在说明文学作品的思辨性，亦即存在论的意义在于其并非刻意去描摹"业已存在的现实性"，并非去重复业已存在的社会秩序，而是在文学的想象之中表现一种新的现实和新的秩序。

伽达默尔在批判受科学方法论影响的美学本体论的基础上，阐发了"艺术作品的本体论"思想，他强调艺术作品的本体或存在凝结于艺术作品的意义统一体，艺术作品只有通过统一的意义才能不断获得存在，从而构成审美经验。同时，他批判审美意识的抽象反思活动和"审美区分"，认为审美反思和审美区分破坏了经验整体和意义整体。相反，只有"审美无区分"才能在艺术作品的表现和再现中保存意义整体，而这种自我表现和再现的过程也体现了艺术作品存在的游戏性特征。艺术作品的存在方式作为游戏性的存在，以不断更新的自我表现的方式体现出来。在游戏中，除了艺术作品的自我表现外，艺术欣赏者的共在或同在也参与到艺术作品的存在中。伽达默尔的"艺术作品的本体论"思想为文学的本体性研究提供了基础。文学的本体性体现在文学作品作为意义统一体、作为游戏的自我表现和再现中。同样，文学作品要求欣赏者的参与和共在。此外，文学的本体性还体现在其独特的语言性中，文学艺术作品是作为语言性的文字传承物而存在，文学作为语言性的存在能够揭示存在者整体，并因此表明文学是真理性的存在。文学本体性构成了文学经验的范式，即文学经验的展现性、可读事件性和语言性。

---

① ［德］伽达默尔：《真理与方法》Ⅰ，洪汉鼎译，商务印书馆2010年版，第661页。

第三节　文学经验的范式：展现性、可读事件性和语言性

伽达默尔认为艺术经验完全区别于从科学出发、强调经验客观化和可重复性、能被证实其有效性而忽略其内在历史性的科学经验。① 科学经验自古希腊诞生以来就成为西方文明最主要的特征。然而如果沿着西方科学发展的道路回溯到其发源的古希腊社会，就会发现一些更加重要的"新东西"。伽达默尔指出：

> 这些新的东西是一种对不知的、少见的、令人惊奇的事物而进行的认识、再认识、研究的独特追求，是一种人们对自己解释并认作真的事物（实际上应当怀疑的事物）的同样独特的怀疑，正是这种独特的追求和怀疑创造了科学。②

为了展示科学的实质，伽达默尔列举了《荷马史诗》中的一个例子，"人们问特莱马赫是谁，回答说：'我的母亲叫潘涅罗帕，但没有人确切地知道谁是我的父亲，有人说，他是奥德赛'"。③ 通过这个例子，伽达默尔试图说明，"这种直至最高端的怀疑解释了希腊人的特殊才能，这种才能把他们渴求认识和要求真理的直接性发展成了科学"④。对科学的这种追溯至少可以发现两个新的东西，其一是"事物从自身出发保持在隐蔽性之中"，⑤ 也就是赫拉克利特所说的"自然喜欢把自己隐藏起来"⑥；其二是人的认识是真理的真正意义，也即真理（Aletheia）是剥开事物的隐藏的去蔽（Unerborgenheit）。伽达默尔总结到，这种对于存在的思考可以使我们认识什么是真理，即真正事物的遮蔽性和掩饰性相互联系，把事物从隐

---

① ［德］伽达默尔：《真理与方法》I，洪汉鼎译，商务印书馆2010年版，第490页。
② ［德］伽达默尔：《真理与方法》II，洪汉鼎译，商务印书馆2010年版，第57页。
③ ［德］伽达默尔：《真理与方法》II，洪汉鼎译，商务印书馆2010年版，第57页。
④ ［德］伽达默尔：《真理与方法》II，洪汉鼎译，商务印书馆2010年版，第57页。
⑤ ［德］伽达默尔：《真理与方法》II，洪汉鼎译，商务印书馆2010年版，第57页。
⑥ ［德］伽达默尔：《真理与方法》II，洪汉鼎译，商务印书馆2010年版，第57页。

蔽中和掩饰中发掘出来，使其呈现其本来面目是真理的真正任务。

然而随着从古希腊科学真理的定性转向现代科学以确定性为定性，数学的清晰和精确成为科学的基本要求。笛卡尔的确实性成为现代科学的基本准则和基本伦理。真理从揭蔽性转变成为确定性，判断和陈述成为科学的基本语言。伽达默尔尖锐地指出，这样一来，"数理逻辑在这里成了解决科学迄今为止留给哲学的所有问题的途径"[①]。因为在一个约定的封闭系统之中，无法推导出约定的符号体系，"因为每提出一种人工语言就已经以另外一种人们说的语言为前提"。[②]为此伽达默尔认为有必要开辟另外一种途径，使用另外一套语言系统来抵制近代以来由于方法的使用而带来的后果。伽达默尔的哲学诠释学历史性地担当起这个重任。

理解怎样得以可能？文学如何可以作为范式？哲学诠释学的经验突出存在论的意义，这种经验和人的存在联系在一起。它首先追问的不是理解在人文科学中的发生，而是理解与人的生活实践及经验世界之间的关系。理解是此在的一种存在方式，作为存在的理解同样是一种经验。将理解作为经验的看法可以追溯到黑格尔，黑格尔的"经验"即是指意识通过显现到达科学的运动过程或道路，经验是认识发展之路，是黑格尔称其为辨正的运动。它意味着经历一件事，而不是作为旁观者对一件事情作静观的反应。意识的经验之路，就是精神的自我理解之路和存在之路，是处于各个不同阶段的精神的自我经验。经验在胡塞尔的现象学中经历了纯粹化的过程，胡塞尔从现象学出发强调对经验进行"本质的看"而不是"感觉的看"，这种经验主要指的是内在的、意识的经验，甚至是一种"诗"的经验。海德格尔认为诗中表达的经验是对人的生存的体验，"诗"的经验事实上就是一种"存在"的经验。在海德格尔看来，经验与经验知识无关，也与胡塞尔的自我意识的现象学的经验无关，而与存在有关。海德格尔是将黑格尔的经验概念作了存在论现象学的引申和转换，将其理解为"存在者的存在""显现者的显现"，因此，海德格尔将经验做了存在论的解释。伽达默尔和海德格尔是一致的，他把理解和解释的现象直接看作一种"经验"，

---

① ［德］伽达默尔:《真理与方法》Ⅱ，洪汉鼎译，商务印书馆2010年版，第61页。
② ［德］伽达默尔:《真理与方法》Ⅱ，洪汉鼎译，商务印书馆2010年版，第61页。

并且属于人类最基本的世界经验。① 在伽达默尔看来,理解是一种存在,同样是一种经验,而对文学作品的理解,是对人类存在方式以及人类世界经验的把握。

文学经验具有一种展现性,文学经验的展现过程就是游戏过程,通过游戏性解读和作为参与的对话性理解,文学艺术作品被带入具体存在。伽达默尔在谈论游戏和艺术经验的关系时指出,"游戏并不指态度,甚而不指创造活动或鉴赏活动的情绪状态,更不是指在游戏活动中所实现的某种主体性的自由,而是指艺术作品的本身的存在方式"。② 同样,游戏也是文学作品的存在方式。伽达默尔首先试图指出游戏的存在方式通过自我表现得到实现。游戏具有一种独特的存在方式,独立于游戏参与者的意识,虽然游戏要通过游戏者得到表现,但游戏的真正主体并不是参与活动的个人,而是游戏本身,整个游戏即被游戏,整个被游戏即游戏。③

> 游戏的存在方式就是自我表现,而这乃是自然的、普遍的存在状态,游戏任务的自我交付实际上就是一种自我表现的完成,游戏者仿佛是通过他游戏某物即表现某物而达到特有的自我表现。④

作为进行游戏活动的文学作品也以自我展现、自我表现的方式存在。文学作品的存在就是它的自我表现。

伽达默尔对戏剧的说明表明了文学经验的展现性,同时文学经验的自我展现过程伴随着对话式的提问和理解、视阈融合以及文学经验"在的扩充"。他认为戏剧是文学作品本身进入存在的活动,戏剧在被演绎的过程中完成了自我展现,并且文学作品的真正存在只在于被展现的过程,也就是说作品通过再创造或者再现而使自身达到表现,从而进入此在的存在

---

① 何卫平:《通向解释学辩证法之途——伽达默尔哲学思想研究》,上海三联书店 2001 年版,第 166 页。
② [德] 伽达默尔:《真理与方法》Ⅰ,洪汉鼎译,商务印书馆 2010 年版,第 149 页。
③ 何卫平:《通向解释学辩证法之途——伽达默尔哲学思想研究》,上海三联书店 2001 年版,第 286 页。
④ 洪汉鼎:《理解的真理:解读伽达默尔〈真理与方法〉》,山东人民出版社 2001 年版,第 88 页。

中。①因此，文学艺术作品不仅强调自我展现和自我表现，而且也正是在艺术作品的再创造、再表现以及再次理解的过程中，文学作品才不断获得存在。在经验文学艺术作品的过程中，经验发挥其自身的展现作用，使理解成为一种参与，将解释者与语言传承物置于对话性的诠释学情境中，最终实现文学艺术作品的自我展现。正如伽达默尔试图指出的，在文本的有限视阈与解释者的个别视阈的融合中达到顶点的理解过程更像人与人之间的对话或者轻快的游戏，游戏者可全身心投入。而传统模式则认为理解过程是由一个主体对客体所进行的受方法论控制的研究，显然伽达默尔的理解概念与传统的理解不同。②这种对话式的理解既不包含采用文本或文本类似物的前见，也不包含个人观点的强加，而是文本和解释者的原本立场在"视阈融合"中的转变或在一种新的解释传统阶段上，对事物和问题在新向度上达成的一致意见。③理解文本不意味着要回溯到过去的生活，而是强调当前对文本的参与性，因为伽达默尔认为文学文本已经获得自身与一切现存时代的同时性。理解的对话性质在文本中的真正展开是解释者倾听文本，让文本坚持它的观点从而真正使自己向文本开放。解释者在关注主题而非他者的前提下，被主题推动，在主题所指示的方向上做进一步的询问。文本力图回答并且不断向它的解释者提出问题，而在文本与解释者的对话式互动过程中，语言传承物作为意义整体在反复被理解的过程中展现，从而实现"在的扩充"。因此在以对话性理解为基础的具有展现性的经验过程中，文学艺术作品达到完全的自我展现，从而进入自身的存在。④

文学经验的展现性，并非局限在戏剧这样一种文学样式上，因为文学作品作为一种游戏性的存在，其展现和自我表现的特征是普遍的。同时，虽然戏剧一般是通过表演而再现的，但对以文本为形式的戏剧作品的理解，也体现着文学作品中经验的展现性。戏剧作品在人物之间具有明显的对话

---

① ［德］伽达默尔：《真理与方法》Ⅰ，洪汉鼎译，商务印书馆2010年版，第6页。
② ［德］伽达默尔：《哲学解释学》，夏镇平等译，上海译文出版社2004年版，第10页。
③ ［美］沃恩克：《伽达默尔——诠释学、传统和理性》，洪汉鼎译，商务印书馆2009年版，第130页。
④ ［德］伽达默尔：《哲学解释学》，夏镇平等译，上海译文出版社2004年版，第11、12页。

结构，文学经验在人物之间的对话中呈现。在索福克勒斯的《俄狄浦斯王》中，在真相大白之后，俄狄浦斯和克瑞翁之间有这样的对话：

> 克瑞翁：你已经哭够了；进宫去吧。
> 俄狄浦斯：我得服从，尽管心里不痛快。
> 克瑞翁：万事都要合时宜才好。
> 俄狄浦斯：你知道不知道我要在什么条件下才进去？
> 克瑞翁：你说吧，我听了就会知道。
> 俄狄浦斯：就是把我送出境外。
> 克瑞翁：你向我请求的事要天神才能答应。
> 俄狄浦斯：神们最恨我。
> 克瑞翁：那么你很快就可以满足你的心愿。
> 俄狄浦斯：你答应了吗？
> 克瑞翁：不喜欢做的事我不喜欢白说。
> 俄狄浦斯：现在带我走吧。
> 克瑞翁：走吧，放了孩子们！
> 俄狄浦斯：不要从我怀抱中把她们抢走！
> 克瑞翁：别想占有一切；你所占有的东西没有一生跟着你。①

这部分对话展现了俄狄浦斯的性格特征、戏剧的矛盾冲突以及俄狄浦斯悲剧性的结局。即使成为"阶下囚"，俄狄浦斯仍然力争作为人的尊严。例如，他虽然表现出了服从，然而也表达了心里的不痛快。又如，他力争自己决定自己的结局，即自我放逐，体现了人的自由意志，自己选择并自己承担责任。戏剧的主要冲突即神与人、命运与人的自由之间的关系也通过对话得以呈现。俄狄浦斯最终难逃悲剧性的结局，虽然看似在做自由选择，但却一步步走向命运，即使最后看似自我决定的自我放逐，其实也要得到了神的同意。在对话中，作为整个事件旁观者的克瑞翁似乎更加冷静、

---

① ［古希腊］索福克勒斯：《俄狄浦斯王》，《罗念生全集》，罗念生译，上海人民出版社2007年版，第386-387页。

理智。例如，他道出了戏剧所要表达的道理："万事都要合时宜才好""别想占有一切；你所占有的东西没有一生跟着你"。在《俄狄浦斯王》中，克瑞翁在面对神人关系时，表现得更谦卑，体现了人的有限性，而不是像俄狄浦斯那样自以为是，企图以人的智慧来破解神谕，最终不得不自食恶果，造成悲剧性的结局。但可惜的是，克瑞翁并没有将人的这种对自身有限性的认识贯彻到底，而是在《安提戈涅》中重蹈俄狄浦斯的覆辙，并以悲剧结局：

> 克瑞翁：把我这不谨慎的人带走吧！儿呀，我不知不觉就把你杀死了，（向欧律狄刻的尸首）还把你也杀死了，哎呀呀！我不知道你们哪一个好，不知此后倚靠谁；我手中的一切都弄糟了，还有一种难以忍受的命运落到了我头上。
>
> 歌队长：谨慎的人最有福；千万不要犯下不敬神的罪；傲慢的人的狂言妄语招惹严重惩罚，这个教训使人老来时小心谨慎。①

神与人、必然性与自由意志之间的关系是人类生存所思考的普遍主题，而索福克勒斯的悲剧作品将这一主题展现为文学经验的过程，这种文学经验除了通过戏剧人物之间的对话得以展现外，理解者也参与了戏剧的表现以及文学经验的构成。同时，对处于不同时代的理解者而言，俄狄浦斯王的故事可能有不同的理解。例如，文艺复兴时期强调对人的理性、人的自由的重新发现，俄狄浦斯恰恰代表了人类对未知的探索精神，是对康德提出的启蒙要求"敢于使用你的理性"的体现者。而在我们所处的当代，俄狄浦斯除了代表理性精神之外，也对我们思考人的价值、尊严、生命力以及认识自我具有启发意义。从对索福克勒斯的悲剧作品的分析中可以看出，文学经验的展现性除了体现为文学作品的自我展现外，也表现在理解者的参与中。不同时代的理解者以不同的问题来面对流传下来的文学作品，和文学作品的存在发生不同的对话，并在当下视阈与文本视阈的融合中使文

---

① ［古希腊］索福克勒斯：《俄狄浦斯王》，《罗念生全集》，罗念生译，上海人民出版社2007年版，第330页。

学作品的存在得到不断地丰富和扩充。

　　文学经验除了展现性外，还具有一种可读事件性，它通过理解把握文学艺术作品独有的生命要素，实现其存在价值的表现性要求。伽达默尔认为本体论的概念也指涉文学的存在方式。文学存在要求自身存在价值的表现，而这是通过一种纯粹内在性的事件——阅读来实现的。"文学所依据的唯一条件就是它的语言传承物以及通过阅读理解这些东西。"[①] 对于文学艺术作品，经验首先具有一种可阅读性，因为对于艺术作品的理解是通过阅读展开的。然而，所有理解性的阅读始终是一种再创造和解释，事实上就是表现一切流动性艺术的原始存在方式，因此阅读就是文学艺术作品本质的一部分。[②] 文学作品是语言传承物，它与非语言传承物如绘画、建筑以及雕塑艺术文物相比，缺乏一种审美意识上的直接性。虽然这种理解不能通过视觉直观获得，而是要求解释者通过阅读达到理解，但是这样的传承物却具有确定性。伽达默尔指出凡以语言传承物方式传递的东西对一切懂得阅读它们的读者来说是直接确定的。[③] 在与艺术作品的照面中，解释者通过经验艺术作品，把握诗意文本的艺术性和生命个性，即作者所赋予文本的个别性，并依据同质性预期行为的合理展开，理解作品独有的个别经验和筹划，呈现作品产生的生活脉络和时代历史知识。因此，阅读是一种使阅读的内容进入表现的事件，文学经验的可读事件性为理解进入传承物找到进路。在经验即阅读的过程中，解释者与文学艺术作品实现共在——通过阅读达到真正的参与，并享有与语言传承物的同时性。无论是作为朗诵材料的文学还是无声阅读，这种理解性的阅读都是一种再创造和解释，也是实现文学存在价值的过程。

　　文学经验具有可读事件性。伽达默尔认为，我们在阅读诗歌的时候，要和诗歌一起发生、一起唱歌、一起表演、一起存在，要求我们一起参与对诗歌的阅读。在我们的阅读中，甚至在记忆和背诵中，诗歌获得其完美

---

① ［德］伽达默尔：《真理与方法》Ⅰ，洪汉鼎译，商务印书馆2010年版，第235页。
② ［德］伽达默尔：《真理与方法》Ⅰ，洪汉鼎译，商务印书馆2010年版，第235页。
③ 洪汉鼎：《理解的真理：解读伽达默尔〈真理与方法〉》，山东人民出版社2001年版，第285页。

的在场，而我们则在阅读过程中体会到诗歌的和谐。① 例如，阅读莎士比亚的十四行诗即带来如此的文学经验，以他的十四行诗中的第 18 首为例：

> 我是否可以把你比喻成夏天？
> 虽然你比夏天更可爱更温和；
> 狂风会使五月娇蕾红消香断，
> 夏天拥有的时日也转瞬即过；
> 有时天空之巨眼目光太炽热，
> 它金灿灿的面色也常被遮暗；
> 而千芳万艳都终将凋零漂泊，
> 被时运天道之更替剥尽红颜；
> 但你永恒的夏天将没有止尽，
> 你所拥有的美貌也不会消失，
> 死神终难夸口你游荡于死荫。
> 当你在不朽的诗中永葆盛时：
> 只要有人类生存，或人有眼睛，
> 我的诗就会流传并赋予你生命。②

作为人文主义者，莎士比亚的诗歌表达了对人的尊严、人的理性以及人的价值的赞扬。而在第 18 首诗中，主人公作为爱与美的化身，在艺术中获得了永存，而这种文学经验作为事件是在读者的阅读过程中发生的。阅读并不是意义的复制，而是在读者的参与过程中，也即在理解过程中的再创造。伽达默尔在对"阅读"（lesen）的词源学分析中，将"阅读"概念指向"收获"，即"收集能使人们获得营养的东西"，强调在阅读过程

---

① ［德］伽达默尔：《言辞与图像中的艺术作品——"如此的真实，如此的存在！"》，《伽达默尔的诠释学美学思想研究》，孙丽君译，人民出版社 2013 年版，第 341 页。
② ［英］莎士比亚：《莎士比亚十四行诗全集》，曹明伦译，漓江出版社 1995 年版，第 26 页。

中读者对意义进行筹划,也即参与文学事件的构成,从而获得文学经验。①莎士比亚以第一人称"我"来作为歌咏者,而读者在阅读诗歌的过程中,仿佛自己成为诗中的歌咏者。同时,每一首诗歌都是具有个别性的存在,这种个别性通过读者与诗歌的共在而得到加强。

文学经验的又一特性是语言性,文学经验是语言性的存在。文学经验的语言性在理解的历史性意义基础上,完成对文学艺术作品真理存在的解释。根据伽达默尔的观点,文学经验的语言性之存在是一个语词事件,作者通过文学艺术作品,为其存在之经验匹配合适的语词,并使之作为一种传承物,得以在世代相继中不断到来。这不仅仅是存在的,而且也是作品的生命力之特性。②同时,语言是文化经验的储备库,本身包含着一种覆盖世界的诠释,它以此方式塑造了世界观,甚至塑造了人类的感知。语言化的经验是流传下来的文本形式显现的流传物与诠释者视阈之间的一种际遇,语言性提供着它们在其中或在其上能够相遇的共同基础,语言是传统在其中隐藏自身并借以被传达的媒介,经验自身在语言中或者通过语言而显现。③

以雪莱的《西风颂》为例来说明文学经验作为语言性的存在:

> 哦,狂暴的西风,秋之生命的呼吸!
> 你无形,但枯死的落叶被你横扫,
> 有如鬼魅碰上巫师,纷纷逃避:
> 黄的,黑的,灰的,红得像患肺痨,
> 呵,重染疫疠的一群:西风啊,是你
> 以车驾把有翼的种子催送到
> 黑暗的冬床上,它们就躺在那里,
> 像是墓中的死尸,冰冷,深藏,低贱,
> 直等到春天,你碧空的姊妹吹起

---

① [德]伽达默尔:《言辞与图像中的艺术作品——"如此的真实,如此的存在!"》,《伽达默尔的诠释学美学思想研究》,孙丽君译,人民出版社2013年版,第343页。
② [美]帕尔默:《诠释学》,潘德荣译,商务印书馆2012年版,第221页。
③ [美]帕尔默:《诠释学》,潘德荣译,商务印书馆2012年版,第271页。

她的喇叭，在沉睡的大地上响遍，
（唤出嫩芽，像羊群一样，觅食空中）
将色和香充满了山峰和平原：
不羁的精灵啊，你无处不运行；
破坏者兼保护者：听吧，你且聆听！
……
把我当作你的竖琴吧，有如树林：
尽管我的叶落了，那有什么关系！
你巨大的合奏所振起的乐音
将染有树林和我的深邃的秋意：
虽忧而甜蜜。啊，但愿你给予我
狂暴的精神！奋勇者啊，让我们合一！
请把我枯死的思想向世界吹落，
让它像枯叶一样促成新的生命！
哦，请听从这一篇符咒似的诗歌，
就把我的话语，像是灰烬和火星
从还未熄灭的炉火向人间播撒！
让预言的喇叭通过我的嘴唇
把昏睡的大地唤醒吧！要是冬天
已经来了，西风啊，春天怎能遥远？①

雪莱在《西风颂》一诗中通过运用象征、拟人等手法歌颂了西风所具有的打破旧世界，建立新世界的斗争精神，同时秋风的力量也在诗性语言中得到呈现。在诗歌中，西风被看作"狂暴的""无形的""不羁的"，然而又是无处不在的。西风既作为"破坏者"又作为"保护者"运行于宇宙中，将腐朽的势力"横扫"，而又在"冬床"上播下"有翼的种子"，已在春天、在"沉睡的大地上"响起"喇叭"。西风在诗歌语言中具有了摧枯拉朽的力量，被赋予了革命的精神。而在最后一节中，雪莱表达了自

---

① 《拜伦 雪莱 济慈抒情诗精选集》，穆旦译，当代世界出版社2007年版，第87、94页。

己的灵魂与西风合为一体，而这种合一也形成了颂歌的语言。诗歌语言给予了西风以生命力，而西风精神又为雪莱的诗歌注入了活力。借着西风精神，雪莱表达了对灵魂自由的向往，对生命不羁的渴望；借着诗歌语言，西风精神也得以传播。最后，西风精神在诗歌语言的号角中，为秋冬之后的春天，革命之后的胜利带来了希望，"要是冬天已经来了，西风啊，春天怎能遥远？"因此，通过对雪莱《西风颂》一诗的分析，可以看出：诗歌语言表达文学经验，这种文学经验在语词中发生，因为文学经验是语言性的存在，文学经验以语言为媒介，语言是文学经验的基础，文学经验通过语言而显现。

文学经验作为一种艺术经验、诠释学经验，不同于科学经验。文学经验具有展现性、可读事件性和语言性。文学经验的展现性与艺术作品的游戏性相关，文学作品的存在和理解在文学作品的自我展现和再现中实现。同时，文学经验具有可读事件性，文学阅读是文学作品自我表现的进路，也是解释者与文学作品实现共在、达到同时性的方式。此外，文学作品是一种语言性的存在，在文学作品中凝聚着语言化的经验，语言化的经验构成了世界经验。通过对文学经验的展现性、可读事件性、语言性的探讨和文学经验对文学本体性造就的阐释，可以看出文学经验作为通过理解实现的有限的人类经验，被上升到一种具有普遍性的经验。文学经验作为诠释的产物，具有一种观照世界存在，统涉人类经验的人文特性，能建立人类经验的关联性，显示出与人内在生命相关的东西，是一种新的、源于生命本身的非科学的范畴。文学经验也是对隐含于语言本身内或者文学作品语言运用中的世界观之说明，因此文学作为语言传承物使其中的文学经验上升到世界经验，并不断实现于对人类生存本身持续不断的诠释中。因此，文学经验的展现性、可读事件性以及语言性表明了文学经验具有范式意义。

第四节 文学经验的真理可能性

伽达默尔在艺术经验的探讨中指出艺术作品的经验应被理解为一种诠释学经验，而不是审美教化的所有物。他证明审美区分，即审美意识与审美对象的区分是受方法论和世界观所影响的抽象，而艺术属于超出方法论指导的、特有的经验真理的能力。① 艺术作品的经验包含着理解行为，并且具有与科学的真理要求不同的传导真理的认识。在艺术经验中会看到一种对作品的真正经验，并且解释者会探问以这种方式被经验的事物的存在方式。② 伽达默尔反对审美意识和审美对象的二元区分，但科学方法论则以此为前提，因而科学方法论不能达到对艺术作品经验的整全性的理解。伽达默尔指出，美学的任务是要达到对艺术经验的一种独特的认识，这种认识不同于科学以数据为前提的对自然的认识，也不同于伦理的理性认识，也与一般的概念认识有区别，艺术经验是一种能传达真理的认识。③

在《真理与方法》中，伽达默尔认为"艺术作品的真理性既不是孤立地在作品上，也不是孤立地在作为审美意识的主体上，艺术的真理和意义只存在于对它的理解和解释的无限过程中"。④ 在此意义上，文学作品就是对真理的一种表述。在与文学作品的照面中，我们将经验一种意义真理与生活真理，这种真理关系到整个自我理解并影响我们的世界经验。例如，在乔伊斯的短篇小说《阿拉比》中，我们能够经验到个人在成长过程中的局促、彷徨，以及在特定环境影响和条件限制下个人愿望不得实现的失落。小说中所呈现的经验不仅仅是个人的，即不仅仅是小说主人公的个体经历，同时这种经验也揭示出普遍的生活真理，这种文学经验促使我们思考个体与普遍的关系，并在这种关系中达到两者的和解。由小说而来的文学经验在理解过程中形成，这种经验在读者的自我理解中得到表现，并提升为我们的生活经验和世界经验，因此，文学经验是具有真理性的经验。

伽达默尔认为在艺术领域内，所谓的"艺术科学"所进行的科学研究既不能取代艺术经验，也不能超越艺术经验，因为通过一部艺术作品所能经验到的真理是用任何其他方式不能达到的。⑤ 文学通过自身引导观者去

---

① 洪汉鼎：《理解的真理：解读伽达默尔〈真理与方法〉》，山东人民出版社2001年版，第7页。
② [德] 伽达默尔：《真理与方法》Ⅰ，洪汉鼎译，商务印书馆2010年版，第147页。
③ [德] 伽达默尔：《真理与方法》Ⅰ，洪汉鼎译，商务印书馆2010年版，第143页。
④ [德] 伽达默尔：《真理与方法》Ⅰ，洪汉鼎译，商务印书馆2010年版，第7页。
⑤ 洪汉鼎：《理解的真理：解读伽达默尔〈真理与方法〉》，山东人民出版社2001年版，第3页。

发现作者意图的同时，在理解与经验的过程中提出真理要求，继而转变为一种想表现真理的尝试。然而文学意义的经验不能被限制于经验或者重新经验作者所意想的意义，它主要是对作品本身的真理内容的理解，文学经验被看作多于艺术家动机的经验。① 例如，理解简·奥斯汀的《傲慢与偏见》不能仅仅将其置于某种时代背景中，置于作者所处的浪漫主义时期的历史环境下进行理解，因为这种理解将文学作品作为有待研究的对象，作为与理解者相分离的客体，并不能全面呈现小说中的文学经验。小说除了表达阶级差异给爱情和婚姻带来的阻碍和影响外，更重要的是个人在此过程中所获得的成长与改变。对于文学作品的理解而言，时代背景和作者意图等只是文学理解的外在因素，而作品本身所要表达的真理内容则更为本质。如果以自然科学的研究视角对文学作品进行研究，将造成文学作品的对象化，也将不能达到对文学经验的全面呈现。文学具有不同于科学的经验方式，但并不影响文学经验的真理要求。

在将文学理解上升为文学经验的时候，文学所具有的真理要求以及其中所蕴含的真理性在经验过程中呈现。文学作品作为真理在其中进入非遮蔽状态的事件，以某个形式完成对于这种创造性张力的把握。文学对于观者的再现就是真理的再现。当遭遇一部文学作品时，它所再现的全部东西呈现在解释者眼前，依此原则，它所再现的全部真理是可以为观者所认识的。正是通过艺术的再现本身我们才能理解艺术的主题内容。文学经验就是这样一种经验，在其中我们得以认识和再现真理，放弃以前对主题的理解，把新的理解实现于生活之中，并通过文学作品观看我们自己的世界。文学作品对它的观者的表现实现于它存在的"真理"之中。在文学经验中被理解的东西不只是作者的见解，而是作品提出的真理要求的有效性，即对存在的揭示，是关于作品的内容需要怎样去面对它的观者并如何改变他们的生活。文学经验也包含一种意义与观者自身境遇的中介。在其中，我们对文本或者历史事件进行理解并将该理解与我们自己的境遇关联，并以

---

① ［美］帕尔默：《诠释学》，潘德荣译，商务印书馆2012年版，第69页。

这样一种方式整合在一起，通过理解完成经验过程。①

文学经验的真理实现于理解者的自我理解中，理解者结合自身境遇从文学作品中获得真理性的经验。以亚瑟·米勒的《推销员之死》为例，这部戏剧揭示的是20世纪50年代"美国梦"存在的问题，涉及人的生存和存在这一普遍主题。在人的生存中，当梦想与现实存在冲突，当个体与自身、个体与家庭、个体与社会之间存在矛盾，这时候人应该如何理解自己，应该作何选择，采取什么样的行动都是至关重要的。个体首先要实现与自身的和解，才能进而达成与周围环境、与家庭、与社会的和解。戏剧的主人公威利在追求梦想的过程中渐渐失去了自我，他将自我形象首先寄托在推销的职业上，然而他又被推销这个职业异化，变得虚荣、浮夸、好吹嘘而又不知道自己的能力和实力。威利的人生态度也影响了他对两个儿子的教育态度，不现实的追求"美国梦"，像他吹嘘自己所推销的产品一样，他也高估了两个儿子的能力，使他们始终生活在困境之下，不能找到生活的方向。此外，戏剧通过设置威利幻想与哥哥本的对话反映了大城市的商业喧嚣与在边疆开拓自然两种生存方式之间的关系，展现了理想和现实之间的张力。可以看出，《推销员之死》探讨的是有关人的生存和存在以及人在各种生存矛盾与冲突中如何选择和行动的问题，也是人在生存中所面临的普遍问题。戏剧虽然呈现了普遍的问题，然而不同的理解者又会结合自身处境获得不同的文学经验，这就是在对文学作品的理解中所达到的自我理解，而文学经验的真理性也寓于这种自我理解中。

理解是本体论的基础，而通过对文学的理解达到的文学经验是人自身的存在方式，是范式性的存在。它始终关涉未来，具有筹划特性。但筹划必须有一个基础，并且通过理解关系到人的处境（Befindlichkeit）。理解的本质并不在于简单地把握人的处境，而在于此，即人在所处的世界之视阈中揭示存在之具体的潜在性。②世界不是一切存在的整体，而是人类于其中总是发现自己已被其显现，通过一种原始的预先把握，从涵摄万象的

---

① ［美］沃恩克：《伽达默尔——诠释学、传统和理性》，洪汉鼎译，商务印书馆2009年版，第85页。

② ［美］帕尔默：《诠释学》，潘德荣译，商务印书馆2012年版，第172页。

理解中透露出来。经验是发生在富有生气的、历史的人类存在中的某种东西,理解一部作品就是去经验一部作品。文学经验具有其时间特性,它发生于过去,保存于现在,并延伸到未来。① 与文学作品的照面改变了人的理解,这是一种观察生活的新进方式,经验并不是在一个体系内解决问题的模式,它是向外在于体系的东西延伸的工具,是创造性的超越。在视阈创造性的融合中,存在对个人视阈的部分否定产生了一种更具有涵盖性的理解。理解本身就是筹划,而文学经验作为理解的结果,使得解释者从文本的最初意义中筹划了某种意义。他把这种意义作为可能性提出,而这种筹划的意义就是自己的可能性,是于其中已经认识到的自我世界的一部分,它是某种能被理解和确实理解的东西。伽达默尔称"真正的经验是关于人自己的历史性之经验"。② 在经验中,人的行事能力和筹划理性都遇到自身的界限,但置身于历史、并在历史中行动着的人通过经验获得对未来的洞见和筹划,使解释者从某种欺骗和蒙蔽自我的东西返回并将在真正意义上称得上经验的东西的某种必然方面表现出来,于其中,期望和计划仍然对他开放。③ 因此,通过文学阅读、文学理解能够达到新的理解和创造性的理解,实现理解的可能性和超越自身存在的可能性,从而拓展人的世界经验和生存经验。

　　文学经验具有真理性,因为文学经验中蕴含着人的本真能在。海德格尔在《存在与时间》中曾指出,人的本真存在是可能性的存在,而伽达默尔则认为文学经验提供了人的本真存在的可能性。因为通过理解者筹划性的解读,文学经验为理解者呈现出不同于自身已有的经验,从而拓展了人的生存可能性。实际上,不仅作为个体的人的生存经验是有限的,而且某个时代的经验也具有局限性,而文学作品作为人类经验的载体,呈现了人类生存的种种可能性。对文学作品的阅读和理解,使我们能够超出个体和时代的有限视阈,从文学作品中获得其他的生存可能性,并在筹划性的理解中获得对未来的洞见。

---

① [美]帕尔默:《诠释学》,潘德荣译,商务印书馆 2012 年版,第 300 页。
② [美]帕尔默:《诠释学》,潘德荣译,商务印书馆 2012 年版,第 256 页。
③ [德]伽达默尔:《真理与方法》Ⅰ,洪汉鼎译,商务印书馆 2010 年版,第 504 页。

文学有不同的流派和类型，它们都能够为人类生存提供某种可能性。例如，现实主义文学虽然基于现实并强调切近现实，但在其对现实的反映中仍然指向可能性。狄更斯的小说具有现实主义的特征，无论是《雾都孤儿》还是《大卫·科波菲尔》，无论是《艰难时世》还是《双城记》，都在现实意义上反映了英国 19 世纪的社会和历史特征。但狄更斯小说的意义并不局限于 19 世纪，也不仅限于英国。其中所反映的人的生存状况，人与人的关系，所体现的劳资冲突、伦理道德滑坡以及工业文明对自然环境的破坏等主题，也值得我们当代人思考，并指向我们未来可能的发展方向。这种可能性既可以作为警告，同时也可以作为解决问题的可能途径。又如，非现实主义或超现实主义作品以其非现实或超现实的写作手法同样为人类生存的可能性提供启示意义。在卡夫卡的《变形记》中，主人公变为甲壳虫的现象不具有发生意义上的现实性，但作品中所反映的资本主义社会中人的异化、人性的扭曲、人与人之间关系的冷漠却具有普遍性，这种普遍性虽然以变形、荒诞的手法呈现，但并不影响其所具有的现实意义。人虽然不具有在形体上变为甲壳虫的可能性，但人的形态却具有变化的可能性，如发生某些畸变或扭曲。更为重要的是，人的精神的扭曲、变形是实在的。因此，无论是现实主义还是非现实主义文学，在现实或非现实的意义上都能够对我们的生存提出问题，我们在对这些文学作品的理解中，在对其进行筹划性的解释中，获得我们自身生存的可能性。

总之，文学经验具有真理的可能性，文学经验通过对被经验事物的存在方式的探问，达到科学方法论前提下不可能实现的整全性的理解。文学理解所取得的直接的文学经验、艺术经验、诠释学经验是具有历史性、时间性的一种普遍的经验，从而完成对于人的世界经验和生活实践的观照。通过文学载体对人经验的有限性和历史性的存在方式进行探索，最终发现人与世界的根本关系。与一件艺术作品的经验照面，开启着一个世界，这种经验并不是仅仅在感官愉悦中诧然凝视的外在形式，从其中会看到一种对作品真正的经验，这种经验并不使通过自我理解而达到经验的解释者发生改变，而是探问以这种方式被经验的事物的存在方式。① 一旦解释者不

---

① ［德］伽达默尔：《真理与方法》Ⅰ，洪汉鼎译，商务印书馆 2010 年版，第 147 页。

再将作品视为一件客体而将其看作一个世界,当人类透过它看到这个世界时,就会认识到艺术并非感官知觉而是知识。当领悟作为世界他者的整体性和自我性时,解释者就开始实现自我理解。当理解一件伟大的艺术作品时,我们经验到的和我们所是的东西发挥作用。[①]文学作品真实地呈现了一个世界,我们并未强行以自己的尺度或方法去衡量它,而是因为参与到自我理解,它使这个世界成为我们的真实结构,从中使我们理解这个新世界。而经验的实践性不是储存诸多事实,以便更好地解决相同问题,而是如何预料那些意料之外的事,如何向新的经验开放,在这种开放性中,人类对向未来生存的可能性进行筹划。艺术经验乃是真理经验,这种真理关系到自我理解并直接影响到整个世界经验。

伽达默尔力图在认知层面维护文学的价值,为此他在本体论意义上把文学看作审美存在方式,审美存在自身的游戏性,使文学作品获得作为文学经验的绝对条件。伽达默尔秉承海德格尔对理解问题的存在论认知,进一步推动诠释学从认识论和方法论向本体论的转变,推动对文学艺术作品的理解,强调艺术作品和文学作品的游戏性。文学作品自我表现并再现,欣赏者参与到文学作品中,同时文学作品作为语言性的存在能够揭示存在者整体。文学的本体性决定了文学经验的范式,即文学经验的展现性、可读事件性和语言性。文学经验的展现性与文学作品的游戏性相关;文学的可读事件性是文学作品自我表现的进路,并使理解者与文学作品共在;文学经验作为语言性的经验,凝聚着世界经验和人类生活经验,具有普遍性。文学经验作为范式具有揭示真理的可能性。文学经验是对被经验事物的存在方式进行的探问,所要达到的是整全性的理解,因此是一种具有时间性的普遍经验。

以将历史性、语言性、对话性为基本原则的理解为前提,文学作品本身是一种诠释学经验方式。伽达默尔遵循海德格尔对存在问题之意义的讨论,在哲学诠释学构架内阐释他的本体论立场,即以理解为核心,围绕理解、真理、存在、语言、经验、此在及其相互关系建构本体要素,以理解的历史性、语言性和对话性为基本性质。以理解文学作品为基础的文学经验由

---

① [美]帕尔默:《诠释学》,潘德荣译,商务印书馆2012年版,第220页。

此获得了历史性、语言性、对话性。理解的历史性把文学作品带入熟悉和陌生的中间地带，使我们在当下和过去之间、自我和传统之间建立了联系，文学作品因此成为一种经验方式。对经典文学作品的理解，成为我们通向人类经验整体的方式，而整体性的人类经验，或者说人类的世界经验，是真理性的。在以本体论意义上的理解为基础的诠释学经验中，语言是诠释学经验的媒介，作为人类世界经验载体的文学作品，由对它的理解而来的人类的世界经验，在语言中得以表述。在语言视阈下，理解使文学作品向构成物转化。作品作为个体的、历史性的前见与世界经验照面的地带，转化为世界经验得以显现的意义构成物。

以诠释学本体论思想为前提，伽达默尔进一步阐发"艺术作品的本体论"和文学的本体性思想，在批判席勒和康德的美学本体论、批判审美意识反思和审美区分基础上，主张以意义统一体和游戏作为艺术作品存在方式的艺术本体论思想，突出审美经验、审美无区分、意义的再现、艺术作品的自我展现、参与者的共在等特征。文学本体性除上述本体特征外，更加突出的是文学经验的语言性。文学的本体性特征导向文学经验的范式，包括文学经验的展现性、可读事件性以及语言性。伽达默尔论证了理解如何作为参与，实现了文学经验对文学本体性的呈现：文学经验具有展现性，通过游戏性解读和作为参与的对话性理解，将文学艺术作品带入具体存在；文学经验具有可读事件性，它通过理解把握文学艺术作品独有的生命要素，实现其存在价值的表现性要求；文学经验的语言性在借助理解的历史性意义基础上，完成了对于文学艺术作品真理存在的解释。文学作为范式性的存在，具有对未来的筹划性，对个人世界的存在具有指导的实践性。

在由作者、读者、文本构成的阅读事件中，普遍性经验在这种一次性和历史性的文学经验中被展现出来。在遭遇一件文学作品时，解释者意识到自己置身这个世界的方式以及对未来的规划，这就是诠释的普遍性存在，而文学经验作为诠释的产物，具有一种观照世界存在，统涉人类经验的人文特性，从根本上不同于自然科学所具有的科学的、技术性分析观念。伽达默尔的哲学诠释学尝试在对诠释本身做出一般说明的视阈内来审视诠释学问题：诠释就是人类思维最基本的行为，实际上生存本身就是一个持续不断的诠释过程。^①文学经验作为一种普遍的经验，在与之照面时，开启了一个世界，这种在经验能及并且超出科学方法论控制范围的对真理的经验也具有区别于科学经验的合法性和合理性，继而捍卫了精神科学对生存本身持续不断的诠释。文学本体性的确立，将文学阅读、文学理解等过程看作存在的可能性扩充，通过文学经验的积累，不仅达到文学作品的"在的扩充"，更重要的是我们达到作为此在的"在的扩充"，从而面向未来筹划更多的可能性。由此，通过对文学本体性特征的探讨，可以得出文学经验的普遍性及其真理要求的合法性。文学经验作为一种范式性存在，构成了伽达默尔的文学本体性思想。同时，通过对文学经验作为范式、文学的存在以及文学本体性的探讨，可以看出文学以自身的存在方式，使现代科学意识对知识边界的绝对控制被改造，使人类的世界经验得以被整全把握。在这个意义上，文学具有本体论意义上的知识性和真理性。以历史性、语言性、可读事件性为范式的文学经验，是知识和真理的一种范式。

---

① ［美］帕尔默：《诠释学》，潘德荣译，商务印书馆2012年版，第20页。

第二章 自我理解的实现：伽达默尔文学知识性研究

知识在古希腊哲学中，特别是在柏拉图的哲学中是哲学家提倡和追求的核心内容。依照柏拉图的观点，哲学便是爱知识，而且是爱真正的知识（*sophón*），纯粹的知识。而且对于古希腊人来说，从事哲学活动是生活的理想的理论方式。[①] 文学经验作为知识和真理的来源是否可能以及如何可能，这是伽达默尔试图回答的问题。他把理解现象作为人类全部世界经验的普遍性结构，重新把握知识和真理问题，为此维护了文学艺术经验的知识意义和真理意义，因此抵制了科学方法论在任何经验领域都谋求作为判断知识和真理的合法手段的企图。本章从伽达默尔诠释学视角探究文学的知识性问题，并说明文学知识作为一种经验形式对诠释学经验之为世界经验所具有的范式意义。文学作为知识体现为一种经验形式，文学知识即为文学经验，是有关存在的经验。在诠释学视阈下，对文学作品的理解所达到的是有关存在者的存在以及人的生存的知识，并最终归结为人的自我理解。文学，具有不同于自然科学认识论标准的知识性。

文学作品将读者召集到自身，使其参与到阅读和理解的活动之中。

第一节 伽达默尔对"知识"的把握

伽达默尔从文学艺术经验出发，在人类全部经验的范围内，重新把

[①] Gadamer, *Praise of Theory in Praise of Theory: Speeches & Essays*, Chris Dawson, trans., New Haven and London: Yale University Press, 1998, p.16.

握真理与知识问题，以此向自然科学的绝对权威下西方现代哲学所探索的人类认识世界的"可靠"知识模式提出了质疑。《真理与方法》的出版不仅标志着欧陆哲学乃至整个西方哲学版图的改变，也由此引发了对文学艺术本质的重新思考。笛卡尔的"我思故我在"利用普遍怀疑寻找不证自明的坚固知识基础；牛顿的"绝对时空概念"倾向于建立在观察和实验基础上的机械取向知识观；休谟、洛克的"经验主义观念论"及"白板说"断言所有知识均来自后天，导源于感觉材料；康德则以科学知识为范本并从其伟大成就出发，将知识与形而上学合一，将理性主义与经验主义的合理要素整合，思考各种类型的知识，包括数学、物理与哲学在知识类型上的共同性，形成先验知识论，① 通过范畴的范型作用所得出的原则使得先天综合判断得以可能，② 从而使知识在确定性和精确性的引导下得以构成。这种植根于主体性的现代技术性思维将人类主体意识及基于主体意识的理性确定性当作人类知识的最终参照点，即海德格尔所言的现代作为"世界图像"时代的本质。③ 依据这种观念，作为艺术形式的文学则是审美意识所考察的知觉对象，不具有主体所能够把握的"客观性"内容，因此不符合客观的知识标准。伽达默尔认为以研究为本质的范畴式、客观型、概念性和逻辑性的近代科学知识概念脱离了人类具体、实践的在世经验，而哲学诠释学则能够描述人类理解经验的内在结构，因此从诠释学中的理解概念——这一人类存在的基本概念出发，可以探寻与人自身存在密切相关，可以作为一门现世学问的"模态式"实践知识。

客观的知识标准建立在主客二分的基础上，在客体和主体之间、形式和内容之间做出了划分，以此为标准审视文学，文学和作家在知识和真理领域的合法性就被剥夺了。④ 而事实上无论是古代世界还是中世纪，作为绘画和雕塑的视觉艺术和作为诗歌的语言艺术及戏剧都曾被认为具有知识性，进而也带有真理性。荷马史诗、索福克勒斯、埃斯库罗斯的悲剧和中世纪的宗教画对于当时的人来说首先是伦理和宗教真理的表达，然后才是

---

① 陈嘉明：《知识论研究的问题与实质》，《文史哲》2004年第2期。
② 齐良骥：《康德的知识学》，商务印书馆2011年版，第271页。
③ ［美］帕尔默：《诠释学》，潘德荣译，商务印书馆2012年版，第216页。
④ ［美］帕尔默：《诠释学》，潘德荣译，商务印书馆2012年版，第219-220页。

艺术的表达，[1] 艺术与世界处于合理证明的关联之中，在社会和艺术家自我领会之间完成了一种不言而喻的整合，而现在这种不言而喻性连同一种一起把握作用的自我领会的共同性已不复存在。[2] 伽达默尔对现代社会的主体化审美意识进行了批判，认为自然科学方法论恰恰忽视了具有时间性的、与人类自身经验相关的知识与真理。在《真理与方法》的导言部分，伽达默尔就指出其出发点就在于在现代科学范围内抵制对科学方法的普遍要求，在经验所及之处探寻超出科学方法论控制范围的对真理的经验与知识要求，[3] 而文学作为一种艺术经验形式恰恰可以成为获得精神科学知识的有力途径，证明客体化知识的局限性，从而使人类获得更具普遍性、实践性的在世之知。本研究以伽达默尔哲学诠释学为研究视角，系统地论述文学有别于自然科学知识、与自身经验相关的存在性知识品性的合法地位及其作用，通过界定伽达默尔知识概念并以此为基础，从以自我理解为标志的知识品性及其作为经验范式的作用两方面来论证文学自身的知识性及其作用。

伽达默尔试图在海德格尔把握知识问题的基础上，从哲学诠释学层面上提出对"知识"概念的理解。海德格尔回到古希腊的"知识"概念，重思了它的意义。他将此在自身的事实作为哲学之根本性，在《存在与时间》中就将理解作为此在的根本生存结构，因此诠释学转向了本体论层面。海德格尔更是通过追溯古希腊柏拉图对话来探求知识的原始意义。他认为今天使用的科学一词，与中世纪的"doctrina"（学说）和"scientia"（科学）是有区别的，也与古希腊的知识概念大相径庭，希腊的科学按其本质来讲并非精确。[4] 在《论真理的本质》中阐释柏拉图的《泰阿泰德》非真理本质问题时，海德格尔预先解释了古希腊所理解的知识之本质问题，也就是在这段对话开始苏格拉底所提出的引导性问题"知识是什么"之前的先行问题。海德格尔批判了人们赋予该问题以"科学是什么"的普遍看

---

[1] 张汝伦：《德国哲学十论》，复旦大学出版社2004年版，第331页。
[2] ［德］伽达默尔：《美的现实性》，张志扬等译，生活·读书·新知三联书店1991年版，第7页。
[3] ［德］伽达默尔：《真理与方法》Ⅰ，洪汉鼎译，商务印书馆2010年版，第10页。
[4] ［德］海德格尔：《林中路》，孙周兴译，商务印书馆2015年版，第78页。

法，认为想要真正理解希腊人所持有的知识观点，就必须要把握与德语词相对应的、本源的意义："我们的语言所熟知的'知识'的一种含义，恰恰对应于 επιστημη 本源的含义；我们说：某人知道去（或不去）行动，他知道去实现自身，他知道自己在坚持做。"对应于希腊词意义，即"他知道，他对此领会"，这即是柏拉图所问的知识。知识，首先是有所领会，有所理解，这不是在科学意义上的"知识"，而是比"科学知识"更为本源的"知识"概念。可以看出，"人的行为，甚至还不是偶然的行为成了问题，而是人的基本行为彻底支配着他全部的此在并使之成为可能"。于是海德格尔得出，"知识是什么"就变成另一问题："人本身在其基本行为中，需要或应该如何使自己精通于诸事物，如果他想成为一个有知识的人，就应该或必须如何使自己处于这种关系之中。"① 可以看出，海德格尔认为，在《泰阿泰德》中所提出的"知识是什么"的问题，不能转化为"科学是什么"的问题，因为前者是哲学问题，而不是科学问题。哲学问题探讨知识本身，而科学则探讨各种存在者的知识，各个特殊的知识领域的知识。"知识是什么"为各种具体的科学奠基，并使之成为可能。因此，在海德格尔看来，"知识是什么"的问题，并不是"理论的—科学的知识之本质是什么？"或"一般科学何以可能"的问题，而是与人的基本行为、与人的全部此在相关，是人在其生存中对他与之打交道的事物的"精通地支配"。海德格尔对"知识是什么"的探讨，是想将其置于存在问题视阈中，将存在作为知识的前提。海德格尔在对黑格尔《精神现象学》的解读中，将"知识"等同于"意识"，"知识"提交、呈现并规定着"有意识"（Bewusst-Sein）中"有"或"存在"（Sein）的方式。② 换句话说，知识只是存在的一种样式。更进一步，海德格尔澄清知识与真理的关联，"看"与"懂得"在希腊的知识概念中实现了一种统一，"看"的本质是"形成并保持当前的东西，将某物保持在当前中，以便使它在此时此刻

---

① ［德］海德格尔：《论真理的本质：柏拉图的洞喻和〈泰阿泰德〉讲疏》，赵卫国译，华夏出版社 2008 年版，第 150—152 页。

② ［德］海德格尔：《黑格尔的经验概念》，孙周兴译，《林中路》，上海译文出版社 2014 年版，第 139 页。

的无蔽中展现"①;"懂得"是"对看到的事物一种更全面、同时更断然的当下拥有",两者共同阐明了希腊知识概念,即"达到了对存在者之无蔽的占有,即达到了对真理的占有和拥有"。② 能"看到"是因为懂得了、理解了,不懂得的人、不理解的人,是不能够真正称为"看"的。"看"具有塑造能力,柏拉图的eidos本来就是"塑形""塑造"(form)的意思。同时,"看"也具有当下性,即在此时此刻,而现在"科学知识"一般是一种后思后得。海德格尔在对黑格尔的"经验"的讨论中,认为"知道"是一种"已经看到","我知道"就是"我已经看到",③ 也即是说以一种已经完成的方式来说我现在的状态。海德格尔利用柏拉图的洞穴寓言的真理性阐释进而将希腊知识概念的基本内容概括为对某物的自明和对在场之物看的当前拥有的融合。可以看出,在古希腊的"知识"概念中,突出强调当下或此时此刻、占有、拥有、展现、无蔽等因素,知识的本质即在于其与存在的关系中。

伽达默尔诠释学的知识概念拓展了海德格尔有关古希腊知识概念的解读,并从实践性、参与性和指导性角度摆脱了科学知识方法论的范畴抽象化、客观标准化以及理论化倾向,从而使诠释学的知识成为一种将真理与存在、经验与当下进行联结、以自我理解为标志的实践性、应用型知识。诠释学知识克服了"科学"知识理论与实践之间相分离的倾向,也克服了与其他经验形式的疏异性,因此是一种具有普遍性的经验形式。

诠释学一直在致力于达到知识的努力中,只是由于所切入的角度不同,所采取的路径各异,因此所达到的"知识"内涵有所差异,有效性也因此有别。在哲学诠释学之前的普遍诠释学阶段,施莱尔马赫认为诠释学包括语法和心理两个技艺方面,主要作为去除教义界限,避免误解的一般解释方法;在生命诠释学阶段,狄尔泰则最早将诠释学置于精神科学知识基础

---

① [德]海德格尔:《论真理的本质:柏拉图的洞喻和〈泰阿泰德〉讲疏》,赵卫国译,华夏出版社2008年版,第155页。

② [德]海德格尔:《论真理的本质:柏拉图的洞喻和〈泰阿泰德〉讲疏》,赵卫国译,华夏出版社2008年版,第156页。

③ [德]海德格尔:《黑格尔的经验概念》,孙周兴译:《林中路》,上海译文出版社2014年版,第139页。

的语境中,认为"自然科学缺乏与人类经验的关联性,而诠释学可以提供一种通过理解探求与人内在生命相关的知识"① 的方法论,作为探寻精神科学知识基础的一般诠释学构想,获得其历史性视阈,在此,人文科学知识是一种与人的内在生命体验相关的知识,通过"客观精神",即个体感官世界所共有的客体形式,②客观而普遍地去理解。狄尔泰的这种"客观精神"的态度与黑格尔的思想有一定的联系,但又有所不同。黑格尔也认为人类的内在生活经验是客观的、普遍的,客观精神代表着人类共同的客体形式,并可以得到普遍的理解,因此黑格尔和狄尔泰都认为客观性并不仅仅在于自然科学的数学方法、演绎方法之下的客观性,精神科学研究同样具有客观性。但狄尔泰并未实现对精神科学知识的有效辩护,因为狄尔泰仍旧是将历史作为客观的对象,历史学家的任务就在于使历史知识达到对历史的客观对象的把握,因此狄尔泰的精神科学方法仍然带有自然科学方法论的痕迹,是一种方法论的挪用,其实质并没有区别于自然科学的确定性的知识观。诠释学是关于理解和解释的科学,尤其重视文本的理解和解释。在伽达默尔看来,施莱尔马赫的一般诠释学和狄尔泰的生命诠释学都是将诠释学作为方法,他们试图将诠释学建立为一种不同于自然科学方法论的精神科学方法,然而两者都没有摆脱自然科学方法论的影响。伽达默尔在《真理与方法》的"导言"中指出:

> 理解文本和解释文本不仅是科学深为关切的事情,而且也显然属于人类的整个世界经验。诠释学现象本来就不是一个方法论问题,它并不涉及那种使文本像所有其他经验对象那样承受科学探究的理解方法,而且一般来说,它根本就不是为了构造一种能满足科学方法论理想的确切知识。——不过,它在这里也涉及知识和真理。在对传承物的理解中,不仅文本被理解了,而且见解也被获得了,真理也被认识了。那么,这究竟是一种什么样的知识和什么样的真理呢?③

---

① [美]帕尔默:《诠释学》,潘德荣译,商务印书馆2012年版,第136页。
② Mueller-Vollmer, K., *The Hermeneutics Reader*, New York: Continuum, 2006, p.166.
③ [德]伽达默尔:《真理与方法》Ⅰ,洪汉鼎译,商务印书馆2010年版,第3页。

第二章 自我理解的实现：伽达默尔文学知识性研究

显然，伽达默尔从论证诠释学经验知识性以及真理性的合法性出发，想要通过探讨在文本的理解和解释中所显现的人类生活经验，界定不同于科学意义的"知识"概念。尽管狄尔泰心理学化的方法，实现生命体验的逆过程，亦未能超出方法论和认识论性质的研究，但他将诠释"置于历史性的视阈中，为海德格尔自我理解的时间性思考奠定了基础"[1]，同时也为知识从客观世界向此在自身层面的过渡奠定了基础，狄尔泰的历史性和历史主义态度是将历史作为客观对象来研究，而海德格尔的时间性则是此在的存在方式。伽达默尔则是沿着海德格尔的此在诠释学，认为理解具有生存论上的本体论意义而非停留在方法论层面，可以探求将真理与存在联系起来的知识。

伽达默尔认同海德格尔将知识与存在本身联系，从外部客观型知识向经验型知识的转换，强调此在参与性的观点。他认为如果要找寻超出自然科学方法论控制之外对真理的经验，就要去验证精神科学（哲学、艺术和历史等）自身经验的真理性。伽达默尔的与存在密切相关的知识是一种经验知识，而不是客观型知识。客观型知识以主客二分为基础，要求认识者达到与认识对象的符合，是一种知性思维框架下的静态的知识，以消除认识者的主观性而达到对象的客观性为目的。而经验知识则建立在主客统一的思想之上，强调参与性，突出"理解""相互理解"以及"自我理解"与他者的统一性和同一性。例如，诠释学认为，我们与传承物是"打交道""遭遇"和"周旋"的关系，而不是将传承物作为与我们相对立的认识对象。我们要参与到对传承物的理解之中，而不是像自然科学那样对对象实行控制。对传承物的理解总是相互理解，即理解有某种一致意见的达成。理解了即是达成了某种一致意见。同时，理解也总是自我理解，但这种自我并不是与他者相对立的自我，而总是已经包含了他者在自身之内，在自我理解中包含着自我和他者的统一和同一。然而，在由理解、相互理解和自我理解所包含的主客统一中，包含着问答结构，而理解即是作为理解者与文本之间的视阈融合。此外，作为参与性的经验知识相比于客观型知识具有动态性和流动性，因为发生在文本与理解者之间的问答活动是持续进行而

---

[1] ［美］帕尔默：《诠释学》，潘德荣译，商务印书馆2012年版，第161页。

没有终结的，但对话的持续进行并不影响理解中某种一致意见的达成，而只是说明经验型知识所具有的开放性。从诠释学出发，对任何文本的理解都不是一次性完成的，在这种理解中所达到的经验知识也不是最后的、客观的、绝对的知识，而总是向着新的可能经验开放。同时，经验知识的开放性也由于作为理解者的我们的有限性和历史性，而受到限制。理解所达到的自我理解也总是与我们自身的处境密切相关的，我们总是带着我们自己的视阈或前见去与传承物打交道，从而达成一致意见、相互理解和视阈融合。因此，在伽达默尔看来，作为与存在和人的生存密切相关的知识是经验知识，而不是客观知识。经验知识建立在主客统一的思想之上，强调参与性，从而达到理解、相互理解以及自我理解。同时，经验知识具有动态性、流动性和开放性特征。

伽达默尔的知识是实践型的知识，这种知识可以追溯到古希腊苏格拉底那里。在古希腊语中，与"知识"概念相关的有两个词：γνωσις 和 επιστημη，前者强调"认识"，重视进行认识的过程以及为认识所做的努力，后者是现代知识论意义上的"知识"，是关于某一领域内事物的专门知识、理论知识。在古希腊思想中，γνωσις 常常带有神秘主义的、超验的色彩，同时与主体的主观能动性相关；而作为知识的 επιστημη 则与作为技艺的 τεχνη 是密不可分的，知识 επιστημη 是技术 τεχνη 的基础，这也是现代科学与技术联系较为紧密的古希腊渊源。苏格拉底较多地使用具有"认识"意义的 γνωσις，他的"认识你自己"（γνωσιζσαντον）强调人们要主动地对自己有所认识、考察和反思，尤其是对人本身的道德能力的反思，以达到趋善避恶、实现善好生活的目的。换句话说，"认识你自己"，就是要获得关于什么是善恶、什么是美德以及对自己的能力有所认识的知识。然而，在苏格拉底那里，这种"认识"是一种实践的过程，还不是某种最后的结果，这也可以从苏格拉底所认为的"自知无知"中看出来。同时，正是由于这种"无知"，苏格拉底才不断地去"认识"，去追求知识，以美德的知识作为目的，但是又不断地处在追求的过程中。在柏拉图对话中，苏格拉底与对话者的探讨多以无结果告终。可以看出来，苏格拉底并非重视作为结果的知识，而更为重要的是认识的过程。或者说，苏格拉底的"知识"概念带有实践性，是一种对美德的追问过程，强调人如何才能成为有美德的人。至于在后来作为纯粹理论意义上的"知识"(επιστημη),苏格拉底似乎并不关心。然而,苏格拉底的这种实践性的"知识"在柏拉图那里发生了转变,柏拉图首先追问的是什么是善,什么是美德,也即善的本质、美德的本质,而不是如何去成为有美德的人,柏拉图对美德的探讨带有形而上学的知识论意义。他将"善"、美德等作为"理型",作为普遍的、不变的东西,因此也是具有必然性和确定性的"知识"。在柏拉图看来,"知识"区别于"意见",柏拉图的二分法将理论与实践划分开来,同时也将纯粹的理论认识活动与人的生存实践对立起来。因此,伽达默尔的实践型知识与苏格拉底所强调的γνωσις,即作为实践的"认识"更相关,而不是现代知识论意义上的επιστημη,即纯粹的理论知识。

不仅如此,伽达默尔的实践型知识也源于亚里士多德有关理论和实践的区分,实践型知识所处理的是与人自身密切相关的领域,具有非确定性、非精确性、特殊性和开放性特征。亚里士多德认为人与世界的认识关系有五种形式:epistémè(纯粹科学)、techné(技术)、phrónēsis(实践智慧)、sophía(理论智慧)以及nous(神性智慧)。其中,前两者可以归结为"知识"类,而后三者可以归结为"智慧"类。纯粹科学(epistémè)是关于不变的、必然存在的事物的知识,依靠推理论证而具有精确性、确定性、普遍性和必然性,是可以学得的知识;实践智慧(phrónēsis)则是依赖于具体的情境,并不能通过学习就可直接得到,而需要经验的积累,因此这种知识就具有了非精确性、非确定性、特殊性和开放性。然而,纯粹科学所认识的领域是自然,而实践智慧所处理的是与人自身密切相关的事物,是有关人生存实践的知识。理论和实践都与应用相关,但理论的应用指向技术层面,理论是先于技术的完整的知识,技术是对理论的应用;而实践的应用则没有在先的、完整的理论作为指导,如果有也仅仅是一些观念和思想,实践智慧所处理的是具体的、可变的情境,而不具有理论对技术那样的可操控性和确定性。同时,实践的应用也不同于制作意义上的应用,因为制作指向外在的目的,所处理的仍然是自然对象,而实践智慧则以人自身为目的。因此,实践型知识面向人的生存领域,而不具有理论科学的精确性、确定性、普遍性和必然性知识标准;相反,实践型知识带有非精确性、不确定性、特殊性以及开放性特征。

作为哲学范式的文学：伽达默尔文论研究

基于亚里士多德的实践知识，伽达默尔作为实践型的知识具有模态性，重视在具体情境中的运用以及在具体实践中所达到的自我理解。实践知识不仅是那种因其规则和普遍性而被上升到知识高度的行为模式，而且具有所谓的真正知识的特征，即它可以被反复运用于具体的境况之中，[1] 伽达默尔对此进行了解释：

> 精神科学的对象就是人及其自身所知道的东西。人是作为一个行动者而认识自身，并且他对自身所具有的这样一种知识并不想发现什么东西存在。行动者其实是与那种并不总是一样的、而是能发生变化的东西打交道。在这种东西上它能够找到他必须参与行动的场所。他的知识应当指导他的行动。[2]

精神科学不同于自然科学，精神科学所处理的是人及人的活动，而不管是人还是人的活动都是变动的、不确定的，因为人本身就处于这种活动中，精神科学即是对人自身和自己活动的一种反思，并且这种反思和理解本身作为一种活动，也不能与其他方面的人的活动相分离。伽达默尔进一步概括并指出"诠释学知识是与那种脱离任何特殊存在的纯粹理论知识完全不同的东西，诠释学本身是一门现实的实践的学问"[3]。人本身和人的活动虽然是变动的、不确定的，然而却是可以理解的，而这种理解作为一种经验，就是一种知识。理解作为诠释学核心问题就包含了这种知识。理解者在理解过程中，都要把理解对象与他自身当下的情境相联系，而不是实际割裂地隔岸观火，仿佛看待与己无关的事物。诠释学，不是做纯粹的思考和反思，而是要在实际生活中加以运用，让其发挥现实作用。从更具实践性的角度出发，伽达默尔得出，"诠释学过程的真正实现包含着被解释的东西和解释者的自我理解"[4]，诠释学所达到的是一种自我理解，"自

---

[1]［德］伽达默尔：《科学时代的理性》，薛华等译，国际文化出版公司1998年版，第81页。
[2]［德］伽达默尔：《真理与方法》Ⅰ，洪汉鼎译，商务印书馆2010年版，第445页。
[3]［德］伽达默尔：《真理与方法》Ⅰ，洪汉鼎译，商务印书馆2010年版，第10页。
[4]［德］伽达默尔：《美的现实性》，张志扬等译，生活·读书·新知三联书店1991年版，第160页。

我理解即自我照面（self-encounter），这种自我理解与自我照面就是一种诠释学应用"[1]，而自我理解就是不断进行理解实践的过程，发生性是其本质，[2]而恰恰也正是这种包含理解与解释的诠释过程，使得一种与此在密切相关并覆盖全部经验的具有本体性、模态式的应用知识得以发生。因此，从诠释学的角度分析，只有当你把某个东西当作与自身密切相关，并将其纳入自己的实践范围，你才能真正理解它。诠释学理解，是一种实践的知识，同时也是一种自我知识。通过与物打交道，我们所获得的最终是自我理解和自我知识。

至此，我们基本地界定了伽达默尔的知识概念：在哲学诠释学视角下，伽达默尔从实践性、参与性以及指导性的角度更加实际地拓展了海德格尔关于古希腊原始知识概念的解读与描述，这种知识摆脱了传统意义上的客观标准化、理论化与抽象化，是一种将真理与存在，经验与当下联结的模态式知识。首先，伽达默尔受海德格尔从存在出发对古希腊"知识"概念重新界定的影响，将"知识"看作"看"与"懂得"的统一，即一种当下拥有和自明性的统一。其次，伽达默尔反对将诠释学作为方法，以达到自然科学意义上的客观知识，而主张从人的生存经验出发，将知识与人的存在联系起来。因此，与存在相关的知识是经验知识而不是客观型知识。经验知识强调参与性，要达到理解、相互理解和自我理解，且经验知识具有动态性、流动性以及开放性特征。伽达默尔的知识是实践型、模态式的知识，这种知识的实践品性可以追溯到古希腊苏格拉底和亚里士多德那里，苏格拉底强调具有实践性和过程性的"认识"，而亚里士多德关于理论和实践的区分是将实践指向了人的生活实践领域，在具体实践中人达到自我理解和自我认识。理解的过程伴随知识的产生，具有事件性意义，理解者将自我放置于同理解对象共同的关系之中，在每一次具体情况的应用中，理解对象的内涵都得到了扩充，并同时实现了自我经验的丰富，即自我理解。知识本身便包含了认知、指导及应用几个层面，弥合了"科学"知识理论

---

[1] 洪汉鼎：《〈真理与方法〉之后伽达默尔思想的发展》，《中国诠释学》第8辑，山东人民出版社2011年版，第45页。

[2] Davey, N., *Unquiet Understanding: Gadamer's Philosophical Hermeneutics*, New York: State University of New York Press, 2006, p.234.

性与实践性之间的断裂,也克服了其他经验的疏异性,构成了经验的基本形式。① 伽达默尔的知识概念以实现自我理解事件为标志,是一种更具普遍性,并使持存经验向前筹划的实践型知识。

第二节 文学的知识品性

在诠释学知识概念的基础上,伽达默尔探寻精神科学自身作为知识的合法性,他从探讨艺术经验的真理问题出发,认为艺术经验是外在于科学方法论层面的经验,这给文学的知识性研究带来启示。文学作为一种艺术经验的形式,具有不同于某种科学意义上追求的"范畴真"的抽象标准化的知识形式,文学作品通过人及人的行为所构造的世界具备普遍性、事件性、实践性,并与人类的自我理解、自身筹划紧密相关,因此文学具有诠释学的知识品性。作品的"洞见",即真理显现的同时伴随着读者的自我理解,而文学理解可以作为精神科学领域中知识的有力范式。具体而言:文学理解具有事件性特征,是一种伴随着自我理解的事件,在文学作品通过存在而展现的过程中,读者自我理解也进入到文学作品的理解中,文学作品的存在与读者的自我理解实现有效的统一。同时,文学理解具有游戏性结构,读者作为游戏者参与其中,达到与文学文本存在的融合,读者在与作品共在的同时,达成了对自我的探问和理解。再有,文学理解具有境遇性特征,文学作品在不同的时代、不同背景中,向不同的读者开放,读者也在其所在的特殊境遇中进行差异性的理解,读者在此开放的境遇中,得到自我经验的更新和拓展。此外,文学理解具有思辨性特征,读者和文本达成对话关系,从而揭示存在之真,读者在此过程中实现生存的可能性。

伽达默尔认为文学的知识品性首先体现在文学理解的事件性特征中,文学作品真理显现的同时伴随着读者的自我理解,文学理解是伴随自我理解的事件。对于事件性,海德格尔认为,真理的发生具有事件性。他在《艺术作品的本源》中提出艺术作品的存在方式就是去蔽,即真理的发生,而真理的发生即是存在者之无蔽状态的形成。同时,真理的发生与人的生存

---

① [德] 伽达默尔:《真理与方法》Ⅰ,洪汉鼎译,商务印书馆 2010 年版,第 457 页。

的事件性紧密相关,他把人的生存的基本事件称为"可揭蔽性",可揭蔽性即为无蔽的本性,而可揭蔽性又是与人一起发生的事件。① 海德格尔又将人的本质存在看作"绽出之实存",而这种"绽出"即为进驻到存在中,与存在者之整体发生关联。可以看出,海德格尔强调人自身的活动与存在者无蔽状态的形成之间的关系,因为"人是那种领会存在的存在者,并且在这种存在之领会的基础上生存,即在其他的东西中:与作为无蔽的存在者相关联而生存","人是那种在察看存在中生存的存在者"。② 伽达默尔在《真理与方法》第一部分艺术经验里真理问题的展现中更进一步论述了艺术作品的存在与自我理解的关系:

> 艺术的万神庙并非一种把自身呈现给纯粹审美意识的无时间的现实性,而是历史地实现自身的人类精神的集体业绩。所以审美经验也是一种自我理解的方式。但是所有自我理解都是在某个于此被理解的他物上实现的,并且包含这个他物的同一性与统一性③。

读者自我理解与文本经验之间的同一性与统一性关系有力地呼应了上文关于知识本质的探讨,同时也呼应了海德格尔将人的生存事件与存在者整体的无蔽相关联的看法。读者的自我理解与文本经验的统一性和同一性建立在主客统一的基础上,这样文学作品的理解就从审美体验上升为作品自身真理的呈现和读者自我理解的实现,是具有过程性的双重事件。罗威(M.W.Rowe)认为,相比于自然科学中存在的范畴真(categorical truths)对当下与过去进行实然的判断,文学中存在一种模态真(modal truths),而这种模态真是通过读者对自身过往情形的重构以感受和描绘作品中的事物与情景的方式发生的,文学可以使这种重构更为具象、生动,能够增强想象力的实践技能,加强"移情"的能力,并发现以重构过往事实而筹划

---

① [德]海德格尔:《论真理的本质:柏拉图的洞喻和〈泰阿泰德〉讲疏》,赵卫国译,华夏出版社2008年版,第72页。
② [德]海德格尔:《论真理的本质:柏拉图的洞喻和〈泰阿泰德〉讲疏》,赵卫国译,华夏出版社2008年版,第75页。
③ [德]伽达默尔:《真理与方法》Ⅰ,洪汉鼎译,商务印书馆2010年版,第142页。

想象的新方法。[①] 因此，文学的知识性作为理解的事件性，通过海德格尔将人的生存看作可揭蔽性事件，人的本质即存在之领会，在伽达默尔的理论中体现为读者的自我理解与文本经验的统一性与同一性之双重事件。

文学理解作为一种自我理解的事件在文学作品中有具体的体现。比如文学作品中主人公的活动目的（如堂·吉诃德的骑士梦、哈姆雷特的复仇）并未把我们导向某种毋庸置疑的命题逻辑，在阅读作品的过程中读者的想象构建超越了它的结果意义，而文学作品中典型寓意的塑造更是使读者上升到了自我冥思的哲学层面，并进一步思考生命、存在和意义等问题，从而把读者导向一种非实在性的本真境界。例如歌德的诗剧《浮士德》，作为人类典型的浮士德与梅菲斯托也隐形在我们读者之间，作品情节中浮士德超越自我、确定自我的探索历程同时使读者对自身经历及整个人类有深层的反思。[②] 正如亚里士多德所说，求知是人的本性，人总是处在不断的探索过程中，浮士德博士的好奇心与求知欲是人的本性的体现。求知与探索的欲望不断推动人类社会前进，与此同时，人也应该承认自身的有限性，人是有限的存在者，人的有限性给人的理性的运用带来限度。浮士德博士一生历经知识悲剧、爱情悲剧、政治悲剧、美的悲剧和事业悲剧，一方面他不断探索和追求的精神值得赞扬，而另一方面也应该看到在他身上所表现的人的有限性。通过歌德的《浮士德》，读者可以对个体自我以及人类自我达成理解。又如，伽达默尔分析里尔克《杜伊诺哀歌》中"天使"意象的例子更可以说明读者通过文学作品对自我实现了再认识：

> 《哀歌》中的天使既不是人也非神性的精灵，……诗中说话者对天使的呼唤不是那种传呼任何人的呼唤。它更接近于祈求并呼唤一个证人，这个证人应该证实人们已经知道的一切。那些自己知道、强烈地意识到，具有内在的确定性以至于自我无法分离的东西，里尔克把它称作情感和激情。[③]

[①] Schroeder, S., *Philosophy of Literature*, Malden: Blackwell, 2010, pp.7-11.
[②] ［德］歌德：《浮士德》，樊修章译，译林出版社1993年版，第14-16页。
[③] 严平编：《伽达默尔集》，邓安庆等译，上海远东出版社2003年版，第568页。

这个作为证人的天使是人的代言人，他将人们已知的东西带出来，他代表着人类已经获得的自我知识。"那些自己知道、强烈地意识到，具有内在的确定性以至于自我无法分离的东西"即为人的自我理解和自我知识，而天使即是为人的自我理解和自我知识做证。天使的出现，天使对诗人的呼唤的应答就是人对自我理解和自我认识的再认识。诗人在诗歌中呼唤天使，也即以其诗歌达到对读者的呼唤，使读者在自我理解的基础上对人自身获得再认识。同时，伽达默尔认为我们自身存在中的这个被称为天使的有限概念需要用诠释学方法来解读。

> 所有的诗歌话语都是神话，它只能通过它所言说的内容来证实自己，它讲述一个故事，或者谈论一些事件行为，从而赢得读者的信任，而它要做到这一切，只有当我们在神和英雄的行为与苦难中偶然碰到我们自己时才成为可能。这就是为什么直到现在古代的神话世界依然不断地激发着诗人们，为当代自我冲突而更新古代神话世界。通常由于诗人们认识到他们的诗歌前辈也存在于读者之中，因此，在更新的过程中，会产生最成熟的意识。总而言之，诗人所言述的理解视野已经有了可靠准备……人类心灵的全部经验层面诗意地转化为能动的自由的个体存在。支配里尔克的是神话意识中的'自我忘却'，里尔克借助他高度风格化的艺术，成功地在现在没有神话的时代，将人类心灵的经验世界提升到神话——诗的层次。①

可见，在伽达默尔看来，对诗歌的理解依赖于读者的自我理解。诗歌中众神和英雄们的行为之所以是可理解的，原因就在于读者的参与，读者能够在这些事件中看出自己。同时，文本的可理解性与读者的自我理解之间的统一也是诗人能够不断将古代神话世界再现出来，带入当代的原因。古代的神话世界在不同时代的诗歌中表现出连续性，因为"诗人们认识到他们的诗歌前辈也存在于读者之中"，也就是说，诗人已经将读者的自我理解纳入对诗歌理解的统一体中，并且在这种统一体中，读者的自我理解

---

① 严平编：《伽达默尔集》，邓安庆等译，上海远东出版社2003年版，第568—569页。

不断得到更新，而这种更新又会不断被带入诗歌理解的统一体中。读者的自我理解既是个体的，又是普遍的，个体性与普遍性在诗歌的理解中也达到统一。作为个体的读者在其能动而自由的理解中，将其自我理解带入诗歌之中，并与诗歌中普遍的人类理解形成统一体。因此，在对诗歌的理解过程中，人的自我存在和诗歌的存在之间形成互动关系，并在这种互动中都得到扩充。在文学作品理解过程中，我们仿佛唤起了过往已有的经验，在艺术作品中我们实现了奥古斯特·勃艾克所提到的理解，即"已知的知"①，而这种经验与真理就存在于与文本照面之时。因此，文学文本就是理解事件发生的场所，自我理解也就与文学作品的存在方式实现了统一。

　　文学的知识品性还在于读者与文学作品照面之时，与文本形成统一的游戏性结构，并通过"视阈融合"参与构成文学作品的意义。伽达默尔认为，文学作品的存在方式与游戏具有共性，因此文学理解具有游戏性结构。游戏是游戏本身、游戏者以及游戏观赏者共同参与的事件。首先，伽达默尔强调游戏的主体不是游戏者，而是游戏本身，"游戏的主体不是游戏者，而游戏只是通过游戏者才得以表现"②。在游戏之中，游戏者往往忘我地参与到游戏内部，去遵守游戏本身所提出的秩序性的要求。"游戏的存在方式就是自我表现"③，即解蔽状态。但同时，游戏的自我表现也依赖于游戏者，游戏如果不能被玩就是僵死的，就无法获得存在，即游戏为游戏者而生。其次，游戏作为事件，离不开游戏欣赏者的参与，而在文学作品的理解中，也即离不开读者对意义的参与构成。通过对游戏概念的分析，我们可以更为直观地理解读者的参与性对于文学意义理解的重要性。这场阅读游戏并非是一次偶缘性的对峙，读者作为此在，在理解的同时文本的真理得以敞开，读者通过"占有"文本的真理而使自我理解事件得以发生，自我过往的经验得以汇聚并扩充，文学作品得以表现，因此这种文学理解是一种游戏性事件。同时，读者对文本意义理解的参与是一次"视阈融合"的事件。在此以"游戏本身"为共同目的的事件中，读者不仅是作为一个

---

① ［德］伽达默尔：《美的现实性》，张志扬等译，生活·读书·新知三联书店1991年版，第142页。
② ［德］伽达默尔：《真理与方法》Ⅰ，洪汉鼎译，商务印书馆2010年版，第151页。
③ ［德］伽达默尔：《真理与方法》Ⅰ，洪汉鼎译，商务印书馆2010年版，第159页。

游戏要素而存在，而是倾听文本的话语，并与自己的境遇进行中介，也就是伽达默尔所提到的"视阈融合"。根据他的观点，"这种融合是一切诠释学理解的本质，并使诠释学的知识形式与自然科学相区别，没有独立于它们自身的对象，对象所具有的意义是作为解释者的观点与作者相融合的意义"①。可以看出，在伽达默尔看来，读者以其自我理解的方式参与到文本之中，在倾听文本的同时达到自我视阈与文本视阈的融合，这种"视阈融合"的事件是人文科学知识的独特表现形式。伽达默尔指出在亚里士多德的悲剧定义里包含了悲剧对观看者的作用，说明观看者包含在游戏的自我表现之中：

> 在悲剧中我们认识到我们也受制于远比我们更强大的力量和因果联系。所以观看者被包含在戏剧中乃是整体的包含；戏剧所做的要求乃是一种不仅对演员和虚构人物而且也同样对它的听众所做的要求。②

伽达默尔认为在理解艺术作品的过程中，理解者其实是将自我完全交付于游戏规则与结构，完成了与艺术作品互换意见的对话事件，并达到与文学作品的"视阈融合"，与此同时理解者也实现了存在论意义上的自我探问和自我理解。因此，文学作品理解的游戏性结构以及在读者参与理解过程中其自我理解的视阈与文本视阈所达到的"视阈融合"是文学具有知识性的又一体现。

卡夫卡的作品很好地呈现出这种读者与文本之间游戏性的交往结构，读者参与文本，与文本发生对话，并在这种对话中实现视阈融合。

> 小说情节的发展便更多地考虑到了各种逻辑上的可能性，每个选择都是主观性的思考，例如《变形记》，读者总会试图把这些时间重

---

① ［美］沃恩克：《伽达默尔——诠释学、传统和理性》，洪汉鼎译，商务印书馆2009年版，第85页。
② ［德］沃恩克：《伽达默尔——诠释学、传统和理性》，洪汉鼎译，商务印书馆2009年版，第17页。

新放置在一个假设的情境中,然后再去解答文本中的各种问题:比如如果我变成了一个巨大的甲虫,又将如何。①

又如在《判决》中,无论是认为父亲木德曼对儿子格奥尔格的判决是出于父权的霸道和儿子的软弱,还是批判儿子非现实性的思考,读者都要将自己置于文本之中,并将一系列的问题带入文本,和文本发生对话:父亲为何质疑儿子有这样一位彼得堡朋友?为何在无法反驳有这样一位朋友之后又谴责儿子欺骗朋友,认为儿子在信中说谎?父亲与儿子的对话中,虽然儿子一再谦让,不敢顶撞父亲,为何父亲的怒气还是不断地增加,并在最终对儿子发出了"投河淹死"的判决?《判决》反映了怎样的父子关系,并进一步地,这种关系背后的人性本质是什么样的?作为文学文本,《判决》为读者敞开了游戏空间,在此空间中,读者提出问题并回答问题而和文本发生对话。读者的提问方向已经带有了自己的视阈,而他的理解或者从文本中得到的回答即是在此提问方向或视阈中的文本视阈,最终读者的视阈和文本视阈达到融合并指向读者的自我理解。因此,在文本理解过程中,读者实现了与文本的对话,一种看似神秘、原始却实实在在的对话。正是以这种问与答的形式,读者仿佛与文本进行了一次交谈,通过回答文本提出的问题获得解释,读者关注的问题实际上就是"事情本身",就是"被讨论的主题,真认识的'对象'以及正确理解的基础"②,实现对于文本及自身的理解,而这种问题也是通过视阈融合获得的。

再有,文学的知识品性体现在文学理解的境遇性方面。文学理解事件发生之时,文学真理得以解蔽,由于理解者的具体境遇导致前见的差异从而使文学理解呈现出开放性,并带有境遇性特征。从读者个体来讲,文学理解直接结合具体的时代背景及个人境遇。伽达默尔以诗歌为例,"诗歌语言并非在所有时代都同样适合所有内容,当这样一种内容被假定为语言

---

① 《论现代主义文学》,《詹姆逊文集》第5卷,苏仲乐等译,中国人民出版社2010年版,第146页。
② 洪汉鼎:《论伽达默尔的"事情本身"概念》,《武汉大学学报》(人文科学版)2011年第2期。

第二章　自我理解的实现：伽达默尔文学知识性研究

中的诗歌形式时，它由此就获得了某种合法性"。① 诗歌一直以来被作家、批评家认为是文学作品最有力的表达形式，伽达默尔以诗歌为例说明了文学如何与真理维系着独一无二的关系，同时说明诗歌尽管跨越不同时代、不同阅读者的差异性而同样具有的合法性。诗歌以其哲思性的语言创造了一个与日常语言不同的意象世界，只有在作为此在的读者进行解读时真理才能揭示，而这种真理由于不同时代、不同情境的不同读者具有不同的个体经验同样处于敞开状态。差异性的理解都被带入了文本本身的意义场中，不同理解——解释者通过自身前见历时地与文本对话，并参与了意义的构建过程，而正是这种具有差异性的前见给予了理解的境遇性。

前见是伽达默尔诠释学的关键术语，他注意到海德格尔从对事物本身的讨论中引出我们的前有、前见和前把握来确保我们的科学命题的必要性，② 认为理解的前结构是一切理解与解释的基础。在文学理解过程中，读者作为历史性的存在，前见规定他的理解视阈。这种前见可能包含了他所处的宏观的时代背景、家庭背景或过去对某事物、概念的把握。以戏剧为例可以很清楚地说明这一点。我们在观看莎士比亚的戏剧时，我们不是返回莎士比亚创作时的世界而离弃我们自己的视阈。真正剧情的展开是在读者的心中进行的，尽管要忠于被表现的时代与剧情，演员还是要将观众具体的理解情形考虑在内。比如现代推出的《麦克白》中的女巫被应景地变化成预言的丑老太婆，避免过时的超自然主义在现在起到喜剧的效果。戏剧性幻觉是指过去的事情现在发生了，不是发生在历史上的过去，而是发生在经验上的现在。③ 可见，不同时代背景下的读者拥有着不同视阈，不同读者与文本之间通过"视阈融合"进行理解，互相交织。读者通过这种融合共同使得作品意义扩展、丰富起来，同时也使自己的前见得以修正和发展，获得了一次经验的自我更新，进而实现理解过程。同样是伽达默尔在陀思妥耶夫斯基《卡拉马佐夫兄弟》中楼梯的例子，每一个读者都根据自己对前文的掌握和生活中对楼梯的整体概念，想象着自己心中的那个

---

① 严平编：《伽达默尔集》，邓安庆等译，上海远东出版社2003年版，第534页。
② ［美］沃恩克：《伽达默尔——诠释学、传统和理性》，洪汉鼎译，商务印书馆2009年版，第101页。
③ ［美］帕尔默：《诠释学》，潘德荣译，商务印书馆2012年版，第248-249页。

楼梯及接下来发生的情景，同时也丰富了自己对于楼梯的理解。文学作品创造了一个可以同时唤起读者的想象的世界，经验使其以前见的形式与文本的视阈交融进行理解。

文学理解的境遇性带有前结构的特征，而这种前结构也不囿于某个历史时期，或者说，某些过去的文学家虽然其所处的时代已成过去，与我们现在不同，然而其所表达的思想却具有明显的当代性，荷尔德林就是这样一位诗人。海德格尔和伽达默尔都曾表达过荷尔德林在我们的时代重新被发现，并被看作和歌德、席勒同一水平的文学家，其中很大的原因就在于其思想的当代性。换句话说，荷尔德林在19世纪未被发现，而在20世纪却获得了诗人的荣誉，这也与理解者的前见有关。荷尔德林被看作与我们同时代的诗人是因为他恰好表达了我们时代的问题。

> 它是一个时代的结束，也就是一个新的历史时期的开始。可以用各种不同的特性来描述这个即将到来的时代：说它是社会主义的时代，说它是强调自身权利的时代，说它是争夺世界统治权的时代，或者也可以说它是世界大战的时代——或者也可以将这个时代的开始设定为理念主义崩溃的时代——这就是说，对理性的原初的、自立的强力性（Machtigkeit）的信仰已经终结，或者也可以将它的特性标志为教养的终结，即作为精神的市民自身形态的教养的终结——无论如何，当代的自我意识缺乏那种安定的构造，在这样的构造中历代前人相互理解。涉及我们的是命运，一种对命运的新的不安定，一种对命运的新的直接性是一种跌入不确定中自由的被放逐之在（Ausgesetztsein），并且在这样的世界中，英雄主义的激情，就连英雄的虚无主义，也都遭到鄙视。①

因此，文学理解具有前结构，这种前结构与理解者的境遇相关，而这种境遇并非仅仅局限于所处的历史时期，而更多的是与所面对的时代问题相关。荷尔德林被看作我们的同时代人的原因之一就是他的诗歌表达了我

---

① [德]伽达默尔：《美学与诗学——诠释学的实施》，吴建广译，北京大学出版社2013年版，第22页。

们时代的问题,正如以上引文所指出的,我们时代的境遇性特征是:信仰的终结、自我意识缺乏确定性、命运的不安定性以及虚无主义等。而在荷尔德林的诗歌中恰恰也是表达了诸神的隐退以及人们生存的不确定性。伽达默尔认为荷尔德林作为诗人具有历史意识,这种历史意识包括当下的意识以及在当下中的未来意识,这与我们时代的理解是相合的。由此可见,文学理解依赖于理解的前结构,不同时代的人能够理解什么依赖于其所处的境遇,尤其是在此境遇中所面临的问题。

此外,伽达默尔认为,文学的知识性还体现在文学理解的思辨性中。文学理解以语言为主要媒介,与存在整体性发生关联,具有思辨性意义。这一点当然不仅体现在文学之所以为文学,不仅体现为文学的文字符号是一种语言的直观形式,更为重要的在于解释文学作为诠释学乃至整个精神科学的一种经验形式,其所具有的普遍意义上的语言思辨结构。正如海德格尔认为语言和理解相对于作为理解者的我和理解对象具有优先性,"语言以其本身说话的形式成其本质,在语言说话而不是在我们人之说话中,取得居留之所"[①]。语言与存在有着更密切的联系,语言与存在有着原初的归属关系,语言是存在之家,而人只有居于语言之家中才能切近存在,也只有在语言中才能成为存在的看护者和道说者。语言固化概念,承载经验,成为知识与经验的一种有效的表达路径。而"传统的哲学思维所指涉的命题语言在这个意义下是理论的,即它抽离了所在它没有明白地说出的东西"[②]。也就是说,命题语言是对语言的不恰当运用,是将语言与存在的强行分离,从而也造成了语言的沉沦,语言被客体化,语言沦落为主体性的工具,一种公众话语的统治性工具。海德格尔所强调的语言、存在以及人的本质之间的关系在伽达默尔这里被进一步延伸为语言的思辨性。伽达默尔认为:

> 传承物如何被理解以及如何不断地重新得到表述乃是与生动的谈话同样的真实的事件。其特别之处在于,语言世界定向的创造性由此

[①] [美]海德格尔:《在通向语言的途中》,孙周兴译,商务印书馆2008年版,第2-3页。
[②] [加]格朗丹:《伽达默尔与奥古斯丁——论"诠释学的普遍性主张"之本源》,黄文宏译,《中国诠释学》第4辑,山东人民出版社2007年版,第35页。

而在一种业已语言地传达的内容中发现了新的应用。诠释学关系是一种思辨的关系。①

我们倾听文本，通过前见获得问题视阈后向文本发问，我们再进行自我解答，我们在无限的文学世界与有限的语言经验间实现了对文学文本的解读。文学世界属于一种诠释学普遍性，由超越一切个体意识的语言的进行方式和现实性性得到描绘。②同时，文学以其虚构而张力式的艺术形式增强了语言的思辨性。"文学作品展开的是一种特殊的语言世界，它在有限性的语言表达中展示了一个无限的人类精神世界，正是这种有限性与无限性赋予了文学作品的语言以思辨结构。"③换而言之，文学道出了日常语言所未能言说之"真"。仍然以荷尔德林的诗歌为例，伽达默尔认为，在荷尔德林的诗歌中表达了一种存在的真实，诗人的歌唱使得在诸神隐退后的"夜的历史"中诸神再次回归，在诗人的语言中回归，诗人的语言具有唤醒的力量，这种力量就是语言思辨性的表现：

> 歌的权杖……具有唤醒的力量，因为它分解和联结。它将人从粗野者的捆绑中，从野蛮的忧虑中解脱出来，它还联结，将呼唤出来的东西置入语词的共同性里去，为所有的人保存在里面，并使充满少数个别人'沉默胸膛'的东西成为真实……诗人不是从学来的神话出发，而是将酒作为一种具有活性的、分解的和令人感动的力量来赞美……作为世界共同具有的语言，存在于其本身的可能性中，当语言不是表达单个人的看法（Meinung）时，而是存在于其诗文自在的组合之在（Gefügtsein）中，并从自身出发确定把握之物（Aufgefaβtwerden）。作为诗文的组合，在与众看法的脱离中，诗文语言就是一种在的真实（Seinswirklichkeit），它优越于个别人，也优越于它的创作者，这不是纯粹的魔术，而是变易世界的显现。世界变易到一种在的秩序

---

① ［德］伽达默尔：《真理与方法》I，洪汉鼎译，商务印书馆2010年版，第662页。
② ［德］伽达默尔：《真理与方法》I，洪汉鼎译，商务印书馆2010年版，第93页。
③ 李建盛：《理解事件与文本意义：文学诠释学》，上海译文出版社2002年版，第48页。

（Seinsordnung），它超越个别的、人类的意识，这种变易就是诸神与人类之间失去联系和联结的回归，这就是荷尔德林的诗学要说的东西。因此，歌并非是以下意义上的一个符号，即指向一个其他，一个来者，一个意指之物——在歌自身中出现这个来者。①

在伽达默尔看来，诗歌具有思辨的力量，这种思辨性类似于柏拉图的辩证法，是一种分解和结合的能力，柏拉图在《智者篇》《政治家篇》等对话中演示了辩证法的发展过程。而伽达默尔认为，诗歌也具有这种分解和联结的思辨力量。诗歌以其诗性语言分解多数人的意见，并将个别人才能洞察到的真理结合起来，由此"真实""在的真实"才得以展现。但诗歌又不是个别性的表达，它的真理性、知识性不在于诗人或创作者，而在于诗歌赋予了一种新的世界秩序，在于诸神隐退后的再次回归。诗歌道说实存（Dasein）。海德格尔在《诗人何为？》中分析了里尔克在《致俄耳甫斯十四行诗》中的"歌唱即此在"，此在（Dasein）意味着传统意义上的"在场"（Anwesen）、"存在"（Sein），而"吟唱意味着：归属到存在者本身的区域中去。这一区域作为语言之本质乃是存在本身。唱歌（den Gesang singen）意味着：在在场者本身中在场，意味着此在"。②在海德格尔看来，诗歌的道说就是"寓于……而在场（Anwesen bei...），并且为上帝而在场"，就是"纯粹的让自行道说（Sichsagenlassen），纯粹地让上帝之当前现身自行道说"。③此外，海德格尔和伽达默尔都反对语言工具论，反对将语言客体化、对象化，反对将语言看作可供人利用、计算的符号系统。在他们看来，不是人拥有语言，而是语言"拥有"人，人倾听语言的道说，并在这种倾听中生存并通向存在之途。因此，诗歌以其思辨性具有道说存在的力量，诗歌道说存在之真，而这种道说与自然科学——技术化的、客观化的、对象化的命题表达不同，这也是诗歌的真理性、知识性所在。

文学作品通过语言展现存在之真。米兰·昆德拉尤其关注文学作品关

---

① ［德］伽达默尔：《美学与诗学——诠释学的实施》，吴建广译，北京大学出版社 2013 年版，第 33—34 页。

② ［德］海德格尔：《林中路》，孙周兴译，商务印书馆 2015 年版，第 286 页。

③ ［德］海德格尔：《路标》，孙周兴译，商务印书馆 2000 年版，第 86 页。

乎存在这一特点，他试图粉碎18世纪、19世纪现实主义作品客观真实的标准，他认为小说中的虚构人物是一个实验性的自我，用《生命中不能承受之轻》中的话来说，就是小说中的人物"不像生活中的人，不是女人生出来的，他们诞生于一个情境，一个句子，一个隐喻。简单说来那隐喻包含着一种基本的人类可能性"。"可能性"范畴构成了人存在的重要维度。①海德格尔称这种人的可能性之在为"本真能在"，与非本真的"常人"状态相对。再以诗歌为例，诗歌的语言在我们看来经常是抽象的，凝练的，在这种语言中经常被解释的是一个"虚构"的世界，而恰恰是这种虚构构成思辨性，"当诗的语词的语言事件从它那方面讲出其他存在的关系时，诗歌的陈述才是思辨的"②。读者在阅读和解释诗歌时当然要从自己的经验与诗歌意义的整体的关系出发，通过"视阈融合"达成理解。"文学利用其陈述式的语言，为读者描绘情景。这种叙述本身就具有真理性，这种真理不是文学中的命题真理本身，而是这种特殊命题引发的想象，感受与描绘文本中描述的事物。"③其他文学样式也蕴含存在之真，如意识流小说《尤利西斯》，乔伊斯预设任何实体都已经转化成为他的人物的各种内心语言，如布鲁姆的语言、莫利的语言，这些语言填补了现实世界确定在场的一些场景的空白，记忆和期待都是现在本体的一部分，将过去同未来联结，实现一种语言化的确定性，揭示出缺场与整体的一致性，使得意义整体得以表达。④作者试图通过利用语言的思辨性与多样性，为读者构建一个本真世界，读者实际上停止了对文本的支配控制，而是去倾听它所呈现给我们的世界。因此，文学理解使读者以一种更为主动、思辨的形式参与了其意义构成，将语言本身未说出的内在话语挖掘出来，进而增强了读者对已知的重构和未知的描绘，从而筹划自身。

由以上分析可以看出，伽达默尔的文学知识性主要体现在四个方面，

---

① 吴晓东：《从卡夫卡到昆德拉——20世纪的小说和小说家》，生活·读书·新知三联书店2002年版，第326页。
② [德]伽达默尔：《真理与方法》Ⅰ，洪汉鼎译，商务印书馆2010年版，第660页。
③ Schroeder, S., *Philosophy of Literature*, Malden: Blackwell, 2010, p.11.
④ 《论现代主义文学》，《詹姆逊文集》第5卷，苏仲乐等译，中国人民出版社2010年版，第258页。

分别为：文学理解的事件性、游戏性、境遇性和思辨性。文学理解具有事件性，文学理解是读者的自我理解与文本经验相统一和同一的双重事件；文学理解具有游戏性结构，读者参与理解过程，并在问答过程中达到自我视阈与文本视阈的"融合"；文学理解具有境遇性，理解者受所处时代背景及个人经历的影响，带有差异性的前见进行理解，但理解的前结构也能跨越历史时期的局限，使不同时代的人发生对话；文学理解的思辨性在于文学语言的思辨结构，文学语言能够揭示日常语言所没有的存在之真，并在这种思辨性中展示人类生存的可能性。在伽达默尔看来，文学理解和文学经验具有知识性，文学经验作为一种艺术经验形式，不同于自然科学方法论层面的经验，不是一种客观化、对象化、抽象化和逻辑化的经验，而是与存在、人的本质、语言、理解以及自我理解等密不可分的世界经验和生活实践经验。文学的知识性在文学理解的事件性、游戏性、境遇性和思辨性四个方面的体现为文学作为此在自我理解的经验范式提供了基础。

第三节　文学作为此在自我理解的经验范式

通过以上对文学理解的事件性、游戏性、境遇性、思辨性等以实现自我理解为特征的模态式的知识品性的论述，可知文学可以作为此在的存在方式，使知识成为可能，而知识的获取过程同时使经验得以显现并持存。根据伽达默尔的观点，文学理解所取得的直接的文学经验、艺术经验、诠释学经验已经上升到一种具有历史性、时间性的普遍世界经验。这种经验概念存在于人的此在的本体论视阈中，宏观上文学使得过往的无规则的经验得以聚集并呈现，构成了自我理解和世界经验的结构范式，实现了此在自身的筹划。文学作品是用文字记载的生命表现。文学作为此在自我理解的经验范式主要体现在三个方面：其一，这种结构范式以效果历史意识为形式，反映了理解经验的普遍结构；其二，此在以发展的眼光进行创造性的筹划，经验得以更新与创造；其三，文学以文学传统为载体，以语言为媒介，通过"视阈融合"与文本对话使效果历史意识得以现实化。因此这种通过获取文学知识而取得的自我理解的经验具有脉络性、语言性以及开放性，为诠释学经验之为世界经验起到了范式作用。

首先，文学作为经验范式，以效果历史意识为形式，反映了具有时间性的经验的普遍结构。文学经验跨越阅读中所涉及的具体经验、艺术经验而上升到世界经验的高度。伽达默尔指出：

> 艺术经验不应被伪造为审美教化的所有物，因而也不应使它自身的要求失去作用。只要所有与艺术语言的照面就是与某种未完成事物的照面，并且这种照面本身就是这种事物的一部分。艺术经验中就存在有某种广泛的诠释学理论，我们以致把艺术经验理解为经验。[①]

狄尔泰也曾经谈及作品之于读者经验形成的关系：

> （作品）就这样把理解者置入自由境地，置身于他事实上的存在的必然性之外。它提高他的生存感……显出以前未被人看到过的生活的一种特性，使事件或行为的一种因果连锁有形化，同时又让人二次体验在生活的关联中归于一事件及其个别部分的价值。[②]

伽达默尔在《论诗歌对探索真理的贡献》一文中论述了诗歌与经验的关系，他指出，我们通过语言使得经验的完整性变得秩序井然，对事物的体验经由语言不断地被翻译，而诗歌语言并不仅仅延续了语言整体使我们处于世界之家的过程，而是诗歌语言本身就是对于世界的接近性和同一性本身，在此人类经验就以诗歌这种特殊样式呈现出来。[③] 从文学经验出发伽达默尔试图实现精神科学达到许多经验真理的一种设想。理解者通过发挥前见的积极作用，在参与文本理解的过程中实现了一种参与、反思与应用的自我理解的过程，从历史角度在一次次与文本遭遇的过程中，我们总是获取在我们之外认识自己的一种机会，在我们此在的连续性中扬弃了体

---

① [德] 伽达默尔：《真理与方法》Ⅰ，洪汉鼎译，商务印书馆2010年版，第145页。
② [法] 狄尔泰：《体验与诗》，胡其鼎译，生活·读书·新知三联书店2003年版，第164页。
③ 张汝伦：《德国哲学十论》，复旦大学出版社2004年版，第544–545页。

验的非连续性与瞬间性，而使得知识与经验得以呈现并保存下来。

根据伽达默尔的观点，作为此在的读者自然是一种历史的存在，而文学理解事件作为此在存在的方式也是一种效果历史事件，显示历史的实在性。效果历史意识就是一种经验形式，读者以一种历史眼光将自我的世界经验置于文本的理解之中，这种处于存在而且运动状态的经验在此获得连续，达到一次完满性经验，即"经验第一次得到了完全和真正的存在"[①]。批评家韦勒克曾在他的《文学理论》一书中这样引及伊斯曼的观点"作家和诗人的真正职能在于使我们觉察我们所看到的事实，想想我们在概念上或实际上已经知道的东西"[②]，以证明我们在文学中所获得的是一种具有个人境遇性的原始经验与前有经验的唤起，是前有经验的更新与持续，从而也从另一侧面说明了文学理解过程中经验需要不断地返回到自身，循环不断地与前有经验进行磋商以获得新的经验。

文学经验具有时间性的经验的普遍结构，可以作为诠释学经验之为世界经验的范式。文学理解作为效果历史事件一方面反映理解的实在性，即每一次理解都以完满的经验形式呈现，是个体的前理解与当前经验的结合；另一方面，文学理解能够扩展个体经验，从而带给我们整全经验的可能性，因为文学作品呈现存在者整体及其关系，因此能够使个体的自我理解超越局限性并得到不断更新。例如，在索福克勒斯的悲剧中，俄狄浦斯王的悲剧故事使我们反思命运与自由意志的关系，从而意识到尽管人是理性的，不断探求知识的，但人终归是具有有限性的，总是存在着未知的领域和不确定性的因素在发挥作用，就像海德格尔所说的存在之"神秘"一样。在理解悲剧的过程中，读者随着俄狄浦斯对自身命运的求索，也在进行着自我探问，从而获得有关命运与自由意志之间关系的经验。读者对俄狄浦斯的理解，基于读者的前理解，同时结合当前经验。同时，俄狄浦斯王对自我的追问，对自我知识的追求，也代表了对整个人类的理性以及理性的限度的思考，而作为悲剧的普遍性意义就在于对个体自我以及人类整体的思

[①] [德]伽达默尔：《真理与方法》Ⅰ，洪汉鼎译，商务印书馆 2010 年版，第 505 页。
[②] [美]韦勒克、沃伦：《文学理论》，刘象愚等译，文化艺术出版社 2010 年版，第 155 页。

考不仅仅是两千多年前的人所面临的问题，也是每个时代所追问的问题，更是在我们当今时代所需要思考的问题。对于悲剧的理解，使我们获得了一种经验，这种经验促使我们对人作为个体与存在者整体之间的关系进一步思考，这种思考在科学技术占统治地位的当代社会具有重要意义。也即是说，人在其生存过程中要考虑到与存在者整体的关系，而不是仅凭人类理性、自身的主体性而对自然界进行客体化和技术操控。俄狄浦斯以其智慧解了斯芬克斯之谜，但也正是这种人的理性使他走向了悲剧性的结局。我们在称赞俄狄浦斯所代表的人类理性的觉醒的同时，也要考虑到正是因为这种理性带来了悲剧性命运，结合我们当今时代的现状，人的理性几乎使我们无所不能，但也给人类的生存带来了潜在的危机。此外，通过对俄狄浦斯的理解，也为我们打开了另一种经验的可能性，即重新思考人的理性在人与其他存在者之间关系中的作用，从而使我们筹划未来的生存可能性，而这也正是文学经验通过理解过程所具有的普遍性意义。

其次，在效果历史意识的作用下，经验作为一种存在向文学传统开放，并以发展的眼光筹划自身，具有开放性。一方面，"效果历史意识具有对传统的开放性""效果历史意识与对'你'的经验具有一种真正的符合关系"。[①] 我们在面对历史传承物时，不是"我"与"他"的关系，而是"我"与"你"的关系。也即是说，诠释学反对主客二分的思维模式，反对将历史作为对象来观察，而是认为在我们与传统之间是主体间性的关系。效果历史意识与历史科学的历史主义不同，后者将历史作为观察的对象，将传承物客体化，追求客观主义，但作为历史传统的一部分，历史学家也不能脱离传统，因此往往导致相对主义的结果。而在效果历史意识下，文学传统与经验的历史性、开放性实现了统一。我们要去认同传统的存在并向传统敞开，而在这种开放中，传统也才真正向我们开放。根据伽达默尔的观点：

> 传统经常是自由和历史本身的一个要素，需要肯定、掌握与培养……我们其实就是经常地处于传统之中，它一直是我们自己的东西，一种范例和借鉴，一种对自身的重新认识，在这种自我认识里，我们

---

① ［德］伽达默尔：《真理与方法》I，洪汉鼎译，商务印书馆2010年版，第510页。

以后的历史判断几乎不被看作认识,而是被认为是对传统的最单纯的吸收或融化①。

人是历史性的存在,人就是生存在历史传统中,传统对于我们来讲不是可以脱离的客体,对传统的把握就是对我们自身的理解,我们在理解传统的过程中,达到自我认识,我们以传统为范例甚至权威,从而拓展自己的存在可能性。"我们以后的历史判断几乎不被看作认识,而是被认为是对传统的最单纯的吸收或融化",即我们与历史的关系不是主体与客体或认识者与对象的关系,而是一种在参与传统的过程中、向传统学习、与传统视阈相融合的关系。这种对传统的把握态度也正是文学经验持存的态度,因为文学也强调传统作为存在的本体性。文学是一种经验形式,文学作品以历史传承物的方式流传下来,而我们在效果历史意识的作用下,文学传统的内涵得以保存。以效果历史意识面对文学作品,就是要对文学传统保持开放的态度,因为只有如此与传统通过视阈融合进行中介的个体经验才能在理解事件中得到连续,并呈现出脉络性。同时,当我们以开放的态度面对文学作品时,文学传统也向我们开放自身,使我们在吸收传统、融化传统的过程中,得以更新自我经验。因此,在效果历史意识作用下,文学经验在其传统中获得了开放性存在,并在这种开放性中以发展的眼光筹划自身的可能性。

文学经验具有效果历史的结构范式,作为一种存在向传统开放,并以发展的态度筹划自身的可能性。T.S.艾略特的诗作风格便充分体现了效果历史意识对于传统的开放性。如《荒原》中援引了大量的作品与传说,那句"请快些,时间到了/请快些,时间到了/明儿见,毕尔。明儿见,璐。明儿见,梅。明儿见……"②就是引自莎士比亚《哈姆雷特》中奥菲利亚告别时的台词,诗人通过引用手法使读者在当下向文学传统敞开,其记忆与经验集合起来,在历史中引发读者当下的想象与感知,并使经验得以直观。《荒原》中所体现的对《哈姆雷特》的开放态度,使得作为传统的《哈姆雷特》中的情节再次被经验,既扩展了《荒原》本身的意义,也使《哈

---

① [德]伽达默尔:《真理与方法》Ⅰ,洪汉鼎译,商务印书馆2010年版,第398-399页。
② 《艾略特诗选》,赵萝蕤译,山东大学出版社1998年版,第70-71页。

姆雷特》再次获得存在。读者在开放性的视阈下，获得过去与当下的共在经验。另外，读者对传统保持开放状态的同时，也开放性地向未来展开，作为此在谋划自身经验的一种方式。读者在此获得的一次完满性经验使得经验在阅读当下获得了它的存在意义。同时，经验也呈现出否定性：

> 如果我们对某个对象做出一个经验，那么这意味着我们至今一直未能正确地看待事物，所以现在更好地知道了它是什么。经验不但是一种我们看清和做了修正的欺骗，而是我们所获得的一种深远的知识，我们通过它不仅获得对它本身更好的知识，也获得对于我们事先已知道的东西，即某种共相的更好的知识。①

"做出一个经验"或获得一种经验，表达出从未知到已知、从少知到多知或从浅知到深知，经验总是一个不断深化的动态过程，同时随着经验逐渐变得丰富，以往的经验遭到否定，从而新的经验成为可能。不仅如此，经验也由个体性经验变成普遍性经验，从而成为"某种共相的更好的知识"。这种共相的经验或知识也就暗示了完满性经验也是暂时的，此在通过筹划，在理解过程中对存在做出一种预期，因此经验总是向着新的经验开放，表现出未完成性和开放性。这种诠释学经验从实际角度而言就是"对我们人类自身的有限性的认识，从而人对于生活的变迁和实际的事务更为开放"②。换句话说，经验的未完成性和开放性即是基于人的有限性，人总是能够获得更多的、更深的经验，总是存在着扩展经验的可能性。艾略特的另一佳作《四个四重奏》则是以诗化言语深入表述了时间和历史的主题，体现了文学作品所呈现的理解的时空性，在《烧毁了的诺顿》第一节开头：

> 现在的时间与过去的时间
> 两者也许存在于未来之中，

---

① [德]伽达默尔：《真理与方法》Ⅰ，洪汉鼎译，商务印书馆2010年版，第499页。
② 洪汉鼎：《理解的真理：解读伽达默尔〈真理与方法〉》，山东人民出版社2001年版，第262页。

> 而未来的时间却包含在过去里
> ……
> 可能发生过的事是抽象的
> 永远是一种可能性,
> 只存在于思索的世界里。
> 可能发生过的和已经发生的
> 指向一个目的,始终是旨在现在。
> 脚步声在记忆中回响
> 沿了我们没有走过的那条走廊
> 朝着我们从未打开过的那扇门
> 进入玫瑰园。我的话
> 就这样地在你的心中回响……①

正如海德格尔所认为的,人的生存具有时间性的结构,人是作为向未来筹划中的、已被抛在世的、寓于世界之中与其他存在者打交道并与其他此在共在的存在者。而《烧毁了的诺顿》第一节即将人的这种过去、现在和未来交织的时间经验展现出来。过去、现在通过文学作品而交汇,而同时又以一种可能性向未来展开,实现自身的筹划。作为此在的读者不断地在历史中确定自己的理解,而历史不断为未来提供理解的时空场景。

最后,文学以文学传统为载体,以语言为媒介,使得以作为经验形式的效果历史意识现实化。文学语言性表现出其理解过程中的思辨性特征,然而语言性不单就文学文本以实在的文字符号的传承物而言,而是针对于传承物本身所蕴含的语言性结构,这种特殊的语言性结构促使效果历史意识作为一种存在得以现实化和实在化,这种语言超越了文学语言、艺术语言等语言手段或者样式,而上升到了一种普遍的理解中的语言的位置,是一种全面性的、对应于世界经验的语言。文学语言不是作者所用的文字符号系统,不是作为工具而现成存在的。因此,对文学语言性的理解也不能简单地从文学作品所用的语言手法等出发。正如海德格尔所言,"语言是

---

① 《艾略特诗选》,赵萝蕤译,山东大学出版社1998年版,第136页。

存在之家"，语言是对世界经验的呈现。海德格尔破除了英国经验主义关于经验就是感觉材料这一论断，认为经验具有语言性内涵。我们理解到的和经验到的其实是事物本身语言性的自我表现，[①]这也正印证了伽达默尔那句著名的"能被理解的存在就是语言"[②]。经验本身和事物本身具有语言性。伽达默尔也曾提到，"文学语言非但不是特殊的，而是作为所有语言的代表，体现了一种使经验得以持续的想象力"[③]。文学语言鲜明的思辨性特征使得经验形成过程也呈现出一种思辨结构。以诗歌为例的文学文本通过高度抽象与思辨性的语言呈现出一个新的意义世界，我们理解它其实就是用我们经验领域内的语言性的概念去解释它，与它进行谈话，进行一次思辨的交流。这里就关联到文学理解的问题性，以及读者对自己与文本关系的思考与认识。在经验获得的过程中我们总是认真地去倾听文本，而这里也有一定的对自己从前见出发而作为意义期待起作用的东西的拒斥，即一些相反的经验。[④]文学的语言性使得文学经验的形成具有思辨性，因为我们带给文本的问题以及从文本中所寻求的回答都是语言性的。理解的问答结构是思辨性的表现，这在柏拉图对话中有很好的体现。同样在文学经验的形成过程中，这种思辨性结构也得到表达。此外，在文学经验形成的思辨过程中，在语言媒介中，效果历史意识得以现实化。T.S.艾略特曾提到古希腊、古罗马神话、东西方古典文学作品作为传统的载体，作家把个体情感幻化为作为人类经验整体的传统以及作为传统的人类精神。[⑤]阅读任何一部文学作品，全面语言性地理解传承物能够使得看似模糊的、作为经验形式以及知识形式存在的效果历史意识得以概念化、现实化。我们已经探讨了知识、经验以及传承物存在在理解事件中的统一性，而这些领域内无不渗透着语言的存在，语言使得知识得以概念化，使得经验得以实在而连续地被捕获和保存，也使得文学文本以传承物的形式在理解事件

---

① Schmidt, Lawrence K., *Language and Linguisticality in Gadamer's Hermeneutics*, Boston: Lexington Books, 2000, p.2.
② ［德］伽达默尔：《真理与方法》Ⅰ，洪汉鼎译，商务印书馆2010年版，第667页。
③ Dostal, R. J., *The Cambridge Companion to Gadamer*, Cambridge: Cambridge University Press, 2002, p.143.
④ ［德］伽达默尔：《真理与方法》Ⅰ，洪汉鼎译，商务印书馆2010年版，第654页。
⑤ 秦明利：《对此在的把握——论T.S.艾略特的传统观》，《国外文学》2011年第4期。

中得以存在与更新。

文学语言以其思辨性的结构使得效果历史意识这一经验形式现实化，文学语言使经验的形成成为思辨的过程，传统在思辨的语言中得以保存，并成为现实。荷尔德林的诗歌《追忆》（或《追思》）是以诗性的语言进行思辨的运思过程，他通过"回忆"将希腊徐佩里翁的英雄故事与家乡波尔多船员出海远离的情景联系起来。古希腊英雄和波尔多的船员有着相似性，他们都是冒险者，未来对于他们具有不确定性，他们都在与亲人告别与思念中选择了走向远方。同时，对这两者的追忆又汇聚为诗人对自身的思考，对诗人的责任的思考，从而又从传统走向了当下。像古希腊的英雄和波尔多的船员一样，诗人也通过走向远方而带回美好的东西："但真的美好／一次谈话并且诉说／心中的情意，倾听许多／爱的日子，／和曾经发生的事情。"[①] 诗人在其思辨的语言中寻找语词，用诗性语言去言说不可指称之物，冒语词之险。但这就是诗人的责任，因为只有诗人能够创建回忆中留存下来的东西，通过语词将其抓牢，并使其成为当下，"但那永存的，皆由诗人创立"[②]。伽达默尔指出，这种追忆或追思就是属于人最本己的东西，一个人当下的东西：

> 追思既不是回忆，也不是记忆，尽管说起追思都有回忆和记忆这两方面的成分。但是，无论记忆是多么少地保留一切的典型，无论记忆多么少地保留人们正在回忆的东西，而在追思中存在的则完全是另一种样式的东西，即人们保持这份追思。可以是一份好的或者坏的追思，但是它总是一些东西，既不是被遗忘的东西，也不是眼下恰好想起来的东西。这是一种留存的东西，当然不是一种经常的当下，但一直是我们最本己的据有，一些人们想着的东西，在丰富的多样性中重新成为一个人当下的东西[③]。

---

① ［德］荷尔德林:《追忆》，林克译，四川文艺出版社2010年版，第155页。
② ［德］荷尔德林:《追忆》，林克译，四川文艺出版社2010年版，第156页。
③ ［德］伽达默尔:《美学与诗学——诠释学的实施》，吴建广译，北京大学出版社2013年版，第50页。

追忆或追思即是在诗歌的诗性语言中正在进行的保持和保存，在这种保持中，传统进入当下，成为现实。这就是"追思的步伐"，在这种意义上，诗人是和古希腊英雄以及出海的船员一同"心怀畏怯，去源头探寻"的"有人"，[①]诗人以思辨的语言将追忆中留存下来的东西抓牢，并使得这种留存下来的东西在诗性语言中成为经验、成为真理性的东西。

文学是此在的一种存在方式，文学知识以经验的形式对诠释学经验之为世界经验具有范式作用。文学经验以效果历史意识为形式，具有理解的普遍结构，文学理解是运动中的经验事件，读者在理解文本的同时达到自我理解，并实现自我经验的更新。文学经验向传统开放，并在这种开放中筹划自身，通过与传统的对话达到与其视阈的融合。文学经验以语言的思辨性结构使效果历史意识这一经验形式现实化，文学经验的形成是思辨的过程，而传统正是随着语言的思辨性得到保存，并成为当下的现实。在伽达默尔看来，文学经验是一种具有历史性和时间性的普遍世界经验，而文学经验对诠释学经验之为世界经验具有范式意义。

伽达默尔诠释学的知识概念强调真理与存在、经验与当下的联结。他受到海德格尔将古希腊的"知识"概念解读为"看"与"懂得"的统一，即当下拥有与自明性统一的影响。他在反对自然科学意义上的客观知识概念的基础上主张从人的生存经验出发，将知识与人的存在联系起来，将知识看作经验知识、理解知识、存在知识。诠释学的知识概念强调参与性，动态性和开放性，所达到的是理解、相互理解和自我理解，是一种实践型、模态式的知识。诠释学的知识指向人的生活实践领域，强调在认知、指导和应用层面的统一性，指向自我理解及人的持存经验的向前筹划，具有普遍性的经验形式。在伽达默尔诠释学视阈下，作为一种艺术经验形式的文学，通过人及人的行为所构造的事实世界，超越了自然科学追求"范畴真"的抽象化、标准化的表象知识形式，并具备普遍性、实践性、指导性且与人类自我理解、自身筹划紧密相关的诠释学知识品性。文学作为一种诠释形式所具有的知识品性主要表现在四个方面：即文学理解的事件性、游戏性、境遇性和思辨性。文学理解的事件性实

---

① ［德］荷尔德林：《追忆》，林克译，四川文艺出版社 2010 年版，第 155 页。

现了作品存在与读者自我理解的统一；文学理解的游戏性指读者在参与理解的过程中，在问答的同时将自我视阈与文本视阈相融合；文学理解的境遇性使理解者的前见发挥效用，并能够跨越历史局限性而发生对话；文学理解的思辨性体现在文学语言揭示存在之真的过程中。文学知识发生于文学理解事件中，具有以游戏为结构的事件性特征，作品的"洞见"，即真理显现的同时伴随着自我理解的实现，读者在遭遇文学文本的具体理解情境中实现了对文学真理的占有和把握，文学语言以其思辨性特征达成读者与文本的对话，并实现自我经验的更新和扩展。文学知识性所体现的文学理解的事件性、游戏性、境遇性、语言性与思辨性，弥合了理论与实践的断裂，有力呼应了伽达默尔所指出的以实现自我理解为标志的知识概念。

同时，文学的知识品性建立在存在、人的本质、语言、理解以及自我理解的相互关系中，文学经验是与世界经验和生活经验密不可分的经验，因此具有成为世界普遍经验范式的有效性，这种有效性主要表现为：其一，文学经验以效果历史意识为形式，具有实现自我理解、获得世界经验的结构范式；其二，文学理解作为一种诠释学经验形式，能够使个体实现自我经验的持存与更新；其三，文学以富有语言性的文学传统为载体，通过"视阈融合"与文本对话使效果历史意识得以现实化。因此，文学经验为个体世界经验提供了一种具有时间性、开放性以及语言性的结构范式，文学具有个体实现自我理解并向未来筹划的经验范式作用。在伽达默尔诠释学知识概念的视角下，文学本身从单纯的客体性文本理解上升到自我理解、获取世界经验、实现此在自身筹划的本体性地位。

通过在伽达默尔诠释学视角下对文学知识性本质的透视，文学不再只是一种作为审美对象的艺术形式，它以其模态式筹划此在的方式使知识得以发生，在其自身存在之域呈现具有时空性、境遇性、连续性并能揭示出事实多种可能的真理。对文学作为知识的探讨，一方面批判了近代自然科学知识理论与实践脱节，追求唯一客观化、概念化解释的绝对知识形式，呈现出科学独白式命题语言所未能言说的人之在世的根本事实；另一方面，文学这种特殊的"断言"在其形式中同时解蔽与遮蔽，通过读者与其对话交涉的形式将其意义呈现,①因此文学作为在具体理解情境中把握真理的在世之知,在认识世界、实现自我理解及获取世界经验的哲学层面也取得了合法地位。文学知识合法性的确立也进而说明诠释学视阈下历史境遇中的理解事件所产生的知识能够将人类传统、经验及语言紧密结合起来,文学经验为精神科学领域具有历史性、实践性、普遍性的知识样态提供了一种合理而有效的范式,同时也进一步表明文学之为哲学范式,对探求人类精神内在结构及在世之本质等问题有一定的启示意义。因此,伽达默尔的诠释学为文学的知识性研究提供了视角,同时文学的知识性也表明文学经验对诠释学经验之为世界经验具有范式作用。文学以其实现自我理解、筹划此在的方式使知识得以发生,呈现出科学独白式命题语言所未能言说的在世事实,可以为精神科学具有历史性、实践性、普遍性的知识样态提供有力范式。

文学作品与其所产生的社会群体或民族紧密相连,是这个群体或民族的精神体现。文学作品对于人所产生的经验的体现方式之一是审美经验。伽达默尔指出:"与其说是我们的种种判断,不如说是我们的种种成见构成了我们的存在。"②伽达默尔的这个断言不仅仅意味着强调传统的作用和意义,而更重要的是为积极的前见恢复其合法地位。③因为"前见构成了我们整个经验能力的先行指向。前见是我们开启世界的先人之见,正是它们构成我们经验事物的条件,构成我们遭遇到的事物对我们诉说的条件"。④文学经验无疑提供了这种可能性。这并非我们让经典,即偏见去筑起一堵墙,而是为经典作品发放"护照",让那些持有"护照"的权威性作品进入我们的思想之中。

---

① Gadamer, H.G., *The Gadamer Reader:A Bouquet of the Later Writings*, Palmer, R.E.,ed., Evanston:Northwestern University Press, 2007, p.212.
② [德]伽达默尔:《美的现实性》,张志扬等译,生活·读书·新知三联书店1991年版,第170页。
③ [德]伽达默尔:《真理与方法》Ⅱ,洪汉鼎译,商务印书馆2010年版,第278页。
④ [德]伽达默尔:《真理与方法》Ⅱ,洪汉鼎译,商务印书馆2010年版,第278页。

第三章　语言与世界观：伽达默尔文学语言性研究

　　人在世的基本方式是语言，人的这种在世方式赋予语言以普遍性，普遍性的语言是诠释学的本质前提。这个命题是阐述人类存在的社会意义，即人的社会属性。语言的普遍性能否发挥诠释学的作用是伽达默尔后期思想关注的核心。这是因为，伽达默尔将英美哲学的语言转向同欧陆哲学对人的自我认识的关注联系在一起。伽达默尔曾感叹道："认识自己本身，这对精神来说是何等伟大的工作。"[①] 为此伽达默尔断言："在所有关于自我的知识和关于外界的知识中，我们总是早已被我们自己的语言包围。我们通过学习讲话而长大成人、认识世界、认识人类并最终认识我们自己。"[②] 认识我们自己也就是让自己得以按其所是的样子显现，而这种显现最终要透过语言来实现。"一切理解都是语言的理解。"[③] 由此可见，语言是理解实现的形式。

　　伽达默尔认为语言是事物的摹本，而并非像分析哲学家指出的那样语言是事物的符号，语言的意义是指称事物。伽达默尔的摹本说和分析哲学家的指称说的根本区别在于摹本并不是简单的符号，不是从符号的使用者本身获取指示功能，而是从其自身获得的这种功能。原型透过摹本获得其继续存在的表现。由此伽达默尔得出这样的结论，语词与世界的关系并非是符号和其所指称事物的关系，而是摹本与原型之间的关系。那么语言就

[①]　[德]伽达默尔：《真理与方法》Ⅱ，洪汉鼎译，商务印书馆2010年版，第455页。
[②]　[德]伽达默尔：《真理与方法》Ⅱ，洪汉鼎译，商务印书馆2010年版，第186页。
[③]　[德]伽达默尔：《真理与方法》Ⅱ，洪汉鼎译，商务印书馆2010年版，第230页。

具有使世界得以表现和继续存在的功能。

我们被生活于其中的语言包围的状况就是人存在的实际性,是人的此在,也即伽达默尔的"我们总是早已经居于语言之家之中正如我们早已居于世界之家之中"。^①为此,伽达默尔进一步指出:"一切理解都是语言问题,一切理解都在语言的媒介中获得成功或失败。一切理解现象,一切构成所谓诠释学对象的理解和误解现象都表现为语言现象。"^②也就是说不仅人与人之间的理解的过程表现为语言现象,而且语言之外的理解也需要语言的助力才能实现。这是人的存在的实际性所决定的。人的这种此在性在同世界照面的过程中,要我们去赢取对世界的熟悉和了解。为此伽达默尔在他的《真理与方法》,尤其是在他的后期哲学中,从语言的诠释学意义出发,重新梳理和澄清语言的本质便成为伽达默尔哲学诠释学语言探索的路径。语言就是舌、口之方式,^③链接三个基本要素,我、你和他(她),或说话内容。讲话者就是对别人讲些什么,听话者就是听到了什么,如果对别人什么也没说就不是讲话者。在语言的三个要素中起决定作用的是说话的内容。也就是说语言具有共同的本质,如同呼吸和走路。语言的本质是说话,语法则处于第二位。^④伽达默尔在《对语言的赞美》中指出:人拥有语言使其生活方式同其他群居动物区分开来,人的交流并不仅仅像动物一样是某种状况的反应,而且还有提出建议和发出警告的作用,即使人不处在明显的特定状况之中,语言也可以使具有帮助性质和危险性质的状况昭示于世。语言的本质就在于在一定的距离之内,瞬间就可以囊括所有发生在我们身上的事情,使其能够被听到,使其能够传递给他人。^⑤语言问题的讨论占据伽达默尔《真理与方法》的三分之一内容,也是伽达默尔后期哲学的关键所在。伽达默尔指出:学习说话和获得世界定向是人类教化历史无尽的延续的过程,人们通过语言学会观察社会,语言能力的拓展就是

---

① [德]伽达默尔:《真理与方法》Ⅱ,洪汉鼎译,商务印书馆2010年版,第186页。
② [德]伽达默尔:《真理与方法》Ⅱ,洪汉鼎译,商务印书馆2010年版,第230页。
③ [德]海德格尔:《在通向语言的途中》,孙周兴译,商务印书馆2015年版,第241页。
④ Figal, Günter, *Objectivity The Hermeneutical and Philosophy*, trans. Theodore D. George, Albany: State University of New York Press, 2010, p.196.
⑤ Gadamer, *Praise of Theory: Speeches and Essays*, trans. Chiris Dawson, New Haven: Yale Univeristy Press, 1998, p.6.

世界的拓展。① 伽达默尔进一步指出，对于语言的理解，或所说出话的理解应该从语言或对话的情景出发，"要从问答辩证法出发加以思考，而人们正是通过这种问答辩证法中才达到一致的意见并用语言表达出共同的世界"②。不过伽达默尔认为我们无法从简单的问答来获取对世界的定向，而是基于谈话中所涉及的"事情"，或根据"事物提出的问题"来获取世界定向。语言类的文学艺术作品最能够承担起获取世界定向的任务。

为了实现语言的任务，伽达默尔明确了语言工作的四个维度。

首先，语言具有本质上的自我遗忘性。伽达默尔认为生动的谈话使人意识不到语言的结构、语法和句法，在人们沉浸在谈话的内容时：

> 语言越是生动地进行，我们就越少意识到语言。这样，从语言的自我遗忘性中引出的结论是，语言真正的存在就在于它所说的之中，它所说的东西构成我们生活于其中的共同世界，从外语的（活语言的和死语言的）文学作品中传给我们的长链也属于这个世界。语言的真实存在就是当我们听到它，听到它所说的话语时，就能融身于其中的东西。③

其次，语言具有无我性。伽达默尔认为，讲话并非是一个自我的过程，而是一个"我们的过程"，因为讲话的目的并非仅仅去表现个人所意指的事情，而是让"我之于讲话的另一个人"也知晓"我"讲话的内容，也即实现说话人和听话人的统一是语言的精神所在。④

再次，语言具有普遍性。伽达默尔指出：

> 说话者与被说出的东西之间关系表明一种动态的过程，它在组成这关系的两个成分的任何一个中都没有固定的基础；同样，理解者与理解对象之间的关系比起理解者与被理解对象这两个成分来也具有一

---

① [德] 伽达默尔：《真理与方法》Ⅱ，洪汉鼎译，商务印书馆2010年版，第6页。
② [德] 伽达默尔：《真理与方法》Ⅱ，洪汉鼎译，商务印书馆2010年版，第7页。
③ [德] 伽达默尔：《真理与方法》Ⅱ，洪汉鼎译，商务印书馆2010年版，第189页。
④ [德] 伽达默尔：《真理与方法》Ⅱ，洪汉鼎译，商务印书馆2010年版，第189页。

种优先性，理解并不是唯心主义者声称具有的自明确定性意义上的自我理解，同时也不会仅止于对唯心主义所做的革命性批判之中。这种批判把自我理解概念理解成发生在自我身上的东西，一种通过它而变成自我的东西。反之，我认为理解包含着一种'丧失自身'的因素，这种因素同神学解释学有关且应该按游戏的结构进行研究。①

谈话的进行方式是游戏。游戏的规则与语言的规则相似。在谈话过程中，事物或事件的意义是通过在语言的遗忘过程中被唤起的。理解由文字记录下来的文本也是如此。

最后，语言具有不可替代性。伽达默尔认为抒情诗具有不可翻译性。在翻译过程中不可能不破坏抒情诗的整体诉说能力。因为抒情诗的语言具有高度的个性化倾向。② 伽达默尔指出：

> 如果我们仅仅在语言充填的领域，在人的共在领域，在总是新生出一致性的相互理解的领域——这是一个对于人类生活如同我们呼吸的空气一样不可须臾离开的领域——中看语言，那么语言就是人的存在的真正媒介。正如亚里士多德所说，人实际上就是具有语言的生物。一切人有关的事情，我们都应该让它们说给我们听。③

文学艺术作品是如何可以帮助人们获取世界定向的呢？获取世界定向的发生只能存在于试图理解文学艺术作品的读者身上。读者通过向文学艺术作品提问，进行自问，倾听文学艺术作品做出的回答，也就是说这个读者是提问者、思考者，同时也是一个回答者。在阅读、提问、思考和回答的过程中，他既是在同作品进行对话，也是在同自己进行对话。提问和回答形成了一种循环运动，提问变成答案，答案又引起新的问题。读者在文

---

① [德]伽达默尔：《哲学解释学》Ⅱ，夏镇平、宋建平译，上海译文出版社2004年版，第51页。
② [德]伽达默尔：《真理与方法》Ⅱ，洪汉鼎译，商务印书馆2010年版，第222页。
③ [德]伽达默尔：《真理与方法》Ⅱ，洪汉鼎译，商务印书馆2010年版，第193页。

学艺术作品面前形成了"循环逗留"。"逗留显然是艺术经验的真正特征"。①文学艺术作品之所以具备这个特征是因为它充分体现了对其意义阐释的无法穷尽性与试图将其置于概念的同一性的对峙之中。文学艺术作品的这种特性促使伽达默尔在《真理与方法》的第一部分将文学艺术作品作为例子,因为伽达默尔认为文学艺术作品具有范式的意义,具有"指导职能"。而这种指导功能在于其陈述的无限多样性。②这应该就是世界定向性的语言性根本意义所在。

如何去唤醒凝固在文本中的意义呢?

语言性的世界阐释和科学性的世界阐释的张力和冲突是 20 世纪语言问题缘起的主要原因。伽达默尔坚持认为尽管伽利略和哥白尼引发了科学革命,但语言的表达仍然可以脱离于科学而存在。我们仍然用语言来阐释现象,也就是说他把语言视为理解的途径。而文学就是工作中的语言。③从某种意义上来说,文学艺术语言有别于科学语言,其主要区别在于科学的语言以独白为代表,而文学艺术的语言则以对话为主要形式。伽达默尔认为:"科学意识的独白结构永远也不可能使哲学达到它的目的。"④

在古希腊的传统中,(语言的任务)柏拉图认为能够保持永恒不变的理性是知识的关键所在,数学是古希腊无可置疑的科学,是知识的可靠来源。智者学派的"修辞术"是柏拉图眼中的"说服之术",智者学派认为:"起到政治效果的行动和起到政治效果的演说都要求人们认清演说能力的极限。"⑤柏拉图对智者学派的批评主要集中于《高尔吉亚篇》中修辞与厨艺的对比,认为修辞学家利用各种手段去劝说他人去相信或去做任何事情,这种劝说努力与对真理的承诺无关(426d–465b)⑥,在《斐德罗篇》

---

① [德]伽达默尔:《真理与方法》II,洪汉鼎译,商务印书馆 2010 年版,第 8 页。
② [德]伽达默尔:《真理与方法》II,洪汉鼎译,商务印书馆 2010 年版,第 9 页。
③ Rudrum, David, *Literature and Philosophy A Guide to Contemporary Debates*, New York: Palgrave Macmillan, 2006, p.170.
④ [德]伽达默尔:《真理与方法》II,洪汉鼎译,商务印书馆 2010 年版,第 9 页。
⑤ [美]施特劳斯:《修辞术与城邦——亚里士多德〈修辞术〉讲疏》,何博超译,华东师范大学出版社 2016 年版,第 3 页。
⑥ 《柏拉图全集》,王晓朝译,人民出版社 2002 年版,第 316–341 页。

中柏拉图指出，修辞有时同找到、交流、洞见、知识关系密切（268a–269c）。①伽达默尔认为，在柏拉图眼中，真正的修辞应该是对话的一部分，因为对话导致理解，而理解才是修辞的本质所在。因为理解的核心是相互理解。柏拉图对话的真正智慧预设了善良意志，促进理解的意愿是真正的洞见，也应该是对话中修辞要达至的真正目标。②伽达默尔指出：在数学中真理通过概念在思想中的自我发展得以确立。③而自现代以来，以数学为代表的古希腊科学则被经验科学所取代。伽达默尔认为，传统的心智培育和修辞与现代科学的认知任务形成了尖锐的对立。这种对立在康德《纯粹理性批判》导言中表现的尤为明显，康德指出：

> 我们的一切知识都从经验开始，这是没有任何怀疑的；因为，如果我们不是通过对象激动我们的感官，一则由它们自己引起的表象，一则使我们的知性活动运作起来，对这些表象加以比较，把它们联结或分开，这样把感性印象的原始素材加工成为经验的对象知识，那么知识能力又该由什么来唤醒活动呢？所以按照时间，我们没有任何知识是先行于经验的，一切知识都是从经验开始的。④

在这种语境下，语言势必要承担起新的任务。经验科学使描绘现实的方式和语言均发生了变化。现实数学化成为必然趋势，数学模式促进了"客体"（object）这一新概念的出现。它规定了如何通过方法将实在制造成客体的方式。伽达默尔认为，以方法为途径对客体进行研究的目的是摧毁客体的抵抗，达到控制自然过程的目的。新的实在为语言设定了新的任务。伽达默尔指出，语言完全失去了亚里士多德为其下的定义，即语言对于

---

① 《柏拉图全集》，王晓朝译，人民出版社2002年版，第187-189页。
② Gadamer, "The Expressive Force of Language: On the Function of Rhetoric in Gaining Knowledge", *Praise of Theory: Speeches and Essays*, trans. Chiris Dawson, New Haven: Yale Univeristy Press, 1998, p.124-125.
③ Gadamer, "The Expressive Force of Language: On the Function of Rhetoric in Gaining Knowledge", *Praise of Theory: Speeches and Essays*, trans. Chiris Dawson, New Haven: Yale Univeristy Press, 1998, p.126.
④ ［德］康德：《纯粹理性批判》，邓晓芒译，人民出版社2004年版，第1页。

人来说，除了像鸟儿发出的警告外，还是人拥有的逻各斯，具有揭示的作用，使事物显现，并非仅仅指示事物，而是识别出其所示的样子。伽达默尔进一步指出，语言的新任务就是去阐释生活世界。因为依据古希腊和中世纪的修辞传统，语言是生活世界的语言，其任务和目的就是去阐释生活世界。①

在古希腊和中世纪的修辞传统中，语言是获取知识的必要手段。语言与知识之间的紧张关系是伽达默尔哲学诠释学的核心问题之一。文本与作者的分离，文本与读者的分离，是造成理解困境的主要原因。缩短和弥合文本与读者之间的距离是理解的关键，也是诠释学的基本问题。② 伽达默尔认为这个诠释学的基本问题由来已久。理解事件具有语言性质，语言本身就是游戏。③ 伽达默尔："语言能够让某些东西'显露出来'（entbirgen）和涌现出来，而这种东西自此才有存在。"④

伽达默尔主张语言就是世界经验，"语言观即世界观"⑤，以此为出发点，文学的语言性对文学意味着什么，或者，文学的语言究竟以怎样的方式把我们引入世界关系和世界行为之中？伽达默尔以语言为诠释学经验的媒介，并把语言确定为诠释学的本体论视阈，二者得以达成的基础在于语言即世界观的主张。洪堡主张"语言是人类精神力量的产物"，语言形式中能够看到"精神的历史生命"，因此"把每一种语言都理解为一种世界观"。伽达默尔认为洪堡关于语言的命题表达了语言问题的根本意义。⑥ 在这种语言视阈下，伽达默尔关于文学的主张，是否在语言的普遍性意义基础上，同时以自身特有的存在方式关涉了世界观问题，使文学以自身的方式，把我们引入世界关系和世界行为之中，这是本章力图回答的问题。

---

① Gadamer, "The Expressive Force of Language: On the Function of Rhetoric in Gaining Knowledge", *Praise of Theory: Speeches and Essays*, trans. Chiris Dawson, New Haven: Yale Univeristy Press, 1998, p.127-128.

② Gadamer, "The Expressive Force of Language: On the Function of Rhetoric in Gaining Knowledge", p.123.

③ ［德］伽达默尔：《真理与方法》Ⅰ，洪汉鼎译，商务印书馆2010年版，第490页。

④ ［德］伽达默尔：《真理与方法》Ⅰ，洪汉鼎译，商务印书馆2010年版，第518页。

⑤ ［德］伽达默尔：《真理与方法》Ⅰ，洪汉鼎译，商务印书馆2010年版，第623页。

⑥ ［德］伽达默尔：《真理与方法》Ⅰ，洪汉鼎译，商务印书馆2010年版，第619-21页。

作为哲学范式的文学：伽达默尔文论研究

第一节　伽达默尔的语言存在论

语言是什么，在西方哲学史上是个基本问题，实际上这个问题与人的定义紧密相连。亚里士多德曾在《尼各马可伦理学》对人进行过详细的解析，他指出：人是具有 Logos 的生物（*zoon logon echon*），人区别于其他生物就在于人有 logos（1098a3）。①这是西方对人所下的一个经典定义。关于这个定义，伽达默尔指出："在西方文化传统中，这个定义以这样一种形式成为一种规范的定义，即人是 animal rationale，具有理性的动物，也就是说，人是由于能够思维和其他动物相区别。"②伽达默尔继海德格尔之后对这个命题进行了重新解释。伽达默尔指出："实际上，逻各斯这个词的主要意思是语言。"③动物因欲望的刺激去寻找东西、因危险而避开东西，这是动物出于本能而为之的行为，而人除了本能之外还拥有逻各斯。"这样人才能相互表达哪些东西有用，哪些东西有害，什么是正确的，什么是错误的，这是一个相当奥妙的论断。"④人具有逻各斯，会说话的意义在于：

> 他超越了实际现存的东西，就在于他具有对未来的感觉。……正是因为人有了这种感觉，才会产生公正和不公正的意义——而所有这一切都是因为，人作为一个个体，是具有逻各斯的。人能够思想，能够说话。人能够说话，也就是说他能够通过他的话语表达出当下并未出现的东西，从而使其他人能够预先了解。⑤

让其他人了解是相互了解的前提和基础。人拥有了这样的前提和基础才能形成人之间的相互了解，才能达成相互一致的意见。这是人存在的社

---

① ［古希腊］亚里士多德：《尼各马可伦理学》，廖申白译，商务印书馆 2003 年版，第 19 页，1098a3。
② ［德］伽达默尔：《真理与方法》Ⅱ，洪汉鼎译，商务印书馆 2010 年版，第 182 页。
③ ［德］伽达默尔：《真理与方法》Ⅱ，洪汉鼎译，商务印书馆 2010 年版，第 182 页。
④ ［德］伽达默尔：《真理与方法》Ⅱ，洪汉鼎译，商务印书馆 2010 年版，第 182 页。
⑤ ［德］伽达默尔：《真理与方法》Ⅱ，洪汉鼎译，商务印书馆 2010 年版，第 182-183 页。

会基础和政治基础。

伽达默尔认为,语言并非工具。伽达默尔在其哲学诠释学中再次提出语言,这一问题始终贯穿着西方哲学史,从古希腊对存在的思考,到近代哲学的认识论转向,再到以海德格尔为标志的存在论转向,直到现代的语言学发展,对语言的本质以或隐或显的方式思考着。伽达默尔在《作为哲学的概念史》中就曾指出,"哲学就是不断地努力寻找语言,说得更感人一点:哲学就是不断感到有语言困境"[①]。可以看出,语言之于哲学的重要性,从某种程度上说,哲学的发展也是语言的发展,哲学在语言中,尤其是以概念为标志的语言中不断进展。哲学在发展中受到语言的束缚,感受到语言所带来的困难,但也在突破这种"语言困境"的过程中得到实质性的进步。同时,伽达默尔将哲学看作提出问题的学问:

> 我们只要承认哲学从整体说来只是一种发问,我们就必须问它的问题是如何提出的,这就是说:哲学到底是在何种概念性中运动的。因为正是概念性铸造了提问的立场。因此关键就在于问题是如何提出的,记住这点我们就能学会构造问题的立场。[②]

在这里,伽达默尔强调了两点:一是哲学的问题意识;二是哲学与概念、概念史的关系,而这两点都与语言有关。诠释学反思作为一种批判的意识,带有问题性,伽达默尔将诠释学理解看作具有语言性的,原因之一就在于理解具有问答的思辨结构,且在伽达默尔看来,问题较之于回答更具有优先性。这种观点与哲学从古希腊开始就被作为一种"惊奇",一种源于好奇的智慧之思相一致。同时,思想与语言的关系不仅体现在古希腊赫拉克利特的"逻各斯"中,同样在海德格尔看来,运思和作诗有种同源性,都是通向"存在"之途的方式。对于第二点,哲学就是概念史,最明显地体现在黑格尔的思想中。黑格尔认为,哲学就是哲学史,而哲学史就是概念的运动。黑格尔以概念的辩证发展过程作为哲学的本体论也正表

---

① [德]伽达默尔:《真理与方法》Ⅱ,洪汉鼎译,商务印书馆2010年版,第103页。
② [德]伽达默尔:《真理与方法》Ⅱ,洪汉鼎译,商务印书馆2010年版,第102页。

作为哲学范式的文学：伽达默尔文论研究

明了概念、概念史对于哲学发展的重要性。伽达默尔哲学诠释学的思考也重视概念史分析，他在《真理与方法》"导言"中就指出"哲学研究用以展现自身的概念世界已经极大地影响了我们，其方式犹如我们用以生活的语言制约我们一样。如果思想要成为有意识的，那么它必须对这些在先的影响加以认识。这是一种新的批判的意识，自那时以来，这种意识已经伴随着一切负有责任的哲学研究，并且把那些在个体同周围世界的交往中形成的语言习惯和思想习惯置于我们大家共同属于的历史传统的法庭面前"，"本书的探究力图通过使概念史的研究与对其论题的事实说明最紧密地联系起来而实现这种要求"。① 与黑格尔类似，伽达默尔也重视概念史的研究，概念中包含着先前思想家的语言习惯和思想习惯，这与伽达默尔重视历史的、语言的传承物又有关系。此外，哲学与语言的关系，不仅因其问题意识以及与概念的关系两方面有关，而且这两个方面的联系也加强了语言对于哲学发展的重要性。正如伽达默尔如上所指出的"哲学到底在何种概念性中运动的。因为正是概念性铸造了提问的立场"，可以看出，哲学作为概念与哲学的问题意识密不可分，而两者的联结点即为语言。因此，对语言本质的追问，是哲学思考的内在必然要求，既源于哲学是一门提问的智慧之思，又与哲学作为概念史，作为概念的探究史密不可分，而这两个方面又同时指向了语言。

然而，对语言本质的探究，在哲学史中呈现出不同的语言观，其中具有代表性的是语言工具论，伽达默尔在其语言观的发展中，所针对也主要是语言工具论。伽达默尔认为，语言工具论最早开始于柏拉图对语言本质的探讨，并体现在《克拉底鲁篇》中关于名称的正确性的争论，表现在两种理论上：约定论和相似性理论，但这两种理论的共同前提都是语言或语词仅仅是作为名称，这种前提意味着语词与事物本身的分离或对立，因此这种探讨也仅仅在"正确性"或语词对事物是否相符或在何种意义上是相符的探讨，而没有进展到语词本身的真理性问题。伽达默尔和柏拉图都注意到了在这种前提之下不可能存在真理性的问题，但他们的理由不同，也由此构成了伽达默尔对柏拉图语言工具论的批判。柏拉图认为，名称不是

---

① ［德］伽达默尔：《真理与方法》Ⅰ，洪汉鼎译，商务印书馆 2010 年版，第 8 页。

对事物本身的认识，要想认识事物本身只能从"理念"出发，所谓的名称"正确性"或"适当性"的问题也要基于"理念"。对"理念"的思考与柏拉图的辩证法有关，是辩证认识通向一的过程。

> 柏拉图所欲达到的辩证法显然要求思维单独依据于自身，并开启思维的真正对象，亦即'理念'，从而克服语词的力量和语词在诡辩术中恶魔般的技术作用。语词的领域被辩证法所超过，这当然不是说，真的有一种与语词没有关系的认识，而只是说，并不是语词开辟了通向真理的道路，恰好相反，语词的'恰当性'只有从事物的知识出发才能得到判断。①

柏拉图对语言的批判，是为了反对古希腊的智术师对语言的技术化运用，柏拉图认为这种语言运用实际上仅仅是一种诡辩的表现，并不能通达事物本身。在柏拉图看来，事物的真理只能靠辩证法来揭示，而不是智术师的修辞性运用。柏拉图的辩证法要求内在的纯粹思维，是灵魂的自我对话，不强调声音的外在表现。然而，在伽达默尔看来，柏拉图的辩证认知同样受到语言的束缚，这在柏拉图的第七封信中有所体现。因此，伽达默尔批判柏拉图的语言工具论，并认为"柏拉图所谓的发现理念过程比起诡辩派理论家的工作还要更为彻底地掩盖了语言的真正本质，因为诡辩派理论家是在语言的使用和误用中发展他们自己的技巧（techne）的"，对于柏拉图来讲，"语言是工具，是对来自原型、事物本身这一类东西的描摹、制作和判断"。② 在这里，伽达默尔对柏拉图语言工具理论的批判，主要在于柏拉图仅仅是从理论上探讨语言，并将语词屈从于他的理念的辩证认知过程。相比之下，诡辩家也是将语言作为工具，然而是在一种实际使用或误用中。在伽达默尔看来，语言的这种运用或误用或许更能接近语言的本质，因为即使将语言作为工具，语言也需要与事物打交道，"语词只有把事物表达出来，也就是说只有当语词是一种表现（mimesis）的时候，语

---

① ［德］伽达默尔：《真理与方法》Ⅰ，洪汉鼎译，商务印书馆2010年版，第572页。
② ［德］伽达默尔：《真理与方法》Ⅰ，洪汉鼎译，商务印书馆2010年版，第573页。

词才是正确的"①。表现也是一种"模仿",伽达默尔通过语词的表现或模仿将语言作为存在的本质提出来,"语词是存在(ousia),这种存在就是值得被称为存在(einai)的东西,它显然应由语词把它显现出来"②。伽达默尔借"模仿"关系将语词与事物统一起来。然而,模仿不是《克拉底鲁篇》中的相似性,也不同于柏拉图的模仿理论,因为在伽达默尔看来,语词与事物之间的表现关系或模仿关系没有"存在距离",伽达默尔称之为"语词的绝对完满性""在语词的感性现象和意义之间根本不存在感性的关系,根本不存在距离"③。语词的这种完满性代表了精神性、真实性,语词的存在就是它的意义,因而也就超出了柏拉图对名称正确性的探讨。可以看出,伽达默尔通过批判柏拉图的语言工具论,将名称的正确性上升到语词的真理性,语词是真实的东西,语词有其存在,这种存在就是它的意义,伽达默尔将语言的本质探讨上升到存在,将语言与事物本身统一起来。

伽达默尔对语言工具论的批判,除了批判将语词仅仅作为名称的看法外,也批判将语词作为纯粹符号,将语言作为符号系统的观点,这种观点基于话语的真理性与语词的意义区分之上。话语的真理性指的是事物的真理在讲话中,而不在个别的语词中。真理的承担者是逻各斯,而不是语词,而语词仅仅是被逻各斯配列的符号,语词的理想性代表就是数,即纯粹符号。作为纯粹符号,语词本身是消失的,没有意义的。如果说语词有意义,它的意义也不是其本身具有的,而是指向使用语词的主体。对语词的单纯性和纯粹性的强调为人工语言、普遍语言、理想语言、元语言和科学术语提供了基础。伽达默尔批判这种对语词的人工抽象、将语词脱离其所从出的生活经验的做法,认为这种做法导致语词丧失了生命力。"我们往往是把一个已经通用的语词从它的意义关联的领域中提取出来,并使其置于一种确定的概念意义之中",他援引洪堡的观点,指出"谈话语言中的语词的生动意义在本质上具有一种灵活性,而与此相反,术语则是一种意

---

① [德]伽达默尔:《真理与方法》Ⅰ,洪汉鼎译,商务印书馆2010年版,第576页。
② [德]伽达默尔:《真理与方法》Ⅰ,洪汉鼎译,商务印书馆2010年版,第576页。
③ [德]伽达默尔:《真理与方法》Ⅰ,洪汉鼎译,商务印书馆2010年版,第577页。

义固定的语词,对语词作专业术语的使用则是对语词所行使的一种强制行动"①。伽达默尔反对从主体出发,将语言作为主体性的工具的做法,反对将语言作为由人的理性所操控的符号体系的观点,因为将语言当作纯粹的符号系统,是对语言的抽象化处理,是将语言与事物的存在做强行分离而得的。因此相比于科学化的术语和专业化的概念,伽达默尔更加推崇语言作为生动的谈话。伽达默尔在《事情的本质和事物的语言》一文中,同样批判了在人的技术化世界中,将语言作为支配事物的工具的做法。相反,他主张,我们应该更好地听从事物本身,听从事物的语言。"至于我们尚能谈论事物的语言,这就使我们记起事物实际上是什么东西,它不是供人使用被消费的材料,不是供人使用然后扔到一边的工具,而是在其自身中有其存在,'推挤到无中'(海德格尔语)的东西。"②伽达默尔以摹本做喻,认为语词宁可是摹本,也不是符号,摹本在其表现中有其存在,语词就是它描摹对象的存在,也即意义,语词属于事物本身。这样,伽达默尔再次回到语言与事物的统一之中,从存在上来探讨语言的本质。在现代科学技术思维模式的操控下,将语言形式化、抽象化后作为纯粹符号系统的做法是一种形式主义的表现。这种形式主义在黑格尔的《精神现象学》中就已作为一种不能体现事物本身的思维方式加以批判,"形式推理,乃以脱离内容为自由,并以超出内容而骄傲","形式推理否定地对待所认识的内容,善于驳斥和消灭这种内容","这种推理,乃是返回于空虚的自我的反思,乃是表示自我知识的虚浮"。③正如黑格尔所指出的,形式主义的思维方式将形式和内容相脱离,语言被当作符号仅仅作为与事物不相关的形式来看待,形式主义排斥内容,且正如黑格尔所指出的,形式主义出自一种主体性的虚浮,这与伽达默尔所批判的语言符号系统理论出于主体性意愿而与事物本身相脱离的观点一致。将语言作为人工符号系统是语言工具论的另一种表现,通过批判语言作为符号系统,伽达默尔将语言作为存在,强调语言与事物本身之间的统一性。

---

① [德]伽达默尔:《真理与方法》Ⅰ,洪汉鼎译,商务印书馆 2010 年版,第 583-584 页。
② [德]伽达默尔:《真理与方法》Ⅱ,洪汉鼎译,商务印书馆 2010 年版,第 83 页。
③ [德]黑格尔:《精神现象学》(上册),贺麟、王玖兴译,商务印书馆 1987 年版,第 40 页。

作为哲学范式的文学：伽达默尔文论研究

伽达默尔考察20世纪西方哲学时，提出语言学转向已经完成，语言性转向已经开始，转向发生的标志是新康德主义过渡到现象学。他认为对语言性研究的第二次特殊转向出现在德国哲学中，即从新康德主义到现象学的过渡，特别体现于从胡塞尔的现象学到由海德格尔主导的"诠释学转向"中。伽达默尔师承海德格尔思想，深化发展了"诠释学转向"并最终走向"哲学诠释学"，伽达默尔的语言性研究被认为是继"语言学转向"后的"第二次相应的事件"①，即第二次转向。

伽达默尔追随海德格尔的存在论转向，在批判语言工具论的基础上发展语言本体论思想。海德格尔在总结现代哲学的语言观时指出了两种代表性倾向：

> 人们现在称这些立场为：技术——科学主义的语言观与思辨—解释学的语言经验。两种立场从殊为不同的任务方面得到规定。第一种立场想把一切思与言，包括哲学的思与言，置于一种可在技术—逻辑上建构起来的符号系统的统治之下，亦即把它们固定为科学的工具。第二种立场起于这样一个问题，即：应把什么东西经验为哲学之思的实事本身，应如何言说实事（作为存在的存在）。可见，在这两种立场中，问题并不在于一种语言哲学（与一种自然哲学或艺术哲学相应）的被隔离开来的区域，毋宁说，语言被当作哲学之思和任何一种思与言都在其中逗留和活动的那个领域来认识。②

海德格尔所区分的两种语言观也是伽达默尔分别想要批判和维护的语言观，第一种语言立场即是伽达默尔想要批判的语言工具论，而第二种立场则是伽达默尔从存在论出发对语言本质的探讨。海德格尔揭示了语言工具论的技术化和科学主义本质，即将一切思想和语言都置于技术—逻辑可操控的符号体系之下的倾向。在海德格尔看来，自然科学——技术的思与

---

① Schmidt, Lawrence K., *Language and Linguisticality in Gadamer's Hermeneutics,* Boston: Lexington Books, 2000, p.59.
② ［德］海德格尔：《路标》，孙周兴译，商务印书馆2000年版，第78页。

言是客观化、对象化的思与言的方式,将思作为表象,而将言作为表达,是在存在之被遗忘状态的情况下,将在场作为在场者的做法,而海德格尔强调的"存在论差异"即立基于存在和存在者的差异。他主张从实事本身出发,从存在出发来思考语言的本质,其目的是探讨一种非自然科学——技术的思与言。海德格尔的存在论思想的一个基本倾向是将存在、存在之真理作为探讨思想、语言、人、真理及其相互关系的出发点。同时,从存在出发,语言、思想以及人之本质问题并不能单独进行探讨,对每个问题的本质追问都是在其相互关系中进行的。例如,海德格尔的《关于人道主义的书信》主要是对人的本质的探讨,但海德格尔开篇提出的问题却是思想的本质问题,并从对思想的本质的探讨引申出存在、人之本质以及语言的本质等问题,他指出"思想完成存在与人之本质的关联":

> 存在在思想中达乎语言。语言是存之家。人居住在语言的寓所中。思想者和作诗者乃是这个寓所的看护者。只要这些看护者通过他们的道说把存在之敞开状态(Offenheit des Seins)带向语言并且保持在语言中,则他们的看护就是对存在之敞开状态的完成。①

思想关涉存在与人的本质,存在关涉思想与语言,语言与存在,人与语言,思想、语言与存在,以及存在与道说,语言与道说等在海德格尔看来都是相互关联,相互说明的。海德格尔所要处理的基本问题是存在问题,然而对存在的探讨并不能直接进行,而是需要借助思想、语言、道说以及人之本质。同时在这种探讨中,思想、语言以及人之本质问题都有所揭示,也就是从存在之真理出发对它们的本质的呈现。

伽达默尔受海德格尔存在论的影响,对语言本质的探讨同样是在存在、语言、思想以及人的本质之间的关系中进行的。亚里士多德曾对人的本质进行定义,人是具有逻各斯的生物。一般认为,逻各斯主要指人的理性,但伽达默尔则倾向于逻各斯作为语言的层面。他指出,人是具有语言的生

---

① [德]海德格尔:《路标》,孙周兴译,商务印书馆2000年版,第366页。

物。[①]将逻各斯作为理性加以强调与近代重视人的主体性有关，但逻各斯的古希腊语 λογος 首先指的是"让呈现""让存在"，是使存在者出于其遮蔽状态进入无蔽之中的过程，海德格尔将其译作为"聚集"即是强调逻各斯的"让存在"的意义。同样，作为主体和基底的"一般主体"（subiectum）的古希腊语 υποκειμενον 也不同于近代认识论意义上的"主体"（subjekt）。伽达默尔强调人是语言的生物，是对海德格尔关于人之本质的实现与语言、存在的关系的进一步发展。伽达默尔强调语言的无意识本性，语言并不属于个体意识，语言超越于作为主体的人。因此，在伽达默尔看来，人之所以不同于动物在于人拥有语言，人因为拥有语言而拥有世界。然而这种"拥有"，又不是人作为主体对语言的操控或把握，倒不如说，语言拥有人，正如海德格尔所说，人应合语言的"道说"，并因为这种"应合"，人才成其自身的本质。可见，人之本质离不开人与语言的内在关系。

伽达默尔从存在出发探讨语言的本质，他不仅强调语言与事物的统一性，也重视语言与存在整体的关系，也即语言与世界的关系，"世界就是语言地组织起来的经验与之相关的整体"[②]。由于语言与存在者整体的关联，语言自身也显示出有限性，然而伽达默尔所表达的语言有限性与柏拉图在理念的辩证法之下所探讨的语言有限性不同。柏拉图的语言有限性是相比于超验的理念而言的，而伽达默尔则认为，语言的有限性基于人的有限性经验，每一语词的意义只有在与意义整体发生关联时才能有其意义，当下说出的语言与未说出的语言具有某种内在联系，因此语言总是在不断构成和继续构成着的，语词也在讲话的过程中不断开展和继续开展着。语言是有限的，是为了指明语言总是不断开展着的，语言与存在整体相关。然而，存在者整体并不是作为对象的整体，"整体性并不是一种规定着的对象性"，"整体性并不是对象，而是包围着我们并且使我们在其中生活的世界境遇（Welthorizont）"[③]。因为语言与存在整体的关系，任何一次语言所说出的都是有限的，然而语言的有限性恰恰也指向了语言的普遍性，

[①] ［德］伽达默尔:《真理与方法》Ⅱ，洪汉鼎译，商务印书馆2010年版，第183页。
[②] ［德］伽达默尔:《真理与方法》Ⅱ，洪汉鼎译，商务印书馆2010年版，第630页。
[③] ［德］伽达默尔:《真理与方法》Ⅱ，洪汉鼎译，商务印书馆2010年版，第644页。

因为语言与生活世界整体相关。

在伽达默尔看来，语言的有限性、语言的整体性都说明了语言具有世界定向的本质。世界经验是语言性的，而语言也因此获得了普遍性。关于语言的普遍性问题，黑格尔在《精神现象学》有关"信念的语言"中就有所探讨。黑格尔将语言作为一种精神的特定存在，"语言是为他的、为别人而存在着的自我意识，而这种自我意识是作为自我意识而直接现成存在着的，并且作为这一个自我意识就是普遍的自我意识"①。可以看出，在黑格尔看来，语言具有普遍性，语言是共同的，不存在个体的语言，或者说如果存在个体的语言，这种语言也是共相，因此也是普遍的语言。伽达默尔将语言看作人的一种普遍的能力，他认为儿童学习说话的过程就是获得世界定向的过程，而语言能力的扩展也代表着人观看世界能力的扩展。"使语言的普遍性发生诠释学的作用，我的这一尝试的核心就是我要把学习说话和获得世界定向看作人类教化历史无尽地延续的过程。"②学习说话就是获得一种世界定向，也是人类进行教化的过程，而教化就是克服差异性而向着普遍性的提升，是获得世界经验的过程。在伽达默尔看来，语言因其普遍性而是世界经验、教化经验和普遍经验的媒介。

伽达默尔的语言存在论思想与语言对于哲学的重要性密不可分，也与伽达默尔的哲学诠释学强调哲学的问题意识以及哲学与概念、概念史有内在的关系。伽达默尔从批判语言工具论出发，反对柏拉图立基于理念论和辩证法而将语词与事物进行分离的观点，也反对从主体出发将语言作为符号系统进行抽象化、形式化的处理。他延续了海德格尔的存在论思想，主张从语言与事物的统一体出发，从存在之真理出发，在存在、语言、思想、道说、人之本质以及真理的相互关系中揭示语言的本质。通过对语言工具论的批判，伽达默尔强调语言与事物本身的统一性；通过将人看作具有语言的生物，伽达默尔揭示了语言对于人的本质的实现的重要性；通过将语言与存在整体相关联，伽达默尔指出了语言的有限性，同时也指向了语言

---

① [德] 黑格尔：《精神现象学》（下册），贺麟、王玖兴译，商务印书馆1987年版，第162页。
② [德] 伽达默尔：《真理与方法》II，洪汉鼎译，商务印书馆2010年版，第5-6页。

的普遍性，语言作为人的普遍能力，具有世界定向的作用，语言是人类进行教化、获得普遍世界经验的媒介。语言是世界观的诠释学意义在于语言并非只是生活在世界上的人所使用和装备的一整套工具，在使用工具时它发挥工具的作用，当不使用时它可以被弃之一边。语言的存在论意义在于人通过语言拥有世界。这样伽达默尔沿着海德格尔的路，把语言的事实性从"源于现成在手的本体论的偏见以及客观性概念中解放出来"[①]，还原了语言的存在论意义，从而重新构建了语言与世界的关系。

由此可见，语言的本质在于对于人而存在的世界之中，传承物通过理解和解释重新获得表述和丰富，世界经验得以在语言之中得到充分的表述，在这个意义上人拥有世界。人对世界的拥有就体现在语言与世界的关联性之上。语言与世界的这种关联性表述的核心是人与人之间共同性的构建，而且这种共同性并非对话中参与者或文本中的个人之见，而是所有参与者对世界理解所达成的一致理解，从而自我理解也得以实现。这种同一性认识奠定了道德同一性和社会统一性的可能性基础，在这个基础上再进一步便能够实现认可我们此在世界的现存秩序和安排，从而维护这个秩序，建立社会理解共同体。

第二节 语言存在论与世界

世界的展现是通过语言经验来实现的，语言经验为世界定向提供了前设定。伽达默尔的这个命题阐明了语言存在论意义下语言与世界的关系，这种关系是以语言为中心进行思维的出发点。从语言为中心进行思维出发的理据能够有效地避免形而上学的目的论关联，建立一种语言实现方式、存在物和解释者的对话关系。这种有别于形而上学目的论的关系展示出：

> 解释者的意识并不是作为传承物的词语而到达解释者这儿的东西的主人，人们也不能把这里发生的东西适当地描写成存在东西的进一层认识，从而使一种无限的理智能包容一切从传承物总体来说的东西。

[①] ［德］伽达默尔：《真理与方法》Ⅰ，洪汉鼎译，商务印书馆2010年版，第641页。

第三章　语言与世界观：伽达默尔文学语言性研究

从解释者的观点看，发生的事件意味着解释者并不是作为认识者寻找他的对象，他并非运用方法的手段去'努力找出'对象的真正意义以及它本来究竟如何。①

这意味着只有传承物"到我们手中"，传承物的词语同我们"遭遇"，同我们进行对话，自己向我们显示自身其意义才能到达我们。也就是说在谈话或是在文本阅读之中，事物的事实性才能够在相互理解中显露出来，世界的根本存在得以实现。伽达默尔指出：

> 相互理解是一种生活过程，在这种生活过程中生活着一个共同体，……人类的语言就是就'世界'可以在语言性的相互理解中显现出来而言，必须被认作一种特别的、独特的生活过程。……世界这样就构成一块公共的基地，谁都未曾踏上过它，但都认可它，这种公共基地把所有说话的人都联结在一起。一切人类生活共同体的形式都是语言共同体的形式，甚至可以说：它构成了语言。②

也就是说世界展现的实现过程体现在我们进入语言经验并在之中成长，我们不断地阅读古今中外的经典文本，我们不断地同前人对话，不断地批判、汲取和综合前人的思想，把前人带入同我们对话的场景之中，实现各种经验的融会贯通，达到一般认识，从而实现自我的超越。语言具有隐藏和显露的性质。有关语言的本质问题以古希腊柏拉图的语言工具论和现代分析哲学的语言符号论为典型。伽达默尔反驳了柏拉图的语言工具论，认为柏拉图这样理解语言比诡辩派还要更彻底地掩盖了语言的真正本质，割裂了语言与事物存在的内在联系；伽达默尔也不赞成当代分析哲学的语言符号论，认为其同样忽视了语言本身的存在形式和事物的内在一致性。③伽达默尔的语言本体论强调语言和世界之间的紧密联系。回顾语言哲学史，

---

① ［德］伽达默尔:《真理与方法》Ⅰ，洪汉鼎译，商务印书馆2010年版，第649页。
② ［德］伽达默尔:《真理与方法》Ⅰ，洪汉鼎译，商务印书馆2010年版，第628页。
③ 李岩:《谁拥有语言，谁就拥有世界——浅析伽达默尔的语言观》，《科教文汇》2007年第2期。

洪堡、维特根斯坦和海德格尔都在不同程度上探讨过语言和世界的关系，伽达默尔在这些前人的基础上，更深入地探讨语言本质与世界之间的关系，最终得出"能被理解的存在就是语言"的语言本体论思想。

伽达默尔是在论证由洪堡提出但未经论证的命题即"语言就是世界观"的基础上提出自己的语言观的，最终他的语言本体论思想也超越了洪堡的语言观。洪堡曾经说过要把每一种语言都理解为一种特有的世界观。洪堡研究了人类语言构成的原始现象据以区别的内在形式，即精神力。他认为，除了通过声音区别语言之外还要把精神力作为内在的语言意识而对语言加以区别。洪堡的语言观认为语言乃是一种内在精神的创造活动，人类通过语言这一构成思想的器官，将思想转化成语言得以表达，使个人通过不同的语言而形成一种独特的世界观。洪堡强调将语言通过语音与内在精神活动紧密联系在一起：

> 语言产生自人类的某种内在需要，而不仅仅是出自人类维持共同交往的外部需要，语言发生的真正原因在于人类的本性之中。对于人类精神力量的发展，语言是必不可缺的；对于世界观的形成，语言也是必不可缺的，因为个人只有使自己的思维与他人的、集体的思维建立起清晰明确的联系，才能形成对世界的看法。①

关于"精神力"的问题，可以追溯到古希腊亚里士多德那里。在亚里士多德看来，动力、圆满实现及精神能量，dunamis（动力）、entelechy（圆满实现）以及 energeia（精神能量）都与生命运动密切相关，尤其是"精神能量"更表示一种"精神的在场"，在宗教中意味着上帝的临现。黑格尔的《精神现象学》专门一章谈论"力与知性"问题，黑格尔将其作为一种重要的意识形式，将力作为一种广泛存在于自然科学、社会科学以及人文科学中的普遍的东西。黑格尔批判当时的自然科学从机械论的角度探讨"力"的问题，而他则将"力"看作一种内在的生命力，也即一种精神力，

---

① ［德］洪堡特：《论人类语言结构的差异及其对人类精神发展的影响》，姚小平译，商务印书馆 2002 年版，第 25 页。

而这种表示生命力和精神力的"力"在黑格尔那里就表现为概念。黑格尔以万有引力为例,认为力作为生命力、精神力是一种普遍的概念、单纯的概念或概念本身。[①]黑格尔将力作为生命力、精神力的观点与洪堡将语言作为一种精神力的观点具有相似性,在黑格尔那里以概念的辩证发展过程形成的世界,在洪堡这里则体现为由语言推动形成的世界观。

伽达默尔在批判语言工具论和语言符号论而建构语言存在论时,同样立足于语词本身的精神性,以及符号本应该有的精神性之上。"语词的这种真理性存在于语词的完满的精神性之中,亦即存在于词义在声音里的显现之中","标记、记号、预兆、症象等在被作为符号使用时,以及按它们的指示存在被抽象考虑时,都具有精神性"。[②]换句话说,精神性是语词之所以能够成为符号的内在原因。同时,伽达默尔也强调寓于语言之中的生成力和创造力。

> 语言实际上只是一种词,这种词的效能为我们开辟了继续说话和彼此谈话的无限性以及和自己说话和让自己说话的自由。语言并不是强加在我们身上的人们制造出来的习俗,前图式化的负担,而是使语言整体不断重新流动起来的生成力和创造力。[③]

伽达默尔将语言作为生成力与创造力,认为语言具有无限的进展的可能。同时在语言的生成与创造中,世界经验也得到不断扩展和提升。此外,伽达默尔认为语言是有生命的。在他对黑格尔的"颠倒的世界"的讨论中,他注意到黑格尔对颠倒、变化和转化的强调。在黑格尔以自然科学的重力、电等为例说明力与规律的关系的地方,伽达默尔以语言为例,他指出:

> 由于说明的自身循环性,我们可以用语言学规律的范例加以证明。在这个范例中,人们在一种语言之内讨论'说明'音调变化的规定的

---

① [德]黑格尔:《精神现象学》(上册),贺麟、王玖兴译,商务印书馆1987年版,第100-101页。
② [德]伽达默尔:《真理与方法》Ⅰ,洪汉鼎译,商务印书馆2010年版,第578-581页。
③ [德]伽达默尔:《真理与方法》Ⅱ,洪汉鼎译,商务印书馆2010年版,第258页。

诸规则。但是，显而易见，这些规则不是别的正是它们所说明的东西。它们甚至无法暗示能够提出其他的意见。一切语法规则都具有同样的自身循环性的特征。在那些规则中，没有任何东西得到说明。实际上，构成语言生命的东西，仅仅是被陈述为某种支配着语言的规则①。

黑格尔在对力与规律之间关系的探讨中，认为应该将规律从力的角度来理解，应该将规律的本质归结为力的内在转化和颠倒。伽达默尔认为语言的诸规则也应该归结为语言本身的生命力。黑格尔以变化的、动态的力来批判自然科学固定的、图示化的、静止的规律世界，而伽达默尔则以语言的生命力、语言的生成力和创造力来否定将语词作为静止的符号，否定语法规则。

我们在语言中活动并通过预先的语言经验进入世界，语言经验使我们进入习俗传统并且把我们带入社会规范。②伽达默尔在洪堡对于语言本质问题探究的基础上，提出语言作为存在与世界的关系。他认为语言作为存在与世界之关系体现于语言并不独立于世界而存在，世界也依靠语言来表达。与洪堡强调语音形式的语言观不同，伽达默尔更注重寓于传承物中的语言。伽达默尔认为"语言形式和流传的内容在诠释学经验中是不可分离的"③，语言是靠内容即传承物而流传下来的，语言和传承物具有统一性。在理解文本时，我们必须要带入自己的世界观即语言观。语言作为人类的语言，世界通过语言得以展现在人类面前，因而语言观就是世界观，并且这个由语言构成的世界对内对外都保持开放。"伽达默尔不仅想要展示传统的作用，即语言能够揭蔽世界，使一切显现于这个语言世界中，更想要重建这一传统对每个人的规范性作用，无论是对已沉浸于这个世界中的人还是对想通过解释而占有它的人"。④伽达默尔重视语言传承物，正是因为语言对世界有所揭示。当然，世界通过语言而表现，也有赖于人的理解

---

① ［德］伽达默尔：《伽达默尔论黑格尔》，张志伟译，光明日报出版社1992年版，第57页。
② ［德］伽达默尔：《真理与方法》Ⅱ，洪汉鼎译，商务印书馆2010年版，第255页。
③ ［德］伽达默尔：《真理与方法》Ⅰ，洪汉鼎译，商务印书馆2010年版，第621页。
④ Lafont, C. *The Linguistic Turn in Hermeneutic Philosophy*, Cambridge: MIT Press, 1999, p.79.

和解释。此外，伽达默尔也以学习一门外语为例说明语言与传承物的关系。在他看来，学习一门外语，就是通过同外国人的生动交流或是对外国文学的研究，也就是将我们自己的语言观或者说是世界观带入外语中，并获得一种新的角度，但在此过程中我们不会忘掉自己的世界观，亦即我们自己的语言观。伽达默尔论证学习一门外语就是学习这门外语的语言传承物，而这种传承物就是以文本或是文学传承物的形式存在。"如果这种传承物不是以一种必须用文本的陈述来传达的熟悉性加以表现，那么我们同样不能理解它所说的和必然所说的内容"。① 我们是从外语的学习和学校借以把我们引入外语中的文学作品中获得这些语言传承物的，也只有通过这种形式，我们才能最终"纯粹而完全地感受到"这门外语。要想获得诠释学经验，我们必须把"我们自己的世界观，亦即自己的语言观"一起带入，否则不可能理解一门外语。因此，伽达默尔在洪堡的"语言就是世界观"的基础上，更加强调以语言传承物为形式的世界观的获得。

除洪堡对语言本质与世界之间的关系有过探讨外，逻辑大师和语言哲学的奠基人维特根斯坦也曾在他的《逻辑哲学论》中探讨语言和世界的关系，同时他也被认为是系统地从语言来思考世界的第一人。《逻辑哲学论》对语言本性的主要思考被总结为"图像理论"，而图像论的基本构想是语言与世界对应。维特根斯坦认为只有命题这种语言形式才是事态的图像，"一边是发生的事情，另一边是图画之类对事情的表现、摹画"②。语言以命题的形式图像化地摹画了世界。这是维特根斯坦早期的语言哲学思想，将语言视作现实的反映。他后来作了很多哲学思想上的改变，在后来出版的《哲学研究》中维特根斯坦将语词比作各式各样的工具，"语言的功能不在于反映世界，而在于像使用工具那样对世界作出应对"③。可以看出，维特根斯坦尽管意识到了语言和世界间的紧密联系，但仍然局限于认为语言是反映世界的工具而已，尤其是在其后期思想中语言工具论思想变得更为明显。

---

① ［德］伽达默尔:《真理与方法》Ⅰ，洪汉鼎译，商务印书馆2010年版，第622页。
② 陈嘉映:《语言哲学》，北京大学出版社2003年版，第143页。
③ 陈嘉映:《语言哲学》，北京大学出版社2003年版，第188页。

伽达默尔则跳出语言工具论的桎梏探讨语言与世界相互依存的本质。他认为：

> 语言并非只是一种生活在世界上的人类所适于使用的装备，相反，以语言作为基础，并在语言中得以表现的是，人拥有世界。世界就是对于人而存在的世界，而不是对于其他生物而存在的世界，尽管它们也存在于世界之中。但世界对于人的这个此在却是通过语言而表述的……相对附属于某个语言共同体的个人，语言具有一种独立的此在，如果这个人是在这种语言中成长起来的，则语言就会把他同时引入一种确定的世界关系和世界行为之中。但更为重要的则是这种说法的根据：语言相对于它所表述的世界并没有它独立的此在。不仅世界之所以只是世界，是因为它要用语言表达出来——语言具有其根本此在，也只是在于，世界在语言中得到表述。语言的原始人类性同时也意味着人来在世存在的原始语言性。①

也即是说，在伽达默尔看来，语言不是人认识世界的工具，相反，语言使得人拥有世界，即谁拥有语言，谁就拥有世界。正如伽达默尔所认为的，人是具有语言的生物，人与动物的不同也正在于人拥有语言。同时人也正因为拥有语言而拥有世界。世界，在严格的意义上只是属于人，动物是"无世界"的，动物仅仅有其"环境"。世界与人具有共属一体性，海德格尔将"此在"作为"在—世界—之中—存在"即是出于世界与人的相互共属关系。世界与人的关系，与语言作为人的本质有关。同时，伽达默尔也强调语言的独立性。他赞同语言的游戏理论。"语言只是游戏，是我们都参与其中的游戏。在游戏中无人能优于他者。每一个人都'在游戏中'（dran）并且不断处于游戏的进程中。"② 语言作为游戏有其自主性，但伽达默尔又强调语言与世界的不可分离性，语言与世界也是共属一体的。语言通过世界而得其存在，世界通过语言而得到表达和呈现。语言和世界相

---

① ［德］伽达默尔：《真理与方法》Ⅰ，洪汉鼎译，商务印书馆2010年版，第623页。
② ［德］伽达默尔：《真理与方法》Ⅱ，洪汉鼎译，商务印书馆2010年版，第302页。

互依存，这种依存关系使得人拥有世界，因为语言是人的本质。

伽达默尔最终走向语言作为诠释学本体无疑是受到了海德格尔后期对语言的关注的影响。海德格尔后期开始关注语言的真正本质，并且提出"任何存在者的存在寓居于词语之中，即语言是存在之家"①的论断。在《形而上学导论》中，海德格尔专注研究"什么是存在？"他认为"只有显现出来、进入非遮蔽状态，只有显露，才会有存在"②。而这种存在当然是在语言中显现的；在《在通往语言的途中》一书中，海德格尔在言谈中发现了语言的真正本质：语言不是人的一种表达，而是存在的一种显现。在语言中显现的不是人的某种东西，而是世界、存在本身。③他通过格奥尔格和伯恩的诗歌的例子来揭示"语言的本质，本质的语言"。海德格尔认为斯蒂芬·格奥尔格的《词语》一诗的最后一句"语词破碎处，无物可存在"指出词与物的关系，"它指明，词语本身就是关系，因为词语把一切物保持并且留存于存在之中。倘若没有如此这般的词语，那么物之整体，亦即'世界'，便会沉入一片暗冥之中"④。他认为正是这样的语词为我们提供了取得一种经验的可能性。海德格尔最后总结语言的本质认为，"语言之本质就在道说中，道说的意思就是显示（Zeigen），即让显现（erscheinen lassen），既澄明着又遮蔽着之际开放亦即端呈出我们所谓的世界"⑤。因此，在海德格尔看来，语言的本质就是显示世界，在语言中世界得以呈现。

语言推动理解的方式是对话。对话是显示游戏结构的最佳方式，也是显示理解的最佳方式。在人们进行对话时他们实际上是在进行一场语言游戏。如同游戏一样，在进行对话时我们不断地进入他人的思想世界，与此同时，他人也在我们的思想之中寻求某种答案，也即在对话过程中对话的双方相互吸引，彼此你来我往，语言便在往返之中寻求安身之处。在对文本的理解过程中，这种对话更是赋予对文本理解以新的意义。每当人们诉诸文本的时候，文本总是对对它进行询问的人提供新的答案，同时也在向

---

① ［德］海德格尔：《在通向语言的途中》，孙周兴译，商务印书馆2008年版，第154页。
② ［美］帕尔默：《诠释学》，潘德荣译，商务印书馆2012年版，第201页。
③ ［美］帕尔默：《诠释学》，潘德荣译，商务印书馆2012年版，第204页。
④ ［德］海德格尔：《在通向语言的途中》，孙周兴译，商务印书馆2008年版，第167页。
⑤ ［德］海德格尔：《在通向语言的途中》，孙周兴译，商务印书馆2008年版，第193页。

其提出新的问题。为此，对文本的理解也是一个自我理解的过程。在这个过程中，文本得以在阐释者的语言世界中寻找到了语言来表达文本要表达的思想。阐释实则是在理解中找到了一致性，也即阐释者在自己的语汇中找出一个答案。

伽达默尔赞成海德格尔认为语言使物存在和语言显示世界的本质，在此基础上伽达默尔论证语言本身作为存在显示世界，揭示世界关系和提供世界经验，在此过程中语言形成一种世界观并且保持开放。伽达默尔谈到，语言的本质乃是谈话的语言，这种语言性以相互理解为前提，通过理解人类获得世界经验，人类世界经验的语言性给予我们关于诠释学经验的分析以一种扩展的视阈。人所生活于其中的真正的语言世界使我们的观点得以扩展和提升，而且人类不管在怎样的传承物中表现自己，表现的总是一种人类的世界，亦即一种语言构成的世界。每一个由语言构成的世界，就是人类从自身出发而对一切事物所形成的可能的观点，并同时是对自己世界观的扩展，保持开放，并相应地向其他世界开放。人类所生活的世界是由语言构成的共同体，正是因为世界经验的语言性本质，伽达默尔赋予了语言传承物以更加突出的地位，尤其是在文学作品中，伽达默尔认为：

> 诗歌通常成为对某种真实的东西的证明，因为诗歌在似乎已经耗尽和废弃的语词中唤起了一种隐秘的生命，并向我们讲述关于我们的东西，很显然，所有这一切都是语言所能做到的，因为语言并不仅仅是反思思维的创造，而是它自身塑造了我们生活于其中的世界确定的方向。①

语言构成的世界总是开放的世界，同样文学作品中的语言也是在改变和发展着，同时反映经验世界的变化。例如许多读者会觉得乔伊斯的经典《尤利西斯》非常难懂晦涩，某些章节极其乏味。但现在距离《尤利西斯》的发表已近100年，如果我们能够非常努力的摆脱这些乏味，考虑我们今天的社会环境和世界环境，那必将对《尤利西斯》产生全新的解读，因为

---

① 李建盛：《理解事件与文本意义：文学诠释学》，上海译文出版社2002年版，第50页。

经典本身对任何时代都是开放的。

由上可得,伽达默尔的语言存在论思想在语言与世界的关系中得到深化,语言对世界的揭示和世界经验的语言性为文学的语言性提供了视阈。伽达默尔最终走向语言作为存在与世界的关系,他从洪堡"语言就是世界观"的命题出发论证语言依托文学传承物带入自己的语言观即世界观而获得诠释学经验,从而解释了语言与世界观同质的本体思想;在语言哲学家维特根斯坦"语言图像论"即语言可摹画世界的启发下,伽达默尔揭示了语言与世界实则相互依存的深层关系;最终伽达默尔沿袭海德格尔揭示语言本质的道路,人类的语言使得世界得以展现与存在,世界通过语言而表达。人类通过理解揭示语言中的真理主张,最终获得世界经验。伽达默尔认为"谁拥有语言,谁就'拥有'世界"①。伽达默尔证实了"能够被理解的存在就是语言"这一哲学诠释学的语言本体论,人们通过理解活动,真理的解蔽,最终获得对世界的认识和世界经验,世界在语言中得以显现。这一过程很好地体现于文学作品中,因为:

> 文学作品的语言并不是为了简单地再现或反映某种已经存在的东西,而是通过语言的自身实现展示一个比实在世界更多的东西。文学作品的语言世界就是人类理解和解释世界的一种方式,就是表达人类经验和陈述真理的意义世界。文学作品的语言并不是一种工具,并不是某种外在于自身的物理符号,文学作品的语言展示丰富的意义世界。②

通过语言与世界的关系建构,伽达默尔不仅深化了语言的存在论思想,同时也为探讨作为文字传承物的文学的语言性研究提供了基础。他认为,"传承物的本质以语言性作为标志,这一事实显然在传承物是一种文字传承物的情况中达到其完全的诠释学意义。语言在文字中是与其实现过程相脱离的。以文字形式传承下来的一切东西对于一切时代都是同时代的"。"文

---

① [德]伽达默尔:《真理与方法》Ⅰ,洪汉鼎译,商务印书馆2010年版,第637页。
② 李建盛:《理解事件与文本意义:文学诠释学》,上海译文出版社2002年版,第59页。

字传承物并不是某个过去世界的残留物，它们总是超越这个世界而进入到它们所陈述的意义领域"。"语言在文字性中获得其真正的精神性，因为理解的意识面对文字传承物才达到它的完全自主性"。[①] 在伽达默尔看来，世界经验的获得有赖于对传承物的理解和诠释，又因为世界与语言的内在关系，文字传承物较之于其他类型的传承物又更为理想。而文学作品作为一种文字传承物以其独特的语言性更能体现语言的本质以及语言与世界的关系。为此，伽达默尔总结道："语言因素清楚地展示出不断中介的过程，通过这种过程社会地转化着事物（传统）才生存下来。因为语言并非仅仅是在我们手中的一个对象，它是传统的贮存所，是我们通过它而存在并感受我们世界的媒介。"[②] 这也就是伽达默尔著名的断言，能够被理解的存在就是语言的意义所在。只有在语言中一切事物的存在才能得以反映，也只有在语言之中未曾"谋面"的事物才能被遇到。超越现实，预测和筹划未来是伽达默尔认为对亚里士多德关于人的定义的最深刻的理解，而人预测和筹划未来的能力从根本上来说来自语言。

第三节 文学的语言性与对世界的理解

伽达默尔的语言本体论思想为文学的语言性研究提供了视阈，同时文学以其独特的语言性，又能够深化语言与世界的关系，文学作品的语言是揭示世界经验的载体，并能实现共同理解。伽达默尔的哲学诠释学的重要贡献在于在方法论的基础上建立了本体论的解释学体系，而这个体系的一个核心命题就是"理解"的本体论问题，其逻辑起点正是语言，他认为"整个理解的过程乃是一种语言的过程"。[③] 伽达默尔在他的哲学诠释学中把语言问题置于诠释学的中心地位，而且把语言作为一种此在的有限性和历史性存在，从本体论上阐述了理解的语言性问题。因此"哲学诠释学深刻地揭示了这一本体论的问题，理解必须通过语言的形式并在语言事件中才

---

① ［德］伽达默尔：《真理与方法》Ⅰ，洪汉鼎译，商务印书馆2010年版，第548–550页。
② ［德］伽达默尔：《哲学解释学》，夏镇平、宋建平译，上海译文出版社2004年版，第30页。
③ 李建盛：《理解事件与文本意义：文学诠释学》，上海译文出版社2002年版，第48页。

能发生，因此，一切理解都是语言性的。"① 而文学作品作为理解的对象是阐释理解的语言本体性的最佳载体，文学评论家对文学作品意义的追问就是理解和解释文学作品的过程，文学作品本身的语言性揭示了这一理解过程的语言性，而最终在对文学作品的理解活动中达到对世界的共同解释。

伽达默尔的哲学诠释学将理解作为一个本体要素，他追随海德格尔的存在论转向，认为理解是一种存在，是此在的一种生存方式。海德格尔在此在的生存论建构中，将领会作为此在生存论的环节。此在作为生存着的存在者就是对自己有所领会的存在者。在海德格尔看来，此在是"在—世界—之中—存在"，而领会就是此在的"在之中"的展开状态，是此在的"此"。同时，此在在其本真状态上是一种能在，一种可能之在，而领会就是此在作为能在的存在方式。

> 领会是这样一种能在的存在：这种能在从不作为尚未现成的东西有所期待；作为本质上从不现成的东西，这种能在随此在之在在生存的意义上"存在"。此在是以这样的方式去存在的：它对这样去存在或那样去存在总是已经有所领会或无所领会，此在"知道"它于何处随它本身一道存在，也就是说，随它的能在一道存在。②

此在作为可能性区别于现成性，而领会就是对此在可能性的领会，包括此在被抛的可能性以及筹划的可能性，此在是通过领会可能之在而存在的。因此，实际上在此在现在的存在中，已经包含有指向过去的被抛的可能性以及指向未来的筹划的可能性，这也是此在生存的时间性结构。伽达默尔认同海德格尔将理解（或领会）作为此在的生存论环节，也认同海德格尔提出的"把理解作为此在本身的存在方式，理解活动就是此在的前结构向未来筹划的存在方式"③，从而将诠释学的理解问题作为一个本体论问题而不是认识论问题来看待。

---

① 李建盛：《理解事件与文本意义：文学诠释学》，上海译文出版社2002年版，第48页。
② ［德］海德格尔：《存在与时间（修订译本）》，陈嘉映、王庆节译，生活·读书·新知三联书店2014年版，第168页。
③ ［德］伽达默尔：《真理与方法》Ⅰ，洪汉鼎译，商务印书馆2010年版，第2–3页。

理解的本体性与语言有密切的关系，因为在伽达默尔看来语言是理解的普遍媒介，一切理解都是语言性的，理解的目的是达到语言上的相互一致。伽达默尔对"理解"这一核心概念的定义是"所谓理解就是在语言上取得相互一致，而不是说使自己置身于他人的思想之中并设身处地地领会他人的体验"[1]。理解总是相互理解，而不是以某一方为中心，不"设身处地地领会他人的体验"即不以回归到对方的原意为理解的目的，理解的目的是要达到语言上的相互一致。他认为："其实，语言就是理解本身得以进行的普遍媒介。理解的进行方式就是解释……一切理解都是解释，而一切解释都通过语言的媒介而进行，这种语言媒介既要把对象表达出来，同时又是解释者自己的语言。"[2] 伽达默尔反对语言工具论，提倡语言媒介论，语言就是解释的进行，而理解又是解释，因此语言就是理解的媒介，是联结理解的对象和理解者的媒介，语言是理解者的语言，而语言表达的是对象。此种情况可以看出"语言与理解是同样原初的，因为理解是语言性的；正是通过语言，像世界这样的东西才能够向我们显现"[3]。语言对于理解的重要性在于：语言作为理解的媒介使得理解得以可能，理解具有语言性，理解就是要达到语言上的相互一致。

伽达默尔从两层关系来阐述理解的语言性本质，即理解的对象以及理解本身都是具有语言性的。理解的对象是文字传承物，具有语言性，这种文字传承物是持续的，让我们认识普遍的世界关系且获得相应的世界经验；而理解本身也具有语言性，因此对事物的理解必然通过语言的形式而产生，这两层关系证实理解是语言性的。伽达默尔认为语言，无论是以谈话的形式还是文字传承物的形式，其本质都要求一种"共同性"（Gemeinsamkeit），而这种共同性就建筑在人的自我理解之中，人们追求这种理解的共同性实则是为最终达到对世界的共同解释。理解的语言性指向对世界的共同理解。伽达默尔从理解的对象和理解本身来阐释理解的语言性本质，而文学作品以其语言性特征成为诠释学理解的理想对象，同时通过文学作品的语言所

---

[1] ［德］伽达默尔：《真理与方法》Ⅰ，洪汉鼎译，商务印书馆 2010 年版，第 540 页。
[2] ［德］伽达默尔：《真理与方法》Ⅰ，洪汉鼎译，商务印书馆 2010 年版，第 547 页。
[3] ［美］帕尔默：《诠释学》，潘德荣译，商务印书馆 2012 年版，第 295 页。

揭示的理解过程本身，也指向对世界的共同理解。

理解的语言性首先体现于理解对象即文字传承物的语言性上。伽达默尔认为："语言性和理解之间的本质关系首先是以这种方式来表示的，即传承物的本质就在于通过语言的媒介而存在，因此最好的解释对象就是具有语言性的东西。"① 诠释学理解的对象是语言传承物，不管它是以神话、传说、风俗、习俗得以生存的直接重述的形式，还是以文字传承物的形式，传承物的本质以语言性作为标志，这一事实显然在传承物是一种文字传承物的情况中达到其完全的诠释学意义。文字传承物的持续发展，使得我们不断认识普遍的世界关系，世界在文字中得以展现，文字构成文本，而诠释学本来的任务或首要的任务就是理解文本。伽达默尔认为理解的最佳对象是文字传承物，而文学作品则是最佳的文字传承物。古今中外经典的文学作品，不管是荷马的古希腊史诗《奥德赛》、弥尔顿的《失乐园》还是中国的《诗经》、四大名著等为何能够经久不衰、代代相传？正是因为这些名著中具有张力的语言文字在作者的精心安排下向世人揭示了普遍的世界关系，成为人们诠释的最佳对象。不同时代的读者尽管会产生不同的理解误差，但都能从中认识到普遍的世界关系和得到普世的世界经验。

伽达默尔通过扩展"文学"概念的范围来探讨诠释学理解对象的普遍性。伽达默尔对"文学"概念的理解并不将其局限在作为一门学科，甚至也不局限在仅仅作为一种艺术门类上。

> 文学概念就远远比文学艺术作品概念来得广泛。所有语言传承物都参与了文学的存在方式——这不仅指宗教的、法律的、经济的、官方的和私人的各种文本，而且也指这样传承下来的文本被科学地加以整理和解释的著作，也就是说，整个精神科学。的确，只要科学探究与语言有本质的联系，那么所有科学探究都具有文学的形式。正是一切语言性的东西的可书写性（Schriftfahigkeit），才使得文学具有最宽广的意义范围。②

---

① ［德］伽达默尔:《真理与方法》Ⅰ，洪汉鼎译，商务印书馆 2010 年版，第 547 页。
② ［德］伽达默尔:《真理与方法》Ⅰ，洪汉鼎译，商务印书馆 2010 年版，第 238 页。

作为哲学范式的文学：伽达默尔文论研究

伽达默尔将所有的科学，包括精神科学和自然科学在内，也包括科学的探究在内，都看作具有语言性的。同时，具有语言性在伽达默尔看来主要是指具有"可书写性"，也即以文字形式呈现。这样伽达默尔就将凡是具有语言性的传承物优先看作文字性的传承物，而文字传承物又几乎等同于伽达默尔的"文学"概念。因此，伽达默尔就超出了一般将"文学"当作文学艺术作品意义上的"文学"概念，使其获得了更广泛的意义。此外，他通过探讨"文学艺术"与"文著作品"之间的共同性，即由语言所塑造的内容，而将"文学"概念扩展开来。实际上，在伽达默尔看来，"文学"概念包含艺术和科学在内。"文学"作为文字传承物具有要求理解和阅读的特征。

> 文字以及分享文字的东西即文著作品，就是转移到最生疏事物中去的精神理解性。没有什么东西像文字这样是纯粹的精神踪迹，但也没有什么东西像文字这样指向理解的精神。在对文字的理解和解释中产生了一种奇迹：某种陌生的僵死的东西转变成了绝对亲近的和熟悉的东西。①

伽达默尔将"文学"概念扩展开来，将其指向所有具有语言性的东西，尤其是文字传承物，由此也扩展了诠释学理解对象的范围。

理解的语言性的第二层关系体现于理解本身的语言性。伽达默尔首先论证解释的语言性，"所谓解释（Auslegung）正在于让自己的前概念发生作用，从而使文本的意思真正为我们表述出来"②，可见解释是具有语言性的。因而在对文本的解释或是对非文本的绘画品、音乐作品解释时，解释实则就是对它们的理解，"理解和解释以一种不可分开的方式彼此交织在一起"③。语言和思维的内在统一性在诠释学现象中表现为理解和解释的统一性。最终我们可以得出结论，理解本身也是具有语言性的。阅读文

---

① ［德］伽达默尔：《真理与方法》Ⅰ，洪汉鼎译，商务印书馆2010年版，第240页。
② ［德］伽达默尔：《真理与方法》Ⅰ，洪汉鼎译，商务印书馆2010年版，第558页。
③ ［德］伽达默尔：《真理与方法》Ⅰ，洪汉鼎译，商务印书馆2010年版，第561页。

第三章 语言与世界观：伽达默尔文学语言性研究

学作品就是要通过语言文字这一媒介去解释其中内涵的活动，伽达默尔认为解释的过程等同于理解的过程，因而阅读文学作品就是一个理解过程。而文学作品的语言性是其本质内涵，因此语言性和理解在阅读文学作品中就成为不可分割的统一体，无语言就不可谈及理解，理解必须通过语言。

伽达默尔认为，理解的语言性和解释的语言性指向共同理解。伽达默尔既反对将理解作为某种"自在的"东西，也反对将理解作为主观的和偶然的东西。"由于一切解释都具有语言性，因此在一切解释中也显然包括同他者的可能关系。如果在说话中不同时包括说话者和听话的人，这就不可能有任何说话。"① 同样，在理解传承物的过程中，在理解的语言表述中所呈现的是文本的视阈与理解者的视阈之融合。在解释的语言表达中，所呈现的是文本自身的存在，但并不是纯粹的"自在"，同时在解释的语言性表达中所呈现的也不是理解者的主观自在。语言性使得无论从主观还是客观的理解都不可能，因为语言作为说话总是包含着共同的理解在内。理解的语言性指向共同理解。

理解的语言性为诠释学经验的普遍性提供了依据。依托文学作品视角，我们对伽达默尔阐释的理解对象即文字传承物和理解本身的语言性有了更深的理解，这揭示了语言性在理解过程中乃至获得诠释学经验中的重要性。归纳起来说就是：

> 诠释学现象通过揭露其语言性而获得绝对普遍的意义。理解和阐释都以特定的方式被归置到语言传承物中。但与此同时它们又超越了这种关系，这不仅是因为一切人类文化的创造物，也包括非语言性的创造物，都可以用这种方式得到理解；更根本的是，一切合理智的东西一般都必然可以理解和阐释。②

在伽达默尔看来，诠释学经验具有普遍性，其中一个重要的理由就是作为诠释学对象的传承物所具有的语言性特征以及诠释学的理解所具有的

---

① [德] 伽达默尔：《真理与方法》Ⅰ，洪汉鼎译，商务印书馆 2010 年版，第 561 页。
② [德] 伽达默尔：《真理与方法》Ⅰ，洪汉鼎译，商务印书馆 2010 年版，第 568 页。

语言性本质。诠释学是关于理解和解释的学问,语言传承物或文字传承物更具有代表性的意义,但即便是对非语言创造物的理解,语言性仍然发挥作用。因此,理解的语言性是诠释学经验具有普遍性的重要因素。

文学作品的理解具有语言性特征,文学作品以其独特的语言性传达普遍的世界经验。伽达默尔在哲学诠释学视角下"对理解语言性的探讨无疑为文学活动的理解问题提供了新的理论维度,因为,文学意义的世界比起任何经验世界都更具有语言性的特征,其理解活动本质上就是在语言经验中获得其可能性的,其意义就只有在理解的语言性中才能现实化和具体化"。[①]

文学作品不同于其他艺术形式的特殊之处就在于其独特的语言性,文学理解所构成的文学经验是语言经验,文学的意义在其语言中得到实现。同时,在对文学作品的理解中,在文学的语言经验中,全面的世界经验得以可能。人们常常会通过阅读经典的文学作品对世界有一个更好的理解,而获得更为全面的世界认识或世界观,这些经典文学作品中的经验正是由作品中的语言性来揭示的。例如莎士比亚的作品常被奉为经典,莎氏以其独特的语言向每一位读者揭示普世的观念与认识,"不论是用马克思主义、弗洛伊德主义还是德·曼的语言学怀疑主义,你都无法以新的信条来阐释莎士比亚。相反,莎氏却以自己的后识而不是先知来阐释信条:所有弗洛伊德思想的精粹已存在于莎剧之中,此外还有莎氏对弗氏的有力批判"[②]。也即是说,莎士比亚的戏剧和诗歌,在其独特的语言中包含着普遍的世界经验,这种经验不是由后来无论什么样的文学视角所阐发的,而是内在于莎氏语言自身的。不仅如此,后来的文学理论之所以能够运用于对莎剧思想的阐发,也要取决于莎剧语言本身所传达的普遍的世界经验。又如,《罗密欧与朱丽叶》的开场诗是这样的:

> 故事发生在维洛那名城,
> 有两家门第相当的巨族,

---

① 李建盛:《理解事件与文本意义:文学诠释学》,上海译文出版社2002年版,第48页。
② [美]布鲁姆:《西方正典》,江宁康译,译林出版社2002年版,第20页。

> 累世的宿怨激起了新争，
> 鲜血把市民的白手污渎。
> 是命运注定这两家仇敌，
> 生下了一双不幸的恋人，
> 他们的悲惨凄凉的殒灭，
> 和解了他们交恶的尊亲。
> 这一段生生死死的恋爱，
> 还有那两家父母的嫌隙，
> 把一双多情的儿女杀害，
> 演成了今天这一本戏剧。
> 交代过这几句契领提纲，
> 请诸位耐着心细听端详。①

如我们所知，《罗密欧与朱丽叶》讲述的是一个凄美的爱情故事，然而却不仅仅是爱情，其中关涉爱情与家庭、社会、宗教等因素之间的关系，也涉及主人公的性格和命运。同时，莎士比亚也在塑造主人公罗密欧、朱丽叶之外引入了其他的视角，比如茂丘西奥的视角、仆人的视角，展示了乐手对于朱丽叶"死亡"的无动于衷，也呈现了卖药人对于冒死触犯法律的纠结。莎士比亚借罗密欧与朱丽叶之间的爱情故事所展现的是16世纪左右社会各个阶层的生存状态，上至贵族的情感纠葛，下至普通百姓的日常所思所想，在戏剧中揭示了普遍的世界经验和生存经验，而这种经验就凝结在以上开场诗的语言中。故事发生的地点"维洛那名城"是整个故事的背景，也是存在于罗密欧与朱丽叶之间的社会障碍，因为他们的爱情没有得到维洛那城的认可，尤其是在罗密欧误杀提伯尔特后被逐出维洛那城之时，更表明了社会对于两人爱情的否定。"有两家门第相当的巨族"揭示了主人公的社会阶层，而"累世的宿怨""新争""仇敌"则是横在爱情面前的家庭因素，是罗密欧与朱丽叶的"命中注定"，也是他们"不幸"的原因。同时，"命中注定"也带有宗教因素，表明一种神意所为，人的

---

① ［英］莎士比亚：《罗密欧与朱丽叶》，朱生豪译，人民文学出版社2003年版，第5页。

意志无能为力的特征。至此，在前半首诗中，社会、家庭、宗教因素都汇聚到了爱情当中。而在后半首诗中，主人公罗密欧和朱丽叶以"悲惨凄凉的殒灭"对爱情的捍卫，"和解了他们交恶的尊亲"和"父母的嫌隙"，化解了家庭、社会和宗教的矛盾。以莎士比亚的戏剧为例，可以看出文学语言所传达的普遍的世界经验。

　　文学作品以不同的语言形式展现不同的世界观，但并不阻碍文学作品具有传达普遍的世界经验的作用。伽达默尔在对《真理与方法》所做的补充中更为关注语言通过理解活动而具有的作用。他认为我们实则是通过语言的媒介作用在理解这种行为中获取共同的世界经验，而不同的语言将会形成不同的世界观。他在论文《语言能在多大程度上规定思维？》中谈道："一切语言性的世界观都具有相对性……根据这种理论，不同语言是不同的世界观和对世界的看法，而且我们不可能摆脱我们被包围在其图式之中的个别世界观。"[①]不同的语言形成不同的世界观，语言形成的世界观具有个别性、特殊性，这在某种程度上反映了语言的有限性，但诠释学的理解就是在这种前提下探求普遍的、共同的世界经验的可能性，这种理解也以语言的形式来表达。还以莎士比亚的《罗密欧与朱丽叶》为例，通过理解所付诸语言的任何一次表达都是有限的，无论是从莎士比亚所处的历史背景分析社会矛盾，还是从宗教信仰分析道德选择、道德悖论，无论是分析主人公的爱情悲剧，还是分析其美学、伦理特征，再有，无论是以电影的形式进行诠释，还是以歌剧的形式展现在舞台上，可以说，每一次理解、每一种理解形式都具有有限性，在理解的语言性中所展示的是一种独特的世界观、独特的世界经验。但由于理解的语言性指向共同理解，独特的世界经验也指向普遍的世界经验。

　　伽达默尔的后期思想更为关注语言的内在本质，他认为我们不管是在同外国人的交流中或是通过阅读外国的文学作品，实则都是在接触不同的世界观，而这种世界观正是通过语言的媒介作用而形成的。文学作品可以说是体现不同世界观的最佳载体，各民族的文学作品反映了不同民族的世界观，不同民族的世界观的差异必然存在，但如果所处时代相同，文学作

[①] ［德］伽达默尔：《真理与方法》Ⅱ，洪汉鼎译，商务印书馆2010年版，第252页。

品中的世界观也会形成交集，达到视阈融合。例如处于同时代的爱尔兰作家乔伊斯和中国的鲁迅：

> 乔伊斯的短篇小说集《都柏林人》和鲁迅的《呐喊》和《彷徨》具有相同的主题思想和人物塑造：乔伊斯揭露都柏林人的"精神瘫痪"（moral paralysis），而鲁迅抨击中国"国民的劣根性"；乔伊斯讽刺爱尔兰庸人，鲁迅嘲笑中国的市侩。[①]

又如，英国的《罗密欧与朱丽叶》和中国的《梁山伯与祝英台》，虽然两部剧在其语言中所表达的人物性格、悲剧抗争过程、具体处境等方面存在差异，但剧中主人公为爱情都经历了艰辛的抗争过程，并且最终都以殉情的方式树立了爱情的纪念碑，作为爱情悲剧同样为世人所传唱。因此，正是以语言为媒介，文学作品才得以传达普遍的世界观，同时也正是语言才使得不同的世界观之融合得以可能。语言是世界观的载体，而文学作品的语言则汇聚了普遍的世界经验。

文学语言呈现意义世界。伽达默尔反对在文学理解中，将语言作为工具。伽达默尔认为，人们通过语言的理解行为获得经验得以互相交流，那么可以这样理解：

> 既然在人类的一般经验领域中都不能把语言视为某种工具性的东西，那么对于文学作品来说，文学作品的语言就更不是某种简单地再现和反映外在世界的符号和工具，而更是以其语言经验的方式为人们创造了具有自身丰富性的意义世界。[②]

文学作品具有语言性，语言揭示文学作品的存在和真理。在对文学作品的理解中，语言不是符号系统，不是人们所使用的用以揭示文学作品的

---

① 傅似逸：《〈都柏林人〉和〈呐喊〉、〈彷徨〉比较研究》，《外语与外语教学》2003年第12期。

② 李建盛：《理解事件与文本意义：文学诠释学》，上海译文出版社2002年版，第48页。

工具，相反，文学的理解具有语言性，语言是理解的意义的媒介，语言就是文学所表达的东西。

文学的语言性既包括文学作品的语言性也包括文学理解的语言性，而通过对文学作品的理解，我们最终可获得共同的世界经验，形成一种世界观。他在总结语言本质的自我遗忘性中得出结论：

> 语言的真正存在就在它所说的之中，它所说的东西构成我们生活于其中的共同世界，从外语的（活语言的和死语言的）文学作品中传给我们的整个传统的长链也属于这个世界。语言的真实存在就是我们融化为其中的东西，当我们听到话语时，我们就成为它所说的东西。①

文学语言不是作为一种现成在手的对象摆在我们面前，而毋宁说它是一种"上手事物"，即有待于我们去理解、去倾听的东西。因此，通过阅读文学作品，倾听文学语言的声音，我们获得世界经验和世界定向。

总结来说，在伽达默尔语言本体论视阈下，文学语言性通过文学作品的语言性以及文学理解的语言性进一步深化了诠释学关于语言与世界的关系，同时也揭示出文学以其语言性作为世界经验的载体的合理性。诠释学的核心概念之一是理解，理解具有语言性，理解的目的是达到共同理解和世界经验，而文学作品恰恰是以语言为媒介的世界经验的承载者。伽达默尔追随海德格尔的存在论转向，将理解作为此在的生存方式，作为诠释学的本体要素，并认为理解具有语言性，主要体现在理解对象的语言性和理解本身的语言性上。文学作品作为文字传承物，是诠释学理解揭示普遍世界经验的理想对象，文学理解过程本身也是以解释性的语言呈现世界，同时文学理解指向共同理解和世界经验。通过理解概念建构文学与语言的关系，说明了文学语言呈现世界经验的合理性，进而表明了文学语言性对于诠释学语言本体性所具有的范式作用，也表明了文学以其语言性具有表达世界经验的有效性。

---

① [德] 伽达默尔：《真理与方法》Ⅱ，洪汉鼎译，商务印书馆2010年版，第189页。

第四节 文学的语言性与真理的关系

　　文学以其语言性特征不仅呈现世界经验，而且同时也揭示真理。伽达默尔证实理解的对象和理解本身都是语言性的，因而理解是语言性的，并且人们通过理解这种行为去认识世界，获得共同的世界经验。在此基础上，伽达默尔还阐释了语言与真理的紧密联系。伽达默尔认为真理实则也是寓于语言中的，通过理解，我们最终所要揭示的就是真理。他想要为精神科学提供合法的地位，认为："精神科学通过研究和理解进入历史的宽广领域，虽说它由此扩展了人类关于整个过去的精神世界，但当代的真理追求不仅不会因此而得到满足，而且它本身也成为思考的对象。"[①] 伽达默尔认为我们获得真理的最佳途径就是通过传承物，"倾听传承物并使自己置身于其中，这显然是精神科学中行之有效的寻求真理之途"[②]。因此，伽达默尔将理解的语言性问题进一步推进到真理的语言性问题，通过对文字传承物的探讨来为精神科学的真理合法性辩护。文学作品作为语言性的载体，具有揭示语言与真理关系的作用，因为文学作品是真理的发生，真理在文学语言中呈现。在文学作品中，真理自行设置入文学语言中。

　　首先，语言的真理性表现在语言就是对存在事物的表达，语言与事物具有统一性。伽达默尔曾系统梳理了"语言"概念在西方思想史上的发展，他回顾了古希腊哲学中柏拉图就语词问题的工具论观点和中世纪基督教中与语言问题紧密相关的道成肉身思想，并对这样的语言观做出了自己的评判。古希腊哲学就语词和事物之间的内在统一性问题一直争论不断，使得人们对语词的真理性问题及名称的正确性问题产生了怀疑。柏拉图的《克拉底鲁篇》是古希腊人关于语言问题的基本著作，其中表明"在语言中、在语言对正确性的要求中，是不可能达到实际真理的"[③]。柏拉图认为对事物的认识，不能通过语言，而应该从事物本身出发，他希望人们能够克

---

　　① ［德］伽达默尔：《真理与方法》Ⅱ，洪汉鼎译，商务印书馆2010年版，第47页。
　　② ［德］伽达默尔：《真理与方法》Ⅱ，洪汉鼎译，商务印书馆2010年版，第49页。
　　③ ［德］伽达默尔：《真理与方法》Ⅰ，洪汉鼎译，商务印书馆2010年版，第572页。

服语言的束缚性去直接认识事物。柏拉图阐述其语言工具论为"语言是工具，是对来自原型、事物本身这一类东西的描摹、制作和判断"[①]。伽达默尔就柏拉图的观点提出批判，认为他背离了语言的本质，割裂了语言与事物之间的紧密联系，他谈道："语言性的语词并不是由人操纵的符号，它也不是人们造出并给予他人的符号，语词甚至于也不是存在物，人们可以拿起它并使其载以意义的理念性，以便由此而使其他存在物显现出来。"[②]柏拉图将语言视作工具，与他反对古希腊智术师以雄辩的方式描述事物，进而对听众产生说服性的影响有关。柏拉图认为智术师对语言的运用并不能达到对事物本身的揭示，事物本身只能从理念那里获得其真理性。伽达默尔从语词与事物本身的统一性出发，不认为语词仅仅是符号，也反对仅仅将语言从形式上加以规定，反对将语言仅仅作为存在物的载体。实际上在伽达默尔看来，语言就是存在物本身，语言具有真理性。

其次，语言的真理性表现在语言、存在与思想的统一性中。伽达默尔从中世纪基督教思想中看出世界的创造以及道成肉身思想与话语的关系。他认为在这早期解释中可以发现两点语言的证明：其一是世界的创造是通过上帝的话语而实现的；其二是在《约翰福音》的前言中，真正的拯救行为，即上帝之子的创生这种道成肉身的神秘首先是用话语来描写的。基督教思想中世界在上帝的语言中得以创造以及基督在语言中成为肉身的思想表明了语言的本体性，语言不是认识论上的工具，语言本身就是事物的内容，语言与存在同一。伽达默尔认为就外在话语和内在话语的问题上，奥古斯丁贬低外在话语的价值，认为外在话语并不能表明真实的存在；而内在话语是上帝话语的镜子和图像。奥古斯丁对外在话语和内在话语的区分实际上是语言和思想的区分。伽达默尔反对这种区分，认为语言和思想具有统一性。他指出：

> 三位一体的秘密在语言的奇迹中得到反映，因为真实的话语，即说出事物本身怎样的话语，并没有自为的成分并且并不想成为自为

[①] ［德］伽达默尔:《真理与方法》Ⅰ，洪汉鼎译，商务印书馆2010年版，第573页。
[②] ［德］伽达默尔:《真理与方法》Ⅰ，洪汉鼎译，商务印书馆2010年版，第587页。

的存在。话语是在它的显示中有其存在。这也恰好适用于三位一体的神秘。①

三位一体的秘密,就是语言、存在以及思想之间的内在统一性的秘密。在伽达默尔看来,语言不是与事物相分离的工具,语言就是事物的存在,事物在语言中显现,因此,语言具有真理性。

伽达默尔在梳理"语言"概念在西方思想史上发展的同时,也逐步阐述了语言本质的观点。伽达默尔不赞同将语言看作工具或是纯符号的观点,认为语言只有在显示他物中才显示其自身,同时也体现正确性或真理性。伽达默尔对语言与真理之关系的阐释体现于两个方面。首先,他认为理解文本的任务乃是通过语言阐明和揭示文本中具有的真理性思想,并且为我们所接受。就如何理解文本的问题,伽达默尔反对把文本只看作某个个人生活的单纯表现的观点,他认为:"文本常常包含某种'更多'的东西,因为它要求说出某种关于它所讲的对象的真实东西。语言不只是生活的表达,而且是真理的启示,这不仅适合于文字性的表达,也适合于口头性的表达。"②因而我们在理解陌生文本的过程中,实则就是要理解它所提出的某种可能的真理要求,而这种可能真理首先必须被接受。伽达默尔总结为"诠释学强调所要理解的东西,不是作为生命环节的思想或作者的意图,而是作为真理的思想,理解和解释的任务就显然不是重构或复制原来的思想,而是阐明和揭示具有真理性的思想"③。诠释学的理解是对真理的阐明和揭示,而不是回溯作者的原意,而对真理的探讨基于文字传承物的语言性的表达。语言具有真理的揭蔽作用。

在真理问题被转到语言事件中后,正如真理有揭蔽(Entbergung)和遮蔽(Verbergung)的特点,语言本身也被认为是"遮蔽的揭示着的敞现(ein entdeckendes offenbaren)"④。海德格尔在其著作《存在与时间》中曾论述:"真理意指真实之本质,我们难道不是仅只做了一种词语用法的改变,也

---

① [德]伽达默尔:《真理与方法》Ⅰ,洪汉鼎译,商务印书馆2010年版,第592页。
② 洪汉鼎:《诠释学——它的历史和当代发展》,人民出版社2001年版,第215页。
③ 洪汉鼎:《诠释学——它的历史和当代发展》,人民出版社2001年版,第216页。
④ [德]伽达默尔:《真理与方法》Ⅱ,洪汉鼎译,商务印书馆2010年版,第568页。

即用无蔽代替真理,以此标明一件事情吗?当然,只要我们不知道究竟要发生什么,才能迫使真理之本质必得在无蔽一词中道出,那么,我们确实只是变换了一个名称而已。"[1] 无论是海德格尔的论述还是后期语言成为哲学中心的转向,无疑都将真理问题置入到了语言事件中。正如真理是揭蔽和遮蔽的过程,语言本身也被认为是遮蔽的揭示着的敞现。语言究竟是如何在文本中揭蔽与遮蔽真理的呢?海德格尔在诗里找到了这种语言经验并瞥见了语言里所显现的存在真理。海德格尔认为寓于语言里的真理内蕴在日常性的和工具性的讲话里被丧失,而在诗里却得以明显表现,诗经受真理的事件,即揭蔽与遮蔽的共在,在诗里"产生了"真理,即就作品而言最本质的东西是作品本身真理的显现。海德格尔总结艺术的本质就是"真理之自行设置入作品"或"对作品中的真理的创作性保存"。[2] 在《艺术作品的本源》一文中,海德格尔将真理的本质来源追溯到艺术上,艺术是本质的来源,"艺术就是真理的生成与发生",而"一切艺术本质上都是诗"[3]。海德格尔反对将诗看作浪漫主义的幻想或想象力,而强调诗与语言的关系。诗的发生是在语言中,正如语言使存在者具有敞开性,诗是真理的创建,是对存在者之无蔽状态的揭示。

文学的语言性与语言和真理的事件性有关,真理是发生,真理作为无蔽的发生也是语言的发生事件。语言的事件性强调在对存在者的解蔽中,事物本身在行动。伽达默尔和海德格尔同样认为,在人与语言的关系中,不是人拥有语言,而是语言拥有人。海德格尔强调语言说,而人是对语言的道说的应合。语言的道说的一种形式即是诗,"筹划着的道说就是诗""诗乃是存在者之无蔽状态的道说"[4]。伽达默尔也认为是语言在诉说,而我们只是听从语言的诉说。不仅如此,伽达默尔指出,实际上语言是属于事物的,而不是属于人的,是"事物的语言"而不是"人的语言","事物的语言"揭示事物实际上是什么,语词和事物具有内在的隶属性。这种内在隶属性为语言的事件性,语言作为真理的发生事件奠定基础,因为在伽

---

[1] 孙周兴:《海德格尔选集》,上海三联书店1996年版,第271页。
[2] [德]海德格尔:《林中路》,孙周兴译,上海译文出版社2008年版,第51页。
[3] [德]海德格尔:《林中路》,孙周兴译,上海译文出版社2008年版,第51页。
[4] [德]海德格尔:《林中路》,孙周兴译,上海译文出版社2008年版,第53页。

达默尔看来：

> 构成真正诠释学事物的东西并不是作为语法或词典的语言，而是在传承物中所说的东西进入语言，这种事件同时也就是同化和解释。只有这样才真正可以说，这种事件并非我们对于事物所做的行动，而是事物本身的行动。①

因此，伽达默尔同样反对从主体出发来解释语言的事件性，而是将语言的发生事件作为事物本身的行动，也正是从事物本身的活动出发，语言才达到存在者的无蔽，也即真理，真理在语言中呈现。

以语言为形式的文学作品即是真理的发生事件。海德格尔在探讨特拉克尔诗歌中的语言时，强调"探讨"作为寻找特拉克尔诗歌的"位置"，即"独一之诗"，他指出"唯出于这首独一之诗的位置，那些具体的诗作才得以闪亮、发声"，然而"反过来讲，一种对这首独一之诗的探讨首先就需要有一种对具体诗作的先行解释"②。"独一之诗"即是特拉克尔诗歌的真理，而这种"探讨"即是诗歌真理之发生，但真理发生在"具体的诗作"中，发生在语言性的解释中。海德格尔将特拉克尔的"独一之诗"归结为"孤寂"，这种"孤寂"发生在"灵魂，大地上的异乡者"，"宁静的行进"，"它在安宁和沉默中没落"，"蓝光朦胧"，"石头中的沉默多么巨大"，"只有少量漫游者 / 从幽暗路径走向大门"，"灵魂的寂静无风"，"在黑色的墙旁 / 始终鸣响着上帝的孤独之风"等具体诗句中。③ 由以上诗句可以看出，特拉克尔的诗性语言所传达的是孤寂之感，而孤寂正是特拉克尔的诗歌对人的在世之存在的真理的表达。在特拉克尔的诗性语言中，孤寂之为真理还在于孤寂是一种具有"聚集力"的精神，"孤寂作为纯粹的精神而成其本质""孤寂以其燃烧方式本身就是精神，从而是一种聚集力"④，这种"聚集力"就是赫拉克利特的"逻各斯"，即语言。作为特拉克尔"独

---

① ［德］伽达默尔：《真理与方法》I，洪汉鼎译，商务印书馆2010年版，第625页。
② ［德］海德格尔：《在通向语言的途中》，孙周兴译，商务印书馆2008年版，第30-31页。
③ ［德］海德格尔：《在通向语言的途中》，孙周兴译，商务印书馆2008年版，第35-38页
④ ［德］海德格尔：《在通向语言的途中》，孙周兴译，商务印书馆2008年版，第66页。

一之诗"之位置的"孤寂"聚集着诗性语言,而诗性语言使诗歌之真理发生。

文学语言作为事物本身真理的发生事件,具有思辨性的特征。伽达默尔的思辨性与黑格尔的辩证法有关,但与后者也有所区分。他赞同黑格尔在《精神现象学》中对思辨性和辩证性所做的区分,即在事物自身呈现与哲学证明的外在反思之间的区分。但他同样指出,后期黑格尔站在绝对知识的立场上将这种区分取消了。伽达默尔认为,黑格尔将矛盾推向顶点的辩证法思想,仅仅是在陈述领域的辩证法,而不是在语言经验领域的辩证法。① 伽达默尔强调语言的思辨性,即在语言所表达的事物和尚未表达出来的思想之间的统一性,因为语言指向存在者整体。伽达默尔从人的有限性出发,认为语言是不断构成着的,语言与存在者整体联系,然而在语言的语词中所说出的包含有未说出的成分。正如海德格尔将遮蔽和无蔽看作同源的,伽达默尔将语词中所表达的与尚未说出的联系起来,强调语言的整体性。由于语言与存在者整体的联系,语言具有了思辨性意义,而语言的思辨性为真理作为事物本身的发生事件提供保证。文学作品的语言也以其思辨性而使真理发生。迈耶尔的《罗马喷泉》一诗如下:

> 水柱升腾又倾注
> 盈盈充满大理石圆盘,
> 渐渐消隐又流溢
> 落入第二层圆盘;
> 第二层充盈而给予,
> 更有第三层沸扬涌流,
> 层层圆盘,
> 同时接纳又奉献
> 激流不止又奉然仁息。②

海德格尔指出,"可这首诗既不是对实际现存的喷泉的诗意描画,也

---

① [德]伽达默尔:《真理与方法》I,洪汉鼎译,商务印书馆2010年版,第658-659页。
② [德]海德格尔:《林中路》,孙周兴译,商务印书馆2015年版,第19-20页。

不是对罗马喷泉的普遍本质的再现。但真理却已经设置入作品中了"①。诗歌的真理之发生正如诗歌语言所表达的,"层层圆盘,同时接纳又奉献",这也正是对诗歌语言思辨性的表达。语言的不断构成发生在喷泉不同层的泉水之"接纳"和"奉献"之中,泉水在圆盘不同层之间流动,从而构成整个喷泉不间断的喷涌,而语言的思辨性即发生在不同层之关联中,从而揭示出存在者之整体之无蔽状态,即真理。

阅读文学作品是对世界有真理性认识的最佳途径,因为真理已经自行寓于文本之中。例如人们理解 T. S. 艾略特的经典诗作《荒原》:"它反映了第一次世界大战后西方病态的文明、西方世界中人们的反常的内心世界,以及畸形社会的面面观,也反映了渴望复兴和皈依天主以求解救的思想。"② 诗歌语言具有特殊的揭示真理的作用,海德格尔将诗歌语言作为非自然科学技术的"言说"方式,作为非客观化、非对象化的揭示世界存在的方式。

> 语言决不是人的一件作品,而是:语言说。人说,只是由于人应合于语言。这些句子并不是一种玄想的'神秘主义'的奇谈怪论。语言乃是一种源始现象,其本真的东西不能由事实来证明,而只能在一种没有先入之见的语言经验中得到洞察③。

在诗歌语言中,这种"语言说"的源始现象表现得更明显,诗歌语言揭示世界的存在之真理。再如小说家和剧作家会在作品中塑造各种各样的艺术形象,作者中心论的评论家会认为这恰好折射出作家的世界观,如在陀思妥耶夫斯基的戏剧中各种各样的带有悲剧色彩的受难者的形象。但如果:

> 从美学和诗学的观点来看,就是现实主义与反现实主义倾向间的矛盾,是世界观与创作方法的矛盾。艺术真实的不可抗拒的力量使得

---

① [德]海德格尔,《林中路》,孙周兴译,商务印书馆2015年版,第20页。
② 张剑:《T. S. 艾略特:诗歌和戏剧的解读》,外语教学与研究出版社2006年版,第48–49页。
③ [德]海德格尔:《路标》,孙周兴译,商务印书馆2000年版,第76页。

> 这位作家超越自己世界观的局限，真实地描绘了人类苦难的现实主义画卷，塑造了一系列最底层、最卑微、温柔而充满爱怜的形象。①

因此，在小说和戏剧中所表现的不仅仅是作者的意图，因为仅仅从作者的意图出发还不能揭示文学作品的普遍真理。小说和戏剧在其语言中所呈现的是世界经验，是有关存在之真理。

文学语言揭蔽存在之真理，呈现世界经验，语言观即世界观。伽达默尔赞成海德格尔关于真理的观点，认为真理的实际意义就是去蔽，而且海德格尔的这种观点使我们意识到存在的思考具有何种意义，事物的遮蔽性和掩饰性，同时也是真理的特性。伽达默尔在此基础上认为："在真的存在和真的话语之间就有一种原始的联系。在者的去蔽就在陈述的揭露中得到表达。"② 真理寓于语言中，语言具有解蔽作用。通过语言揭示的真理，我们获得经验。因为"真理就是去蔽，让去蔽呈现出来，也就是显现，这就是讲话的意义"③。我们获得诠释学经验的过程在于理解文本，也就是通过语言阐明和揭示文本中的真理性思想，并且经由这样去蔽的真理来获得对世界的认识和世界经验，形成我们自己的语言观，即世界观。文学作品的语言是真理的创建，是对存在者之敞开性的解蔽。文学的语言性表明文学作品是真理的发生事件，真理在文学语言中呈现，因为真理自行设置入文学作品的语言中。

语言的本体研究一直是语言哲学家关注的焦点，而不论是语言工具论还是分析哲学的语言符号论都被认为偏离了语言的实质。伽达默尔从哲学诠释学视角重新审视语言问题，批判语言工具论、符号论，继承并超越洪堡和海德格尔等人的语言观，最终揭示了语言的诠释学本体意义。他延续海德格尔的存在论思想，从存在之真理出发，在语言、存在、思想、道说、人之本质以及真理的相互关系中揭示语言的本质，即语言与世界同质的语言本体论思想。伽达默尔的哲学诠释学对语言本质问题的追问，是将语言

---

① 季星星：《陀思妥耶夫斯基小说的戏剧化》，首都师范大学出版社1999年版，第5页。
② [德]伽达默尔：《真理与方法》Ⅱ，洪汉鼎译，商务印书馆2010年版，第57页。
③ [德]伽达默尔：《真理与方法》Ⅱ，洪汉鼎译，商务印书馆2010年版，第58页。

作为一种存在方式，并将语言看作揭示世界存在、承载世界经验的媒介。语言作为存在与世界具有紧密联系，语言使世界得以存在和展现，世界通过语言而表达，"能被理解的存在就是语言"，而"谁有用语言，谁就'拥有'世界"。伽达默尔认为语言与世界的互相依存关系使语言成为人类的语言，语言使世界得以显现，也向其他世界开放。同时，语言与世界的关系在文学作品中有很好的体现，文学作品以其语言性是展现人类经验、揭示世界意义的理想载体。在诠释学视阈下，文学语言性以文学作品的语言性以及文学理解的语言性为主要特征，文学语言性能够实现对世界的共同理解。同时，文学语言性不仅能够呈现世界经验，而且也能够揭示真理。文学语言性所体现的对世界经验和真理的揭示进一步深化了诠释学语言本体论思想，并对后者具有范式作用。在伽达默尔看来，真理寓于语言中，而文学作品作为语言性的载体能够使真理发生，真理自行设置入文学语言中。伽达默尔的语言本体论思想为研究文学语言性提供了视阈。

  这一诠释学的语言观对文学理解产生的转变是，它揭示文学作品作为一种语言性的存在，不只是一种简单的认识论的反映关系，文学作品的语言世界所构建的是一个不同于实在世界的意义世界，对文学作品的理解远不只是在文学作品所表现的世界与实在世界之间寻找某种一一对应的关系，而是通过文学作品的语言世界去理解、阐释和构建审美经验中的人类真理。[①]

同时，文学以其语言性对世界经验的呈现和对真理的揭示，表明文学语言性对诠释学语言本体论思想具有范式意义。伽达默尔的语言本体论思想将语言作为存在，语言的本质体现为语言与世界同质，语言观即世界观。文学作为特殊的语言性载体，对语言本体论思想、语言与世界的关系、语言与理解以及语言与真理的关系具有揭示作用，在诠释学语言本体论视阈下，文学作品作为一种语言性的存在，能够呈现世界经验和揭示人类真理，同时也表明语言与世界同质的思想是文学语言性的本质所在。

---

① 李建盛：《理解事件与文本意义：文学诠释学》，上海译文出版社2002年版，第60页。

第四章　参与与共在：文学游戏性存在论指涉

无根据的想象，解释也非随意或任意的解释。文学作品的权威性要求规范性的阅读和理解。文学艺术作品的分享性说明了游戏的分享性本质，文学艺术作品的理游戏（Spiel）[①]是一种持续不断的往复运动，持续不断的往复就是同一性的要求，因此游戏是一种具有同一性的运动。游戏又是一种不涉及目的的以自我运动为形式的自由运动。游戏虽然是一种无目的的行为，但这种行为的本身被视为其自身的目的。因此，游戏体现的是人生命的基本功能和经验。[②]游戏要求参与者，要求与他人在一起，与他人打交道。由此，游戏不仅是一种在规则之内、他人在场的情况下的自我表现，也是一种在规则之内观察他人和接受他人的表现的交往活动。游戏者和观众都是游戏的共同参加者。游戏概念是伽达默尔理解存在论的核心概念，是其探索艺术真理的起点和路径，旨在克服认识中的主观性问题。游戏具有居中（in between）特性，居于游戏者之中，游戏的主体并非游戏者，而是游戏本身。当游戏者投入游戏之中时，游戏的魔力使游戏者游戏的目的意识和紧张感游离于游戏者之外，游戏者被真正卷入游戏之中。游戏者的自我表演或自我表现得以真正呈现。在这种情形下，观赏者享受到了高质量的表演。依照伽达默尔的观点，观赏者在观赏游戏的同时，自己也加入到了游戏之中。游戏、游戏者和观赏者成为一个因游戏而形成的统一体。

[①] 德语中游戏一词为"Spiel"，而在英语中可以被译作"play"或是"game"。在《真理与方法》的英译本中选用的是"play"，强调参与、自由以及为观者表现的含义。

[②] ［德］伽达默尔：《美的现实性——艺术作为游戏、象征和节庆》，郑涛译，人民出版社2018年版，第21-22页。

游戏居中的特性使游戏兼具有开放性。伽达默尔把游戏作为探讨文学艺术作品本体论的主线，这条具有普遍意义的本体论主线，如何为属于伽达默尔艺术经验范畴的文学作品的存在方式提供了本体论基础，是伽达默尔关于文学主张的基本维度。像游戏一样，文学作品的真正意义与价值在于其展现的过程。伽达默尔以绘画为例提出了作为游戏的文学作品的存在论意义和价值。原型和摹本是绘画的两个核心要素。在自柏拉图以来的西方形而上学传统中，原型是作为第一性的理念，而摹本则是第二性的现象。原型的地位高于摹本。然而依照伽达默尔的观点，作为游戏的绘画是原型得以实现其表现的关键。原型通过绘画实现表现，在表现中原型的自我表现成为可能。表现是原型自身的存在，而非原型的附属，原型通过表现实现了"在的扩充"[①]。伽达默尔通过对艺术作品的讨论，澄清了形而上学本质与现象、实体与属性和原型与摹本之间关系的二元对立问题。

　　为使艺术作品成为获得知识和真理的合法来源，伽达默尔从艺术作品的存在方式入手，以游戏性作为对艺术作品的本体论把握。游戏性，使艺术作品获得表现自身的合法性，伽达默尔又进一步为这种合法性赋予了优先性，优先于作品的创作者、表演者和观赏者的参与。通过游戏性呈现文学作品理解和阐释的无限过程，进而呈现文学作品的真理和知识性。与此同时，伽达默尔强调游戏性的整体性意义，或者说共在性。艺术作品表现自身，包含对此在性的要求，由此把创作者、表演者和观赏者的参与带入这种表现的此在，这就是共在，这意味着任何游戏的观众都是游戏的参与者。进而，游戏实现了从对艺术真理的辩护，达至对整个诠释学经验相适应的认识和真理概念的目的。本章试图在伽达默尔以游戏性为艺术作品本体论的基础上，从文学作品出发探讨文学的游戏性的基本特征与文学经验的知识性和真理性的关系。

第一节　伽达默尔的"游戏"与"游戏性"内涵

　　游戏是西方哲学史上一再被关注的重要概念。早在古希腊，亚里士多

[①] [德]伽达默尔：《真理与方法》Ⅰ，洪汉鼎译，商务印书馆2010年版，第206页。

德将游戏作为一种消遣和休息的方式,他指出:"阿那哈尔西(Anakharsis)说得好,游戏是为了严肃的工作。游戏似乎是种休息,由于人们不能持续不断地工作,所以休息。休息并不是目的,它为了现实活动而出现。"①亚里士多德从德性目的论出发,认为游戏本身不是目的,而指向其他的目的,如严肃地进行工作、达成现实的活动,并最终指向幸福,以实现幸福为目的。18世纪末,康德在其著作《判断力批判》中引入游戏概念,赋予了游戏概念以美学意义,将游戏与审美贯通。他主张艺术的精髓在于自由,而自由是游戏的灵魂。在康德的游戏理论中,人作为主体的价值被突出强调,理性与自由的观念也被置于崇高的地位。康德之后,有关游戏的主客对立思想逐渐明晰。席勒将游戏理论进一步发展,把游戏视为艺术作品本身的存在方式。游戏本身是自足的,它既不依赖于客观对象,也不依赖于主观意识。席勒把游戏者的行为与游戏本身区别开来,认为游戏本身具有一种独特的本质,它独立于那些从事游戏活动的人的意识。兰格的"幻想说"和古鲁斯的"内摹仿说"从心理学角度将游戏看作游戏者的主观经验。胡伊青加则在对多种语言的考察中得出结论,游戏具有自身的形式和规则并且具有吸引游戏者主观参与的功能。可以看出,游戏概念在西方哲学史中受到重视,虽然亚里士多德并不将游戏本身看作严肃的事情,但游戏却指向严肃的活动,然而亚里士多德对游戏本身的目的性和严肃性有所忽略。游戏理论在美学中的发展经历了从主体性视角到游戏本身自主性的确立过程,但即使是对游戏自主规则的强调仍然从游戏者的主观方面出发,游戏作为游戏本身的性质仍然不清晰,游戏的游戏性尚需进一步展开。

以人为出发点,将人作为游戏主体,这种关于游戏的主张在伽达默尔之前的美学中包含两种倾向:一是强调艺术活动中主体的内在状态;二是突出游戏的非严肃性特征。游戏使人们摆脱了一切的束缚进入了自由愉悦的状态。在游戏者成为主宰的过程中,对待游戏过程带有主观化倾向的理解和诠释势必会造成主观曲解。这种美学主体化倾向会导致艺术形式与内容、主体与客体、作品和鉴赏者以及生活世界之间的分裂。为避免这一系

---

① [古希腊]亚里士多德:《尼各马可伦理学》,苗力田译,中国社会科学出版社1990年版,第224页。

列的分裂，维特根斯坦转向关注语言与日常生活的关系，提出了著名的"语言游戏"理论。他认为语言游戏具有丰富性和多样性，这与伽达默尔的游戏说具有很大相似性。但是，正如蒂茨指出，伽达默尔和维特根斯坦的游戏思想存在着关键性的区别，只是由于伽达默尔对维特根斯坦的援引而被遮掩了。[①] 通过对比我们可以看出，维特根斯坦着力将人同他的理解"客观化"于语言的游戏规则中，[②] 而伽达默尔则是要通过共同的参与达到一种融合的共在。伽达默尔游戏概念的目的在于通过描述游戏的主体性和参与性，提出其对艺术作品与审美经验的看法。伽达默尔要寻求通向真理的非方法之路，他要以非方法性的思维去追问并除去将真理遮蔽起来的东西。艺术揭示存在，历史昭示理解，而能被理解的存在即是语言。游戏作为真理之发生和真理之参与，乃是艺术作品的存在方式，游戏贯穿了伽达默尔从艺术到语言的真理之路。正如艺术作品一样，文学作品也不同于日常事物，文学作品具有美学实体意义与价值，同时也具有真理意义。因此，伽达默尔的游戏概念反对美学主体化，也不完全同于客观化的游戏规则，游戏是一种以共在为模式的存在方式，主体性和参与性同时发生。

伽达默尔从游戏的主体性、游戏的权威性、游戏的分享性以及游戏的重复性四个层次定义游戏的本质意义，进而引出游戏本质存在的参与—共在模式。

游戏的本质之一是游戏本身的主体性。游戏的主体性表现为游戏本身的独立性或自主性，而不是将游戏者作为游戏的主体。伽达默尔指出：

> 游戏具有一种独特的本质，它独立于那些从事游戏活动的人的意识。所以，凡是在主体性的自为存在没有限制主体视阈的地方，凡是在不存在任何进行游戏行为的主体的地方，就存在游戏，而且存在真正的游戏。[③]

---

① ［德］蒂茨：《伽达默尔》，朱毅译，中国人民大学出版社 2010 年版，第 90 页。
② 张志平：《试论维特根斯坦语言思想与伽达默尔解释学的关系》，《复旦学报》2006 年第 6 期。
③ ［德］伽达默尔：《真理与方法》Ⅰ，洪汉鼎译，商务印书馆 2010 年版，第 145 页。

可以看出，游戏的独立性、自主性使游戏为本身而存在，不因游戏者的意识而存在。伽达默尔甚至强调游戏的主体性完全不同于游戏者主体行为的意义上的主体性。真正的游戏是自由的，这种自由是游戏本身独特的自由，即游戏本身的自主性和独立性。伽达默尔反对将游戏者作为游戏的主体。游戏的本质之所以不在游戏者那里，是因为游戏的存在方式不允许游戏者像对待一个对象那样去对待游戏，即游戏不是游戏者要面对或处理的一个对象或一个存在者。恰恰相反，在游戏中，游戏者具有"非主体性"。长期以来，无论是康德还是席勒都将人这个游戏者置于游戏的主体地位，游戏就是游戏者的游戏，游戏者便是游戏的主宰。康德曾说过，"不可能存在通过概念决定什么是美的趣味的客观规则"，[①]因为在所有趣味判断中，依据的是主体的情感而不是客体的概念。因此，审美不具有客观性的规则，而是依据于主观性的状态。席勒在其著作《美育书简》中也写道："人应该同美一起只是游戏，人应该只同美一起游戏。"[②]席勒认定只有当人在游戏的时候，他才是个完整的人，继而强调人在游戏中的主体性地位。可以看出，康德和席勒都是从突出人作为游戏的主体出发，探讨作为游戏主体的人在审美中的重要性。康德和席勒之见其实遮蔽了"事情本身"，即游戏本身的存在本质。康德将审美情感愉快看作一种特别的先验关系，是一种无目的而又合目的的，或叫自由的合目的性，是一种对于对象的"无利害"并且始终是自由的游戏，而这种无目的的合目的性或自由的合目的性其实质是主观的，是一种主观的合目的性。伽达默尔的游戏思想也区别于席勒自康德理论衍生出的游戏冲动说。康德的"美的游戏"不涉及利害，但合乎大众理性，同时具有强烈的主观化倾向。席勒的"游戏冲动"调和了人的感性和理性，力图使人成为和谐、完整的人，但同样没能使游戏摆脱人的主观性。与康德和席勒不同，伽达默尔并不将游戏者作为游戏的主体看待，而是将游戏本身作为主体，游戏本身即表现为主体性。

游戏的本质之二是具有权威性。伽达默尔指出游戏的真正主体即游戏本身，但是成为主体的游戏并不能随心所欲，它依然要表现一种秩序

---

① ［德］康德：《判断力批判》，邓晓芒译，人民出版社2002年版，第67页。
② ［德］席勒：《美育书简》，徐恒醇译，中国文联出版社1984年版，第90页。

（Ordnung）。游戏的权威性体现在游戏本身具有的那种"严肃性"[①]和目的性上，"游戏者自己知道，游戏只是游戏，而且存在于某个由目的的严肃所规定的世界之中"。[②]在严肃地对待游戏的目的之时，游戏者也忘我地放弃了自己的主体性，从而遵循游戏的权威。"在人类游戏中，必然有一种'以努力、雄心和最严肃的投入'去'臆想'的东西，在时时约束自身。"[③]这种约束游戏者的东西就是游戏本身的规则，是游戏的权威性的表现。因此，伽达默尔提到"人类游戏的游戏性在于他的游戏运动自己遵守规则，自己约束自己"，[④]游戏本身自带权威，游戏运动本身具有规则。这种观点显然不同于康德有关审美判断中的游戏主张，因为康德的审美判断依赖于进行审美游戏的主体，而不是审美活动本身或审美游戏本身。实际上，当我们玩一种游戏，如聆听音乐、阅读名著、赏析名画，作为游戏者的我们进入了一种全新的领域，这个领域不同于我们日常存在的同经验相联系的方式。在进入这一领域时，游戏者把他自己的所思所想置于一旁而诚服于游戏本身的目的和需要，并受游戏秩序的支配和命令，即游戏者受到游戏本身严肃性和目的性的作用，而"只有当游戏者全神贯注于游戏时，游戏活动才会实现它所具有的目的。使得游戏完全成为游戏的，不是从游戏中生发出来的与严肃的关联，而只是在游戏时的严肃"。[⑤]游戏的严肃性和目的性属于游戏本身，而表现为游戏的权威性。因此，游戏的主体，并非玩游戏的游戏者，而是游戏本身；游戏的规则也非游戏者所设定，而也来自游戏本身的秩序。游戏者的行为和他的热情都是对游戏给予他的种种秩序和任务的反应，是游戏本身刺激出的行为，此时游戏者为游戏而取消了自身。[⑥]在这个过程中，游戏作为主体和游戏作为权威达到了统一。如伽达默尔所说：

[①] ［德］伽达默尔：《真理与方法》Ⅰ，洪汉鼎译，商务印书馆2010年版，第150页。
[②] ［德］伽达默尔：《真理与方法》Ⅰ，洪汉鼎译，商务印书馆2010年版，第144页。
[③] 王业伟：《伽达默尔现代性思想研究》，中央民族大学出版社2010年版，第96页。
[④] Gadamer. Hans-George, *Gesammelte Werke*, Band8, Ästhetik und Poetik I,Kunst als Aussage,Tübingen. 1993，p.114.
[⑤] ［德］伽达默尔：《真理与方法》Ⅰ，洪汉鼎译，商务印书馆2010年版，第144页。
[⑥] ［美］沃恩克：《伽达默尔——诠释学、传统和理性》，洪汉鼎译，商务印书馆2009年版，第60页。

作为哲学范式的文学：伽达默尔文论研究

一切游戏活动都是一种被游戏过程（alles Spielen ist ein Gespieltwerden）。游戏的魅力，游戏所表现的迷惑力，正在于游戏超越游戏者而成为主宰。即使就人们试图实现自己提出的任务的那种游戏而言，也是一种冒险，即施以游戏魅力的东西是否'对'，是否'成功'，是否'再一次成功'。谁试图这样做，谁实际上就是被试图者（der Versuchte）。游戏的真正主体并不是游戏者，而是游戏本身。游戏就是具有魅力吸引游戏者的东西，就是使游戏者卷入到游戏中的东西，就是束缚游戏者于游戏中的东西。①

表面看起来，游戏者在游戏，而实际上，游戏者则是被游戏。游戏本身所带有的权威也是其魅力所在，游戏的施魅过程既展现了游戏本身的主体性，也展现了游戏作为权威性的存在。游戏施魅，游戏本身就是游戏活动的主宰或主体，而游戏者则在游戏的过程中进行冒险，去按照游戏本身的规则行动，游戏是"被试图者"，而不是"试图者"②。在游戏中，有某种吸引游戏者进行游戏的东西，这种东西就是游戏本身，即游戏的存在，也是游戏的本质。

同时，游戏的主体性和权威性也体现为游戏活动是一种"自我表现"（Selbstarbstellung）。游戏的存在方式就是自我表现。自我表现就是自然的普遍的存在状态（Seinsaspekt）③，即人类游戏表现自身，玩自身，这就是人类游戏最突出的意义。④在游戏的自我表现中，游戏者也得到自我表现，而游戏者的自我表现受到游戏本身的规则和任务的限制。游戏者进入游戏空间，自身就会被游戏的种种规则和游戏提出的任务所限制，游戏的人只有通过将自己的欲望和热情转化到游戏自身之中才能使自我得到表现。而在游戏中，游戏的存在远远超过游戏者本身的意义，而游戏的存在和意义则受到游戏规则的限制。如在戏剧表演中，不同的场次都有不同的"偶然

---

① ［德］伽达默尔：《真理与方法》Ⅰ，洪汉鼎译，商务印书馆2010年版，第156-157页。
② ［德］伽达默尔：《真理与方法》Ⅰ，洪汉鼎译，商务印书馆2010年版，第157页。
③ ［德］伽达默尔：《真理与方法》Ⅰ，洪汉鼎译，商务印书馆2010年版，第159页。
④ 洪汉鼎：《理解的真理：解读伽达默尔》，《真理与方法》，山东人民出版社2001年版，第89页。

性"的展现，但是每场表演也需要遵循特定的演出规则，否则演出就无法进行。同时，游戏者在开始游戏的同时便会对自己提出任务，这种任务同时也是游戏的任务。在这种任务激发的意愿驱使下，在游戏偶然性的激励中，游戏者不断忘我地参与其中，服从于游戏的权威和规则。伽达默尔这一看法可以看作对康德与席勒美学观的承袭和批判。康德将合目的性作为自由的自我的形式秩序，心灵能够通过想象的自由发挥意识到这种纯目的论的形式。因此，在审美经验中，主体由感知和思考形成新的经验，进而成为普遍性和必然性的一种美感。[①]席勒的审美冲动主张强调人格的力量。他将游戏与人的生命本质联系起来，审美的对象即冲动的对象。伽达默尔在提出游戏自身主体性的同时并没有否定游戏者作为参与者之一的重要作用。同康德和席勒一样，他突出肯定游戏者的地位。但是，伽达默尔打破了主客对峙的基础，强调了游戏作为艺术的存在方式的重要性，而这尤其体现在游戏的主体性以及权威性方面。在游戏本身的自我表现中，游戏者通过游戏作为主体和权威的存在也得到自我表现。但同时，这种主体性和权威性来自游戏本身，而不是游戏者。游戏者的自我表现也依赖于游戏本身，依赖于游戏的存在。

　　游戏的本质之三是具有分享性。如果说主体性体现游戏本身的性质，权威性强调游戏相对于游戏者的性质，那么分享性则是游戏本身面对游戏观看者而体现的存在性质。游戏表现为"为观看者而表现"（Darstellung für den Zushaue）。对于游戏者来说，他其实是对表演者表现他自己。因此，游戏者的游戏活动离不开游戏的观赏者，表演者的自我表现也是为观看者的表现。被康德定为审美判断力标准的愉快，对于作为客体的观赏者漠不关心，并将这种审美愉悦从客体中分离；因此我们在艺术中经历的愉快，是出于某人——旁观者，观察者——保持置身事外和只是旁观的。[②]康德的观赏者并不参与游戏，或者并不被接纳进入审美游戏之中。观赏者处在审美游戏之外，对游戏采取"旁观"的态度。对伽达默尔来说，审美游戏

[①] 徐令：《康德、席勒与伽达默尔的美学游戏观》，《美术大观》2012年第4期。
[②] 魏因斯海默：《哲学诠释学与文学理论》，郑鹏译，中国人民大学出版社2011年版，第61页。

的特殊性就是他对观赏者的给予。一般来说,游戏并非是为某人而表现,也就是说它并不指向观众,但是如若指涉宗教膜拜和戏剧表演,观赏者的地位就被凸显出来。

> 然而宗教膜拜行为乃是为整个信徒团体的实际表现,而且观赏游戏(Schauspiel)同样也是一种本质上需要观众的游戏行为。因此,宗教膜拜仪式中的神的表现,游戏中的神话的表现,也不仅是这种意义上的游戏,即参加活动的游戏者全部出现在表现性的游戏中,并在其中获得他们更好的自我表现,而且也是这种意义上的游戏,即游戏活动者为观众表现了某个意义整体。这实际上根本不是缺乏那个能变游戏为观赏的第四面墙。我们宁可说,通过观众的公在(Offensein)共同构成了游戏的封闭性。只有观众才实现了游戏作为游戏的东西。①

可以看出,宗教行为和戏剧表演行为都离不开观赏者,它们都需要观众。这两种游戏不仅仅对游戏者,即参加活动的游戏者和进行表演的人具有意义,也将观看者的参与纳入"意义整体"之中。观看者是游戏的"第四面墙",没有这堵墙,游戏就不能构成封闭的空间。甚至说,观众使得游戏作为游戏本身而可能,观众实现了游戏的存在,并于游戏本身和游戏者共同构成了游戏的意义。尽管游戏本身具有自身封闭的结构,但是又以敞开的方式指向观赏者,在观赏者那里赢得完全的意义,游戏在观赏者那里被提升到了它的理想性。真理在观赏者的参与中得以揭示,理解在参与中得以实现。因此,游戏具有分享的本性,而游戏的分享性主要体现在游戏观赏者共同构成游戏的存在和游戏的意义中,游戏的观赏者参与游戏的意义整体,即游戏的存在。

游戏的本质之四是具有重复性。游戏就是游戏的进行,游戏没有一个使它达到某个终点的目的。伽达默尔指出,"诚属游戏的活动决没有一个使它中止的目的,而只是在不断的重复中更新自身,往返重复运动对于游

---

① [德]伽达默尔:《真理与方法》Ⅰ,洪汉鼎译,商务印书馆2010年版,第161页。

戏的本质规定来说如此明显和根本，以致谁或什么东西进行这种运动倒是无关紧要的"，"游戏就是这种往返重复运动的进行"。①游戏的重复性表现在游戏的运动过程中，而这种运动过程即为游戏的存在方式。游戏不是静止的对象，而是游戏活动的进行。同时，游戏在活动中自我更新，游戏的重复是自我更新的重复活动，游戏的往返重复运动即是自我更新的运动。此外，游戏虽然具有目的性，但目的不是游戏的终点或结果。游戏活动受游戏的目的所支配，然而这个目的并不是游戏要达到的某个静止的点，这个目的也不能使游戏停止。恰恰相反，游戏的目的性就在于促使游戏不断地进行往复运动，不断自我更新。因此，游戏以自我更新的重复方式存在。

游戏的游戏性由主体性、权威性、分享性和重复性构成，它们使游戏成为一个由游戏、游戏者和观看者共同构成的整体。游戏是一个既封闭又开放的主体。传统观念中的游戏者与游戏本身的主客体二分模式被打破，这就是参与（Teilhabe），而参与就是共在。在伽达默尔的著作《柏拉图和亚里士多德之间的善的相》一文中，他直接分析了参与—分有这个概念，特别强调了参与的"共在"（Dabeisein）特征：methexis②，正如拉丁文 participation 和德文 Teilhabe 表达的那样，methexis 自由地唤起了部分的表象（die Vorstellung von Teilen）。"共在"要强调的正是部分属于整体这种意思。这意味着一个在，另一个也在：部分在整体中在场（Der Teil ist "im Ganzen" da），也就是说，"参与—分有"和"共在"概念强调部分对于整体的归属，具体体现为游戏者和观赏者对于游戏本身这一整体存在的归属。但是，柏拉图充分认识到在参与中的悖论，即它不是成为一个部分，而是参与到整体中（am Gan-zen teilhat）——正如白昼参与（分有）了阳光一样。③同样，在游戏中，游戏者和观看者也都参与到游戏的整体中，并共同构造着游戏整体。伽达默尔认为游戏的主体是游戏自身，这实际是强调了一种存在模式，即游戏就是一种存在。作为游戏者的个体一经融入游戏这一整体，便会丧失其主体性。游戏的存在也会因游戏者和观赏者的

---

① ［德］伽达默尔：《真理与方法》Ⅰ，洪汉鼎译，商务印书馆 2010 年版，第 146 页。
② ［德］伽达默尔有时用 Mit-Dasein，意指同某些东西同在 Mit-da-sein mit etwas。
③ ［德］伽达默尔：《美的现实性》，张志扬等译，生活·读书·新知三联书店 1991 年版，第 134 页。

共同参与而得以成立。伽达默尔在其《美的现实性》中曾指出，艺术应归属于亚里士多德的制作知识和技能。伽达默尔进一步指出，制作的共同特征是产品被产生出来。产品在达到其意向性目的之后，便成为具有实在性的东西，因而获得自由，即产品从制造活动的束缚中解脱出来。产品的定义也可以从使用的含义来进行解释。柏拉图也曾强调，制作的知识和技能服从于使用，也服从于在使用中所采纳的知识。因此，产品的概念应该具有共同使用和共同的理解的含义。艺术品作为一种制作范畴内的知识，一旦被生产出来就具备了自主性，也即获得了存在性。所以，对艺术作品的理解，就必然需要艺术作品的创作者和理解者的共同参与，同时也是艺术作品在"使用"意义上"共同的理解"的必然要求。伽达默尔在这里所强调的，正是游戏者和观赏者在游戏中的共同参与和共同构建游戏的作用。

游戏的游戏性要求参与—共在，而参与—共在也是伽达默尔认为的艺术作品的根本存在方式。"艺术是为某人而存在的，即使没有一个只是在倾听或观赏的人存在于那里。"[①] 所以，参与—共在模式并非要求实质上的共现，而是暗含于游戏本身的存在属性之中。共在是互为前提的相属关系（Gehörigheit）——并不是先有"游戏"，后有游戏者对游戏的"实践"，而是在一次次的游戏中，游戏才得以实现和存在。[②] 艺术作品作为一种游戏的存在，其本质属性即包含参与—共在，共在即是指游戏本身与游戏者、观看者的相互"属于"关系，游戏的存在、游戏本身的实现，依赖于游戏者和观看者的行动，即参与。即使游戏者和观看者并不显现，在游戏的本质意义上，他们仍然作为"暗含"的要素而参与游戏本身的发生，这就是游戏作为参与—共在的本质所在。

因此，伽达默尔认为，游戏以自身为主体，同时将游戏者与欣赏者纳入同一领域，他们在特定的规范要求下共同推进游戏，同时游戏不再是主客二分的二元对立模式，而是参与—共在模式，而这种参与—共在模式也是一种对话模式。对此，他总结道：

---

① [德]伽达默尔：《真理与方法》Ⅰ，洪汉鼎译，商务印书馆2010年版，第162页。
② 王业伟：《伽达默尔对艺术作品存在方式的分析——兼论何以伽达默尔反对》，《外国文学》2008年第2期。

> 我想用参与的理念来补充知识领域中这种由科学的习惯设立的客观认识的理想……对话模式可以阐明这种参与形式的结构。因为对话也是由此表明，对话者并非对对话中出现的东西视而不见并宣称唯有自己才掌握语言，相反，对话就是对话双方在一起相互参与以获得真理。①

伽达默尔从参与—共在模式出发对科学认识的客观标准提出质疑，以对话模式作为知识客观标准的"补充"，而对话就是对话双方的参与—共在。这与传统科学强调主客二元对立，忽视主客对话、主客共在的思想是相对的。在游戏概念上，伽达默尔实现了一种与西方哲学自笛卡尔以来所形成的主客体二元对立关系完全不同的关系，即参与—共在关系。这种参与—共在关系为伽达默尔哲学诠释学确定了一个坚实而稳固的阿基米德支点，他希望用这个支点撬动整个现代性哲学的地球。②

游戏本身、游戏者、观赏者这三者共在，构成一个整体，使游戏获得了存在本性和存在方式。表面看起来这三个方面是构成游戏的三个要素或三个部分，然而，"参与—共在"的本质就在于部分也是整体。游戏本身的存在是由三个方面共同达成的，而游戏性即游戏的主体性、游戏的权威性、游戏的分享性和游戏的重复性也是三个要素"参与—共在"的显现。这种"参与—共在"特性，甚至取消了游戏者和观赏者的角色区分，使二者同时指向游戏本身这一整个存在。伽达默尔指出，在戏剧表演这种游戏中，表演者为观赏者而进行自我表现，但表演者和观赏者的地位也会发生转变。"这种转变使观赏者处于游戏者的地位"，但同时，"在此，游戏者和观赏者的区别就从根本上被取消了，游戏者和观赏者共同具有这样一种要求，即以游戏的意义内容去意指（meinen）游戏本身"。③此外，伽达默尔的哲学诠释学是关于理解的学问，他所探讨的游戏概念指涉的是理解活动。因此，他强调游戏的主体性、游戏的权威性、游戏的分享性和游

---

① Gadamer. Hans-George, *Gesammelte Werke*. Band 7, Griechische Philosophie Ⅲ, Plato im Dialog. Tübingen: J.C.B. Mohr（Paul Siebeck）. 1991, p.72.
② 王业伟：《伽达默尔现代性思想研究》，中央民族大学出版社 2010 年版，第 97 页。
③ ［德］伽达默尔：《真理与方法》Ⅰ，洪汉鼎译，商务印书馆 2010 年版，第 155 页。

戏的重复性以及与此相关的游戏者的自我表现活动、观赏者在游戏中的重要作用都是为了构建一个三者可以相互交流、相互融合的新的世界,此过程是理解者参与到被理解者之中的过程,也是对被理解者进行再创造的过程。可以说,游戏作为一种存在方式也是理解,而艺术作品作为意义整体需要理解的参与。

伽达默尔从哲学诠释学出发来构成"游戏"和"游戏性"内涵,并提出能够使游戏的表现性达到理想性的是艺术游戏。艺术作为理想性游戏,意味着艺术作品凭借自身目的可以转化为构成物,或者世界。这个艺术作品的世界完满地实现了艺术作品自身的全部意义。伽达默尔的批评游戏概念在西方哲学史尤其是美学史中从审美主体出发、在主客二元对立之下,以人的本性构成游戏主体的思想。在批判地继承前人思想的基础上,伽达默尔阐释了游戏性内涵,并说明了游戏作为一种存在方式的重要性。游戏的存在特性由主体性、权威性、分享性和重复性构成。游戏的主体性体现在游戏的独立性以及自主性方面,强调游戏本身即为游戏活动的主体,而不是游戏者作为游戏的主体。游戏作为一种存在,不是存在者或相对于游戏者的对象。游戏的权威性表现在游戏本身的严肃性和目的性上,游戏有自己的规则,游戏者也要在游戏规则的约束下游戏。游戏的分享性则强调游戏的观赏者对于游戏的参与。游戏的重复性在于游戏是往复进行的自我更新活动。游戏性的四种表现,使得游戏本身、游戏者和游戏观赏者形成了参与—共在的模式,游戏即作为参与—共在而存在。伽达默尔对"游戏"和"游戏性"概念的探讨和阐释,建立了游戏作为一种本体存在的思想,并以参与—共在的模式构成了存在知识,印证了近代自然科学领域以客观性知识为标准的认识论思想。伽达默尔从哲学诠释学出发对游戏的存在论思想的探讨,揭示了人文精神领域独特的存在性知识、存在性真理的可能性。

第二节 文学艺术作品的游戏性

伽达默尔通过探讨游戏概念和游戏性提出关于文学艺术作品存在方式的主张,进而使文学艺术作品成为哲学诠释学本体概念的范式。文学艺术作品具有游戏性，即主体性、权威性、分享性和重复性，这些特性同时也是文学艺术作品的存在本质。伽达默尔对游戏和其他一般艺术作品之间关系的说明暗示了文学作品的存在方式与游戏结构存在方式具有的共性。同游戏一样，文学艺术作品通过展现自身而揭示真理本原。文学文本的理解可以被看作由游戏者即文学创作者、游戏本身即文学文本和游戏观赏者即文学作品的读者共同构成的游戏活动。从作为存在的文学艺术作品出发，通过阐释文学艺术作品本身、文学创作者以及阅读者在文学理解过程中的游戏性表现，对于理解哲学诠释学的游戏概念及游戏性内涵具有重要意义，也进一步阐明了文学对于哲学的范式意义，对文学艺术作品的游戏性阐释即为这种范式作用的体现。

伽达默尔批评主客体二分的文学艺术思想，这种思想将文学艺术分为作者、文本和读者三个层面，三者之间两两对立，并分别形成了以作者、文本和读者为核心的文学理论思想，而伽达默尔的文学艺术思想则强调三者之间的相互作用以及相互间密不可分的关系。伽达默尔对于文学艺术作品的考察，决定性地摆脱了主体化美学所坚持的作者的观念及其创作行为与文学作品相分离之虚构——尤其是主体—客体与形式—内容的二分，并摆脱了以读者的主体性为出发点的倾向。[①] 长久以来直至19世纪，作家在以其自身、所著作品以及作品受众共同构成的文学活动中占有中心地位，文学批评活动一直以作家为分析和批评的中心，一个作家的作品总是和他个人的经历以及所处的时代相联系。20世纪兴起并逐渐流行的英美新批评把文学作品对象化，主张文学作品内部有特定的规律存在，文学作品只为自身而存在。发起于20世纪60年代的读者反映批评意图推翻长期以来统治文学批评领域的作者中心论和20世纪出现的文本中心论，进而建立一种顺应时代潮流的开放性文学理论范式，并认为作品的意义是开放的，读者可以根据自己的生活经验和思维方式，并随着自己的期待与回顾不断丰富对作品的理解。这三种主流文学理论分别以作者、文本、读者为中心，共性在于都以主客二分为前提。而无论哪一种要素占主导地位，都表现出某种片面性。伽达默尔正是在对这种主客二分模式所具有的片面性进行批

---

① ［美］帕尔默：《诠释学》，潘德荣译，商务印书馆2012年版，第230页。

判的基础上建构文学艺术理论的。伽达默尔强调文学艺术的创作者、文学文本以及阅读者之间的相互作用,三者共在构成文学艺术作品的存在方式,三者之间是"参与—共在"的模式,而这种模式也恰恰是游戏的存在特性。更进一步地,文学艺术作品的存在也表明其所具有的游戏性,即主体性、权威性、分享性和重复性,同时,对文学艺术作品游戏性的说明也证明了文学艺术作品作为哲学诠释学范式的合理性。

首先,游戏的主体性可以通过文学作品本身具有的主体性得到诠释。伽达默尔认为文学文本如游戏一样有自己的地位。用游戏来作为文学作品的本体结构,那么作为游戏者的作者以及作为他者的观看者即读者是相互作用的。"我们的理解不仅理解所说的关于美的话和在那儿关于艺术作品的自我表达的东西;我们的耳朵听到,我们的理解理解到,美的东西的显现是它的真正特征。"[①] 文学艺术作品的主体性表现为它所具有的自主性和自为性。在艺术作品那里,我们所理解的是艺术作品自为显现的内容,即它自身所具有并表现出的美或意义。D.H 劳伦斯曾说过:"永远不要相信讲故事的人,要相信故事。"[②] 劳伦斯将文本的意义放在文本本身,而不是放在作家身上,即强调文学文本自身的主体性内涵,文学文本本身是独立而自为存在的。乔伊斯的《尤利西斯》内涵深远,读者不可能将对它的解读仅仅囿于作家的审美意识在作品中的体现上。例如,仅仅就《尤利西斯》与《奥德赛》之间的神话类比关系,在读者中就存在诸多分歧。有读者认为乔伊斯运用《尤利西斯》与《奥德赛》的平行关系,意在将英雄伟大的历史和现代人卑微平庸的现实进行对比,即产生借古讽今或借古代神话讽刺现代爱尔兰社会的效果。也有读者认为,乔伊斯通过神话类比结构,将现代社会的陈腐平庸提升到了艺术高度,彰显了乔伊斯对现代人命运的关怀,而与此相对,乔伊斯则对古代高贵气质的虚伪进行了批判。还有读者认为在《尤利西斯》和《奥德赛》之间进行类比没有多大意义。[③] 可以看出,这三种对《尤利西斯》与《奥德赛》之间关系的具有代表性的

---

① 严平编:《伽达默尔集》,邓安庆等译,上海远东出版社 2003 年版,第 21 页。
② [美] 桑塔格:《反对阐释》,程巍译,上海译文出版社 2003 年版,第 21 页。
③ 屈荣英、王阿芳:《寻找精神家园——〈尤利西斯〉的神话原型解析》,《辽宁师范大学学报》2009 年第 2 期。

解读之间是相互排斥的，但并不影响每一种理解的合理性。即使乔伊斯作为作者支持其中的某种观点，也不能将其他主张斥为非法。如果从文学艺术作品存在意义的丰富性出发，作品的意义并非受制于作家本人，而是蕴藏于文学艺术作品自身。甚至可以说，越是伟大的文学艺术作品，如乔伊斯的《尤利西斯》，其意义的张力也越大，《尤利西斯》的意义也会从文学文本自身不断生发出新的内涵。文学作品的意义是自存的，文学作品就在自身中。文学艺术作品的主体性也由其语言性建构。"文学作品的世界就是其在语言中实现的世界，是艺术作品本身的自我呈现。"[①] 文学艺术作品本身以语言的方式呈现其独特的世界，文学艺术作品是语言性的存在。因此，文学艺术作品本身具有主体性，即表现为文本本身的独立自主和自为的特征，同时，文学艺术作品的主体性也由语言性实现。

从对文学艺术作品主体性的分析中可以看出，文学艺术作品的主体性即为其所具有的游戏性的表现。文学艺术作品的主体性强调文学文本本身的独立自主和自为性，对文学艺术作品的理解要基于文学文本本身，而不是作者的意图，伽达默尔的游戏概念也重视游戏本身所具有的自由，而不是游戏者的主宰。因此，文学艺术作品的存在和理解，证明了游戏本身具有的存在本性之一，即主体性。从主体性出发，文学艺术可以成为解说诠释学游戏概念和游戏性内涵的有力范式。

其次，游戏的权威性本质可以通过文学作品本身所具有的权威性得到解释。创作和阅读文学作品的过程就同进行一种游戏的过程一样，游戏者即作者，观看者即读者已经随着作品进入一个新的领域，他们转入了另一个需要关注和具有目的的实在之中。作者和读者会受到文学作品本身所具有的某种权威性规则的影响，在理解过程中受到文学作品本身目的的吸引。这种情况就如同游戏者和游戏观赏者的活动会受制于游戏的某种权威一样，这种权威会规定他们的热情和参与目的，进而推动游戏进行。伽达默尔对文学艺术作品本身所具有的权威性的看法，区别于席勒和后康德派美学的立场。席勒和康德认为艺术是用以征服其观赏者的幻觉或是幻想，观赏者同游戏者一样以相同的方式进入新的空间，抛弃了自身的欲望和关注

[①] 李建盛：《理解事件与文本意义：文学诠释学》，上海译文出版社2002年版，第99页。

而集中于对游戏自身的关注之中。这似乎与伽达默尔的观点类似,实则不然。康德和席勒的游戏说,虽然强调游戏者的主体地位,但游戏者和游戏欣赏者似乎还是迷失于游戏之中,之所以如此,就是游戏本身缺乏规范性。席勒和康德将文学艺术作为幻觉或幻想,缺乏对艺术本身权威性的承认。与此不同,伽达默尔则认为艺术作品本身即具有规范性的权威,而不是将艺术作为一种幻觉或幻想。虽然不同的读者会对同一作品做出不同的强调与解释,然而不同的解释并非任意的或随意的解释。约瑟夫·海勒的名作《第二十二条军规》以其独特的黑色幽默彰显出现代社会的无序和荒谬,有的读者可能重视其中的黑色幽默手法,有的读者可能着重于主人公的"英雄"本质,但是无论如何《第二十二条军规》中荒诞社会本质的自我再现是所有读者不可漠视的,也是小说所要呈现并引领读者的一种规范,"第二十二条军规"即是那呈现给读者的滑稽准则。在这部小说中,海勒"第二十二条军规"这一无所不在的怪诞效应,遍及人们生存空间的每一层面。形象的世界里蕴含着公正而普遍的定则,这个超验性的定则规定着形象世界的取向和趋势。① 这就是作品提出的不容忽视的真理诉求,作品的意义也建立于其中。又如,为世人津津乐道的著名悲剧《哈姆雷特》被不同的读者、批评家做出了多种解读,但是作品所要展现的悲剧基调以及冲突一直规范着读者和观者投身其中,忽视这种权威阅读则无法继续。游戏对其游戏者具有权威作用,艺术作品同样规范权威。读者读的书,观赏者观看的戏剧都是对他们形成的权威和规范。因此,艺术作品不是梦幻或是幻觉,而是对日常存在事物表现出的挑战。艺术作品之所以能够发出挑战,就在于艺术作品本身具有规范的权威性。

同样,从对文学艺术作品本身所具有的权威性分析中可以看出,对于理解诠释学的游戏概念和游戏性问题,文学艺术具有范式功能。文学艺术作品本身带有权威性的规则,同时带有某种目的性和严肃性,因此不能对其进行任意或随意的理解,这也证明了游戏本身所具有的权威性,游戏活动的进行依赖于某种规范性的权威。同时,对文学艺术作品权威性的分析也表明文学艺术作品所具有的游戏性特征。

---

① 王艾明:《第二十二条军规和尤索林现象》,《外国文学研究》1988年第4期。

与此同时，文学作品具有的分享性可以通过游戏的分享性得到说明。文学艺术作品的理解，有赖于读者的参与，而游戏的存在意义则需要游戏者和观赏者的共同加入。伽达默尔曾试图揭示这一"与……一起游戏"的结构，① 而文学作品以及其他艺术作品也只有在被阅读和被观赏的时候才会取得具体的存在。众所周知，济慈的诗以优美动人著称，蕴含着对美的无限向往以及对人生短暂的深刻感悟，在《希腊古瓮颂》中他写道："啊，更为幸福的、幸福的爱！／永远热烈，正等待情人宴飨。"② 诗歌文本抒发着对美的渴望，但是这种超凡的情感也只有在读者阅读时才成为真实的存在，如果没有读者的阅读或理解，那么这一美的作品只能是一个孤立存在的文本。同样，里尔克在其诗歌中所进行的生命之思和人生之问，他对人的内在灵魂生活的思考，对爱、生命、死亡、寂寞、忍受等问题的理解，也需要读者参与到诗歌之中才能得到展示。关于生命与死亡的关系，里尔克写道：

> 而是因为此间很丰富，因为此间的万物
> 似乎需要我们，这些逝者
> 跟我们奇特相关。我们，逝者中的逝者。
> 每个一次，仅仅一次。一次即告终。
> 我们也一次，永不复返。
> 但这一次曾在，哪怕仅仅一次：尘世的曾在，似乎不可褫夺。③

在诗文中，里尔克暗示出世间万物与我们的关系，它们的存在需要我们的理解。同时，人也是有限的、有死的。但即使人只一生，也具有不可忽视的意义。这首诗本身向我们呈现出存在和意义，但只有通过读者的阅读和理解，存在和真理才向我们显现出来。文本自身对阅读者有着规范的

---

① Gadamer, *The Relevence of The Beautiful and Other Essays*, trans. by Nicholas Walker, Cambridge: Cambridge University Press, 1986, p.24.
② 李欧：《世界名诗精选：想象力的轮回》，外语教学与研究出版社 1998 年版，第 25 页。
③ ［奥地利］里尔克等：《〈杜伊诺哀歌〉中的天使》，林克译，华东师范大学出版社 2005 年版，第 43 页。

优先性，如同游戏对于游戏者具有的优先性一样，但是阅读者的地位仍然是本质性的，正如游戏者对于游戏的作用一样。如果否认游戏不是游戏者的意图意义以及游戏观看者的情感反应意义，游戏本身将成为一个孤立的对象，无法建立应有的联系，那么这样一个孤立的游戏，就没有参与者不断激发新的想法，也就无法继续。在文学理解中，承认文本的主体性和权威性并不意味否认文学文本的分享性本质。文学文本自身当然是意义的所在，但如果没有作家和读者参与到文学理解中，文学文本也将失去其存在的意义和真理。

文学艺术作品的分享性也再次证明了诠释学游戏概念和游戏性内涵的分享性本质，文学艺术作品对作者和读者参与理解的要求，进一步说明了游戏需要游戏者和观赏者的参与的重要性。读者的理解是文学艺术作品存在和意义整体的重要方面，而游戏也是向观赏者进行表现的活动。同时，作者、读者参与文本，也共同构成了文学艺术作品的存在方式，这与游戏者、游戏观赏者共同构成游戏本身的存在方式是一致的。因此，从文学艺术作品所具有的分享性来看，文学艺术具有游戏性，也意味着文学艺术在理解诠释学游戏概念和游戏性内涵中所具有的范式作用的合理性。

此外，理解文学作品的活动具有重复性，这种重复性对应于游戏的重复性，对后者具有解释效力。伽达默尔指出，"当我们讲述或者阅读文学文本的时候，我们将回溯到表达整体结构的意义和音调关系，而且这种回溯并非只是一次性的，而是在不断重复"。[1] 理解文学作品是一个不断重复的过程，同样，正如游戏活动一样，重复并非单纯意义上的重复，而是有所更新的重复。在重复的理解过程中，有新的意义出现，新的理解和新的意义一起构成文学作品的存在和真理。同时，文学作品理解的重复性也表现为对意义的筹划过程。伽达默尔认为，对文本进行整体的把握，也是在对文本的意义进行筹划。"谁想理解文本，谁就一直在进行筹划。一当文本中显示出第一种意义，他就事先筹划整体的意义。"[2] 文学理解过程中的筹划也是持续进行的，这种筹划也促使文学理解不断更新地重复进行。

---

[1] ［德］伽达默尔：《真理与方法》Ⅱ，洪汉鼎译，商务印书馆2010年版，第449页。
[2] ［德］伽达默尔：《真理与方法》Ⅱ，洪汉鼎译，商务印书馆2010年版，第73页。

文学理解的筹划不断，文学意义自我更新的重复也持续不断。海德格尔对荷尔德林《返乡——致亲人》一诗的理解，即是在不断筹划过程中不断更新的理解。海德格尔从诗歌的最后，即从对返乡者的"忧心"开始探问，指出返乡人忧之所在即对"最本己"的东西的寻找，海德格尔揭示出返乡者所要寻找的，即是被掩藏起来的"故乡本己"的东西，就是"一种天命遣送的命运"，就是一种"历史"。接着，海德格尔返回到诗歌的开头，"在阿尔卑斯山上，夜色微明，云／创作着喜悦，遮盖着空荡的山谷"①，从这里出发，海德格尔分析云诗意地创作、云的欢乐所展开的本质空间，即所设定的存在。更进一步地，海德格尔揭示了在荷尔德林的诗中所体现的家园与大地、年岁与天使以及喜悦者、明朗者、神圣者作为存在之本源与故乡的临近关系，而诗人在其诗歌创作中，将天地神人的关系再次呈现出来。

最后，海德格尔揭示出荷尔德林作为诗人在履行他的天职，"诗人的天职就是返乡，唯通过返乡，故乡才作为达乎本源的切近国度而得到准备。守护那达乎极乐的有所隐匿的切近之神秘，并且在守护之际把这种神秘展开出来，这乃是返乡的忧心"。②可以看出，海德格尔再次回到返乡者即诗人的"忧心"之中，这是在更深意义上的返回，即在如何临近存在和揭示存在的意义上。海德格尔对荷尔德林《返乡——致亲人》一诗的解读，即是对伽达默尔有关文学作品理解的重复性的很好证明。在不断重复的过程中，海德格尔对诗人所要探问的"存在"问题不断深入，不断更新，体现出了文学作品理解的重复性。

文学作品理解的重复性使意义和真理处于不断更新的进行过程中，这种特性可以说明游戏作为自我更新的重复活动的游戏性本质。文学作品的理解不是一蹴而就的，也没有终极的意义，文学艺术作品即在不断的理解过程中存在，不断进行的理解活动是文学艺术作品的存在方式，理解活动是重复的运动。同时在这个过程中，存在不断被揭示，文学作品的真理不断被带入无蔽之中。对文学艺术作品的重复性的理解，恰恰证明了游戏的重复性，因为游戏的进行也是重复的自我更新活动。理解的重复性与游戏

---

① ［德］海德格尔：《荷尔德林诗的阐释》，孙周兴译，商务印书馆2014年版，第10—11页。
② ［德］海德格尔：《荷尔德林诗的阐释》，孙周兴译，商务印书馆2014年版，第31页。

的重复性一致,既进一步彰显了文学艺术作品的游戏性,也表明了文学艺术作为揭示诠释学游戏和游戏性思想的范式作用。

文学作品的存在特性即主体性、权威性、分享性以及重复性,体现出文学文本理解中的参与—共在特征,这种共在以对话的方式实现,而对话即是达到作者、解释者和文本之间的视阈融合。理解以对话或问答的方式进行。理解一个文本就意味着我们向它提出问题,而文本的意义就是对这个问题所做的回答。[①] 对话即要求共在,即文学创作者、文学文本和文学阅读者的共同参与、共同存在。文学作品的创作势必会带有作家自己的意图,但是如同游戏者参与游戏一样,在其进入游戏的过程中,他便开始诚服于游戏规定的目的和欲望,进而不断作出反应,使游戏自身为其观看者表现,游戏自身也表现出具有自我意义构成物的实在。如果简单将文学作品的意义简化为作者创造性的表现,那么游戏本身的自主表现性就会丧失。因此文学作品的意义不能简单的与其作者意图相等同。同时,文学艺术作品或者文本具有权威性,这种权威并非强迫读者去探究和发现作者的意图,因为作品本身提出了某种真理要求。因此,文学文本以对话的方式要求作者和读者参与游戏,与游戏共在。读者或解释者通过不断向文本提出问题而理解文本的意义,达到理解者和文本的视阈之间的融合。对于文学文本的理解不是仅限于文学文本范围内,而是发生在文本与阅读者之间,解释者参与到对文本理解的过程中,因而是文本与解释者之间的相互作用。对于文本的理解和阐释过程是一个游戏过程,游戏者、游戏和观者相互发生内在作用,呈现一种充满生机的开放状态。但是理解并不是追寻作者的思想和体验,理解所关注的还是文本自身的主体意义。文学作品所具有的意义世界是向读者开放的,读者总是把自己的创造性理解赋予文学作品,艺术作品的存在方式必须有赖于这种被动变主动的阅读和理解过程,[②] 即参与过程。因此,文学艺术作品即是文学创作者、文学文本和文学阅读者共同参与的存在,即一种参与—共在。

---

① 严平编:《伽达默尔集》,邓安庆等译,上海远东出版社2003年版,第480页。
② 李建盛:《理解事件与文本意义:文学诠释学》,上海译文出版社2002年版,第107页。

总的看来，文学艺术作品的主体性、权威性、分享性和重复性特征，是其具有游戏性的体现，同时也证明了伽达默尔诠释学的游戏内涵和游戏性本质。伽达默尔反对在主客二分模式下，分别以作者、文本和读者为中心的文学理论主张，而强调三个要素的参与—共在、相互作用，并共同构成文学艺术作品的存在和意义。文学艺术作品参与—共在的存在模式特征主要体现为主体性、权威性、分享性和重复性。文学艺术作品的主体性诠释了游戏的主体性，文学艺术作品强调文学文本本身的自为存在，文本具有独立性和自主性，尤其不依赖于作者的意图而存在。文学艺术作品的权威性解释了游戏的权威性，文学艺术作品有自身的规范和规则，读者和作者在作品本身的目的和严肃之中或者在规范范围内创作和解释。文学艺术作品不是梦幻或解依赖于作者、读者的参与，尤其是不能缺少读者的理解，否则作品本身就会成为孤立的存在。没有读者的不断激发，作品就会孤立无援，难以继续。文学艺术作品的重复性验证了游戏的重复性，对文学艺术作品的理解是重复性的自我更新过程，在不断筹划的重复理解中，文学艺术作品不断扩展存在和真理。文学艺术作品的主体性、权威性、分享性和重复性说明了文学艺术作品的存在是参与—共在，而共在就是对话，对话通过作者、文本和解释者之间视阈的融合而达成。伽达默尔强调三个因素的相互作用、共同存在，而不是从某一个方面进行。由此可见，文学艺术作品具有的主体性、权威性、分享性和重复性的特征，说明了伽达默尔诠释学游戏概念以及游戏性的内涵和本质特性，即游戏的主体性、游戏的权威性、游戏的分享性和游戏的重复性。这在体现文学艺术作品游戏性的同时，也进一步证明了文学艺术作为哲学解释的范式的有效性。

第三节　游戏作为文学艺术作品的存在方式

　　伽达默尔将游戏与艺术作品的存在方式联系起来，除说明文学艺术作品具有游戏性之外，也强调游戏就是艺术作品的存在方式。他提道："如果我们就与艺术经验的关系而谈论游戏，那么游戏并不指态度，甚而不指创造活动或鉴赏活动的情绪状态，更不是指在游戏活动中所实现的某种主体性的自由,而是指艺术作品本身的存在方式。"① 在这里,游戏的本质不在游戏者那里,其本质不是作为游戏者主体性自由的一种表达,而在于游戏本身,在于艺术作品本身,而不在艺术作品的创作者那里。游戏的本质在于游戏本身,艺术的本质在于艺术作品本身,而文学艺术又是某种游戏的存在,或以游戏的方式存在。那么现在的问题是文学艺术是如何以游戏的方式存在的?或说明文学艺术是什么样的独特的游戏呢?

文学艺术作品以参与—共在的游戏方式存在,文学艺术是一种参与—共在的游戏,即文学作品本身、作者和读者共同参与文学艺术的存在和真理。伽达默尔强调,对艺术作品的真理的理解是作为参与的理解过程。对文学作品的理解即是对其意义的参与。"艺术作品是再现的,因为它们把'真理'带到光亮处并对听众启示了它们主题的'本质'。"② 作为主体的作品本身自我呈现,但是在理解的过程中,观赏者、读者都会参与其中,并基于自己的关注选择自己的视角去理解。这就同游戏过程一样,建立起自己的参与—共在模式。当我们置身于游戏,我们就参与其中。例如,伽达默尔认为戏剧是游戏,因为戏剧具有成为某种自身封闭世界的游戏结构。宗教的或世俗的戏剧,尽管他们所表现的是一种完全自身封闭的世界,却好像敞开一样指向观赏者方面。在观赏者那里它们才赢得它们的完全意义。③ 按照他的观点,戏剧作为观赏游戏呈现给观赏者,演员和戏剧的关系如同游戏者与游戏的关系一样,戏剧对于演员有优先性,戏剧支配演员,演员需要为表演抛弃自身的目的,只为戏剧而行动。换言之,戏剧有其自为的具体的存在,而这种存在又被演员所表现,表演者是戏剧的缔造者,但并非是戏剧的制造者,就如同游戏依赖游戏者,但游戏者并不制造游戏一样。戏剧作品如此,其他文学作品也是如此,作为表演性的艺术,它的意义首先实现于它自身,其次实现于它的观赏者之中。作品必须在被阅读时得到"自我表现",进而达到为欣赏者所欣赏的目的。文学作品具有自为的意义,同时这一意义需要对它的欣赏者展现出来,因此,文学作品的

---

① [德]伽达默尔:《真理与方法》Ⅰ,洪汉鼎译,商务印书馆2010年版,第149页。
② [美]沃恩克:《伽达默尔——诠释学、传统和理性》,洪汉鼎译,商务印书馆2009年版,第81页。
③ [德]伽达默尔:《真理与方法》Ⅰ,洪汉鼎译,商务印书馆2010年版,第161页。

意义就不能只与其作者的自身意图相等同,而是文学艺术作品本身、作者和读者共同参与的结果。艺术作品的欣赏者不仅仅是信息的接受者,而作者也不仅仅是信息的缔造者,他们都是艺术作品内涵越发丰富的推动者、参与者。欣赏者参与到了艺术作品所具有的意义与真理之中,这也是伽达默尔在说艺术作品的意义被创作者和欣赏者分享时所移植的东西。① 除了最为典型的戏剧作品,后现代小说中也具有明显的参与—共在特质。纳博科夫的小说《微暗的火》以其独特的形式创新将作者、作品与读者的积极作用纳入其中,凸显了其游戏特征中的参与—共在模式。最为典型的就是小说中出现的字谜游戏,它的作用与意义不仅取决于作者同时取决于读者参与其中的能力。② 小说中出现的颠倒字母构成的名字"Kinbote"抑或是"V.Botkin"等,读者、作者以及人物间的身份层层相套,扑朔迷离。"读者必须使文本的游戏服从于他或她的'智力组合转变'",③ 也即读者需投入文本之中,参与其中,付之于智力活动,才能够解开文本的字谜以及人物关系之谜。游戏、游戏者和观赏者的共在构成了游戏概念的存在,而作者、作品以及读者间的有机结合和相互参照对意义的揭示起到了积极的作用。文学艺术作品是一种参与—共在的游戏。

文学艺术作品作为参与—共在的游戏,其独特性之一在于:在游戏表演者即作者、游戏本身即文学文本和游戏观赏者即读者的对话和视阈融合中,文学艺术作品的存在不断扩展,文学意义的理解不断开放和创新。无论是作者还是读者,都具有各自的视阈,而这种视阈的开放性与相互融合,带来了理解的开放性与创新性。④ 文学作品类似于表演游戏,表演者态度严肃,从属于游戏本身,但同时又从游戏内部解释游戏,并为观赏者展现其存在,这即是作者以自身的视角进行的文学艺术创作活动。同时,由于人是时间性的存在,人的理解必然带有自身的历史性和有限

---

① [德]伽达默尔:《真理与方法》Ⅰ,洪汉鼎译,商务印书馆2010年版,第216页。

② 陈世丹:《虚构亦真实——美国后现代主义小说研究》,中国人民大学出版社2005年版,第214页。

③ Eichelberger C., "Caming in the lexical playfields of Nabokov's Pale Fire", *Critical Essays on Vladimir Nabokov*, ed. Phyllis A.Roth, Boston, Massachusetees: G.K.Hall&Co, 1984, p.179.

④ Gadamer, Philosophical Apprenticeships.trans.Robert R. Sullivan, Cambridge: MIT Press, 1985年,第191页。

性特征，理解者必定站在被各种成见或前见所规定的自身境遇来看待和理解一切。没有成见，也就不可能有所视见。不同的读者有不同的视阈。同一个读者在不同的情境下，在每次阅读中，也都带有不同的视角。可以说，没有任何两次阅读和理解是完全相同的。理解的视阈如同可见的视阈一样是可变的，当解释者的视阈得以不断扩大之时，视阈便达到融合，即在文本、解释者或是读者、作者之间形成辩证的融合，从而在参与—共在模式下得以对话。这种对话和视阈融合的过程，既是对文学作品本身的存在和真理的丰富，也是理解者自身存在的扩展。理解者在与文本对话过程中，不断改变着自己的先见，不断扩展着自己的视阈，从而达到自我理解的提升。综合视界的形成、文本意义和理解者的理解，一起处于不断的生成过程中。① 在参与—共在模式下，观赏者和作者本质上都是游戏的参与者，地位是平等的。尽管伽达默尔强调游戏自身的主体地位，但是游戏离开参与者是无法进行的，因为游戏的存在方式是自我表现，而在参与者缺失的情况下，这种自我表现无法达成。歌德在《浮士德》开场序幕中借剧场经理之口指出，"观众只能靠量来争取，每个人终归挑到自己的一份。谁带来的东西多，谁就会给许多人带来点什么"②。此外，他在1798年给席勒的信中也写道："应当尽最大可能使自己的作品多样化，这样每个读者才可能为他自己选取一点什么，因此以他自己的方式成为一个参加者。"③ 虽然，歌德是在讽刺剧场经理靠戏剧的长度来迎合观众的做法，但可以看出他自己是坚持戏剧本身作为艺术所具有的意义和价值。在观看同一出戏剧如《浮士德》时，观众有多样化需求，因为每个人的理解因其自身的视阈不同而有所不同，因此会有不同的自身表现和反应，也会揭示出文学作品不同的存在。文学艺术作品作为参与—共在的游戏，其存在和理解是在作者、文本和读者的对话和视阈融合中不断开放、不断扩展、不断创新的，与此同时，文学作品的理解者

---

① 章启群：《伽达默尔传》，河北人民出版社1998年版，第107页。
② ［德］歌德：《浮士德》，《歌德文集》第1卷，绿原译，人民文学出版社1999年版，第4页。
③ ［德］歌德：《浮士德》，《歌德文集》第1卷，绿原译，人民文学出版社1999年版，第153页。

也在这种对话和视阈融合中扩展着自身的存在。

同时,文学艺术作品作为参与—共在的游戏,其独特性之二在于:游戏观赏者即文学艺术作品的读者在参与—共在中实现自我理解和自我认识。伽达默尔指出,艺术作品的真正本质犹如游戏存在方式的本质,通过观众的公在(Offensein)实现游戏作为游戏的东西。艺术作品的存在就是那种需要被观赏者接受才能完成的游戏,而正如游戏观赏者在参与游戏之时能够达到自我理解和自我认识,文学艺术作品的存在使理解者的自我理解和自我认识得以实现,也使艺术作品得以完成自身:

> 所以对所有文本来说,只有在理解过程中才能实现由无生气的意义向有生气的意义的转换……艺术作品是在其所获得的表现中才完成的……所有文学艺术作品都是在阅读过程中才可能完成。①

因此,戏剧在观赏者那里赢得它们的完全意义,音乐在被演奏时达到其真正存在,诗歌在被阅读时得以继续存在。而观赏者和阅读者的重要性,即在于他们在游戏和阅读文本过程中,对游戏本身或艺术作品本身所产生的反应以及所达到的自我认识。在此,伽达默尔特以悲剧为例证。在亚里士多德的悲剧理论中,悲剧性是一种基本现象和意义结构(Sinnfigur),而在其本质规定中也包括了观看者也就是欣赏者的作用。观赏者在观看悲剧的时候,突然降临在其身上的震惊和胆战深化了观赏者与自己本身的连续性。悲剧性的哀伤出自观看者所获得的自我认识。观看者在悲剧事件中重新发现了他自己,因为悲剧性事件是他自己的世界,他在悲剧里遇到这个世界,并且通过宗教的或历史的传承去熟悉这个世界。观看者与悲剧作品的接触就是与自身的接触。② 古希腊悲剧《俄狄浦斯王》充分展现出震人心魄的悲剧性,它由"发现"以及"突转"带来的真理被观众理解,俄狄浦斯王的种种不幸打破了一切距离感,使

---

① [德]伽达默尔:《真理与方法》Ⅰ,洪汉鼎译,商务印书馆2010年版,第240-241页。

② 洪汉鼎:《理解的真理:解读伽达默尔》,《真理与方法》,山东人民出版社2001年版,第110页。

观众在震惊中直接遭遇俄狄浦斯的悲情，继而直面并理解世界的存在。再如莎士比亚的著名戏剧《麦克白》。麦克白从浴血厮杀、骁勇善战的战将，到深陷权力漩涡，最后走向毁灭，这种巨变给予观众无限震撼，生活在喧嚣中的观众似乎感同身受。又如现代剧作家尤金·奥尼尔的著作《榆树下的欲望》，当艾比在困境中绝望地杀死亲子之时，当埃本知晓真相与艾比携手面对法律制裁之时，观者的情感即被触动。剧作者创作的和戏剧自身所要呈现的意义在观赏者处达到最终的融合，在参与—共在模式下，悲剧性的根本意义最终得以体现。因此，作为游戏观赏者即文学艺术作品的读者或理解者的自我认识和自我理解，在其参与—共在中，实现着文学艺术作品作为游戏的存在。

再者，文学艺术作品作为参与—共在的游戏，其独特性之三体现为：文学艺术作品与欣赏者具有同时性。伽达默尔指出：

> 在对文字的理解和解释中产生了一种奇迹：某种陌生的僵死的东西转变成了绝对亲近的和熟悉的东西……文字传承物，当它们被理解和阅读时，却如此明显的是纯粹的精神，以至于它们就像是现在对我们陈述着一样。因此阅读的能力，即善于理解文字东西的能力，就像一种隐秘的艺术，甚至就像一种消解和吸引我们的魔术一样。在阅读过程中，时间和空间仿佛都被抛弃了。谁能够阅读流传下来的东西，谁就证实并实现了过去的纯粹现实性。[①]

在伽达默尔看来，文学艺术作品虽然产生于过去，甚至是遥远的年代，但作为文字传承物，与每一个时代的阅读者都是同时的，因为在对文学艺术作品的理解中，有某种转化发生，能够将"僵死的东西"转化为"亲近的和熟悉的东西"[②]，文学艺术作品作为自主的存在，即使在被写作时处于一定的社会历史文化背景中，但对于读者来讲，"它们就像是现在对我们陈述着一样"。文学艺术作品具有与我们读者共在的同时性。同时，伽

---

① [德]伽达默尔：《真理与方法》Ⅰ，洪汉鼎译，商务印书馆2010年版，第240页。
② [德]伽达默尔：《真理与方法》Ⅰ，洪汉鼎译，商务印书馆2010年版，第240页。

达默尔认为，阅读者和理解者也应该培养一种对于文学艺术作品的阅读能力和理解能力，即能够同化文学艺术传承物，使文学艺术作品和我们之间不再有时空距离，阅读者和理解者能够将文学艺术作品的存在实现出来，从而达到与其同时性的存在。文学艺术作品虽然具有独立性和自为性，其意义和真理能够自主地传承，但对于其存在的揭示，更多的仍然是需要理解者的参与，对艺术作品的理解就是对它的意义的参与，理解者的参与—共在实现其与文学艺术作品的同时性。歌德在《浮士德》中展现出18—19世纪资产阶级上升时期德国学者对于人类精神的探讨，以浮士德博士为代表，表达了人类顽强不屈、积极进取、勇于创造、追求真理的精神状态。浮士德虽然经历了"知识悲剧""爱情悲剧""政治悲剧""美的悲剧"和"事业悲剧"，但在此过程中，体现的是他对知识、真理、爱情、道德以及美等孜孜不倦的追求和渴望，代表着人在各种生活经验中与安逸、诱惑、享乐等所作的持续斗争。虽然历经困惑、痛苦和打击，但浮士德始终表现出面对困难的乐观向上和自强不息的精神。这部作品之所以伟大，就在于它用浮士德一生的悲喜剧过程，歌颂了具有普遍意义的人类精神。这种人类精神不仅是18—19世纪歌德的时代需要的，也是我们时代所要思考的。在此意义上，《浮士德》作为一部经典的文学作品具有与我们时代的同时性。文学作品首先要具体地实现于它的表现之中，即要展现它的意义，而后要实现于其观赏者的经验之中，观赏者也就是读者以一种积极的态度参与其中，通过实现与文学艺术作品的同时性，而达到与作品本身的参与—共在。文学艺术作品与理解者的同时性，是文学艺术作品作为参与—共在的游戏的一个突出特征。

由以上分析可以看出，文学艺术作品以游戏的方式存在，文学艺术作品是参与—共在的游戏，而其独特性主要体现在以下方面。其一，作为参与—共在的游戏性存在，文学艺术作品强调文学艺术作品本身、作者、读者共同参与到文学艺术之中，共同揭示文学艺术作品的意义和真理。其二，文学艺术作品作为参与—共在的游戏，其意义通过作者、文学文本和读者的对话和视阈融合得到不断的扩展和深化。其三，这种参与—共在的游戏性特征，还表现为文学艺术作品与其欣赏者的同时性之中。因此，游戏即为文学艺术作品的存在方式。

第四节　游戏性作为文学艺术作品的本体性

文学艺术作品是游戏，它是独立且真实的世界存在。在伽达默尔看来，游戏不仅是艺术作品的一种存在方式，在某种程度上，艺术作品就是游戏，游戏性即是文学艺术作品的本体特性。伽达默尔将这种由游戏到艺术作品的转化过程称为"向构成物的转化"（Verwandlung ins Gebilde）。

> 只有通过这种转化，游戏才赢得它的理想性，以至游戏可能被视为和理解为创造物……这样，游戏具有了作品（Werk）的特质，功能（Ergon）的特质，而不仅是能量（Energeia）的特质。在这种意义上，我就称游戏为一种构成物（Gebilde）。[1]

游戏成为具有作品意义的构成物，而艺术作品也成为游戏，而且伽达默尔认为，作为艺术作品的游戏更能实现游戏的理想性。游戏向构成物的转化给予了文学艺术作品以真实的存在特征，伽达默尔称这种作为游戏的实在的东西为"艺术的游戏"，而艺术作品所构成的世界即为"完全转化了的世界"，"因此转化概念应当表明我们称之为构成物的那些东西的独立和超然的存在方式。从这个概念出发，所谓的实在就被规定为转化的东西，而艺术被规定为在其真理中对这种实在的扬弃"[2]。艺术之所以扬弃实在，是因为在这里"实在"还是不确定的或尚未确定的东西，经过在艺术作品中的转化之后，实在的某种意义得以实现出来，进而成为艺术作品中的存在和真理。没有艺术作品的转化，实在虽有多种可能，但仅仅是飘忽不定的存在。"所以向构成物的转化就是指，早先存在的东西不再存在。但这也是指，现在存在的东西，在艺术游戏里表现的东西，乃是永远真实的东西。"[3] 而只有在艺术作品这一转化了的世界中，实在的可能性才被

---

[1] ［德］伽达默尔：《真理与方法》Ⅰ，洪汉鼎译，商务印书馆2010年版，第163页。
[2] ［德］伽达默尔：《真理与方法》Ⅰ，洪汉鼎译，商务印书馆2010年版，第167页。
[3] ［德］伽达默尔：《真理与方法》Ⅰ，洪汉鼎译，商务印书馆2010年版，第164页。

转变成现实而真实的存在。例如，在现实中有无数双农妇的鞋，但只有那双被梵·高置入油画之中的农妇的鞋才真正获得了艺术作品的存在和意义，而这正是因为它经过了游戏"向构成物的转化"以及艺术作品作为"完全转化了的世界"对实在的扬弃过程。海德格尔也是在这种意义上区分农鞋作为器具和农鞋作为艺术作品的。作为器具，农鞋的存在在于其有用性的发挥，即当农妇穿在脚上、走在田间之时。作为艺术作品，农鞋在梵·高的油画中，表面看起来与用途无关。

> 从梵·高的画上，我们甚至无法辨认这双鞋是放在什么地方的。除了一个不确定的空间外，这双农鞋的用处和所属只能归于无。鞋子上甚至连地里的土块或田陌上的泥浆也没有沾带一点，这些东西本可以多少为我们暗示它们的用途的。只是一双农鞋，再无别的。①

然而，这个作为艺术作品的《农鞋》却构成了一个独立而意义丰富的存在世界：

> 从鞋具磨损的内部那黑洞洞的敞口中，凝聚着劳动步履的艰辛。这硬邦邦、沉甸甸的破旧农鞋里，聚积着那寒风陡峭中迈动在一望无际的永远单调的田垄上的步履的坚韧和滞缓。鞋皮上沾着湿润而肥沃的泥土。暮色降临，这双鞋底在田野小径上踽踽而行。在这鞋具里，回响着大地无声的召唤，显示着大地对成熟的谷物的宁静的馈赠，表征着大地在冬闲的荒芜田野里朦胧的冬冥。这器具浸透着对面包的稳靠性的无怨无艾的焦虑，以及那战胜了贫困的无言的喜悦，隐含着分娩阵痛时的哆嗦，死亡逼近时的战栗……②

在艺术作品中，农鞋获得了它的存在，它成为农妇的内心和生活世界

---

① ［德］海德格尔：《艺术作品的本源》，《海德格尔选集》（上下篇），孙周兴选编，孙周兴译，上海三联书店1996年版，第253页。

② ［德］海德格尔：《艺术作品的本源》，《海德格尔选集》（上下篇），孙周兴选编，孙周兴译，上海三联书店1996年版，第254页。

的显现方式。比较艺术作品中的农鞋和现实中千千万万双普通的农鞋,在日常可见的意义上可能并无特殊之处,甚至艺术作品中的农鞋更缺乏现实性或实在性,然而塔经过"转化"却具有了作为用具的农鞋所无法获得的真理和存在。伽达默尔认为:

> 这种转化是向真实事物的转化。它不是指使用巫术这种意义的变幻,变幻期待着解巫咒语,并将回归原来的东西,而转化本身则是解救,并且回转到真实的存在。在游戏的表现中所出现的,就是这种属解救和回转的东西,被揭示和展现的,就是曾不断被掩盖和摆脱的东西。①

艺术游戏的转化具有拯救和解救的意义,这与海德格尔所认为的艺术作品建立世界、制造大地的看法具有一致性。海德格尔也认为,在世界的敞开和大地的锁闭之间,在真理的无蔽和掩蔽之间有着不断地争执,而艺术作品正是这种争执的展现,从而也将存在者的无蔽带入存在中。② 正是经过"转化",普通的农鞋进入艺术作品之中,成了游戏的"构成物",获得了独立的存在性。更重要的是,在艺术作品中,农鞋将农妇的存在揭示出来,将农妇生活的艰辛、步履的坚定,以及在农田上春夏秋冬的坚持带入存在之中,也将农妇所可能经受的快乐、痛苦以及生老病死等人生经历展现出来。总之,农鞋给出了农妇的整个世界。在现实世界中,农鞋是不起眼的,即便对于农妇来讲,也不过是有用时才穿起来的普通用具。但进入艺术作品之中后,农鞋就获得了自己的存在,构成了一个独立而真实的世界,通过这个"完全转化了的世界",农妇所有可能的存在也得以展示。《农鞋》成了"艺术的游戏",并获得了持存性的意义。

文学艺术作品的本体性,通过在艺术游戏中,作为构成物和作为表现之间的相互作用而加强。文学艺术作品是在其反复地被表现中获得其作为意义整体的存在的,同时,这也是其作为构成物的存在,文学艺术

---

① [德]伽达默尔:《真理与方法》I,洪汉鼎译,商务印书馆2010年版,第166页。
② [德]海德格尔:《艺术作品的本源》,《海德格尔选集》(上下篇),孙周兴选编,孙周兴译,上海三联书店1996年版,第276页。

作品是两者的统一。"我们称之为构成物的东西，只是这样一种表现为意义整体的东西。这种东西既不是自在存在的，也不是在一种对它来说是偶然的中介中所能经验到的，这种东西是在此中介中获得了其真正的存在。"① 也即是说，构成物作为一种意义整体在表现中获得其真正的存在，这种表现既通过文学艺术的创作者，又通过理解者而实现，且在伽达默尔看来，这两种表现所要达到的是同一的存在，即艺术作品本身的存在或艺术作品作为构成物的东西，即意义整体。在艺术作品的表现中，具有"双重的模仿"：

> 表演者所表现的东西，观赏者所认识的东西，乃是如同创作者所意指的那样一种塑造活动和行为本身。这里我们具有一种双重的模仿：创作者的表现和表演者的表现。但是这双重模仿却是一种东西：在它们两者中来到存在的乃是同一的东西。②

菲茨杰拉德的小说《了不起的盖茨比》，被改编为不同的电影版本，各个版本都代表着不同时代对"美国梦"的解读，在电影中有不同的表现形式。2013年版所展现的奢华场景并不现实地反映20世纪30年代的真实情况，然而在新的时代背景下，2013年版电影对于"美国梦"的意义呈现，并不弱于更早年的版本，也不逊于小说作者本人菲茨杰拉尔德的表达。不管是小说文本，还是电影呈现，都指向同一个东西，表现同一个东西。不管是20世纪30年代，还是21世纪的今天，对于"梦想"的表现虽然变换了形式，但其实质和内涵却能达成统一。这是无论什么艺术形式、无论什么年代都具有同一性的东西。也是伽达默尔在艺术游戏的表现中所指出的作为意义整体的存在，而这种表现由创作者和欣赏者或理解者共同实现。

文学艺术作品的本体性也表现在解释者的再创造行为中。伽达默尔认为，解释也是一种再创造行为，在这种意义上，解释者也是创作者。

---

① ［德］伽达默尔：《真理与方法》Ⅰ，洪汉鼎译，商务印书馆2010年版，第173—174页。
② ［德］伽达默尔：《真理与方法》Ⅰ，洪汉鼎译，商务印书馆2010年版，第173页。

> 解释在某种特定的意义上就是再创造（Nachschaffen），但是这种再创造所根据的不是一个先行的创造行为，而是所创造的作品的形象（Figur），解释者按照他在其中所发现的意义使这形象达到表现。①

伽达默尔将这种进行表现的努力看作"中介的活动"，然而，伽达默尔倡导"彻底的中介"，即"中介的元素作为中介的东西而扬弃自身"。②因此，再创造作为一种中介，并不是最重要的，最重要的是作品在再创造中实现自身。伽达默尔认为，这种再创造活动也要遵循"艺术作品本身的制约性"，即：

> 一种由不断遵循范例和创造性改变所形成的传统，每一种新的尝试都必须服从这种传统。对此传统就连再创造的艺术家也具有某种确切的意识。再创造的艺术家怎样接触一部作品或一个角色，这无论如何总是与从事同一活动的范例有关。③

对在艺术再创造或再塑造过程中，伽达默尔重视对"范例"和"典范"的研讨。海德格尔对荷尔德林诗的阐释，就是一种再创造活动。在《荷尔德林和诗的本质》一文中，海德格尔对荷尔德林"五个中心诗句"的解释是一种创造。他通过荷尔德林的诗句"因此人被赋予语言，/ 那最危险的财富…… / 人借语言见证其本质……"揭示出语言的"危险性"和矛盾性，即语言创造了一个"存在之被威胁和存在之迷误的可敞开的处所"，④语言既可能带来存在的遗失，也可能为存在的开显设置处所。海德格尔的解释，将人与语言之间的关系突出出来，强调了语言与人的世界、人的历史之间的关系。"唯语言才提供出一种置身于存在者之敞开状态中间的可能

---

① ［德］伽达默尔：《真理与方法》Ⅰ，洪汉鼎译，商务印书馆2010年版，第176页。
② ［德］伽达默尔：《真理与方法》Ⅰ，洪汉鼎译，商务印书馆2010年版，第177页。
③ ［德］伽达默尔：《真理与方法》Ⅰ，洪汉鼎译，商务印书馆2010年版，第175页。
④ ［德］海德格尔：《荷尔德林和诗的本质》，《荷尔德林诗的阐释》，孙周兴译，商务印书馆2014年版，第38页。

性。唯有语言处，才有世界。"① 海德格尔对荷尔德林的诗句的解释是一种再创造行为，这与海德格尔本人关于存在、真理、语言、人的问题的哲学思考密切相关的。但他的创造性的解释离不开诗歌本身的规范。海德格尔虽然在阐释荷尔德林的诗歌中发展自己的思想，但并非通过改造减弱荷尔德林诗歌本身的意义和真理。相反，通过一种再创造性的解读，海德格尔丰富了其存在内涵。正如伽达默尔所说，海德格尔发现了荷尔德林，而荷尔德林也成就了海德格尔思想，他们是"同时代人"。②

文学艺术作品的本体性还体现在模仿的再认识过程中。伽达默尔认为，文学艺术游戏是一种在模仿中发生的再认识事件，文学艺术的模仿具有认识论意义。柏拉图贬低模仿行为，认为摹本不具有原型的真实性，但伽达默尔却认为，模仿具有认识论意义，模仿是通过再认识对事物之所是进行呈现。"所表现的东西是存在于那里——这就是模仿的最原始关系。谁模仿某种东西，谁就让他所见到的东西并且以他如何见到这个东西的方式存在于那里""应当被再认识的东西，就是现在'存在'的东西。"③ 在伽达默尔看来，模仿过程就是再认识过程，而这种再认识即是对事物存在的展现。艺术作品通过模仿游戏，实现对事物的再认识，而再认识和认识一样，都指向真实性。甚至，通过这种能够引起快感的再认识，可以获得比认识更多的东西。"再认识所引起的快感其实是这样一种快感，即比起已经认识的东西来说有更多的东西被认识。"④ 从某种程度上可以说，乔伊斯的《尤利西斯》是对荷马史诗《奥德赛》的模仿，不论是主要人物的设置还是主题，不论是小说的情节、结构等，都明显地存在着模仿的关系。作为神话故事的《奥德赛》具有丰富的内涵和理解空间，然而，这并不能掩盖《尤利西斯》的存在和意义。《尤利西斯》作为一部反映现代人探索内在精神世界的作品，是对现代人的存在处境的揭示，是作为现代城市生活中的人的精神返乡之

---

① ［德］海德格尔：《荷尔德林和诗的本质》，《荷尔德林诗的阐释》，孙周兴译，商务印书馆2014年版，第39页。
② ［德］伽达默尔：《黑格尔与海德格尔》，《伽达默尔论黑格尔》，张志伟译，光明日报出版社1992年版，第140页。
③ ［德］伽达默尔：《真理与方法》Ⅰ，洪汉鼎译，商务印书馆2010年版，第167页。
④ ［德］伽达默尔：《真理与方法》Ⅰ，洪汉鼎译，商务印书馆2010年版，第168页。

旅。通过对原始神话的模仿，《尤利西斯》实现了对人类精神存在的再呈现，其所起到的再认识作用并不比在原始神话中的少。因为对于伽达默尔来讲，模仿不仅不会减弱真实性，而且能够揭示出更多的存在和真理。艺术作品作为一种模仿的游戏，通过再认识的过程，摆脱了现象的偶然性，从而达到对事物之所是的更本质的认识。伽达默尔从模仿出发对艺术游戏的探讨，目的是强调通过模仿的再认识性，指出作为模仿的艺术不仅没有远离真理，反而使更多的真实和存在的表现和揭示作用。

文学艺术作品的本体性还在于模仿所达到的对本质和真实的再现。艺术游戏在模仿中所实现的是对本质的认识，艺术作品的模仿通过展示达到对事物真实性的揭示。"谁要模仿，谁就必须删去一些东西和突出一些东西。因为他在展示，他就必须夸张，不管他愿意或不愿意。"[①] 文学艺术作品通过"删除"和"突出"展示出必要的"夸张"从而更深刻地呈现事物的本质。"在艺术的表现中，对作品的再认识仍是起作用的，因为这种再认识具有真正的本质认识的特征。"[②] 在伽达默尔看来，艺术作品的表现，即是对本质的认识，也即对真实事物的认识，而模仿能够将事物的本质揭示出来。同时，模仿能够揭示本质，还在于艺术作品所具有的展示性。艺术作品通过这种独特的展示过程，能够使真实被看到，即达到对事物本质的认识。有关人与神的关系本质问题是自古希腊以来诸多文学家和艺术家所共同关注和思考的一个主题，索福克勒斯的悲剧《俄狄浦斯王》和文艺复兴时期莎士比亚的《哈姆雷特》都有体现，但却有不同的形式。在人类文明初期，人类理性刚刚起步，对于超越的神怀有敬畏之情，虽然俄狄浦斯一再想要逃脱命运的束缚，然而他的每一个选择、每一次行动都将他一步一步引向悲剧的结局，并由此体现出人的理性无法与神的意志相较量的悲剧性。而在哈姆雷特身上同样展现出悲剧性的结局，但哈姆雷特却表现出文艺复兴之后，人所具有的理性精神、尊严和价值。虽然在哈姆雷特身上也透露着一种神秘的忧郁和踌躇，似乎有某种不可抗拒的超越力量的主

---

① [德] 伽达默尔：《真理与方法》Ⅰ，洪汉鼎译，商务印书馆2010年版，第169-170页。
② [德] 伽达默尔：《真理与方法》Ⅰ，洪汉鼎译，商务印书馆2010年版，第170页。

宰，但他所采取的行动也表明了对自己理性的信心。同样是有关人的理想与神的意志之间的关系，在两个同为悲剧的文学作品中，通过其不同的展示，达到了对真实存在的揭示。文学艺术作品通过表现和展示的活动进入存在中，获得了一种存在的意义，这也是伽达默尔从游戏出发想要得出的有关文学艺术作品存在的本体论结论。"所以，对于这样的问题，即这种文学作品的真正存在是什么，我们可以回答说，这种真正存在只在于被展现的过程（Gespieltwerden）中，只在于作为戏剧的表现活动中，虽然在其中得以表现的东西乃是它自身的存在。"① 因此，文学艺术作品通过其展示活动得到本质的揭示，并实现真实的存在。文学艺术作品因其自我表现而获得其存在和本质。

通过以上分析可以进一步看出，游戏性即是文学艺术作品的本体性内涵。文学艺术是一种游戏，文学艺术作品具有独立且真实的世界存在。从游戏到艺术作品的过程被称为"向构成物的转化"，文学艺术作品本身构成了"完全转化了的世界"，并因此而获得了独立的存在，不仅其自身的存在具有真实性，且文学艺术作品能够揭示真实的现实。艺术游戏通过表现来实现意义和存在，这种表现通过艺术家和欣赏者双重的表现和双重的模仿行为实现，但在两种表现中所达到的是"同一的东西"，即艺术作品本身所要展示的东西——作为艺术作品意义整体的存在和真理。不仅如此，艺术游戏需要解释，而解释就是一种再创造。此外，文学艺术游戏是在模仿中的再认识行为，文学艺术的模仿具有认识论意义。通过模仿，艺术作品可以实现对存在和真实的表现和揭示。文学艺术游戏的模仿是对本质的认识，并且通过其展现性表达事物的真实性。在展现和自我表现中，艺术作品获得其存在和本质。因此，游戏不仅是文学艺术作品的存在方式，更进一步地，游戏性也表明了文学艺术作品的本体性。

伽达默尔把"游戏"概念作为探讨艺术作品存在方式在本体论意义上的主线。"游戏"概念是伽达默尔哲学诠释学的重要概念，伽达默尔通过建构游戏与文学艺术作品的关系来阐发游戏性内涵，同时也揭示出文学艺术作品以参与—共在的游戏方式存在，文学艺术具有游戏性。通过梳理，

---

① ［德］伽达默尔：《真理与方法》Ⅰ，洪汉鼎译，商务印书馆2010年版，第172页。

作为哲学范式的文学：伽达默尔文论研究

伽达默尔美学思想可见其文学理论的基础，即文学对哲学具有范式作用，而文学本身也具有哲学性内涵。游戏性证明了文学艺术作为阐发哲学诠释学"游戏"概念及游戏性内涵的范式作用，同时也揭示出文学的本体性内涵，文学的本体性表现之一即为游戏性。"共在"（dabeisein, mitdasein）是"游戏"存在的一种模式。伽达默尔的"游戏"与"共在"概念立基于他在对艺术真理探讨中形成的美学思想。

从特定的角度来看，伽达默尔的美学思想也蕴含着丰富的文学思想，在20世纪文学理论中具有强劲的辐射力。文学是艺术的分支，文学的创作过程和阅读过程同样是艺术的生产过程。游戏概念作为伽达默尔哲学诠释学的重要方面，与文学理论研究有密切联系。伽达默尔的游戏概念，前承康德、席勒美学思想中的游戏理论，以柏拉图和亚里士多德的哲学思想为根基，并参照海德格尔存在主义思想，集哲学诠释学之大成，开启了文学理论研究的新视阈。确立伽达默尔作为共在的游戏理论，有助于阐发伽达默尔的文艺思想对文学理论的启示作用及其在文学分析中的现实意义，并进一步揭示作为理解的游戏过程即是文本理解以获得真理之过程，游戏所具有的本质特征亦为文学之突出本质，游戏突破了主客观诠释的冲突与对立，建立了参与—共在的模式而使文学解读走向参与理解的正确道路。因此，以游戏概念为研究进路，以康德、席勒美学观为参照，研究伽达默尔游戏理论的主体性、权威性、分享性和重复性等本质特征以及游戏产生的参与—共在模式等方面，对于探讨伽达默尔的哲学诠释学与文学理论之间的关系有重要意义。

正如伽达默尔所指出的那样：

> 游戏一向就是自我表现的一种方式。游戏在艺术那里找到了它带有增值、代表性、存在的增益的典型特征的表现方式，而存在者则通过其表现而获得这种特征。①

---

① ［德］伽达默尔：《美的现实性——艺术作为游戏、象征和节庆》，郑涛译，人民出版社2018年版，第33页。

游戏性特征表明，文学艺术家通过文学艺术作品来创造一个包括他自身在内的群体，"按照意向性这样社会群体是尘世、是人类生存世界的整体，是真正共相的"。① 而且这个世界是文学艺术家个人的成果，它是"一种集体的成果，一种潜在的共同创造的成果"。② 游戏的这个特征还表明，文学艺术作品可以作为哲学诠释学揭示存在的范式，是对文学艺术作品的普遍要求；同时游戏性也证明了文学艺术作品作为一种存在论意义上对实际性存在指涉的可能性。

---

① ［德］伽达默尔：《美的现实性——艺术作为游戏、象征和节庆》，郑涛译，人民出版社2018年版，第40页。
② ［德］伽达默尔：《美的现实性——艺术作为游戏、象征和节庆》，郑涛译，人民出版社2018年版，第40页。

第五章　作为伦理范式的文学：伽达默尔文学实践性研究

文学作为伦理范式是否是一种合法要求，或者说文学是否具有作为伦理范式所要求的包容一切的善的可能性？在伽达默尔诠释学的意义上，作为狭义概念的文学，指的是文学艺术作品，偶缘性是它的基本特征。偶缘性或者说特殊性，使文学被现代科学意义上的以一般性为基本特征的知识领域拒斥在外。在此基础上，以康德道德哲学为代表的道德哲学和伦理学，所关涉的作为基本问题的普遍性意义的善，在文学中便无法获得。然而，伽达默尔在赋予诠释学理论和实践双重任务的过程中，重提亚里士多德关于实践哲学的讨论，认为实践哲学同时关涉"科学特性"的"一般性知识"[①]和"一般性知识"的科学特性"所依赖的特殊条件"。[②] 或者说，实践哲学是关于实践的研究，必然包含作为研究对象的实践本身。伽达默尔以具有理论和实践双重性的实践哲学为典范，赋予诠释学以同样的双重性。[③] 本章探讨在伽达默尔哲学诠释学视阈下，试图文学是否具有同样的双重性，即包含实践哲学所要求的一般性的伦理知识，或者说包容一切的善，和这种知识所依赖的特殊条件，并由此获得作为伦理范式的文学的合法性。

第一节　诠释学作为实践哲学

伽达默尔诠释学的出发点是探讨精神科学在现代科学范围内的合法性

[①] ［德］伽达默尔：《真理与方法》Ⅱ，洪汉鼎译，商务印书馆2010年版，第382页。
[②] ［德］伽达默尔：《真理与方法》Ⅱ，洪汉鼎译，商务印书馆2010年版，第382页。
[③] ［德］伽达默尔：《真理与方法》Ⅱ，洪汉鼎译，商务印书馆2010年版，第400页。

问题，而实践概念尤其是亚里士多德的实践哲学，在他看来，是达到精神科学自我理解的"唯一有承载力的模式"，①也因此，诠释学与实践及实践哲学有着紧密的联系。实践的问题，是伽达默尔哲学诠释学的关键问题。他在《真理与方法》第2版序言中参照康德在现代自然科学中的"哲学问题"，即"使近代科学成为可能的认识条件是什么"②，提出了诠释学研究的"哲学问题"：

> 我们这里的探究也是在这个意义上提出一个哲学问题，但是我们所探究的绝不只是所谓精神科学的问题（尽管我们赋予精神科学比某些传统学科以优先的地位），我们一般所探究的不仅是科学及其经验方式的问题——我们所探究的是人的世界经验和生活实践的问题"，也即"理解怎样得以可能？"的问题。③

可以看出，伽达默尔不赞同将以科学方法论的原则和规范作为诠释学的基础，认为诠释学首要涉及的是对此在的存在问题的理解，即对"人的世界经验和生活实践的问题"的理解。人的存在的一个重要方面就是人的实践，因此，伽达默尔将诠释学的研究领域放在与人类世界和生活实践相关的整体之中，并将实践问题作为诠释学理解的核心问题。伽达默尔将诠释学所面临的"哲学问题"定性为有关人类生活实践的理解问题，诠释学是实践的哲学。

将诠释学作为实践哲学需要首先明确"什么是实践哲学"这一问题。实践的问题，从亚里士多德开始，就涉及与理论以及技术的关系。然而在现代认识论的背景下，在科学技术日益发展并不断影响人们生活的情况下，实践概念似乎越来越被片面的理解。伽达默尔认为，"什么是实践哲学"这一问题，对于将哲学诠释学作为科学理论以及从诠释学出发证明精神科学的知识性和合法性有重要的意义。他在《真理与方法》第2卷的导论"在

---

① ［德］伽达默尔：《真理与方法》Ⅱ，洪汉鼎译，商务印书馆2010年版，第401页。
② ［德］伽达默尔：《真理与方法》Ⅰ，洪汉鼎译，商务印书馆2010年版，第3页。
③ ［德］伽达默尔：《真理与方法》Ⅱ，洪汉鼎译，商务印书馆2010年版，第554页。

作为哲学范式的文学：伽达默尔文论研究

现象学和辩证法之间——一种自我批判的尝试"一文末尾，特别明确了"实践哲学"的内涵和"实践知识"、实践反思的重要性：

> 什么是实践哲学这个问题对于近代思想的科学概念总是一种不容忽视的真正挑战。我们可以从亚里士多德那里得知希腊的科学这个概念，即 Episteme，所指的是理性知识（Vernunfterkenntnis）。这就是说，它的典范是在数学中而根本不包括经验。因此，近代科学与希腊的科学概念即 Episteme 很少相符，它倒是更接近于 Techne（技术）。不管怎样，实践知识和政治知识从根本上说与所有那些可学到的知识形式及其应用的结构是不一样的。实践知识实际上就是从自身出发为一切建立在科学基础上的能力指示其位置的知识。这就是苏格拉底追问善的问题的含义，柏拉图和亚里士多德都坚持了这种做法。如果有谁相信，科学因其无可争辩的权能而可以代替实践理性和政治合理性，他就忽视了人类生活形式的引导力量，因为唯有人类的生活形式才能够有意义并理智地利用科学和一切人类的能力，并能对这种利用负责。
>
> 但实践哲学本身却并不是这样一种合理性。它是哲学，这就是说，它是一种反思，并且是对人类生活形式所必须是什么的反思。在同样的意义上可以说哲学诠释学也并非理解的艺术，而是理解艺术的理论。但这种种唤起意识的形式都来自实践，离开了实践就将是纯粹的虚无。这就是从诠释学的问题出发所重新证明的知识和科学的特殊意义。这也正是我自《真理与方法》完成以后一直致力的目标。①

对于"什么是实践哲学"的探讨，首先要明确什么是"实践"。伽达默尔从古希腊的"科学"概念出发，说明实践的传统内涵，以对抗现代科学技术视阈下对实践概念的狭隘的理解。亚里士多德将"科学"（或哲学）划分为理论科学、实践科学和创制科学，给予了实践以独立的科学地位。伽达默尔认为，近代的"科学"概念与古希腊的"科学"概念不同：古希腊的"科学"是Episteme，即亚里士多德所指的理论知识，主要是指

---

① ［德］伽达默尔：《真理与方法》Ⅱ，洪汉鼎译，商务印书馆2010年版，第29–30页。

数学科学；而近代的"科学"概念多着眼于经验，偏向于技术层面，相当于亚里士多德的Techne，即技术知识。换句话说，在伽达默尔看来，现代的科学知识或理论知识，更多地与技术结合在一起，是一种混合的科学技术知识。不仅如此，现代科学所强调的实践活动更多的是技术实践活动，这与亚里士多德以"实践智慧"（Phronesis）为知识特征的伦理实践活动不同。在古希腊，伦理实践活动与人类所有的生活形式相关，"实践智慧"是一种不同于技术实践知识的、有关人类生活和存在的实践知识。伽达默尔强调了亚里士多德的"技艺"和"实践智慧"的三点不同之处。[①] 其一，技艺具有可学习性，这种知识既可以被学得，也可以被遗忘，但实践智慧是不可被学得的，也不具有遗忘特征，它是在具体情境中做出选择和行动的伦理知识。其二，从目的和手段的关系来看，技艺是达到某种其他目的的手段，而"实践智慧"则是以自身为目的和手段，伦理意识、伦理知识与伦理行动具有同一性，"因而，我们把伦理知识当作这样一种知识，它以完全独特的方式包含了我们关于目的和手段的知识"。[②] 技艺和"实践智慧"的第三点区别在于"实践智慧"更强调与人自己的关系以及与他人之间的关系，因而能够洞察他人的道德处境，并将心比心地理解他人，这就是一种伦理德性。因此，实践活动不同于理论活动，而以"实践智慧"和实践理性为特征的伦理实践活动与作为技艺的实践活动又有本质的区别。伽达默尔正是在古希腊传统意义上理解"科学"和"实践"概念的含义，并以此来解除由于受到近代认识论的影响而对"科学"和"实践"概念片面的理解。在伽达默尔看来，正确理解"科学"和"实践"概念，能够重新理解精神科学的合法性，从而为达到精神科学的自我理解找到新的方向。

伽达默尔的"实践"概念立基于亚里士多德对"科学"不同层次的区分，同样地，伽达默尔也是从亚里士多德的"实践哲学"思想出发来为诠释学的普遍性奠基。"'实践'意味着所有实际事务之整体，亦即一切人的行为以及人在此世界中的一切自我设置，这一切还包括政治及其中的制定法

---

① ［德］伽达默尔:《历史意识问题（下）》，王鑫鑫译，《世界哲学》2016年第5期。
② ［德］伽达默尔:《历史意识问题（下）》，王鑫鑫译，《世界哲学》2016年第5期。

律。"① 实践哲学是关于人的活动的哲学，实践具有整体性，包含人类生活的全部。实践哲学首先体现为政治学，因为政治学是在最广泛的意义上处理人类事务，即有关社会或国家的运行规则、法律制度等的知识。同时，亚里士多德也将伦理学作为实践哲学，在伦理学中作为实践的善的"实践智慧"是指导实践的理性。实践的知识即是一种实践的善，体现为人类政治和伦理活动中的"实践智慧"（Phronesis）。实践关乎人类生活整体，涉及人的存在的所有形式，而指导实践活动的实践智慧是人之本质的体现。伽达默尔强调，"实践智慧"或"实践合理性"是人的本质特征。"实践的真正基础构成人的中心地位和本质特征，亦即人并非受本能驱使，而是有理性地过自己的生活。从人的本质中得出的基本美德就是引导他'实践'的合理性（Vernunftigkeit）。"② 人是有理性的动物，这种理性在其实践过程中最适当地表现出来——具有实践智慧的人进行合乎理性的行动。同时，伽达默尔强调，实践的合理性是负责的合理性，责任性和合理性相辅相成，而实践理性即表现在"合理性的自我责任"③之中。伦理意味着责任，谁不理解责任，也就不能理解伦理为何物。④ 在伦理共同体中，每个人都有按照实践合理性进行生活的责任。此外，实践智慧，能够"在我们有限此在的既定性中为我们向往、力争、并通过自己的行动能试图得出的东西找到根据"，⑤ 实践智慧指导人类的实践活动，并为这些实践活动提供理由和根据。因此，亚里士多德的实践哲学以政治学和伦理学为主，涉及人类生活全体，其中作为实践知识的"实践智慧"是人的本质的体现，它使人在实践中出于合理性和责任性而行动。伽达默尔从亚里士多德实践哲学所涉及的广泛的人类实践活动和实践智慧对实践活动的指导中受到启发，他认为，诠释学的普遍性意义涉及对人类所有活动形式的理解，尤其是对历史流传物的理解，它使历史传承物与我们现实的生活联结为理解的统一体

---

① ［德］伽达默尔:《真理与方法》Ⅱ，洪汉鼎译，商务印书馆2010年版，第407页。
② ［德］伽达默尔:《真理与方法》Ⅱ，洪汉鼎译，商务印书馆2010年版，第407页。
③ ［德］伽达默尔:《真理与方法》Ⅱ，洪汉鼎译，商务印书馆2010年版，第408页。
④ ［德］伽达默尔、杜特:《解释学美学实践哲学：伽达默尔与杜特对谈录》，金慧敏译，商务印书馆2005年版，第71页。
⑤ ［德］伽达默尔:《真理与方法》Ⅱ，洪汉鼎译，商务印书馆2010年版，第408页。

和意义的统一体。同样,诠释学的理解活动是有理性的活动。

同时,伽达默尔从对亚里士多德实践哲学的思考中,为诠释学作为实践的知识找到依据。实践的知识不是现代科学技术意义上的事实与理论的相符,而是实践理性或"实践智慧"在具体伦理情境中的运用。更确切地说,实践的知识是在习俗的共同世界中所达到的"意见一致",是一种基于"参与"理想的知识。虽然实践关乎人类事务的整体,涉及人类生活的所有形式,但"实践智慧"是在具体情境中的理性运用。"它(实践智慧)只在具体的情境中证实自己,并总是置身于一个由信念、习惯和价值所构成的活生生的关系之中——即是说,在一个伦理(Ethos)之中。"① 实践智慧的运用与伦理情境相关,而伦理即是"由信念、习惯和价值所构成的活生生的关系"②,这些关系即是人类生活形式的各种表现,是人类生活的事实。伦理也是"最可理解、最为共同的、被我们所有人一起分享的信念、价值、习惯的事实性,是构成我们生活制度的东西的总概念"。③ 在伽达默尔看来,伦理代表着一种存在状态。在其中,所有成员组建"共同的习俗世界",而所谓"习俗"(Konvention),最重要的特征就是"意见一致"(Ubereingekommensein),"而意见一致的作用并不是指纯粹以外部规定的规则体系的外表,而是指个体意识与在他人意识中表现的信念之间的同一性,从而也就是与人们创造的生活制度的同一性"。④ 在实践伦理中的"意见一致"并不是外在的强制性的约束或规定,而是源于共同体内部、所有成员达成的"信念之间的同一性"和"生活制度的同一性"。而这种"同一性"的达成以所有成员的"参与"为前提。参与是分享,参与的每个人都会得到一定的东西。具有实践理性的个体,能够在其共同体中达到与其他成员的意见一致,而这种"意见一致"构成伦理生活的习俗和价值,从而也成为指导实践活动的知识。伽达默尔从这种"意见一致"中得出"参与"

---

① [德]伽达默尔、杜特:《解释学美学实践哲学:伽达默尔与杜特对谈录》,金惠敏译,商务印书馆2005年版,第68页。
② [德]伽达默尔、杜特:《解释学美学实践哲学:伽达默尔与杜特对谈录》,金惠敏译,商务印书馆2005年版,第68页。
③ [德]伽达默尔:《真理与方法》Ⅱ,洪汉鼎译,商务印书馆2010年版,第409页。
④ [德]伽达默尔:《真理与方法》Ⅱ,洪汉鼎译,商务印书馆2010年版,第409页。

作为精神科学知识模型的重要性。

> "精神科学"中最关键的并不是客观性,而是与对象的先行关系。我想为该知识领域用"参与"(Teilhabe)理想——如同在艺术和历史里鲜明形成的对人类经验本质陈述的参与——来补充由科学性道德设立的客观认识理想。在精神科学中参与正是其理论有无价值的根本标准。①

在伽达默尔看来,这种作为"参与"的知识模型是对现代科学的客观性的知识模型的补充和修正。实践智慧在具体伦理情境中所发挥的作用,实践哲学所具有的伦理性质以及在"参与"中所达成的"意见一致"是伽达默尔将诠释学建构为实践知识的重要依据。

亚里士多德的实践哲学为诠释学的普遍性以及诠释学作为实践知识奠定了基础,但要证明诠释学是实践哲学,首先需要确认诠释学是哲学。正如实践哲学作为哲学首先体现在其反思特征上,诠释学作为哲学首先也在于它是"理解艺术的理论"而"并非理解的艺术"②或技艺。伽达默尔正是利用古希腊哲学传统对"科学"(哲学)概念的理解来论证诠释学是哲学,以抵制现代方法论意义上的"科学"概念,从而避免将诠释学首先定义为理解的程序和方法。诠释学的首要意义在于它是人的一种自然的能力,③即理解和解释的能力。他用修辞学做类比,反对将诠释学视为一种技术或方法。在他看来,修辞学不是一种技术,而是一种讲话的能力,是一种哲学。"这种修辞学与其说是一种关于讲话艺术的技艺学,毋宁说是一种由讲话所规定的人类生活的哲学。"④修辞学虽然在柏拉图那里与哲学处于竞争的关系,但也因作为一种知识被接纳进辩证知识的总体之中,成为一种哲学。与此相近,在伽达默尔看来,诠释学是一种理解能力,如果说修辞学是关于说和写的能力,那么诠释学就是再说和再写的能力。也正如修辞学

---

① [德]伽达默尔:《真理与方法》Ⅱ,洪汉鼎译,商务印书馆2010年版,第406页。
② [德]伽达默尔:《真理与方法》Ⅱ,洪汉鼎译,商务印书馆2010年版,第29页。
③ [德]伽达默尔:《真理与方法》Ⅱ,洪汉鼎译,商务印书馆2010年版,第378页。
④ [德]伽达默尔:《真理与方法》Ⅱ,洪汉鼎译,商务印书馆2010年版,第384页。

无关技术和方法,而是一门"人类生活的哲学",伽达默尔也在哲学的意义上来理解诠释学。诠释学作为哲学具有普遍性:

> 它不仅提供关于科学应用程序的解释,而且还对预先规定一切科学之运用的问题作出说明——这就像柏拉图所说的修辞学,这是一些规定所有人类认识和活动的问题,是对于人之为人以及对"善"的选择最为至关紧要的"最伟大的"问题。①

由此可见,在伽达默尔看来,诠释学超出了现代科学方法论在技术应用程序层次上的意义,而是能够为人类活动的一切方面提供解释和说明。诠释学不是技术或方法,而是哲学。

伽达默尔不仅证明诠释学是一门哲学,还进一步强调了诠释学作为实践哲学的重要性。自柏拉图以来的知识传统视辩证法为达到善的知识的"技艺",但在苏格拉底的"技艺"演练中,真正实现的却并非是"善"的知识,因为苏格拉底承认自己"无知",即没有对"善"的知识,而是关于"人们此时此地必须用来说服别人相信的知识,以及我们如何行动和面对谁我们这样做的知识",② 而这也是辩证法作为"技艺"所实现的善的知识,它区别于作为最终本质性的认识对象的"善"的知识。正是在这种意义上,伽达默尔看到了实践的重要性,因为这里涉及的是如何讲话与在何时何地讲话的问题,即在具体情境、具体情况下如何运用知识的问题。但这种在具体情境中的运用却并非能仅仅通过学习某种规则或方法达到。柏拉图的"技艺"也并非我们现在意义上的技术,他的善的知识本身就带有实践性,但只有辩证法家或哲学家才能够实践或运用这种善。从辩证法可以作为实践的"技艺"来看,诠释学作为这一意义上的"技艺"也可以理解,但应该强调的仍然是诠释学的实践特征,即其在具体情境中的运用。伽达默尔指出,"理解"有两种含义,一种是"我理解某物的含义","了解某事或成为这个领域的专家",即一种"技能"或"能力";另一种含义是"懂

---

① [德]伽达默尔:《真理与方法》Ⅱ,洪汉鼎译,商务印书馆2010年版,第400页。
② [德]伽达默尔:《真理与方法》Ⅱ,洪汉鼎译,商务印书馆2010年版,第385页。

得如何去处理某物""如何去实践""如何做某事",①在后一种意义上,"理解"具有亚里士多德伦理学中的"精神德行"的意义。同时,伽达默尔认为,"相互理解"与"实践智慧"直接相关,它是在具体情境中、在"共同性"的前提下,彼此之间的协商、相互之间的给予意见和接受建议。②因此,在伽达默尔看来,诠释学不仅是哲学,而且是实践哲学,诠释学的理解与如何做某事、如何去实践密切相关,诠释学的目标也是在具体情境中的相互理解。诠释学是在具体情境中的实践和运用,将诠释学作为实践哲学具有重要的意义。

伽达默尔强调诠释学作为实践哲学的重要性的原因,还在于实践相较于理论有优先性,实践知识为其他一切科学理论提供合法性证明,因为实践哲学是对人类生活形式的反思,实践理性、实践智慧从人类生活形式的整体出发来指导科学和人类能力的运用。理论的有效性依赖于实践。人是有限的,但在对理论知识的探讨中,人有一种对无限进行臆断的企图,而人若从实践智慧出发,就能够克服这种由理论思考所带来的"臆断知识"③。实践智慧相较于一切理论探讨具有优先性。实践智慧是理论说明的基础,因为"在一切理论说明之前,我们已预先假定了一切人先行献身于某种具有确定内容的合理性理想",④"理论理性知识绝不能要求对合理性的实际自主性具有任何优势"。⑤因此,理论探讨不能违背这种"合理性",因为"在合理性(及缺乏合理性)概念中蕴含的实践普遍性包括我们所有的一切。因此它能够为不受限制的理论求知欲(无论在自然科学还是社会科学中)表现为责任性的最高仲裁"。⑥也即是说,实践理性所包含的合理性和责任性是其他一切活动的基础和保证。伽达默尔认为,伦理规范虽然可以作为实践的前提,但伦理规范并不是不可改变或不受批判的,"要想抽象地推导出规范并且企图以科学的正确性来建立其有效性,这乃是一

---

① [德]伽达默尔:《历史意识问题(上)》,王鑫鑫译,《世界哲学》2016年第4期。
② [德]伽达默尔:《真理与方法》Ⅱ,洪汉鼎译,商务印书馆2010年版,第396页。
③ [德]伽达默尔:《真理与方法》Ⅱ,洪汉鼎译,商务印书馆2010年版,第408页。
④ [德]伽达默尔:《真理与方法》Ⅱ,洪汉鼎译,商务印书馆2010年版,第410页。
⑤ [德]伽达默尔:《真理与方法》Ⅱ,洪汉鼎译,商务印书馆2010年版,第411页。
⑥ [德]伽达默尔:《真理与方法》Ⅱ,洪汉鼎译,商务印书馆2010年版,第411页。

种幻想"。① 这里的科学的正确性虽然以某种普遍性和规定性作为其有效性的基础，但缺乏合理性。伦理不仅是理论知识，更重要的是有关如何行动的知识。因此，在伽达默尔看来，实践之所以占有优先地位，是因为理论是抽象而普遍的，理论的有效性需要在具体的情境中按照合理性加以运用和实践，且理论会随着实践运用而完善。实践相较于理论的优先性为诠释学作为实践哲学提供了进一步的依据。

诠释学作为实践哲学体现为诠释学为具体的伦理实践提供解释，诠释学的理解也依赖于其在实践活动中的运用。在一次与杜特的访谈中，杜特问到诠释学与实践哲学的关系。伽达默尔从实践的具体情境出发，认为无论是在什么样的情境中：

> 在此情境中什么是理性的，什么是应当去做的，恰恰并未在给您的那些关于善恶的总体指向中确定下来，这不像例如说关于如何使用一件工具的技术说明所给出的那样，而是您必须自己决定去做什么。为此你就得理解您的处境。您就得阐释它。这就是伦理学和实践理性的解释学之维。②

人们的伦理处境总是具体的、特殊的，而伦理规范则是普遍的。在具体的伦理处境中所做的选择依赖于理解和解释。同时，理解和解释也有赖于具体的运用情境。伽达默尔以法律中的成文法和具体判决之间的关系为例来说明诠释学实践的重要性。"具体的判决事务在法律问题上并不是理论的陈述，而是'用词做事'，这是很明显的。正确解释法律在某种意义上是以其运用为前提。我们甚至可以说，法律的每一次应用绝不仅限于对其法律意义的理解，而是在于创造一种新的现实。"③ 在伽达默尔看来，解释依赖于运用，对法律上的成文法的解释以在具体案例中的运用为基础，且每一次的运用不仅仅代表着对成文法原文的理解，更是一种新的创造，

---

① ［德］伽达默尔：《真理与方法》Ⅱ，洪汉鼎译，商务印书馆2010年版，第399页。
② ［德］伽达默尔、杜特：《解释学美学实践哲学：伽达默尔与杜特对谈录》，金惠敏译，商务印书馆2005年版，第69页。
③ ［德］伽达默尔：《真理与方法》Ⅱ，洪汉鼎译，商务印书馆2010年版，第399页。

可以说具体的判决是对成文法意义的补充。由此可以看出，诠释学能够为具体的伦理实践提供解释，而解释和理解也依赖于具体的运用，因此诠释学具有实践性。

伽达默尔对"实践"和"实践哲学"的探讨为诠释学问题域的设定指明了方向。伽达默尔将诠释学所要解决的"哲学问题"看作有关人类生活实践的理解问题。在他看来，诠释学是实践哲学。首先，伽达默尔通过对亚里士多德"科学"概念不同层次的分析，重新界定了"科学"和"实践"概念的内涵，尤其是纠正了在现代认识论背景下从技术实践层次出发对"实践"概念所进行的片面的和狭隘的理解。对"实践"概念的厘清为精神科学具有不同于现代自然科学知识标准提供了合法性。其次，伽达默尔从亚里士多德的实践哲学思想中，为诠释学的普遍性找到了基础。在亚里士多德那里，实践哲学主要体现为政治学和伦理学，实践关乎人类的所有生活形式，而指导人类活动的实践智慧、实践理性是人的本质的体现。诠释学的普遍性就在于它涉及对人类所有活动形式的理解，这种理解也以实践理性为指导。同时，在伽达默尔从对亚里士多德实践哲学的分析中，为诠释学作为实践的知识找到依据。亚里士多德的实践哲学强调在具体伦理情境中的选择和活动，强调在共同的伦理习俗世界中达成的"意见一致"，并重视"参与"的重要性，这为伽达默尔将诠释学建构为实践的知识提供了依据。基于古希腊哲学传统重新界定"实践"概念并以亚里士多德的"实践哲学"为诠释学的普遍性和诠释学作为实践知识奠基，伽达默尔首先证明诠释学是哲学，而不仅仅是现代科学方法论意义上的技术。伽达默尔通过将诠释学和修辞学做类比来说明诠释学是哲学，正如修辞学是一种讲话的能力，诠释学涉及的是理解人类一切活动的能力。进而，伽达默尔强调诠释学作为实践哲学的重要性。诠释学的理解是如何做某事以及如何去实践，诠释学的"相互理解"是在具体的情境中以彼此协商达到共同性为指向。诠释学是在具体情境中的实践和运用。同时，伽达默尔强调诠释学是实践哲学还因为实践相较于理论有优先性。实践知识为其他一切科学理论提供证明，实践理性和实践智慧从人类生活形式的整体出发指导科学活动并对人类能力加以利用。实践知识对人类生活形式进行反思，并能够对理论规范加以改善。此外，诠释学作为实践哲学的重要性还在于诠释学为具体的伦理实践提供解释，而诠释学的理解也依赖于在具体实践活动中的运用。因此，在伽达默尔看来，诠释学是实践的哲学，诠释学具有实践性，尤其指向伦理活动中的实践。

第二节　伦理学：理论与实践

实践哲学的一个重要方面表现为对人类伦理活动的探讨。伦理学从古希腊苏格拉底开始就被置放在一个关乎人类生存的重要位置上，伦理学对于解答我们应该过什么样的生活，应该成为什么样的人有重要的理论和实践意义，可以说，伦理问题伴随着人类文明的开端和发展。在古希腊的前苏格拉底时期，人们的生活主要受到诗歌中有关神的形象、性格及其生活特征的影响，人们以神为伦理典范。后来，古希腊世风日趋衰退腐败，引起了像苏格拉底、柏拉图这样的哲学家对诗人作为世俗生活的教化者的身份的质疑，以及对诗与哲学的争论，例如柏拉图以诗歌诱惑人的灵魂的低劣部分、不利于理智的发展为名，将诗人逐出理想国，而哲人苏格拉底也因类似的腐蚀青年人灵魂的罪名被雅典公民判处死刑。可以看出，诗与哲学争论的一个重要方面即关于人的伦理问题，并且一开始就围绕着诸如美德、善、知识、幸福、理智、意志、情感等概念及其相互关系展开。但自伦理探讨的开端起，有关理论知识与伦理实践的关系也争论不断。

苏格拉底常被看作为伦理实践的典范，他对美德的探讨以追求美德的本质为目的，试图达到对德性的认识。苏格拉底将美德指向善的实现，有关美德的知识就表现出与医术、建筑术、制鞋术等技艺不同的知识品性。在苏格拉底那里，理论知识和伦理实践并未分离，而是相互关联的一个整体。苏格拉底有关美德的知识，是一种实践知识，并以人类的善好生活为目的。他在城邦中与人对话，质疑人们日常的伦理观念，挑战人们的伦理常识，受到青年人的热情追随，也引起诸如城邦的当权者、智术师等人的憎恶。苏格拉底是其伦理道德思想的实践者，他将"善"作为人的本性，作为一切行动的目的，并终其一生实践"善"。同时，他对旧的道德价值体系持怀疑态度，并在某种程度上动摇了普通人原来的价值观念。他认为人最重要的是要有自知之明，他的"认识你自己"就是要人们能够通过自

作为哲学范式的文学：伽达默尔文论研究

己的反思成为对什么是善、什么是恶、如何能够趋善避恶、以及如何成为一个有美德的人的考察。苏格拉底的伦理道德偏重实践方面，他对诸如正义、勇敢、节制、虔敬等德性概念的考察，重在认知的过程，而不在作为知识的结果上，这也表现为苏格拉底在柏拉图的对话中多以探讨的无结论结束为特征。① 在古希腊，美德（αρετη）具有实践的内涵，通过实践而表现出某种"善好"（goodness）或优异（excellence），这种实践包括道德实践和技术实践的含义，苏格拉底也常以技艺作为美德的类比。例如，一个医生的优秀表现在高超的医术上，这就是医生的美德，而一个鞋匠的优秀表现在制鞋中，通过制作好的鞋，鞋匠表现了他的美德。但苏格拉底又进一步将德性置放在道德的视阈中，专门探讨德性或美德作为道德时的本质。道德意义上的美德有不同于其他技艺的美德之处，因为伦理道德实践涉及的是属人的活动，属人之善不同于其他事物的"善"或优异。因此，虽然苏格拉底将美德与其他技艺做类比，但终究没有将美德作为一种技艺知识。在苏格拉底看来，在道德实践中，成为有美德的人就是通过自身反思和自我考察实现对善恶的区分，并去努力达到对德性的真正认识。美德是一种实践知识，与人的道德实践能力有关，只有在实践过程中才能趋向这种知识。苏格拉底重视伦理实践过程，而不以某种固定的伦理规范或规定作为伦理道德目标。因此，在苏格拉底那里，理论知识和伦理实践是一个尚未分离的统一体。

与苏格拉底不同，柏拉图搁置了有关伦理实践的问题，而首先强调美德的知识，他提出的问题是"什么是美德"，而对于"怎样成为有美德的人"这一问题，他将其置于更次要的位置上。换句话说，柏拉图将有关美德的定义、美德的本质放在首位，强调具有现代认识论意义上的美德知识的普遍性、必然性和确定性。在柏拉图看来，美德即知识，而知识（指理论知识）具有普遍、必然和确定的意义。他试图从苏格拉底"认识你自己"和"自知无知"的不确定性走向知识的确定性，也因此从兼具理论和实践意义的认识（γνωσις）转向了在理论沉思中的知识（επιστημη）。柏拉图提出理念论，通过将认识对象区分为本体世界的和现象世界的，从而

---

① 赵猛：《"美德即知识"：苏格拉底还是柏拉图？》，《世界哲学》2007 年第 6 期。

区分出不同层次的认识。本体世界的对象，即数学对象和理型，是不变的，因此能够达到知识；而现象世界的对象，即影像和现实事物，因其可变性而只能达到意见，不能达到知识。也就是说，知识区别于意见，知识具有确定性、普遍性，对应本体世界；而意见是变化的、特殊的，对应现象世界。与此同时，柏拉图认为，善的理念是最高的认识对象，善是最高的知识。柏拉图通过在《理想国》中的"太阳的比喻"和"线段的比喻"表明了"善"的重要性，"善即知识"，"首先善是一切知识和真理的来源，其次知识的对象从善那里获得其实在性和可知性，最后在认识能力和善的关系方面，我们只有通过纯粹理性的知识才能认识到善本身"。[①] 对于不同的具体德性，如勇敢、正义、节制、虔敬等，柏拉图认为首先要达到对其本质的把握，以达到美德的知识，即达到其对应的理念——勇敢的理念、正义的理念、节制的理念以及虔敬的理念。不仅如此，柏拉图也在具体的美德和最高美德之间做出区分，最高的美德是"至善"、善本身或善的理念，是所有美德的本质。有关善的知识也是最高的知识，只有最高的智慧才能达到。对于柏拉图而言，无论是具体的德性知识，还是作为最高的善的知识，都主要依赖于纯粹理论理性的能力。而对于伦理实践问题，柏拉图似乎也有为难之处，例如"洞穴寓言"中走出洞穴的囚徒在看到太阳并认识到善的理念之后，再次回到洞穴中却感到不适应，政治生活对于哲学家来说也并非最好的生活。在柏拉图笔下，哲学家最喜欢的就是沉思，进行单纯理论的沉思，以获得最高的智慧。可以说，柏拉图对于美德知识的强调，以及在美德知识和伦理实践之间的区分，为后来亚里士多德、康德、伽达默尔等人的伦理思想建构打下了基础，并为进一步的探讨留下了空间。

亚里士多德又异于柏拉图，他对人类生存的关注着重强调属人之善的实现，他强调实践智慧，即运用实践理性达成伦理德性。在亚里士多德看来，人是有理性的动物，伦理德性的实质就在于理性，而这一理性主要是指实践理性。实践理性和理论理性同属于理智德性，而理智德性又与伦理德性相区分，两者分别对应灵魂的理性部分和非理性部分。换句话说，亚

[①] 赵猛：《"美德即知识"：苏格拉底还是柏拉图？》，《世界哲学》2007年第6期。

里士多德在老师柏拉图将灵魂区分为理性和非理性的基础上,又区分出了理智德性和伦理德性,分别与之相对应。理智德性又区分为理论理性和实践理性,实践智慧即是以伦理德性为目标对实践理性的运用。可以看出,实践智慧与实践理性和伦理德性两者都有关系,它似乎运作于两者的中间地带,因此,实践智慧也是将理智德性和伦理德性相互结合的纽带。但在严格的意义上,实践智慧与实践理性也有所区分,实践理性是一种中性技能,除实践智慧外还包含另外一个层面,即自然的层面,表现为智巧,[①]而实践智慧作为筹划、计算和判断的能力与这种智巧有所不同。同时,实践智慧与伦理德性也有着比较复杂的关系。一方面,实践智慧是一种理性,是实践理性的一个方面,属于理智德性的范畴,而理智德性是与伦理德性相对的另一种德性。另一方面,一个有实践智慧的人与一个有伦理德性的人似乎又有同等的意义,只是角度不同而已,前者是在理性意义上,后者是在道德意义上。亚里士多德对实践智慧和伦理德性的关系表述比较复杂,伦理德性似乎高于实践智慧,因为伦理德性被当作实践智慧的目的,而实践智慧是达到目的的手段。但伦理德性又离不开实践智慧的谋划,没有实践智慧的运用,也就没有伦理德性。因此,实践智慧与伦理德性两者又有某种相互包含的关系。实践智慧与实践理性和伦理德性的关系也表明了实践智慧的特征,即它具有实践理性的判断力、谋划的理性能力,但也涉及伦理处境的具体性和特殊性,涉及伦理德性的习俗、风俗等方面。总之,实践智慧涉及的是人的实践活动,考虑的是对人有益的事情,它以特殊的、具体的经验为对象,与人在具体情况下的选择有关,并表现在以中庸为特征的具体伦理德性以及伦理行为中,指向人的幸福。在理论智慧和实践智慧之间,亚里士多德虽然认为实践智慧并不高于理论智慧,甚至亚里士多德在《尼各马可伦理学》第十章也指出理论活动能够带来最大的幸福和快乐(1177a22-27),但理论理性追求普遍性、规律性和确定性的知识,而人类的生存活动又是特殊的、具体的、变动的。实践智慧以伦理德性的实现为目的,在具体伦理情境中指导伦理行为,并表现为好的谋划和判断。

---

① [美]伯格:《尼各马可伦理学义疏:亚里士多德与苏格拉底的对话》,柯小刚译,华夏出版社2011年版,第195页。

因此，在亚里士多德看来，实践智慧能够达到属人之善，是人可以向往的智慧，也是在人的现实生活领域中具有指导意义的智慧。

伦理学发展到康德这里，又出现了一次大的转变。康德从先验形而上学出发为伦理学奠基，为人类行为建立了一套先天有效的、普遍的、形式的、必然的实践法则，是一种纯粹的道德学说。康德的先天有效的实践法则依据于人的本性即理性，理性的人有善良意志，并且能够做出合乎理性的行为。理性的人自我立法，遵守自律的原则，体现自由的精神，而这些法则同时也是对每个有理性的人的绝对律令，具有普遍的约束力。康德的实践法则是一种先验的建构，而不是从人类经验出发的，也不考虑具体的处境运用，尽管他认为这些实践法则能够而且必然地要运用到具体情况中。康德将德性义务看作为人之为人的条件，却忽视了具体情况中有可能存在的德性之间的冲突，例如，在说谎和爱朋友之间的冲突。相反，康德以其伦理道德的理想主义态度来面对现实复杂的具体处境，并主张在德性冲突境遇中以"不行动"为原则，尽管不行动也是一种行动。康德不从具体行为处境和现实出发而颁布的实践法则，实际上是其先验形而上学模式的延续，是从先天出发的，企图达到某种普遍性、确定性、必然性的原则，这与柏拉图要实现的普遍性的德性知识有类似之处，但柏拉图并不认为在实践哲学如政治学中有普遍有效的确定的法则。

> 法律从来不能签署一条对所有人具有约束力的命令，这条命令能使每个人处于最佳状态，也不能精确地规定社会每一成员在任何时刻都知道什么是好的，怎么做是正确的。人与人之间有差异，人的行为有差异，人的经历各不相同，由此造成的不稳定使得无论何种技艺，无论何种统治，想要在所有时候良好地处理所有问题都是不可能的（《政治家篇》294b）。①

可以说，柏拉图在《政治家篇》通过苏格拉底对法律普遍有效性的驳斥正好揭露了康德普遍有效的实践法则的缺点。因此，康德虽然颁布了以

---

① 《柏拉图全集》第3卷，王晓朝译，人民出版社2003年版，第145—146页。

绝对律令为形式的伦理禁令，在其是否能够作为人的伦理学的可能性方面仍然存在很大问题。或者说，他的伦理学只是适合于一个全部由理性存在者组成的超验的国度，而这也体现在他以上帝存在、意志自由以及灵魂不朽为道德公设才能实现人类的幸福上。当然，康德从纯粹道德动机出发，有力地回应了以情感主义、功利主义对以理性建立道德世界的怀疑。

从伦理学传统可以看出，有关伦理的理论和实践问题是伦理问题的关键，且具有较大争论性。从苏格拉底理论知识和伦理实践的统一到柏拉图对知识和实践的区分，从亚里士多德以达到属人之善而对实践智慧的强调再到康德所颁布的道德律令，实际上都是围绕伦理的理论和实践问题所展开的探讨。伦理学的理论和实践之争，表现了两者之间的张力，并构成了伽达默尔有关伦理实践问题探讨的背景。

第三节 伽达默尔"实践性"的伦理向度

伽达默尔所强调的"实践"即是指向伦理学的实践，即以善为目的的人的生活的整体。在伽达默尔看来，伦理学是实践的哲学，伦理学具有实践性。"伦理学并非只描述有效的规范，而且也证明这些规范的效用，甚或制定更为正确的规范。"①伽达默尔认为"实践"一词已不是通常意义所讲的与技术、科学相关的东西，"而是以一种固定的、包罗万象的伦理形态为前提"。②实践哲学只涉及"构成了他的德行或卓越的东西"，③所以伽达默尔的"实践哲学的核心就是伦理学"，"伦理学是伽达默尔全部哲学的起点与归宿"。④伽达默尔的实践哲学以实践理性为基础，所要解决的就是关于人类生活中的"善"这个包罗万象的根本问题。伽达默尔所强调的"实践性"具有历史性、境遇性和共在性三个伦理向度。

实践的历史性，主要是指作为历史存在的人在实践过程中受到已经存

---

① ［德］伽达默尔：《真理与方法》Ⅱ，洪汉鼎译，商务印书馆2010年版，第382页。
② 严平编选：《伽达默尔集》，上海远东出版社1997年版，第293页。
③ Gadamer, "Hermeneutics as Practical Philosophy", trans. Frederick G. Lawlence, *Reason in the Age of Science*, Massachusetts: The MIT press, 1981, pp.91-92.
④ 何卫平：《解释学和伦理学关于伽达默尔实践哲学核心》，《哲学研究》2000年第12期。

在的伦理规范的指导，并在与人类存在整体相互关联的运动过程中不断进一步筹划和超越，以实现伦理规范的普遍合法性。实践的历史性将传统与未来结合进一个不断运动的过程中。伽达默尔认为，实践作为最广泛意义的生活方式，与人的存在密切相关，而真正的实践乃是人性的实践、伦理的实践，具有历史性向度。实践是人作为历史存在通过在"生活世界"中的自我设定获得的自我理解，在伦理的条件性下受道德法则无条件性的约束，包含着一种历史性结构和一种指向未来的批判意向。"实践"不只被理解为科学理论的实践性应用，而是"意味着全部实际的事物，以及一切人类行为和人在世界中的自我设定"，① 是人类最根本性的活动和人类的生活方式，"是与生活相联系的一切活着的东西"。② 因此，我们的行动总是处在一个多方面受局限和制约的、能看见和掌控的存在的整体中，在受理性所能触发的一切良好反应之前就形成了人的"伦理"影响，在所流传下来的具有"图式化——典型性的正确性"的德性概念的概念性规定的引导下行动，即我们的实践总是选择遵循伦理的通常情况作为定向的道德的志向。但是"家庭、社会、国家规定了人的本质机制，因此人的伦理充满了变化的内容"，③ 伦理共和国在集体性选择的基础上以一种开放性的姿态不断融合作为本体自我自由选择的始终如一的原则，进而实现道德法则普遍规范意义的永久合法性。每个人都依赖他的时代和他的世界的种种观念，个人的存在通过教育和生活的方式经验到他的先前的烙印，以一种有限的、历史性的有效道德体系，在伦理存在的条件性下实现道德法则的无条件性。伽达默尔认为康德形式主义的意义在于保护道德的理性决断的纯洁性，在义务无条件的约束性中实现伦理法则的无条件性。虽然康德的公式只对于反思具有方法论上的重要性，但是他的道德哲学反思"如同格尔哈特·克吕格合理地强调过的，以承认已经存下的道德法则为前提"。④ 实践在伽达默尔看来受业已存在的伦理规范的指导，总是处于不断运动中

---

① ［德］伽达默尔:《赞美理论——伽达默尔选集》，夏镇平译，上海三联书店1983年版，第69页。
② ［德］伽达默尔:《科学时代的理性》，薛华等译，国际文化出版公司1988年版，第79页。
③ ［德］伽达默尔:《论一门哲学伦理学的可能性》，邓安庆译，《世界哲学》2007年第3期。
④ ［德］伽达默尔:《论一门哲学伦理学的可能性》，邓安庆译，《世界哲学》2007年第3期。

并与一切人类生命发生关联。实践总以由之生存的以及以传统形式而存在的过去的伦理视阈为始点，并以不断运动的视阈向未来筹划，在伦理约束的普遍性下成为殊异性与隶属性的统一。所以实践作为人类此在的根本存在方式，以一种历史性结构超越了传统与未来的对立，在变动中以一种历史性的存在实现了伦理约束的普遍合法性。

实践的境遇性承认人的存在的有条件性，重视人在具体的、特殊的伦理情境中制定目标并决定如何选择和行动的实践智慧和伦理知识。伽达默尔认为，实践在实践智慧的引导下，通过伦理考虑的具体性，规定目标本身只在它的具体性中作为"可行的"目标，具有境遇性的向度。在伽达默尔看来，实践智慧（实践理性）作为实践哲学的核心，"只在具体的情境中证实自己"①才具有真正的知识特征，伦理知识作为实践智慧本身就具有一种伦理存在，一种德性，在具体实践中呈现境遇性。伽达默尔认为康德实践理性的先验纯粹性脱离了人的本性的一切条件性，而亚里士多德则相反地将人的生活处境的有条件性置于中心，描绘了普遍东西的具体化和对具体处境的应用，因此承认人的存在的有条件性，才满足了伦理的无条件性。

> 实践哲学的对象不仅是那些永恒变化的情况还包括那种因规则性和普遍性而被上升为知识高度的行为模式，而且这种有关典型结构的可传授的知识具有所谓的真正知识的特征，即它可以被反复运用于具体情况。②

"主导具体行动的伦理知识作为实践智慧本身具有一种伦理的存在，一种德性"，"是对于它处在由它所限定的具体情况下的必然推论"，③是普遍东西的具体化和对具体处境的应用。伽达默尔认同亚里士多德关于Phronesis（实践智慧）的道德知识与"Episteme（纯粹科学）"的理论知

---

① ［德］伽达默尔、卡斯腾·杜特：《什么是实践哲学——伽达默尔访谈录》，金惠敏译，《西北师大学报》2005年第7期。
② ［德］伽达默尔：《科学时代的理性》，薛华等译，国际文化出版公司1988年版，第81页。
③ ［德］伽达默尔：《论一门哲学伦理学的可能性》，邓安庆译，《世界哲学》2007年第3期。

识的区分，认为 Phronesis（实践智慧）就其在个人品质上的表现而言是在具体处境中所必备的道德判断力，能概略地呈现事物，并通过这种概观给予道德意识以某种帮助，具有一种道德现象的标志。因为行动者必须认识自身和决定自身，在具体情况中去把握那种正当的东西，在一定具体实践情形下知道"如何去做"，知道如何根据具体境遇调整自己的行动，所以实践随着实践智慧的具体应用，在不同处境中体现境遇性。

实践的共在性是指人类的伦理活动场域具有共在的特征，伦理主体在实践过程中遵循共同的目标，承担共同的伦理责任，承认共同的东西，并依据实践智慧做出合理的选择和决定。实践以共在为发生场所，以出于人及其一切共同生活形式的伦理法则为起点，具有共在向度。伽达默尔的实践是具有伦理性的"我们的实践""实践理性包含着对共在之善的共同目标的设置"，所以共在是"实践理性的基地"。[①] 伽达默尔从亚里士多德那里得出："我们的行动存在于城邦的领域内，我们对可行东西的选择因此是在我们外部的社会存在的整体中加以扩展的"，[②] 即城邦的所有共同体在合理地塑造大家共同的责任。伽达默尔指出："世界是这样一种共同性的东西，它不代表任何一方，只代表大家接受的共同基地，这种共同基地把所有相互说话的人联结在一起。"[③] 社会由作为目的自身的人之间的相互契约组成，作为本体的自我的人所做的选择其实是一种集体性的选择，是其他自我可以接受的原则，从而才能保证所有自我都同样是自由的、理性的。伦理存在的整体由种种不言而喻的法权管辖，我们从实践的角度选择可行的东西具有社会—政治的规定性，对人类行为具有指导作用的实践智慧，在我们有限的此在的既定性中和人类生活的共同体中，为我们的行动找到依据。正如伽达默尔所说：

> 我们的实践不在于我们对预先给定职能的适应，或者在于想出恰当的方法以达到预先给定的目标——这是技术；相反，我们的实践乃

[①] 邓安庆：《诠释学的伦理学》，《中国诠释学》第二辑，山东人民出版社 2004 年版，第 88 页。
[②] ［德］伽达默尔：《论一门哲学伦理学的可能性》，第 63 页。
[③] ［德］伽达默尔：《真理与方法》Ⅱ，洪汉鼎译，商务印书馆 2010 年版，第 570 页。

在于在共同深思熟虑的抉择中确定共同的目标,在实践性反思中将我们在当前情境中应做什么具体化。①

基于共同生活的公共秩序之共同性,促使人类道德概念和道德秩序摆脱一切间距和相对性,而凝成一个共同伦理的东西。赋予实践理性以内容的、一种有生命的伦理性的统一,是对人类真正共同东西的认可,从而服务于共在的某种东西。由此,实践智慧就是使社会成员合理地共在的一种品德,而若使实践哲学"恢复往日的尊严:不只是去认识善,而且还要共同创造善"。②因此,只有基于人类共在基础上的实践才能完成。

实践的历史性向度使作为历史存在的人在伦理的实体性内容中找到行动的依据,在殊异性与隶属性的统一中,取得伦理约束的普遍性的合法根据;实践以实践智慧为核心,实现了普遍性的德性在具体处境中的具体应用,使伦理约束在境遇性中呈现出有效性;实践智慧还是人类共在的一种品德,基于人类共同的生活形式,实践也以人类共在为发生场所,以共在之善为共同的目标,实践的本质是我们—实践。在亚里士多德伦理思想的基础上,伽达默尔将存在之思与人在具体生存处境中的"正当生活方式"联系在一起,将共在作为人类根本生存方式,依托作为历史性概念的实践智慧在具体境遇下对人类实践的指导作用,使人类有限的此在参与其中,在自我理解的反思中实现与真理的照面。而文学作为艺术经验形式的一种,体现了实践的历史向度、境遇向度与共在向度,文学通过对人类生活的理性反思,关注人作为伦理存在的基本问题,使理解者在文学文本的理解中与真理照面,从而实现对伦理实践真正意义的反思。同时,文学在实践的历史向度、境遇向度和共在向度方面的表现也表明了文学的实践性特征,实践性是文学的本体性之一。

伽达默尔在《科学时代的理性》中指出:"20 世纪是第一个以技术起

---

① [德]伽达默尔、杜特:《解释学美学实践哲学:伽达默尔与杜特对谈录》,金慧敏译,商务印书馆 2005 年版,第 76 页。
② [德]伽达默尔:《价值伦理学和实践哲学》,《伽达默尔集》,邓安庆译,上海远东出版社 1997 年版,第 277 页。

决定作用的方式重新确定的时代",①而这不仅是人类社会"成熟的标志",同时也是"我们文明危机的标志",因为科技的滥用导致了"实践堕落为技术",②导致了伦理的沦丧,他反复强调我们需要对实践的真正意义进行哲学的反思。伽达默尔在《真理与方法》中通过对亚里士多德伦理学的分析为其实践哲学奠定基础,并尝试提出解决方案,使康德的形式主义路线与亚里士多德的道路二者互补,从而为现代社会摆脱伦理困境和生存危机提供有效途径。伽达默尔将处于当代道德生活外沿地带的艺术移到其哲学的中心,认为康德的审美经验是一种"异化意识",而艺术的功能不仅仅是传统的康德主义意义上的审美,"艺术可以在包括神话和宗教在内的传统崩溃之后代替它们,发挥它们曾发挥过的道德方面的作用"。③同时,伽达默尔明确指出,"在我们这个充满科技的时代"确实需要一种"诗或诗文化",④而社会理性反思的方法就是通过"能够真正引起我们的反省,引起对于我们社会关系的反思"⑤的文本进行的。因此,伽达默尔撰写了《荷尔德林与未来》等文学批评文章,意欲从文学中反思衰落的实践,为现代社会找到一条摆脱危机的出路。

第四节　文学实践性的历史向度

文学具有实践性,实践性是文学的本体性特征之一,文学的实践性首先由文学作为一种历史性的存在得以表现,同时,文学的历史性存在方式也表明了伽达默尔有关伦理实践的历史向度,从而进一步说明文学对于伦理的范式作用。文学作为人类历史的传承物,绝不是"在者状态上的""现

---

① ［德］伽达默尔:《科学时代的理性》,薛华等译,国际文化出版公司1988年版,第63页。
② ［德］伽达默尔:《科学时代的理性》,薛华等译,国际文化出版公司1988年版,第65页。
③ ［德］德维尔诺:《艺术能拯救我们吗?——关于伽达默尔的沉思》,吴伯凡译,《哲学与文学》1991年第1期,第29页。
④ 洪汉鼎:《作为想像艺术的诠释学——伽达默尔思想晚年定论》,《中国诠释学》第二辑,山东人民出版社2004年版,第17页。
⑤ ［德］伽达默尔、卡斯腾·杜特:《什么是实践哲学——伽达默尔访谈录》,金惠敏译,《西北师大学报》2005年第1期。

成事物"，[①]而是以"历史性"的存在方式使隶属于传统的伦理获得普遍的规范性。文学的历史向度一方面呈现在对传统的依附中汲取伦理范式的合法性，不断唤起存在于"那儿（Da-sein）的东西"；另一方面文学文本的理解事件是历史性的开放性行为，在意义的理解中促使道德规范的普遍性以一种敞开的方式向未来筹划，使道德的实在性处于不断的修正中；而作为文学的经典代表之一的诗歌在传统的隶属性中，不断地与理解者自身"保持接近"（Halten der Nähe），在不断地开放性中允许我们不断接近人类基本的状况，"使我们自身处于家中"。

文学实践性的历史向度表现在文学实践与过去、传统和历史的关系中。传统作为一种前见、一种权威和规范构成了文学理解的先行结构，而文学理解的实践活动就是将历史传统的权威性和有效性带入存在之中。文学实践是人类精神集体事业的历史性实现，使作为伦理道德权威的传统得以呈现，并在传统中汲取作为真理性判断的合法依据。"艺术的万神庙并非一种把自身呈现给纯粹审美意识的无时间的现时性，而是历史地实现自身的人类精神的集体事业"，[②]文学实践总是与已经过去的生活相关，不具有对抗历史或摆脱历史的本性或永恒基质，这就决定了文学理解必定以适当前见为基础并带有一种先行结构，而传统总是具有前见性的，这种前见概念在伽达默尔看来是一种判断，"它是在一切对于事情具有决定性作用的要素被最后考察之前被给予的"，"一个前见就是终审判断之前的一种正当的先行判决"。[③]作为理解先行结构的前见本身就是理解者自身业已"占有"和接受的道德判断，它的来源之一是权威。这里的权威不是基于某种服从或抛弃理性的行动，而是作为某种承认和认识的行动——即认识到他人在判断和见解方面超越自己，即他的判断对自己判断的优先性。权威依赖于认可，它的基础是自由和理性的行动。"权威不是现成给予"而是在实践理性指导下"要我们去争取和必须争取的"，[④]因为道德的真理必须依赖这种无名称的权威、因袭的权威。因袭的权威作为传统和风俗习惯被

---

① [德] 伽达默尔：《真理与方法》Ⅰ，洪汉鼎译，商务印书馆2010年版，第378页。
② [德] 伽达默尔：《真理与方法》Ⅰ，洪汉鼎译，商务印书馆2010年版，第142页。
③ [德] 伽达默尔：《真理与方法》Ⅰ，洪汉鼎译，商务印书馆2010年版，第275页。
④ [德] 伽达默尔：《真理与方法》Ⅰ，洪汉鼎译，商务印书馆2010年版，第396页。

奉为神圣的东西,即伦理道德,规定着人类有限的历史存在,以一种不证自明的方式制约着我们的行动。道德是在自由中被接受,但却不是被自由的见解所创造,它的实在性基于习俗和传统的有效性。

文学文本理解事件是具有历史向度的开放性的和创造性的行为,它使道德的实在性以有效的方式被境遇状况中的理解者理解,并使道德的实在性处于修正的开放性中。对于文本诞生之际的理解,不同时代的人结合实际,通过视阈融合实现了文本对传统意义的保存和持有,并以一种开放性不断实现向未来的筹划。对文学作品的理解建立在前结构基础之上,包含了先驱对同一作品的预先理解,以及其他方面更普遍的知识。

> 我们总是与传统一致,其意义是说我们是传统的部分并被它定向。但是,在探求我们与传统所涉及的主题的真理时,我们也修正了传统,中介了它的真理要求与我们改变了的历史情况,甚至用其他的规范和原则……来评价它的价值。①

传统总是处在不断运动中,"它通过视阈融合不断地更新和突破,并向未来展开"。②理解的本质也不是对过去的事物原貌的复制,而是将其与现实意义结合,从中获得自我理解以实现相互理解,是一种具有历史性的开放的创造性行为。"道德的实在性大多都是而且永远是基于发言人和传统的有效性。"③所以,人类伦理道德也在自身对传统的理解与扬弃中,随着传统的发展以一种开放性的姿态伴随着人的自我理解不断向未来筹划。

> 我们对莎士比亚作品的理解其实就是一种历史地发展的理解……而是根源于历史的和解释的传统的发展过程中。不仅局限于对这部作品本身、莎士比亚本人的假定,我们关于语言、艺术、文学、人生的

---

① [美]沃恩克:《伽达默尔——诠释学、传统和理性》,洪汉鼎译,商务印书馆2009年版,第129页。
② 隋晓荻、徐明莺、白雪花:《存在、变化、语言的统一体——论伽达默尔的传统观》,《理论探索》2011年第6期。
③ [德]伽达默尔:《真理与方法》Ⅰ,洪汉鼎译,商务印书馆2010年版,第285页。

成见理解方式都加入了这场理解活动,而这些进展的方式确实由它所出自的传统所指向的,是传统的一部分。①

伽达默尔以莎士比亚为例指出文学的"被抛"境遇由传统所限定,而我们的理解以一种历史性的方式,实现了文本的此在性,使文学得以传承的传统与道德成为富有精神能量的存在,在不断的运动与修正中向未来展开。

文学作为伦理范式的合法性在于,文学理解能够实现此在的规定性,即此在的历史活动。在文学作品中存在的,是属于人类历史存在的东西,而在这种历史传统中的伦理道德意蕴在文学理解的实践活动发挥真理性作用。文学在传统中汲取了一种根深蒂固的倾向和不可抗拒的威力即作为伦理范式的合法性,文学理解以一种完满性的前把握,在历史的理解中实现此在的规定性,文学作为伦理的范式不仅是有根据的见解,而且具有超过我们活动和行为的力量。卡夫卡在《城堡》中并未对城堡本身花费多少笔墨,而是着力于描写主人公K对城堡的主观印象与感受,在对K的感受的理解中,不同的阅读者伴随着不同的前见对"城堡"的象征意义做出不同的判断,如存在主义认为城堡就指上帝,尽管具体理解呈现差异但从根本上如西蒙·德·波伏娃所言,卡夫卡给我们讲的"是我们自己的事","揭示了我们自己的问题"。② 伽达默尔也指出:

> 属世界文学的作品,在所有人的意识中都具有位置。它"属于"世界。这样一个把一部属世界文学的作品归于自身的世界可以通过最遥远的间距脱离生育这部作品的原始世界。毫无疑问,这不再是同一个"世界"。但是即使这样,世界文学这一概念所包含的规范意义仍然意味着:属于世界文学的作品,尽管它们讲述的世界完全是另一个陌生的世界,它依然还是意味深长的。同样,一部文学译著的存在也证明,在这部作品里所表现的东西始终是而且对于一切人都有真理性

---

① 洪汉鼎:《当代西方哲学两大思潮》(下册),商务印书馆2010年版,第96–97页。
② Ernst Pawel, *The Nightmare of Reason-A Life of Franz Kafka*, New York, 1984, p.422.

和有效性。因此世界文学绝不是那种按照作品原本规定构造该作品存在方式的东西的一种疏异了的形式。其实正是文学的历史存在方式才有可能使某个东西属于世界文学。[①]

因此，世界文学作品之所以称其为世界文学作品，原因之一就在于它能够对所有人说话，而每个人根据自己不同的前见能够达到不同的理解。我们从文学作品中获得一种范例和借鉴一种对自身的重新认识，在这种自我认识里，我们的道德伦理判断被认为是对传统的最单纯的吸收或融化。

文学作为伦理范式的合法性还在于，文学作为历史性的存在承载了人类对自己伦理状况进行反思和认识的功能，并促使我们探寻人类精神的实质，从而为寻回人类道德价值提供了可能和出路。诗歌作为一种文学样式，是一种历史性结构存在，但它并不是简单地继续了"使人归家（Einhausung）的过程"，[②] 而是我们从诗之本身对传统的隶属性与自身的"接近性"中，在意义的不断的开放性中发现伦理普遍约束的永恒合法性。伽达默尔认为，荷尔德林的诗性存在与返乡意识不仅预示了现代伦理困境，同时从古典精神中为传统伦理和实践理性的缺失找到了出路，在诗意的栖居中重返家园。伽达默尔在荷尔德林的诗歌中最先看到的是古希腊传统中被珍藏至今的古代精神，他认为"荷尔德林的诗性存在是由他与古代的关系决定的"，"（在荷尔德林那里）希腊众神不断获得一种新的严肃性"。[③] 荷尔德林的返乡意识，使人在古希腊的大地上，以诗性的方式回到了对生存本真意义那近乎虔诚的敬畏与渴望。虽然荷尔德林的历史意识是过去的意识，但在伽达默尔看来更是"对现在以及由现在所预示之未来的意识"。[④] "荷尔德林

[①] [德] 伽达默尔：《真理与方法》Ⅰ，洪汉鼎译，商务印书馆2010年版，第237-238页。

[②] Gadamer, *On the Contribution of Poetry to the Search for Truth: The Relevance of the Beautiful and Other Essays*, ed. Robert Bernasconi, trans. by Nicholas Walker, Cambridge: Cambridge University Press, 1986, p.115.

[③] Gadamer, "Hölderlin and Antiquity", *Literature and Philosophy in Dailogue: Essays in German Literary Theory*, trans. Robert H. Paslick, Albany: State University of New York Press, 1994, p.67.

[④] Gadamer, "Hölderlin and Antiquity", *Literature and Philosophy in Dailogue: Essays in German Literary Theory*, trans. Robert H. Paslick, Albany: State University of New York Press, 1994, p.91.

的作品从不简单地吟唱或勾画某种既定的生活状态。他既不向我们证实什么，也不向我们断言什么；相反，他把我们推入一种开放性中。"① 荷尔德林是"伟大的预言家"，准确预言了人类无家可归的现代伦理困境，以及人类必将重返希腊故里从传统中重新构建人类生存的伦理秩序以实现本真的澄明和恢复人类世界的"神性"。伽达默尔从荷尔德林那里认识到：

> 神性就是赋予个体灵性并使之构成整体的生命推动力。而在我们的时代，当"屈从性的忧虑成为事物的推动力"，爱就是美好时代的唯一标志。只有那些仍互相深爱的灵魂才构成真正鲜活的生命。对这些人而言，世界才仍是神性的。②

同时他在《诗句与整体》中明确提出在诗中生活的经验是"经验到在自身之中流动的存在的一种方式"，"要高于那种在行为生活中逃避的放松式的体验"，同时我们"以一种特殊的方式在作品中栖居"，③ 才能去蔽以及揭蔽其内在的一种持存状态。伽达默尔重视"西方人在神灵缺失的状态中生存这一晦暗的命运"④ 以及科技理性对传统伦理和实践理性的侵蚀造成的恐惧感与虚无感，主张我们要诗意的栖居，要从诗、从文学对传统的返回中找回失落的人性、希望和爱，在诗中寻回道德价值的源泉，从而恢复实践理性的尊严。

文学实践性的历史向度表现在文学实践与传统和历史的关系中。传统和历史构成了文学理解的先行结构，文学理解活动使得历史传统的权威性

---

① Gadamer. Hans-George, "Hölderlin and Antiquity", *Literature and philosophy in Dailogue: Essays in German Literary Theory*, trans. by Robert H.Paslick, Albany: State University of New York Press, 1994, p.90.

② Gadamer. Hans-George, "Hölderlin and Antiquity", *Literature and philosophy in Dailogue: Essays in German Literary Theory*, trans. by Robert H. Paslick, Albany: State University of New York Press, 1994, p.93.

③ Gadamer. Hans-George, "The Relevance of the Beatutiful-Arts as Play, Symbol, and Festival", *The Relevance of the Beautiful and Other Essays*, ed. by Robrt Bernasconi trans. by Nicholas Walker, Cambridge:Cambridge University Press, 1986, p.45.

④ Gadamer. Hans-George, "Hölderlin and Antiquity", *Literature and philosophy in Dailogue: Essays in German Literary Theory*, p.92.

和有效性得以存在。同时，文学实践性的历史向度还表现为文学理解是一个具有开放性和创造性的行为，在历史传统的基础上，文学理解的实践活动不断向未来筹划和展开，从而道德的实在性在文学理解过程中不断得以修正。从实践的历史向度出发，文学作为伦理范式的合法性一方面在于，文学理解能够实现此在的规定性，即此在的历史活动，而历史传统的伦理道德意蕴则在文学理解的实践过程中发挥真理性的作用；另一方面，文学作为历史性的存在，能够对人类自身的伦理状况发挥反思和认识的功能，并为进一步探求人类精神实质和建构人类道德价值提供可能和出路。因此，文学作为历史的存在，表明了文学作为伦理范式的合法性，同时也揭示出文学的实践性本质。

第五节 文学实践性的境遇向度

文学的实践性还表现在文学是一种境遇性的存在，文学的境遇向度首先体现在文学与一切时代有一种特有的共时性，从而使理解者能从理解的实践中体验到自身有限性的同时分享道德的实在性；其次，文学理解模式必须与我们的"在世之在"相关，理解文学作品"是一场历史的际会，它唤起了在这个世界中于此处存在的个人经验"。[1] 文学经验与自我经验在你—我的关系中、在每一次的具体应用中，实现实践智慧具体境遇下的有效性；另外文学以一种游戏的方式在"人类面前展现人类自身"，使在具体境遇下的自我理解得以显现，人类此在在每一次的理解中与真理照面，理解者也在将自我置于同理解对象共同的关系中，使理解对象的内涵得以扩充，自我理解在文学经验与自我经验的视阈融合里不断地扬弃自然性，为他者和更广泛的普遍性敞开自身，文学在向人类展示他们在其道德规定存在中自己本身的同时，实现了具体境遇下此在的当下意义。

文学实践性的境遇向度首先表现在文学理解的共时性中。伽达默尔指出，文学的共时向度使理解者能从理解的实践中，在分享人类共同伦理道德约束力的同时与自身的伦理境遇照面，在当下的境遇中体验到道德的实

---

[1] ［美］帕尔默：《诠释学》，潘德荣译，商务印书馆2012年版，第21页。

在性。文学源于过去，但其存在方式却具有共时性，在其具体表现中、在理解者自我参与中获得完全的现实性。共时性是意识的使命，以及为意识所要求的一种活动，而文学理解要求在所有中介被扬弃于彻底的现实性中把握作品，使其成为"共时的"。

> 在亚里士多德那里，我们看到了悲剧性行为的表现对观看者具有一种特殊的作用。这种表现是通过 Eleos 和 Phobos 而发挥作用的……它们是戏剧借以完成对这两种情绪的净化作用的东西……悲剧性灾祸起了一种全面解放狭隘心胸的作用。我们不仅摆脱了这一悲剧命运的悲伤性和战栗性所曾经吸住我们的魅力，而且同时摆脱了一切使得我们与存在事物分裂的东西。①

伽达默尔在悲剧性的哀伤的肯定里看到了悲剧与所有时代的同质性，并且以一种"突然降临"的形式使观赏者在理智的赞同中分享人类共同的伦理道德的普遍约束力，借以完成悲剧对人的道德品质的净化作用。悲剧的共时性允许观看者认识到自己本身的有限性，观赏者在悲剧中以自我忘却的形式实现自己本身的连续性，而悲剧也在观赏者的具体表现中实现意义的连续性与共时性。又如在《卡拉马佐夫兄弟》中，陀思妥耶夫斯基并没有仔细描述斯梅尔雅可夫摔下来的楼梯，而不同时代的读者却都清楚地知道楼梯的样子，并以自己的立场去看那个楼梯，并深信他看见的就是楼梯本身的样子。所以文学的此在不是某种疏异了的存在而是可以作为同时发生的东西提供给后代体验的实在。"观赏者自身的世界的真理，他在其中生活的宗教世界和伦理世界的真理"，②凭借文本的共时性展现在他面前，在效果历史意识中，读者实现了在陌生的东西里认识自己，并将其与自己具体的视阈融合，文学理解者分享人类共同的伦理规范，并通过自我理解指导自己的具体行动。

文学实践性的境遇向度还表现为文学经验和具体处境下的自我经验，

---

① [德]伽达默尔:《真理与方法》Ⅰ，洪汉鼎译，商务印书馆 2010 年版，第 191–193 页。
② [德]伽达默尔:《真理与方法》Ⅰ，洪汉鼎译，商务印书馆 2010 年版，第 188 页。

在效果历史意识中以你—我的伙伴关系实现实践智慧在具体境遇下的有效性。文学有其自身的时间性，这种时间间距在伽达默尔看来"是由习俗和传统的连续性所填满，正是由于这种连续性，一切传承物才向我们呈现出来"，① 历史传承物作为可被我们经验之物，像一个"你"那样自行的讲话。"一个'你'不是对象，而是与我们发生关系……因为传承物是一个真正的交往伙伴，我们与它的伙伴关系，正如'我'和'你'的伙伴关系。"② 伽达默尔的策兰诗评《我是谁而你又是谁？》，将自己一直以来对诗的重视推到了所有问题的最前端。③ 伽达默尔通过对策兰诗歌中一系列"我""你"之所指的分析，指出"我"不仅是诗人，更是"那个人"，如克尔凯郭尔所命名的那样，"我们中的每个人"。④ 同样在《普鲁弗洛克的情歌》中，艾略特也呈现给我们一个模糊的"我"和"你"，意欲唤起读者理解的参与性。而这种我—你的伙伴关系与效果历史意识"具有一种真正的符合关系"，⑤ 决定了文学作品不是作为客体的存在，而是本身具有自主性的存在，所以作品作为"你"就具有了人的特征，所以我们获得文学经验这样一种"你"的经验的过程本身就暗含一种道德现象，"通过这种经验而获得的知识和他人的理解也同样是道德现象"。⑥ 在此，伽达默尔不仅指出阅读者与文学文本我—你关系的本身就是一种道德现象，同时指出我们从文学经验本身在视阈融合中获得的"人性知识"也是一种在共同"生活世界"所获得的适用于每个个体的普遍性知识，即亚里士多德强调的实践智慧。伽达默尔明确指出亚里士多德的实践智慧实际是一种"精神品性"，在这种品性里蕴含的不仅是一种能力，更是一种社会习俗存在的规定性。这种规定性与整个人类"道德品性"相互依存，必须被应用于历史生命，并且

---

① ［德］伽达默尔:《真理与方法》I，洪汉鼎译，商务印书馆2010年版，第421页。
② ［德］伽达默尔:《真理与方法》I，洪汉鼎译，商务印书馆2010年版，第506页。
③ Risser James, *Hermeneutics and the voice of the other:Re-reading Gadamer's Philosophical Hermeneutics*, Albany: State University of New York Press, 1997, p.2.
④ Gadamer. Hans-George, "Who Am I and Who Are You?", *Gadamer on Clean: "Who Am I and Who Are You?" and Other Essays*, trans. and eds. by RichardHeinemann and Bruce Krajewski, Albany: State Univesity of New York Press, 1997, p.69.
⑤ ［德］伽达默尔:《真理与方法》I，洪汉鼎译，商务印书馆2010年版，第366页。
⑥ ［德］伽达默尔:《真理与方法》I，洪汉鼎译，商务印书馆2010年版，第506页。

随历史的变动性在具体应用中因处境的不同而显示出境遇性特征。

　　文学实践性的境遇向度还以游戏的方式达成，游戏作为文学的根本存在方式，使本身带有先行道德判断能力的理解者在文本的自我表现中，完成具体的、境遇性的自我理解的完满实践。游戏在"在不断的重复中更新自身"①，"游戏的主体不是游戏者，而游戏只是通过游戏者才得以表现"②。在游戏之中，游戏者在遵守游戏所隶属的活动秩序的前提下忘我地参与到游戏内部，以自我表现的形式实现游戏最突出的意义。文本理解就是一场非偶缘性对峙的游戏，读者作为此在在理解文本的同时，文本的真理得以敞开，读者通过"占有"文本的真理使自我过往的经验得以汇聚并扩充，并通过视阈融合使自我理解事件得以发生。理解本身"作为道德知识的变形"被伽达默尔引入，它指"道德判断的能力"，③而我们的判断也只有在置身于"某人借以行动的整个具体情况时，我们才赞扬某人理解"。④因此，理解文本是在"某个时刻的具体情况"下自我理解的显现，这种自我理解伴随着在完成道德认识具体情况下的完满性应用并且在具体情况下得以证明。文学理解在具体情况中以游戏性的方式达到自我理解，表现了实践的境遇性特征。同时，自我理解的实现，也通过在诗歌中召唤诸神，并将诗歌中诸神的遭遇与自我的具体情况相结合。

　　　　所有的诗歌话语都是神话。即是说，它不仅通过被诉说才能证实自身。它叙述言说着种种事件行为，在其中寻找真理的信仰；而仅仅当我们在神或者英雄的行为与苦难中遭遇自我，信仰才会显现。就这样古典神话世界直至今日仍不断激励诗人们为了此时此地人类自我遭遇而重新唤起神话。⑤

---

① ［德］伽达默尔:《真理与方法》Ⅰ，洪汉鼎译，商务印书馆2010年版，第152页。
② ［德］伽达默尔:《真理与方法》Ⅰ，洪汉鼎译，商务印书馆2010年版，第151页。
③ ［德］伽达默尔:《真理与方法》Ⅰ，洪汉鼎译，商务印书馆2010年版，第457页。
④ ［德］伽达默尔:《真理与方法》Ⅰ，洪汉鼎译，商务印书馆2010年版，第457页。
⑤ Gadamer. Hans-George, "Mythopoietic Reversal in Rilke's Duino Elegies", *Hans-George Gadamer on Education, Poetry, and History*, eds. by Dieter Misgeld and Grame Nicholson, Trans. by Lawrance Schmidt and Monica Reuss, Albany: State University of New York Press, 1992, p.158.

伽达默尔将里尔克诗歌中神话在当代的复苏称为"神话诗的回转"，而这种回转意味着人类从神话中去寻找信仰，在自我理解中将诗里所述的与自己的遭遇结合，诗歌作为"从无限生命中被激活的精神"，"为我们开辟神性和人类的世界"[①]。正因为诗的存在、文学的存在，世界才对我们敞开，此在才得以澄明。因此，在具体的、境遇性的文学理解过程中，理解者在以游戏方式存在的文学作品中达成关于伦理道德的自我理解，并使文学作品中的普遍道德规定在此在的当下境遇中实现出来。

可以看出，对文学实践性的境遇向度的分析，表明了文学作为伦理范式的合法性。同时文学作为一种境遇性的存在，也揭示出文学的实践性本质。文学实践性的境遇向度，首先表现在文学理解的共时性中，文学的共时性使得理解者能够分享作品中所表达的人类普遍的伦理道德，同时又能够将其还原为当下的伦理境遇，并指导理解者的具体行动。文学实践性的境遇向度还表现为文学经验与理解者的经验在具体的境遇下，在一种你—我的主体间性关系中，实现实践智慧的普遍有效性，而在这种境遇中每个人都获得了具有个体性的普遍性知识。文学实践的境遇向度通过理解者在具体境遇中参与文学作品的艺术游戏活动，从而实现理解者的自我理解，并同时扩充理解对象的存在。此外，文学作品的普遍道德规定通过每一次具体应用在此在的当下境遇中实现出来，并在当下的具体情境中得以充实。

第六节　文学实践性的共在向度

文学通过共在特征来揭示其作为伦理范式的合法性，同时共在作为实践性的一个方面，也表明文学的实践性本质。每一部作品在揭蔽人类共在的基本生存结构的基础上，使阅读者在阅读中体验一种感觉的普遍性并分享这种共通感。文学的典范性使理解者共享伦理道德普遍性约束力，伽达默尔认为"诗歌语言作为揭示——这种揭示乃是所有语言之成就的最高实

---

① Gadamer. Hans-George, *Truth and Method*, trans. by Joel Weinsheimer and Donald G Marshall, New York: Continuum, 2004, p.466.

现，乃是鹤立鸡群、与众不同的"。[1]共在决定人的存在，且永远都是对一种共同意义的创造与分有，包含着人类此在的参与性。我们在与文学作品的问答对话模式中，在理解的参与下实现自身的道德教化。对话是走向共同理解，构建共同世界的基础，文学在对话中承担起走向共同体的媒介，在作品中分享共通感，并以思辨的形式在理解中呈递给我们的人类道德精神的同一性，进而从共在的反思中重新返回到自身获得新的自我理解。只有在共同理解的基础上，从善良意志出发，才能构建人类伦理共同体。

文学实践性的共在向度中的"共在"不是"孤独的主体共同存在"，而是以一种"我们—存在"的基本存在机制，并且通过共通感提供一种伦理的群际生活基础和依赖，在文学的典范性中使理解者共信共守共同的行为准则，共享伦理道德普遍性约束力。共在决定人的存在永远都是对一种共同意义的创造与分有，共在作为人类行为的一种主体活动而具有外在于自身的存在的性质，具有一种忘却自我特性，是由观赏者"共同在那里"所规定的。文学文本在人类共在的基础上使阅读者在阅读中体验一种感觉的普遍性并分享这种共同性的感觉，即共通感。共通感是每个民族的"心头词典"，是"共同的真理基础"，[2]带有"诗性的智慧的色彩"。

> 悲剧性的肯定具有一种真正共享的性质。它就是在这些过量的悲剧性灾难中所经验的真正共同物。观看者面对命运的威力认识自己本身及其自身的有限存在。经历伟大事物的东西，具有典范意义。对悲剧性哀伤的赞同并不是对这种悲剧性过程或那种压倒主人翁的命运公正性的认可，而是指有一种适用于一切形而上学的存在秩序。[3]

在伽达默尔看来悲剧性真正共享的性质就是人们在共同生活中所共同经验的东西，即共通感。共通感在这里不只是一种审美概念或一种"趣味"，而是一种普遍与共同的感知判断、分辨是非善恶的能力，是社会长久凝聚

---

[1] [德]伽达默尔：《论诗歌对探索真理的贡献》，严平编：《伽达默尔集》，邓安庆等译，上海远东出版社2003年版，第541页。
[2] [意]维科：《新科学》，朱光潜译，人民文学出版社1986年版，第88页。
[3] [德]伽达默尔：《真理与方法》Ⅰ，洪汉鼎译，商务印书馆2010年版，第194页。

的基础。共通感作为国家公民的普遍品质，包含着一种群际归属感和对传统的认同，其社会伦理意义在于要始终与善良群体大众结合，因此是整体公民社会稳健成长的依据与凭借，是一切公民道德生活的本源。我们从悲剧性的哀伤里共有并分享"普遍而共通的感觉"，如《哈姆雷特》中"生存还是毁灭"的困境依然能唤起我们对自我生存的反思，我们在分有的同时从而使自我意识得以教化，进而反思自我的道德处境借以实现人性的崇高。因此，伽达默尔认为戏剧典型性及其真正力量在于使我们感到"共通的精神支撑着我们所有人并超越了每个个体"，①而现实与舞台魔幻世界间的道德张力正是19世纪古典戏剧的伟大性的崇高所在。虽然"道德概念在最不同的时代和民族中表现了变异，但所有的变异中仍有某种像事物的本性这样的东西"，②文学的典型意义就在于通过共通感传递道德这种类似于不变的本性，实现人类自我理解连续性与统一性。

文学实践活动的共在是作为"我们—存在（Wir-sein）"，要求忘却自我地投入其中，即要求人类此在的参与性。文学作为递交给我们的传承物，总是在对我们诉说，我们在与文学作品的问答对话模式中，在理解的参与下实现自身的道德教化。"用文字形式传承下来的东西从它所处的异化中被带出来而回到了富有生气的正在进行谈话的当代，而谈话的原始程序经常就是问和答"，③我们在与文本的不断对话、不断争论、不断协商中在文本意义得以规定的问题视阈中达成一致的意义沟通。文本也不是以无生命僵死的状态始终说着相同的话，而是总向它提问的人提供新的回答，并向回答它的人再次提出新的疑问，文本的理解就是在这种问与答的基本对话模式里，以一种开放性的逻辑，在完全性的前把握基础上揭蔽对人类生存状态普遍有效的道德真理。希尔兹《玛丽·斯旺》为读者提供了五个文本碎片，对于斯旺到底是怎样的人，如何创造了那些质朴清新的诗歌，希尔兹并没有给出确切答案，读者只能根据自己的阅读经验在五个文本五种理解的基础上，通过不断的对话形式构建自己心中的斯旺以及现实

---

① ［德］伽达默尔：《戏剧的节日特征》，《伽达默尔集》，赵玉勇译，上海远东出版社，1997年版，第552页。
② ［德］伽达默尔：《真理与方法》Ⅰ，洪汉鼎译，商务印书馆2010年版，第453页。
③ ［德］伽达默尔：《真理与方法》Ⅰ，洪汉鼎译，商务印书馆2010年版，第520页。

世界。所以文学文本在呈现给我们一个与自身相分离的世界的同时，也使我们在对话中实现在异己里认识自身，从他物出发又向自己本身返回的一切的起点和线索。

> 我们在柏拉图的对话里可以看到，智者派有谈话中所培育的对文本的"解释"，特别是为了教育目的对诗的解释，怎样遭到柏拉图的反对。另外，我们还可以看到，柏拉图怎样试图通过其对话诗克服 Logoi 语言的弱点，特别是文字冻死的弱点。对话的文学形式把语言和概念放回到谈话的原始运动中。这样，语词免受了一切独断论的滥用。①

伽达默尔援引柏拉图的对话对智者派的批判，突出对话是使真理显现的唯一方式，并认为"柏拉图式的对话模式和谈话模式具有自己的真理优势"。②"谈话是通向真理之路"，③谈话所"具有的真理优势"就是让人类的此在能在异己里认识自身，在异己的东西里感到在自己的家，所以文学在问与答的模式中揭蔽人类存在的普遍性真理，并在理解者理解的参与中实现人类道德精神的崇高教化。

文学实践性的共在向度还在于，我们在文学理解活动中，在对话的基础上，"达到共同理解"，而理解的目的在于在对话中与"他者"建立一个共同的世界，社会生活的最终形式"乃是一个对话共同体"，④即一种对共在世界—生活形式的参与与营造。对话是我们走向理解的方式，对话也不是独白式的"训话"，是对话者双方在相互平等的地位上进行的，而"真正对话者的德行，是苏格拉底的自知无知的德行"，⑤是以对对话伙伴的尊重为前提的。"真诚的对话不仅是现代人的一种必备的德行品质而且也是

---

① ［德］伽达默尔：《真理与方法》Ⅰ，洪汉鼎译，商务印书馆 2010 年版，第 521 页。
② ［德］伽达默尔：《真理与方法》Ⅱ，洪汉鼎译，商务印书馆 2010 年版，第 252 页。
③ ［德］伽达默尔：《真理与方法》Ⅱ，洪汉鼎译，商务印书馆 2010 年版，第 253 页。
④ Gadamer, *Replik zu Hermeneutik und Ideologiekritik*, in Werke2, S.255.
⑤ 邓安庆：《诠释学的伦理学》，《中国诠释学》（第二辑），山东人民出版社 2004 年版，第 92 页。

体现社会理性的形式。"① 谈话改变着谈话对方,它不是以自己的意见反对他人的意见,而是通过对话达到共同性以实现人类交往的真正现实性意义,从而使道德的统一性和社会统一性成为可能,人类交往建立在对话的基础上,不断地寻求相互理解和认同,而这种相互理解的良好的愿望就是"善良意志"。"对于伽达默尔来讲,一致或共识即视阈融合……必须向苏格拉底那样,从善良意志出发,……其实理解无非是通过'我'与'你'的交互作用,最终实现'我们'。"②善良的意志保证了人们能够相互联系,成为对话的伙伴,"人与人之间的所有一致性,社会所有组分之间的全部一致性,都是以此为前提的"。③我们在对话的基础上达到共同理解,并且在参与共同体的同时,共同创造善。而文学无可置疑的在对话中承担起走向共同体的媒介,是现代人摆脱异化孤独感,走出精神危机的有效途径。如现代主义之父 T.E. 休姆的思想体系正是通过"以诗歌认识世界""以道德伦理统规人性"④来实现对人性本质的根本认识,并试图通过诗歌重构人类生存秩序。而人的不完美性和局限性决定了文学必须以其自身的连续性实现人类历史整体性,从而摆脱现代社会所带来的精神荒芜感。伽达默尔认识到诗人对人类生存状态所做的理性反思的重要作用,面对西方实践理性单纯堕落为技术理性、传统道德体系崩溃的现状,主张我们所有实践的目的以善良意志为基础,只有在文学中通过对话的形式才能构建人类生活的共同伦理秩序。

由以上分析可以看出,文学的实践性具有共在意义,主要表现为:其一,文学作品通过发挥其典范性作用,使理解者参与并分享了作为伦理道德的共通感,承认并遵守了人类存在的共同意义,同时使这种共通感觉和普遍意义成为人类伦理实践中具有真理性的基础。其二,文学实践活动的共在意义还在于文学作品的理解要求我们参与其中,并形成以问答和对话为结构的共在模式,在这一共在参与中,我们实现自身的道德教化。其三,文

---

① 邓安庆:《诠释学的伦理学》,《中国诠释学》(第二辑),山东人民出版社 2004 年版,第 92 页。
② 何卫平:《通向解释学辩证法之途》,上海三联书店 2001 年版,第 225 页。
③ [德] 伽达默尔:《德法之争》,孙周兴、孙善春译,同济大学出版社 2004 年版,第 48 页。
④ 秦明利:《现代主义之父 T.E. 休姆的思想体系》,《国外文学》2009 年第 4 期。

学实践性的共在意义也在于我们通过文学实践活动，通过对话达到共同理解，并进一步为道德统一性和社会统一性提供可能，文学作品也为我们的伦理道德存在提供反思的途径，为建构人类生存的共同伦理秩序提供出路。因此，从实践的共在向度出发，进一步证明了文学作为伦理范式的合理性，同时也揭示了文学的实践性内涵。

在伽达默尔以理解为基础的哲学诠释学中，文学是以达成一致性的善为目的的伦理范式。伽达默尔把意见的基本一致性当作理解自身的要求。理解，即理解关联，是把"涌向我们的传承物和我们联结成现实生活统一体"的诠释学。以理解为基础的诠释学要求一种我与他人以意见一致性为目标的对话，以此才能达成现实生活统一体。我与他人的一致性关系，或者以一致性为善的共同体性质的伦理关系，是诠释学自身所包含的。以此为基础，文学作品在诠释中成为作为读者的"我"的观念与文本世界所显现的观念，经过对话，达成一致性关系，联结成现实生活统一体，一种善的伦理关系。在这种关系中，他人和他人的世界得以显现，进入到"我"的世界，"我"转化为一个进入了他人世界的"他—我"。

面对西方社会价值体系崩溃和实践概念衰亡的现状，"艺术继承了神话和宗教在文化中的位置"，"发挥它们曾发挥过的道德方面的作用。它可以使传统焕发出新的生机，从而抑制我们文化上的无根性"，[①]伽达默尔坚信我们只有"赋予实践理性以内容的一种有生命力的伦理统一性"，从艺术中寻找拯救危机的良方，人类才能走出现代人的困境。他抛开康德的纯粹的审美经验范式，从柏拉图那里继承艺术兼具认识的地位与道德的力量，重新解蔽艺术的真理性。文学作为一种艺术，通过作为伦理的范式作用重新构建起被打乱的秩序，让我们经历一种重建世界的体验。伽达默尔将文学作为伦理范式的现实性在于，他为现代人提供了正确的"实践意识"以对抗"科学至上"思想带来的日益严重的现代危机，为西方思想发展到极端分裂与异化之后提供了一个自我反思和自我拯救的途径。人类要摆脱所面临的生存危机，康德的形式主义伦理和亚里士多德的"德性"伦理两者都不能

---

① 德维尔诺：《艺术能拯救我们吗？——关于伽达默尔的沉思》，吴伯凡译，《哲学与文学》1991年第1期。

独善其身，必须将两者综合起来，从文学艺术在共同理解中寻找共同的伦理秩序，才能实现共同体的构建。所以文学作为伦理范式，被伽达默尔赋予实践的意义，也只有在实践中，文学的伦理范式才能实现存在的意义。

本章以实践性为视阈探究文学作为哲学的范式意义，同时揭示以伦理方式存在的文学所具有的实践性本质。伽达默尔对实践问题的探讨与哲学诠释学的出发点以及精神科学在科学领域的合法性问题紧密相关。为对抗精神科学的狭隘的方法论理解，伽达默尔探求诠释学的普遍性，并通过将诠释学看作实践哲学而实现这一目的。实践哲学自古希腊亚里士多德以来就是一种关于人的活动及生存实践的哲学，它从人的本性出发，以达到人的善好生活为指向，强调在人类共同组建的伦理世界中、在具体的伦理情境下实践智慧的运用和德性品质的培养。因此，伽达默尔认为诠释学作为实践哲学在这一意义上具有普遍性的要求。同时，伽达默尔的实践哲学主要指向作为伦理活动的实践，而伦理学传统是在理论和实践之间不断争论和发展的过程。苏格拉底理论知识和实践的统一、柏拉图对确定的伦理德性知识的探讨、亚里士多德以实践智慧作为达到属人之善的条件以及康德为人类行为所颁布的先天有效而普遍的实践法则，这些伦理学传统探究都为伽达默尔确立"实践性"的伦理向度奠定了基础。

伽达默尔的实践哲学指向以善为目的的整个人类生活领域，实践性具有历史性、境遇性和共在性三个伦理向度，而历史性、境遇性以及共在性也恰恰是文学作品的伦理存在方式。文学作品以一种历史性的存在从传统与权威中获得其作为伦理范式的合法性，并在前理解的基础上实现与当下视阈的融合，在一种不断向未来谋划的开放性中超越过去与未来的对立，显现出实践的历史性特征。同时，文学作品具有一种境遇性特征，在文学理解的共时性、你—我主体间性以及游戏活动中，在文学经验与自我经验的效果历史意识里，文学展现了人类普遍的伦理道德在具体境遇下实践的有效性。此外，文学具有一种共在的品性，文学理解在普遍的共通感中分享共同的道德意识，并以一种问答的对话方式实现共同理解，寻找人类精神的内在统一性，以实现人类实践对共同善的追求。因此，文学以其表现实践的历史性、境遇性以及共在性而具有作为伦理范式的合法性，同时，历史性、境遇性和共在性也是文学的实践性。文学实践性是文学的本体性特征之一。

第六章　20世纪文学与伽达默尔的文学真理性

文学经验能否成为真理性知识的合法来源，是伽达默尔探讨艺术经验中真理问题的指向。伽达默尔力图把诠释学作为哲学的中心任务，目的是在科学方法之外，探求认知真理的不同途径，为此他把理解作为获取人类世界经验的基础。他认为，科学方法意义上的真理知识是对象化的一般知识，[1] 仅在现代科学所依赖的逻辑关系和方法论意义上是正确的。而人类的生活实践，其复杂性或者说伽达默尔强调的境遇性[2]特征，却包含了对象化知识所不能达到的。[3] 以理解为人类认知方式的基本结构，世界经验就以完整的状态呈现出来。在这种意义上，对真理在文学艺术经验里的展现问题的回答就成为哲学诠释学对自身的基本要求。本章试图在探讨哲学诠释学意义上真理问题的基础上，回答文学经验中真理如何展现的问题。在伽达默尔这里，由于历史性与真理性有着根本性的关联，本章同时在20世纪历史境遇这一条件下，探讨在20世纪的文学经验中真理是如何展现的。

第一节　存在论的真理观

存在论的真理观是与认识论的真理观不同。自近代发生认识论转向以

---

[1]　[德]伽达默尔：《论未来的规划》，《真理与方法》Ⅱ，洪汉鼎译，商务印书馆2010年版，第205页。

[2]　[德]伽达默尔：《论未来的规划》，《真理与方法》Ⅱ，洪汉鼎译，商务印书馆2010年版，第205页。

[3]　[德]伽达默尔：《论未来的规划》，《真理与方法》Ⅱ，洪汉鼎译，商务印书馆2010年版，第205页。

来，认识论的真理观就在自然科学和人文科学的发展中占据支配地位。近代自然科学以主客二分的知性思维方式为主导，以方法论为特征，将真理要求变为"知性对事物的符合"，①即人对事物认识的正确性，是一种符合论的真理观。随之而来的是，近代科学及其方法意识逐步占据对真理概念和知识概念的统治地位，包括精神科学领域的相关问题。②这种真理态度一方面带来了科学发现和技术进步，另一方面也造成了技术对人类社会的操纵，从而使人类的生活和存在变得日益狭隘。同时，与认识论真理观相一致的自然科学研究方法也宰制了精神科学的理解。在对真理概念的重新认识过程中发生了存在论的转向，其中海德格尔和伽达默尔对存在论真理观的建构具有代表性，他们都从认识论的真理观转向了存在论的真理观。用海德格尔的话来讲，就是将真理从存在者层次的探讨转向存在论层次的分析。存在者层次的，也就是认识论的。在海德格尔看来，存在论的真理比认识论的真理更加源始，前者为后者奠基。

符合论真理观，以正确性为真理的标准，其中正确性的内容分为两类：一种是概念符合对象，一种是对象符合概念。从古希腊柏拉图、亚里士多德开始一直到黑格尔，对真理的探讨一直围绕着符合论。"概念符合对象"的倾向可以追溯到柏拉图和亚里士多德。柏拉图认为，真实的对象是理念，是一独立于现象界之外的超验的对象，真理就是人的认识、观念或概念符合于理念这一对象。柏拉图之后直至近代唯理论、经验论对于真理的探讨，无论是独断论还是怀疑论，不管是断言真理还是怀疑真理，都是在"概念符合对象"这一思维模式中进行的。"对象符合概念"的观点以康德为代表，发生于他的"哥白尼式的革命"中。康德将传统的"概念符合对象"转变为"对象符合概念"，即他将自在之物排除于认识的对象范围之外，并且从认识的主体出发建构认识的对象，并且将认识对象仅仅作为现象加以认识。对象是由概念加以把握和构造的，对象符合概念就具有了确定性，因此能够达到知识。这就是康德有关现象的知识。康德的认识论的问题在

---

① ［德］伽达默尔：《诠释学Ⅱ 真理与方法——补充和索引》，洪汉鼎译，商务印书馆2010年版，第58页。
② ［德］伽达默尔：《真理与方法》Ⅰ，洪汉鼎译，商务印书馆2010年版，第3-4页。

于，他在自在之物和现象对立区分的前提下，所把握到的只是现象的知识，而不是自在的真理。即使康德认为这种知识具有真理性，也仅仅是相对的真理，而不是绝对的真理。黑格尔注意到了康德的认识论不能达到对绝对真理的把握这一困境，他通过取消外在于意识的、超验的物自体，并将自在对象纳入到意识之中，使意识的内在结构一方面具有"自在存在"，另一方面使这个"自在存在"也是"为意识的存在"，从而克服了自柏拉图以来直至康德在主客观二元对立思维模式下的符合论真理观的片面性。在黑格尔看来，对象是概念，概念也是对象，因此无论对象符合概念还是概念符合对象，在黑格尔这里都达到了一致。而且，通过将"自在存在"同时也看作"为意识的存在"，认识的正确性就有了真理性的保证。虽然黑格尔具有观念论的倾向，但他提供了把握绝对真理的途径和方法。同时，通过对传统认识论的扬弃，黑格尔也成了从存在论阐发真理思想的先驱，因为在黑格尔看来，存在与思维具有同一性。黑格尔的《精神现象学》是关于意识的发展过程，也是存在成为真理的过程。[1] 这种从存在论出发阐发真理的思想，对海德格尔是有影响的，因为海德格尔就曾指出，黑格尔的《精神现象学》不是认识论，而是对形而上学（即本体论、思辨心理学、思辨宇宙论和思辨神学）真理主张的奠基，[2] 意识的发展史就是存在走向真理的过程。

存在论的真理观在海德格尔那里重新得到探讨，体现在他对真理的本质的追问中。海德格尔在《论真理的本质》[3]一文中，对流俗的真理概念即以正确性为本质的符合论真理观进行了"本质的"剖析，体现为三个层次："是什么""如何是"和"为什么是"。一方面，他指出了这种流俗的真理概念的内涵、来源以及其存在的问题。流俗的真理概念包括命题真理和事情真理两个方面，前者以后者为基础，即"知"与"物"的符合一致，但两者又可以归结为命题真理，即通过陈述与物的符合关系，以达到正确

---

[1] 张世英：《现象学口号"面向事情本身"的源头——黑格尔的〈精神现象学〉》，《江海学刊》2007年第2期。
[2] Heidegger, *Hegel's Phenomenology of Spirit*, Bloomington: Indiana University Press, 1988, p.3.
[3] ［德］海德格尔：《论真理的本质》，《路标》，孙周兴译，商务印书馆2000年版，第205-233页。

性为本质。海德格尔将这种"物"与"知"的符合关系追溯到神的创世论中,并以其作为近代认识论以理性控制自然、对自然界进行计算和计划的依据。进而,海德格尔指出了流俗的真理概念的问题在于:未从存在者之存在以及人的本质出发进行真理本质的探讨。流俗的真理概念以正确性为本质,与普通人类理智对"不言自明性""明白可解性"的要求一致,带有启蒙以来近代主体性的印记。另一方面,海德格尔对符合论真理观所进行的"本质的"探讨表现在,他追问陈述与物"符合"的内在根据,并将其归结于存在者在敞开、开放和澄明状态中的置身。陈述"表象"(Vor-stellen)物,而表象性的陈述与物的关系表达为一种"行为",这种"行为"使存在者显现于一敞开领域,表现为一种开放的状态,同时存在者也在这种"行为"中作为"是其所是"的存在者而存在。因此,表象的适合性、陈述的正确性,就具有了一种"先行确定"的标准,即行为的开放状态,存在者在敞开状态中、在澄明中开放自身,作为是其所是的存在者存在。实际上,这就是对存在者的去蔽,使存在者处于无蔽之中,在其存在之中存在。这样,以陈述和物的符合关系为特征的真理观就奠基于存在者的无蔽状态之中。此外,海德格尔对流俗的符合论真理观进行的"本质的"追问的又一表现在于,他分析了符合论真理观有关"正确性之可能性的根据",并将这种根据归于自由。正确性之可能性基于行为的开放状态,而这种开放又是自行开放,因此是自由。"真理(陈述之正确性)的本质是自由"。[①] 由以上分析可以看出,海德格尔对流俗的真理概念也进行了某种"本质的"追问,即从这种流俗真理的"是什么""如何是"和"为什么是"三个方面进行了探讨和分析。

在"论真理的本质"一文中,对"自由的本质"的探讨是由流俗真理概念转向海德格尔对真理的本质的重新界定的"纽带"或"中间桥梁"正是"自由"将存在者之存在和人的本质联结起来。在"自由"概念中,海德格尔找到了批判传统符合论真理观主客二元对立的基础,因此他将自由作为真理的本质。在海德格尔看来,自由就是"让存在"和"让存在者存

[①] [德]海德格尔:《论真理的本质》,《路标》,孙周兴译,商务印书馆2000年版,第215页。

在",也即让存在者在敞开领域中、作为"无蔽""是其所是"的存在。海德格尔强调自由或"让存在"是此在作为"绽出的生存"（Ek-sistenz）参与到存在者的被解蔽状态中，在存在者的被解蔽状态中展开。在自由和"让存在"中，此在"绽出的生存"保存了存在者的无蔽状态，并在这一过程中通过和存在者整体的关联而建构历史。海德格尔并不将自由作为人的主体性特征，也即不是人"占有"自由，而是自由占有人，自由使人能够与存在者整体关联起来。海德格尔将人与自由关系的颠倒，即将自由不是作为人的固有特性，而是作为先于人的、作为真理的本质，也为非真理、非本质的可能性做了铺垫，因为在海德格尔看来，"非真理""非本质"也是真理、本质，这种"非"只是人没有在自由状态下，没有"让存在"，没有让存在者的整体作为无蔽状态而被解蔽。至此，海德格尔在对"真理的本质"的探讨中，完成了其前期的批判准备，即对传统的或流俗的真理观的审查，他否定了将真理作为正确的命题的符合论观点。在对传统真理观的"本质"分析中，他对真理进行了初步界定，即真理作为"存在者的解蔽"，让存在者在敞开状态中成其本质，而这种"让存在"是自由的本质，自由又将人的生存本质和存在者整体的解蔽联系起来，并由此构成人的历史。

海德格尔对真理的本质的探讨与非真理、非本质联系起来。他反对传统中将非真理看作陈述与物不相符合的观点，而是将非真理、非本质也看作真理和本质。在海德格尔看来，真理的本质在于自由，而自由在其"让存在"中关涉人的生存与存在者整体之被解蔽的关系。自由使人的"一切行为协调于存在者整体"，而人的这种协调状态是"入于存在者整体的绽出的展开状态"。① 但现代社会受技术统治物的思想支配，只对个别的存在者进行解蔽，并在普通理智对知识的狂热以及对进步的追求的驱动下，以可通达的、可计算的、可控制的方式从人的需要出发对个别存在者进行解蔽，从而造成了对存在者整体的遮蔽。但海德格尔并不单纯地否定"遮蔽"，因为在他看来，遮蔽比敞开、比"让存在"更

---

① ［德］海德格尔：《论真理的本质》，《路标》，孙周兴译，商务印书馆2000年版，第221页。

加古老，他也同样认为非真理比真理更加源始。在其源始的意义上，"被遮蔽者的遮蔽"就是"神秘"（das Geheimnis），而"神秘"又是真理的"非本质"，这种"神秘"统摄着此在的"此之在"。① 换句话说，海德格尔将"非真理""非本质"看作比真理和本质更为本源的东西，这与海德格尔将"无"而不是"有"作为最高的原则有关。同时，海德格尔认为此在的绽出与非真理有原始的关系，与"神秘"相关，与存在者的源始的遮蔽相关。现代技术社会对存在者的解蔽，是对存在者之整体的遮蔽，同时也表现出对神秘和遮蔽的遗忘。根据海德格尔的看法，现代技术社会的"让存在"，在试图对存在者进行解蔽的同时，也造成了遮蔽，这种遮蔽使神秘被遗忘。技术的解蔽方式由于遮蔽了存在者整体而"误入歧途"，造成"迷误"。除了"遮蔽"之外，海德格尔也提出"迷误"作为非真理。迷误就是以错误的方式对存在者进行解蔽，同时也造成了对存在者整体的遮蔽。但正如海德格尔并不在否定的意义上看待"非真理"和"非本质"，遮蔽和迷误同样具有解蔽和不再误入歧途的可能性，而这种可能性就在于从存在者作为存在者整体出发，回归于"此之在"的神秘之运作中。因此，在海德格尔看来，真理的本质中包含着"非真理""非本质"，在这一"非"中包含着传统哲学尚未思考的"存在之真理"的可能性；同样，在存在者的无蔽中包含着遮蔽，遮蔽和迷误是"让存在"的开端，也是自由之可以在神秘中运作的来源。在真理与非真理、遮蔽和解蔽的辩证思考中，对"存在者之作为存在者整体是什么"的追问，即对存在者的存在的追问才是可能的。

以上对存在论真理观的探讨主要分为两个方面，一是对以正确性为本质的符合论真理观的理论来源和背景做了概要梳理，二是分析了海德格尔对真理的本质的探讨。其中以第二个方面为主，着重分析了海德格尔对传统的认识论真理观所进行的"本质的"的分析，即符合论真理观的内涵、符合的内在可能性以及正确性的根据。从对"自由的本质"的追问开始，海德格尔转向对存在论真理观的界定，真理的本质即是自由，自由将此在

---

① ［德］海德格尔：《论真理的本质》，《路标》，孙周兴译，商务印书馆2000年版，第223页。

的生存与存在者整体之被解蔽联结起来。以正确性为标准的现代认识论真理观，往往带来对存在者整体的遮蔽，即非真理。但在海德格尔看来，非真理和非本质，遮蔽和迷误，并不是与真理、本质相对立的东西，它们同样具有解蔽的可能性，海德格尔相信在"非"之中具有未被思考过的"存在之真理"的可能性，这种可能性就在于转向对存在者之作为存在者整体，对存在者的存在的追问中。

第二节　伽达默尔哲学诠释学中的真理维度

　　伽达默尔反对在近代自然科学方法论主导下、传统认识论中、主客观二元对立的思维框架下的"真理观"，即符合论的真理观，他追随海德格尔的存在论转向，为精神科学的真理性即作为存在的真理辩护。伽达默尔认为自然科学的方法论以正确性作为真理性，而这种真理观并不适合精神科学。他将精神科学的真理要求追溯到古希腊，认为在听从传承物的权威性中、在怀疑和追求认识的过程中，精神科学获得其真理要求的合法性。近代自然科学方法论追求可验证性、可重复性、实证性和确定性，自然科学以方法为标准和尺度去形式化地套用材料，从而实现不断推陈出新的结果，实现自启蒙开始的进步理想。自然科学在方法套用模式下，以确定性作为真理性。相比之下，精神科学的真理性标准并不是确定性、重复性、可验证性和实证性，甚至精神科学无绝对的标准和尺度可言。精神科学是"一次性"的。伽达默尔指出，在柏拉图《普罗泰戈拉篇》中，苏格拉底将谈话中的知识作为灵魂的知识，这种知识一旦接受就直接进入灵魂。[①]精神科学的这种"一次性"与自然科学的"重复性"形成了对比，这并不是说精神科学不具有反复性，诠释学的理解就是不断地反复地理解，而只是表明精神科学并没有像自然科学那样绝对的、客观的标准作为可重复性的依据。伽达默尔对历史科学的批判也在于后者对客观性的追求，而当历史学家承认历史性、有限性的时候，对客观性的追求最终导致了相对主义

---

① ［德］伽达默尔：《诠释学Ⅱ真理与方法——补充和索引》，洪汉鼎译，商务印书馆2010年版，第52页。

后果，从而忽略了历史本该有的价值。

伽达默尔在理解精神科学的真理性时，是从历史传承物的价值出发，承认历史传承物的权威性。

> 权威性真正的本质毋宁在于：它不是一种非理性的优势，甚至我们可以说，它可以是一种理性本身的要求，它乃是另外一种优势，以克服自己判断的观点作为前提。听从权威性就意味着领会到，他者——以及从传承物和历史中发生的其他声音——可能比自己看得更好。①

伽达默尔把理性作为权威性的根据，一方面为了防止神化历史传承物，另一方面，通过强调理性本身的反思性，杜绝理性权威因滥用自身导致无法达到真理，使科学失去根本意义。追求真理就是要达到科学，这在黑格尔的《精神现象学》中有明显的体现，科学之路就是追求真理之路。伽达默尔也认为真理与科学有某种优先的关系。伽达默尔认为这种关系可溯源到古希腊。古希腊的科学是一种"独特的追求和怀疑"，这种"渴求认识"和"要求真理"是在怀疑能力的促成下实现的，科学正是在这种追求和怀疑中创造的。在古希腊，"真正的科学并不是自然科学，更不是历史学，而只有数学才算真正的科学"。②在近代出现认识论转向后，数学从科学逐渐转变为认识方法，例如笛卡尔的普遍数学方法、斯宾诺莎的几何学方法。而这意味着科学在近代自然科学发展中的"降格"，即由以怀疑精神追求和渴望的真理性"降格"为以方法确保的正确性。近代科学以自然科学为主导，是对古希腊具有真理性意义的科学的狭隘理解。伽达默尔通过追溯"科学"在古希腊的起源而为另一种意义的"科学"做辩护，同时也由此出发为精神科学真理要求的普遍性提供合法依据。因此，在伽达默尔看来，自然科学方法论的真理标准以确定性、可验证性、重复性和客观性为基础，不适用于精神科学，精神科学真理性听从传承物的权威性，是在

---

① ［德］伽达默尔：《诠释学Ⅱ真理与方法——补充和索引》，洪汉鼎译，商务印书馆2010年版，第48页。

② ［德］伽达默尔：《诠释学Ⅱ真理与方法——补充和索引》，洪汉鼎译，商务印书馆2010年版，第57、59页。

怀疑和追求过程中，在对认识的渴求中达到真理要求的。

在反对自然科学方法论过程中，伽达默尔在其哲学诠释学中重新建立真理维度。在伽达默尔哲学诠释学中，真理包含三个维度：开放性、语言性、历史性。

伽达默尔继承了海德格尔的主张，强调诠释学真理的存在方式具有开放性。海德格尔认为真理是去蔽（aletheia），"真理是一种不同的东西，即本身不再有遮蔽，从中被释放出来的东西"。① 无蔽发生时，存在者显示自身。

> 不仅知识本身所指向的东西必须已经以某种方式是无蔽的，而且这一"指向某物"（Sichrichtennachetwas）的活动发生于其中的整个领域，以及同样的一种命题与事实的符合对之公开化的那个东西，也必须已经作为整体发生于无蔽之中了。②

一方面，真理或无蔽就是存在者的显露、显现，是解遮蔽后存在者的敞开、呈现；另一方面，真理或无蔽也使得认识活动处于"公开化"中，即既是事物的无所遮蔽，也是人的无所掩蔽。这样，无蔽的状态保证了认识的正确性。在此意义上，存在论的真理从以认识论所缺乏的源始性和整体性肯定自身。真理的无所遮蔽和无所掩蔽的状态为认识活动提供了可能，但又不局限于认识的正确性，因为无蔽的真理具有更大的可能性，更多的存在可能性。伽达默尔从海德格尔的真理观出发，认为诠释学真理是"敞开存在者之存在的事件之发生"，③ 无蔽的敞开使真理显现，将存在者置于本质之中。因此，真理并不仅仅是认识论意义上的正确性，更多的是存在者开放的状态，存在者在无蔽的敞开领域得以自我表现。因此，真理作为无蔽具有开放性的特征。

诠释学真理开放的视阈具有语言性，真理就是对真理的陈述，真理

---

① ［德］海德格尔：《论真理的本质——柏拉图的洞喻和〈泰阿泰德〉讲疏》，赵卫国译，华夏出版社2008年版，第10页。

② ［德］海德格尔：《林中路》，孙周兴译，上海译文出版社2004年版，第38-39页。

③ ［德］海德格尔：《林中路》，孙周兴译，上海译文出版社2004年版，第151页。

在陈述和问题构成的语言辩证整体中显现，真理发生在语言中。伽达默尔认为"在者的去蔽就是在陈述的揭露中得到表达"。①自古希腊开始，讲话、陈述、判断就与对存在者是其所是的表现紧密相关，逻各斯在逻辑意义上是对真理的判断，这种逻辑思想影响了现代数理逻辑的发展。然而，在伽达默尔看来，数理逻辑是人工语言的符号系统，不具有日常语言和谈话所具有的丰富意义。尽管逻辑的陈述和判断以及数理逻辑都追求绝对的真的陈述，但伽达默尔认为，"不可能存在绝对真的陈述"，②因为除了对存在者如其所是的呈现之外，语言中还包含着更多的意义和可能的真理。同时，伽达默尔强调陈述的本质在于问题，陈述是对问题的回答，而问题优先于陈述，问题和陈述构成了问答的辩证过程，真理即在这种语言的辩证整体中显现出来。语言在这里的作用不是标记世界的符号，而是人们拥有世界、把握世界的方式。人们在语言中获得对世界的理解。海德格尔的语言观认为人类和社会的存在离不开语言，③语言使存在得以展现自身。"语言是存在之家"，在语言中存在者存在，人也因语言而成其存在。同时，在海德格尔看来，人与语言的关系，不是人使用语言，而是语言使用人，不是人说语言，而是语言说人，人在"通向语言之途"的过程中，在为语言所使用的过程中成其为人，同时语言和存在、存在和人共属一体。④伽达默尔继承了此观点，并指出："去蔽意味着说某人臆想的东西。在熟悉的短语中，语言根本不是使我们揭示自己思想的手段。因此真理的原初意义，在于我们谈说真实，我们谈说我们意指的东西。"⑤语言使存在者得以表达。在诠释学中，语言在一方面使经验、理解、意识具体化，另一方面使世界显现自身，因此，伽达默尔表示"语言是意识与存在得以联系的中介"，⑥真理的去蔽即通过语言将存在者的无蔽表达出来，无蔽总是在语言视阈中发生。在伽达默尔的哲学诠释学视阈下，他认为在

---

① ［德］伽达默尔：《真理与方法》II，洪汉鼎译，商务印书馆2010年版，第57页。
② ［德］伽达默尔：《真理与方法》II，洪汉鼎译，商务印书馆2010年版，第64页。
③ Zuckert C. H., *Postmodern Platos: Nietzsche, Heidegger, Gadamer, Strauss, Derrida*, Chicago: The University of Chicago Press, 1996, p.45.
④ 邓晓芒：《论作为"成己"的Ereignis》，《世界哲学》2008年第3期。
⑤ 严平编选：《伽达默尔集》，邓安庆等译，上海远东出版社2003年版，第537页。
⑥ 严平编选：《伽达默尔集》，邓安庆等译，上海远东出版社2003年版，第200页。

精神科学中"真理就是去蔽（Unverborgenheit）。让去蔽呈现出来，也就是显现（Offenbarmachen），就是讲话的意义"。①在此意义上，真理具有语言性。

诠释学真理的发生具有历史性。历史性一方面指人的历史性、有限性；另一方面指真理作为发生的事件具有时间性。真理是存在者的无蔽，而对存在者的解蔽与人相关，真理的发生离不开与人的关系。在海德格尔诠释学中，此在本质上是历史性的，历史性是存在的基本结构。②历史性指的是人的有限性，是此在的存在方式，而"真理就是与此在的历史性一起被给出的存在的展开"。③到了伽达默尔这里，一方面，他认为真理作为"存在事件的发生"，其本身具有自身的时间性，这种时间性"是从沉沦的历史时间中超生出来的'完整时间'"，④使真理成为存在者显现自身的事件；另一方面，伽达默尔认为任何真理的显现都遵循效果历史原则，"他（伽达默尔）知道每一事件都受历史所影响，每一事件都具有一个前史，而不是从无中（ex nihilo）；他也知道事件也影响历史，每一事件都具有后史，而不是消失到无之中（ad nihilum）"。⑤历史性是真理发生的视阈，真理的发生总是在某个特定的时刻和具体情况中进行，理解总是发生在现在和过去，当下和传统的视阈融合过程中。面对历史传承物，伽达默尔从时间性出发，认为对传承物的理解不是达到"同时性"（Simultaneitat）存在，而是"共时性"（Gleichzeitigkeit）存在。这是因为，在"同时性"中，过去和现在是独立但又同时存在的和有效的。在"共时性"中，过去和现在融合，取得了一种现在性。共时性是指"某个向我们呈现的单一事物，即使它的起源是如此遥远，但在其表现中却赢得了完全的现在性"，"要这样地把握事物，以使这些事物成为'共时的'，但这也就是说，所有的中

---

① ［德］伽达默尔：《真理与方法》Ⅱ，洪汉鼎译，商务印书馆2010年版，第58页。
② Zuckert C. H., *Postmodern Platos: Nietzsche, Heidegger, Gadamer, Strauss, Derrida*, Chicago: The University of Chicago Press, 1996, pp.33, 46.
③ ［德］伽达默尔：《真理与方法》Ⅱ，洪汉鼎译，商务印书馆2010年版，第519页。
④ ［德］伽达默尔：《美的现实性——作为游戏、象征、节日的艺术》，张志扬等译，生活·读书·新知三联书店1991年版，第115页。
⑤ 洪汉鼎：《理解的真理：解读伽达默尔〈真理与方法〉》，山东人民出版社2001年版，第250页。

介被扬弃于彻底的现在性中"。① 因此在伽达默尔看来,对历史的认识,不是要通过重构过去的历史事实而达到某种客观性,而是要达到当前和历史的视阈融合,实现"共时性"。同样,伽达默尔认为,历史性具有本体论的意义,"历史性不再是对理性及其掌握真理要求的限制,相反却表现为真理认识的积极条件"。② 因此,真理发生的历史性在于此在存在的历史性,真理是随着此在的历史性而展开的,在此在的历史性中达到对存在者的解蔽。另外,真理发生的时间性表现在过去和现在的视阈融合中,在于"共时性"存在中。

伽达默尔诠释学的真理维度意味着他反对自然科学方法论在精神科学中的应用,因为精神科学的真理不具有自然科学所要求的可证实性、可重复性、确定性和客观性,精神科学重视历史传承物的权威性。同时,伽达默尔也反对与真理概念相关的科学概念在自然科学中的狭隘运用,因为在古希腊,科学是带有怀疑和求索精神的真理探求过程,而不是现代自然科学意义上的正确性。在此意义上,伽达默尔捍卫精神科学具有真理要求的合法性。伽达默尔在其哲学诠释学中主要从开放性、语言性和历史性三个方面建立真理维度。诠释学真理的开放性主要是指真理作为去蔽和解蔽,使存在者处于无蔽状态中,使人无所掩蔽,而真理就是使得存在者得以敞开和开放的事件。诠释学真理的语言性是指语言是真理的视阈。语言是存在之家,存在者的去蔽通过陈述和问题之间的辩证过程实现。语言使存在者存在,且语言使存在者的存在得以显现。诠释学真理的历史性表现在两个方面:其一,真理的发生是此在历史性的展开过程;其二,真理作为发生的事件本身具有时间性,诠释学的理解遵循效果历史原则,是在过去和现在之间实现视阈融合,以此达到"共时性"的存在。

诠释学的真理观具有普遍性的要求。那么,基于这种普遍性,诠释学的真理维度即开放性、语言性和历史性对于理解文学艺术作品有何意义?诠释学的真理维度是否能够说明文学的真理性问题?如果可以,作为真理性的表达,文学就具有了作为哲学范式的作用。因此,为进一步理解文学

---

① [德]伽达默尔:《真理与方法》Ⅱ,洪汉鼎译,商务印书馆2010年版,第187页。
② [德]伽达默尔:《真理与方法》Ⅱ,洪汉鼎译,商务印书馆2010年版,第130页。

与哲学的关系，在伽达默尔哲学诠释学真理概念视阈下，探讨文学真理性是否以及如何可能将变得必要。以下仅以20世纪文学为例，旨在分析文学探求真理的可能性与合法性。20世纪文学的不同文学样式通过揭示和去蔽，将存在具有历史性的当下呈现出来。伽达默尔表示："现代艺术的基本动力之一是，艺术要破坏那种使观众群、消费者以及读者圈子与艺术作品之间保持的对立距离。"[①]这样，文学不再是表现"不言而喻"的事实，读者的阅读也不再是去体会"作者意图"，而是通过阅读建构作品本身的意义，正如伽达默尔所认为的："最重要的是诗歌说了什么。"[②]因此，文学作品的意义在作者、作品和读者之间的互动展开，这种作品在理解中的展现就是文学的真理性。

20世纪文学与传统文学作品相比，无论从内容还是写作方式方面都发生了巨大的变化。爱尔兰诗人叶芝就写道："是变了，彻底变了；一种可怕的美已经诞生。"[③]意识流小说家伍尔夫也曾表示："1910年12月左右，人性变了……人的一切关系都在变化。"[④]在20世纪初，文学的内容从对外部世界的客观模仿转向对人类内心及精神世界异化感与孤独感的描写，文学形式也随着内容的变化出现了与传统截然不同的样式，如实验派诗歌与新小说派的形式创新；表现主义与存在主义文学对人类精神世界的反映；意识流小说与超现实主义文学对无意识的关注；意象派与象征主义文学强调意象与情感的对应；魔幻现实主义与未来主义对非现实世界的描写；荒诞派戏剧对世界及生活的荒诞之体现等等。哈桑说："这种称作现代主义的文学几乎总是令人费解，这就是其现代性的一个标志。"[⑤]同样，阿多诺在其《美学理论》中也表示："（现代）艺术概念也不适用于那些据说是先验固定下来而且永久不变的艺术样式。"[⑥]

---

① ［德］伽达默尔：《美的现实性——作为游戏、象征、节日的艺术》，张志扬等译，生活·读书·新知三联书店1991年版，第38页。

② Gadamer, *Gadamer on Celan "Who Am I and Who Are You" and Other Essays*, eds. and Trans. by Heinemann R. &Krajewski B, Albany: State University of New York Press, 1997, p.68.

③ 李维屏：《英美现代主义文学概观》，上海外语教育出版社1998年版，第1页。

④ 李维屏：《英美现代主义文学概观》，上海外语教育出版社1998年版，第38页。

⑤ 袁可嘉：《现代主义文学研究》，中国社会科学出版社1988年版，第170页。

⑥ ［德］阿多尔诺：《美学理论》，王柯平译，四川人民出版社1998年版，第571页。

20 世纪文学所发生的一系列变化意味着什么？这些变化能否反映作家试图以新的形式确立文学作品与现实世界之间的关系？可否突破现代主义、结构主义、后结构主义、后现代主义等有限的视角将 20 世纪文学作为一个整体来看待？为这些问题提供答案就成为亟待解决的问题。伽达默尔曾在《美的现实性》中论证现代主义艺术时提出："一个新的对真理的要求与传统的形式相对抗时，艺术的合理性这一严肃的老课题就要一再被提出来。"① 因此，如何确立 20 世纪文学形式与内容的变化的合理性，成为论证 20 世纪文学与认识世界之间的关系所必需的依据。以伽达默尔哲学诠释学的真理性为视阈，通过对 20 世纪文学特征的梳理，可以论证 20 世纪文学的真理性。

第三节　20 世纪文学的游戏性：真理开放的存在方式

20 世纪文学作品的游戏性使文学始终处于一种开放性的状态，是文学作品具有真理性的存在方式。游戏是伽达默尔在《真理与方法》中对艺术作品本体论意义的论述中提出的概念。伽达默尔指出，游戏的真正主体是游戏本身，也就是一种具有主动性意义的活动。② 游戏、游戏者与观赏者一起，共同构成了游戏。文学作品作为游戏的真理性就在于作品是以在理解中不断敞开的方式存在，其意义在理解中重复和更新自身。③ 综观 20 世纪文学，不难发现，20 世纪的文学作品所发生的变化更注重作者、作品与读者之间的有机统一，以游戏的方式参与文学作品意义的形成，使真理在游戏中显现。具体而言，20 世纪文学的游戏性体现在非传统样式的写作形式与围绕精神世界的写作内容两个层面。

以实验派、新小说派为代表的各个文学流派所衍生出的形式创造是 20 世纪的文学的游戏性的表现。在伽达默尔看来，游戏性即是"一种总

---

① ［德］伽达默尔:《美的现实性——作为游戏、象征、节日的艺术》,张志扬等译,生活·读书·新知三联书店 1991 年版,第 2 页。
② ［德］伽达默尔:《真理与方法》Ⅰ,洪汉鼎译,商务印书馆 2010 年版,第 153 页。
③ Weberman D., A New Defense of Gadamer's Hermeneutics, *Philosophy and Phenomenological Research*, Vol. 60, No. 1 (Jan., 2000), pp.45–65.

是来回重复的运动",① 并且"在不断的重复中更新自身"②的具有真理性的开放形式。伽达默尔认为,游戏是一种交往的活动,观看者实际上是与之同戏。③游戏是由作者、作品与读者共同构成,通过重复理解以消解作品与读者之间的距离,使得文学作品处于一种具有游戏特征的开放的状态。20世纪20年代出现的实验派诗歌在形式上创新的目的就在于将作为读者的观看者拉入游戏之中,促使游戏不断的重复自身。在实验派诗人E. E. 卡明斯的《一句话诗歌》中的诗歌语言印刷体式的变形(typographical distortion)④中,作家就利用词汇分裂和视觉暗示等手段,使作品的意义不仅能够通过文字表述,也可以通过诗歌的结构和形式传达,使情感以最直观的方式表现出来。⑤如诗歌《二十根手指》,就是来描述两位老太的二十根手指。诗歌通过大小写变化和空格的加入使得手指的形象得以从视觉上呈现,使形式成为展现题材的手段。对于实验派来说,多种形式的写作手法目的在于能够使读者动用其视阈内更多方面的前见来把握文学作品的意义,如音乐、美术等,而不仅限于文学传统。同样,20世纪50年代开始兴盛的新小说通过对物的强调、时空交错等形式体现文学对现实的表现。新小说派反对传统的现实主义,反对将作品的人物与情节典型化,提倡将现实中的矛盾与非理性通过小说的形式表达。这样,对新小说的理解需要读者参与,阅读成为积极的活动。法国新小说派作家罗伯·格里耶提出"非意义论",即意义并非先验,而是流动的、多元的、创造的。⑥在略萨的大部分作品中,形式和内容都隐喻性地将秘鲁的现实与历史替换与再现。⑦从诠释学的角度来讲,新小说对读者提出的要求与读者的前见密

---

① [德] 伽达默尔:《真理与方法》I,洪汉鼎译,商务印书馆2010年版,第56页。
② [德] 伽达默尔:《真理与方法》I,洪汉鼎译,商务印书馆2010年版,第152页。
③ [德] 伽达默尔:《美的现实性——作为游戏、象征、节日的艺术》,张志扬等译,生活·读书·新知三联书店1991年版,第37页。
④ 李维屏:《英美现代主义文学概观》,上海外语教育出版社1998年版,第133页。
⑤ Arthos J., "The Poetry of E. E. Cummings", *American Literature*, Vol. 14, No. 4 (Jan., 1943), pp.372-390.
⑥ 张唯嘉:《罗伯-格里耶的"非意义论"》,《外国文学研究》2001年第4期。
⑦ Nunn F. M., "Mendacious Inventions", Veracious Perceptions: "The Peruvian Reality of Vargas Llosa's La ciudad y losperros", *The Americas*, Vol. 43, No. 4 (Apr., 1987), pp.453-466.

切相关，读者如果不知道解开作品的"密码"，就无从理解作品。[①] 伽达默尔认为，"对文本的理解永远都是被前理解（Vorverständis）的先把握活动所规定"，[②] 并且在文学中，"对诗歌的分析要从前理解开始，前理解是由诗歌所给定的"。[③] 因此，当一部文学作品对读者提出了不仅仅是文学理解方面的要求，而需要其将视觉、听觉等物理感受与美学体验相结合时，实际上就是在要求读者共同参与文学作品意义的建构。这种对前见的扩充和把握则促使文学作品的意义始终处于一种开放、重复以及更新的状态。伽达默尔表示："在任何一种艺术的现代实验的形式中，人们都能够认识到这样一个动机：即把观看者的距离变成同表演者的邂逅。"[④] 这样，在阅读实验派以及新小说派的作品时，作品的形式就使读者成为文学游戏的一部分。从而，形式上的反传统实际上反映了作品游戏性的本体性特征，体现了真理的开放性。

以表现主义和存在主义为代表的文学作品对主观世界的呈现，说明了20世纪文学的写作内容开始转向人类精神，对精神的呈现实则意味着游戏视阈的敞开和表现，伽达默尔认为这是具有真理性质的开放性。伽达默尔指出，游戏的这种的"自我表现"体现了游戏最本质、最突出的意义。[⑤] 游戏离不开观赏者，"游戏是为观赏者而存在的"，[⑥] 通过游戏，游戏者达到了对自身世界的展开。表现主义要求突破事物的表象而表现事物内在的本质，是具有内省性质的对人类精神捕捉。[⑦] 表现主义作品并不执着于对外在事物的客观描写，而通常是在一个具有想象意味的前提之下，进行之后符合逻辑思维的情节发展。在卡夫卡的《变形记》中，作者直接设定了格里高尔变成了一只甲虫，使主人公一开始就"陷入"某种境地，[⑧] 由

---

① 曾艳兵:《西方后现代主义文学研究》，中国社会科学出版社2006年版，第175页。
② [德]伽达默尔:《真理与方法》Ⅰ，洪汉鼎译，商务印书馆2010年版，第415页。
③ 严平编选:《伽达默尔集》，邓安庆等译，上海远东出版社2003年版，第566页。
④ [德]伽达默尔:《美的现实性——作为游戏、象征、节日的艺术》，张志扬等译，生活·读书·新知三联书店1991年版，第38页。
⑤ [德]伽达默尔:《真理与方法》Ⅰ，洪汉鼎译，商务印书馆2010年版，第159页。
⑥ [德]伽达默尔:《真理与方法》Ⅰ，洪汉鼎译，商务印书馆2010年版，第163页。
⑦ 袁可嘉:《欧美现代派文学概论》，中国社会科学出版社1998年版，第209页。
⑧ Asher J. A., Turning-Points in Kafka's Stories, *The Modern Language Review*, Vol. 57, No. 1 (Jan., 1962), pp.47-52.

此引发了之后的人物的逻辑变化与思维情绪都从这里开始。作品的自我表现就在于作家由一个转折点所引发的无穷尽的可能性之中,"卡夫卡让一个既定情景面临一整套的可能性",①并将这种逻辑上的可能性表现出来。这种表现针对的是作品视阈,对人物精神层面的展开就是对作品视阈的展开和表现,其引发的是读者与作品的视阈融合。在阅读中,读者总是在不断追问:如果我变成了一个巨大的甲虫,又将如何?②同样,存在主义文学关注人的生存状态,试图摆脱生活的荒诞,进而揭示人的此在。存在主义文学家萨特曾表示:"存在主义乃是使人生成为可能的一种学说。"③在其作品《恶心》中,作者以日记体形式展示主人公的状态,通过人物的内心独白揭示生活的陌生感和存在的虚无感。④这种对人存在状态的揭示是对主人公视阈的敞开,是试图使人的存在在这种无蔽的敞开中表现,具有诠释学的真理性的意义。这样,20世纪的文学作品总是在具有游戏性的自我表现中与读者交流,这种无蔽状态使两者视阈融合并形成了作品的意义,这体现了诠释学真理的开放性特征。

因此,以实验派和新小说为代表的文学在写作形式方面体现的革新和以表现主义和存在主义为代表的文学在写作内容上的转变,体现了文学的游戏性特征,说明20世纪文学具有开放性,这种开放性使得文学的真理性得以可能。20世纪文学的游戏性特征使文学作品向读者开放,要求读者参与建构文学作品的意义,同时也对读者的前理解开放,使读者获得不同的理解。另外,文学以游戏性的方式敞开了人类的生存状态和精神本质,因此具有真理性。在伽达默尔哲学诠释学的真理视阈下,20世纪文学从其游戏性出发,成为具有作为真理性的文学的合法性,同时文学的游戏性也证明了诠释学真理的开放性特征。因此,文学具有真理性,且文学具有作为哲学诠释学真理性的范式作用。

---

① 《詹姆逊文集》第5卷,苏仲乐、陈广兴、王逢振译,中国人民大学出版社2010年版,第152页。

② 《詹姆逊文集》第5卷,苏仲乐、陈广兴、王逢振译,中国人民大学出版社2010年版,第146页。

③ [俄]考夫曼:《存在主义》,陈鼓应译,商务印书馆1987年版,第302页。

④ 曾军:《一个孤独者的精神漫游——读萨特的〈恶心〉》,《外国文学研究》1993年第1期。

第四节　20世纪文学的语言性：存在者显示自身真理的视阈

20世纪文学的语言性体现了作家的语言意识，即语言是展现真理的视阈，语言将人类的内部经验与外部世界联系来，真理就存在于语言之中。人类的存在方式就是语言性的，① 而文学语言则更集中体现了语言的本体性。伽达默尔明确指出："诗歌语言拥有一种与真理的特殊的独一无二的关系。"② 文学语言的创新使得世界不再以传统的方式被表达，而是将"新的东西带入说出的领域中"，③ 以非传统的方式揭示存在。因此，伽达默尔认为"用诗歌来谈说真理，也就是要求诗歌语词如何才能恰恰通过拒斥任何一种外在的证实而找到它的实现"。④ 因此，20世纪文学所发生的变化就意味着语言成为其所关注的主要对象之一，作家意识到世界是话语的世界，存在者的真理在语言中展开。

以意识流、内心独白手法的小说以及超现实主义为代表的作品体现了语言与人类意识之间的关系，作家认为语言是反射人类意识与无意识的基石，⑤ 语言同意识的结构相似，意识是通达真理的媒介，因此，伽达默尔认为语言就是存在者显示自身的视阈。伽达默尔表示真理不再是客观的标准或模式，而是在人的意识和对话中被揭示，是存在的当下性的体现，"……事物的真理存在于话语之中，亦即特别存在于对事物统一的意见的讲说之中，而不存在于个别的语词之中……"⑥ 意识流作品关注前意识和潜意识的中间地带，试图摆脱被语词和物体所分割和分化的"事实"，而回到生活与经验的连续之中。在伍尔夫的《到灯塔去》的第1章第5节中，作者

---

① Dostal J. R, ed.*The Cambridge Companion to Gadamer*, Cambirdge: Cambridge University Press, 2002, p.106.
② 严平编：《伽达默尔集》，邓安庆等译，上海远东出版社2003年版，第534页。
③ [美]帕尔默：《诠释学》，潘德荣译，商务印书馆2012年版，第276页。
④ 严平编：《伽达默尔集》，邓安庆等译，上海远东出版社2003年版，第540页。
⑤ [美]卡尔：《现代与现代主义——艺术家的主权1985—1925》，陈永国、傅景川译，中国人民大学出版社2004年版，第131页。
⑥ [德]伽达默尔：《真理与方法》Ⅰ，洪汉鼎译，商务印书馆2010年版，第579页。

就通过一件微不足道的量长袜的外部活动，不断插入人的意识活动，通过描写参与活动、未参与活动甚至不在场的人的意识对兰姆西太太进行刻画。在这里，真实不再是绝对客观的，作家对作品不再具有"统辖的主导地位"，作家不再以确定的形式告诉读者书中人物的状态。真实则需要在"多人意识表述"，即不断加入的意识活动中构建起来，并"通过许多不同人物（在不同时间段）获得的主观印象来接近真正的客观真实"。① 因此，这种看似只是关乎个体的语言构成物实际上是向普遍性的真理筹划。通过以意识描写和内心独白展现真理的手法也存在于其他20世纪文学作品，在乔伊斯的《尤利西斯》中，作者也是在意识层面描写布鲁姆一天的行动，以展现一个"最完整、最全面的现代形象"。② 在陀思妥耶夫斯基的小说中，作者通过具有对话性的内心独白手法揭示人物的内心冲突。③ 普鲁斯特认为作品的真实性并非日常生活的表面，而是各种感官印象通过直观、沉淀于记忆之中与各种生活体验相融合的真实。④ 在超现实主义作品中，作家以崇尚反理性和无意识的态度写作，将无意识作为改革人生和社会的突破口，它是人类摆脱机械论的途径。超现实主义作家布勒东认为："梦幻是一种认识不受外界影响的绝对自我的方式，它最有启发性；作为超现实的范畴和被压抑世界的象征，梦幻可以用来'解决人生的主要问题'。"⑤ 这种向意识的回归只能在语言层面表现，体现着在20世纪文学中"语言结构是潜意识的内在结构的外化"⑥ 等特征。在诠释学中，语言与意识的关系表现为经验、思维和理解完全是语言性的，⑦ 人类对于世界的认识也通过语言来表达。因此，伽达默尔表示，"语言让我们所有人都接近了世界，人类经验的某种特殊形式就出现在这个世界中"。⑧ 这样，意识流对

---

① ［德］奥尔巴赫：《模仿论——西方文学中所描绘的现实》，吴麟绶、周新建、高艳婷译，百花文艺出版社2002年版，第586-618页。

② Beasley R., *Theorists of Modernist Poetry: T.S. Eliot, T.E. Hulme, Ezra Pound (Routledge Critical Thinkers)*, New York: Routledge, 2007, p.63.

③ 陈思红：《陀思妥耶夫斯基创作中的内心独白》，《国外文学》2002年第3期。

④ 袁可嘉：《欧美现代派文学概论》，广西师范大学出版社2003年版，第259页。

⑤ 袁可嘉：《欧美现代派文学概论》，广西师范大学出版社2003年版，第305页。

⑥ 高宣扬：《后现代论》，中国人民大学出版社2005年版，第197页。

⑦ ［美］帕尔默：《诠释学》，潘德荣译，商务印书馆2012年版，第266页。

⑧ 严平编：《伽达默尔集》，邓安庆等译，上海远东出版社2003年版，第545页。

存在的揭示并不在于意识与客观世界的对应，而是存在的一种基于经验的、当下性的反映。这种反映以语言为媒介，在语言中展开，是存在通过对真理不同侧面的展开向真理筹划。

以意象派及象征主义为代表的文学体现了语言与世界之间的关系：语言构成物具有象征意味说明语言本身就是意义的体现而非意义的传达，是世界展开自身的方式。伽达默尔认为，它是在真理层面上对在的扩充。伽达默尔指出，象征在艺术中不仅局限于起到指示的作用，更重要的是，象征本身就体现着意义，是意义的一部分，"它（象征）的意义就永驻于象征本身"。① 意象派作家强调现实与情感的对应，通过"非个人化"的手段使情感物质化，试图通过语言将世界凝结于意象之中，"诗人需要把诗歌的宇宙压缩为一个袖珍的空间，这预示着它们似乎是很珍贵的"。② 在庞德的《诗章》中，作者采用自然界的具体事物作为"表现智力与感情的情结"。③《诗章》中的一个中心意象"光明"就是建立在太阳、月亮、天空、海水等具体物体之上，每个物体既体现了"光明"，也在具体的使用中有着自身的意义，从不同的侧面揭示"光明"。"他（庞德）将意象视为一种能瞬间呈现直觉或感情的复合物，它能使人获得一种摆脱时间或空间限制的自由感。"④ 意象本身的存在并不受所意指的意义的束缚，相反，它是对所指意义的一种展现和扩充。意象派诗人与批评家休姆也认为意象是体现意义的中介，"诗歌的视觉性非常重要，意象对诗意的传达极为重要"。⑤ 同样，艾略特也提出"客观对应物"这一概念，即通过象征表现内在情感与经验，因为纯粹的主观情感与愉悦是抽象的，在现实中它只能以客观物体现，这样当回想到某物时，与之相对应的情感也随之被回想出来。⑥ 因此，意象和

---

① ［德］伽达默尔：《美的现实性——作为游戏、象征、节日的艺术》，张志扬等译，生活·读书·新知三联书店1991年版，第61页。

② Levenson M., ed., *The Cambridge Companion to Modernism*, Cambridge: Cambridge University Press, 2011, p.106.

③ 李维屏：《英美现代主义文学概观》，上海外语教育出版社1998年版，第95页。

④ 李维屏：《英美现代主义文学概观》，上海外语教育出版社1998年版，第25页。

⑤ 秦明利：《休姆诗学的现代主义本质》，《英美文学研究论丛》2010年第2期。

⑥ Schwartz S., *The Matrix of Modernism: Pound, Eliot, and Early Twentieth-Century Thought*, Princeton: Princeton University Press, 1988, p.165.

象征在 20 世纪文学中是意义与经验的体现，它们的在场能够使某种凝结在象征中的意义或经验展开，世界的意义就在这种展开中被丰富。在诠释学中，伽达默尔表示，"象征并不单纯是指示出一种意义，而是使意义出现，它本身就体现着意义"。① 诗歌中的意象就是在语言层面对存在者的揭示，意象的作用是将隐蔽的意义重新展现出来，是在真理层面上具有诠释学本体论意义的构成物。伽达默尔指出："语言始终给我们提供了基本的阐述，这种阐述指导着我们对世界的理解。语言从属于世界的同一性，这种同一性表现在：无论何时我们与另一个人交换语词，我们都拥有世界。"② 因此，象征是在语言层面上对世界的真理性揭示，它体现了某种可见事物与不可见事物之间的关系，通过自身展示了他物，即存在者的真理。

现代主义作品对语言的关注说明作家试图通过与写实传统不同的写作方式达及 20 世纪的世界；到了后现代主义，以现代空间和拼接为代表的写作手法更进一步说明了对语言的把握成为了通向真理的途径。伽达默尔认为对语言的关注就是对世界本质的关注，一切关于世界的经验实际上都是通过语言而传递，世界的意义也通过语言显现。伽达默尔认为，"谁拥有语言，谁就'拥有'世界"。③ 语言在作家眼中已经不仅是对世界的现象的复现，还是呈现世界的本质的揭示。在乔伊斯中期的作品《尤利西斯》中，这种对语言的自我意识就已经开始反映出现代主义作家对语言的态度。在这里，作者不仅说明语言是其身为爱尔兰人的国民性甚至人类文明的传承，同时也暗示了语言与世界意义之间的关系，这种关系在某种程度上说明语言是非主体性的、主观上不可控和不稳定的。④ 因此在乔伊斯后期作品《芬尼根的苏醒》中，作者就关注于如何用语言来制造一个小说世界，将语言的表意功能推向了极端而形成了一个完全自足的语言体系。⑤ 这种

---

① [德] 伽达默尔：《美的现实性——作为游戏、象征、节日的艺术》，张志扬等译，生活·读书·新知三联书店 1991 年版，第 56 页。
② 严平编：《伽达默尔集》，邓安庆等译，上海远东出版社 2003 年版，第 544 页。
③ [德] 伽达默尔：《真理与方法》Ⅰ，洪汉鼎译，商务印书馆 2010 年版，第 579、637 页。
④ Levenson M., ed., *The Cambridge Companion to Modernism*, Cambridge: Cambridge University Press, 2011, pp.16–18.
⑤ 李维屏：《乔伊斯的美学思想和小说艺术》，上海外语教育出版社 2000 年版，第 233-234 页。

非主体性在后现代主义的文学作品中则体现的更加明显，具体体现在后现代主义的空间性及拼接等写作手法。在后现代主义的作品中，时间概念变弱，取而代之的是对空间的关注。后现代作家认为真正决定和影响现实的是空间，文本不再是内心时间的线性或非线性的体现，而是将不同时代的空间放置于一个平面，形成一个新的文本。卡尔维诺认为城市是语言，是意识形态，是决定每一个思想和言行的东西，街道"凭借它的样貌使我们产生各种无力抗拒的念头"。①然而对城市空间的构建实际上是文本性的，是"将空间中蕴含的记忆、故事、历史抽取出来，当作空间本身"②。这样，后现代文学就处于一个文本与语言的世界。因此，后现代主义否认自我、作者和创造性天才的信念，③认为文本本身具有独立性，宣布了"作者死亡"和"作品死亡"。意义只存在于语言和建构之中，"（历史）事件是不存在的，存在的只是历史的人对历史所作的各种不同的解释和阐释，历史就是对这些解释的不断的复制"④。同理，文学作品也成了文本的罗列与拼凑，"他们（后现代主义作家）坚持所有'意义'的文本间性特征和社会的建构性"⑤。

在诠释学中，伽达默尔认为语言是对意义和真理的展开，人类的内部经验和对外部世界的认识都是通过语言表达。"语词唤起了存在于'那儿'（Da-sein，此在）的东西，以使它近得可以触摸。诗歌的真理即在于不断地产生这种'保持接近'（Halten der Nähe）。"⑥语言能够起到揭示的作用。然而语言超越个人，具有非主体性和不可控性，"语言是为了适用于此世界而被创造出来，因此它所听从的是世界而非我们的主体性"⑦。因此，在20世纪文学中尤其是现代主义初期，当作家面对世界的变化感受到了语言的不可控性和非主体性时，就试图对其语言进行革新，以"使语言满

---

① Calvino I., *The Uses of Literature*, Trans. Creagh P., San Diego: Harcourt Brace & Company, 1987, pp.184-185.
② 周小莉：《卡尔维诺小说的空间实验》，《国外文学》2011年第1期。
③ ［美］贝斯特、科尔纳：《后现代转向》，陈刚等译，南京大学出版社2004年版，第170页。
④ 曾艳兵：《西方后现代主义文学研究》，中国社会科学出版社2006年版，第59页。
⑤ ［德］贝斯特、科尔纳：《后现代转向》，陈刚等译，南京大学出版社2004年版，第166页。
⑥ 严平编：《伽达默尔集》，邓安庆等译，上海远东出版社2003年版，第543页。
⑦ ［美］帕尔默：《诠释学》，潘德荣译，商务印书馆2012年版，第269页。

足一切需要"。① 而后现代主义的空间概念和拼接手法则将语言的本体性推到极致,认为语言本身即意义。这说明语言揭示人类经验及世界,使存在和世界显现,是揭示真理的视阈。

20世纪文学的语言性,表现在对意识流、超现实主义、意象派、象征主义等文学样式以及空间与拼接等文学手法的使用上,说明了文学作为真理敞开视阈的合法性。20世纪文学尤其关注语言,突出语言与意识、语言与世界的关系,通过意识流、内心独白以及超现实主义的无意识表现,呈现更加真实的世界和人类的真实生存状态。意象派和象征主义对于意义的表达基于语言与世界的关系,意象性的语言是对意义的扩充,象征是在语言层面上对世界真理性的揭示。此外,20世纪的文学也通过空间性和拼接等手法来展现语言对世界的揭示作用。语言使存在者呈现自身,20世纪文学的语言性特征表明了语言作为真理的视阈的合法性,不仅证明了文学的真理性,而且也说明了文学对哲学诠释学真理性的范式作用。

第五节 20世纪文学的时间性:真理的发生表现

20世纪文学作品的本体性意味着,文学作品的真理性是由语言而来的构成物,通过游戏性的存在方式而展开。实际上,这种真理的显现具有时间性:文学真理发生在理解之中,是作品的展现和读者的参与所形成的视阈融合的结果。伽达默尔表示,艺术作品的真实和感染力并不局限于其创作的历史视阈内,观赏者好像变成了当下的创造者。② 一方面,伽达默尔认为,文学作品或者艺术作品具有其自身的时间性,文学作品无论在其表现中发生了何种变化,其本身总是会在传统的层面保持自身的一致性,"每一种复现对于作品本身其实是同样本源的"③。另一方面,理解也具有时间性,游戏的每一次具体发生,与读者每一次当下性的理解,都是发生在

---

① [美]卡尔:《现代与现代主义——艺术家的主权1985—1925》,陈永国、傅景川译,中国人民大学出版社2004年版,第134页。

② Gadamer H. G., *The Gadamer Reader: A Bouquet of the Later Writings*, ed. Palmer R. E., Evanston: Northwestern University Press, 2007, p.124.

③ [德]伽达默尔:《真理与方法》Ⅰ,洪汉鼎译,商务印书馆2010年版,第180页。

一个特定的视阈内的。这个特定的视阈既包含当下的现时性，也承载着作品和读者的前见，是处于一种共在状态。这样，20世纪文学所发生的变化就反映了作品具有时间性，作品的真理具有历史性，文学作品的意义不再具有绝对的确定性，作品的每次当下性表现就成为作品真理的发生。

以魔幻现实主义、未来主义以及超现实主义为代表的文学样式，体现了伽达默尔诠释学意义上的作品自身的时间性。伽达默尔的时间性强调传统，即传统与当下以及未来的关系。他主张，传统按其本质就是保存（Bewahrung），是需要肯定、掌握和培养的理性活动。[①] 人们置身于传统之中，在当下的表现也是基于传统的视阈。这样，文学自身的时间就是文学作为传承物在传统中的体现，伽达默尔认为："艺术作品同样也不是通过其时间上延续着的可计算的持续性，而是通过它自己的时间结构来规定的。"[②] 魔幻现实主义以及构架于神话、圣经等文学作品体现了传统与当下的关系，这种文学自身的时间性是作家对某种"超越历史"[③]的价值的追求，用以表现某种现代经验，即在当下对存在的筹划。这种具有"消解神话"[④]意义的手法不仅表现了古典价值体系与文学框架的当下性，也强调了对文学与传统和道德传统的保持。在小说《百年孤独》中，作家就将拉丁美洲本土的传说、神话等虚构的素材与现实生活相联系，"魔幻现实主义的主要特点并不是去虚构一系列的人物或者虚幻的世界，而是要发现存在于人与人、人与其周围环境之间的神秘关系"[⑤]。在拉什迪的魔幻现实主义小说《午夜的孩子》中，作家也依附于传统、宗教、历史，对现实反思，"作家借用魔幻现实主义的艺术手法，戏仿和改写丰富繁杂的前文本，深入探讨生活在后殖民时期印度的个体面临的身份问题和认同危机"[⑥]。

[①] ［德］伽达默尔：《真理与方法》Ⅰ，洪汉鼎译，商务印书馆2010年版，第398页。
[②] ［德］伽达默尔：《美的现实性——作为游戏、象征、节日的艺术》，张志扬等译，生活·读书·新知三联书店1991年版，第72页。
[③] Levenson M., ed., *The Cambridge Companion to Modernism*, Cambridge: Cambridge University Press, 2011, p.15.
[④] ［美］帕尔默：《诠释学》，潘德荣译，商务印书馆2012年版，第70页。
[⑤] 龚汉熊：《现代西方文学思潮》，四川大学出版社1987年版，第385页。
[⑥] 张晓红：《记忆的家园，历史的想象——解读拉什迪的〈午夜的孩子〉》，《当代外国文学》2007年第2期。

作家借助经典作品的框架建构其作品的目的在于一种在当时文化社会大背景之下对古典秩序与伦理价值的回归，试图从现代经验出发而复现古典价值。同理，未来主义文学则以当下为依据，表现未来社会及人类生存状态，尤其是对机器文明的崇尚。未来主义诗人吉约姆·阿波里奈尔指出："真的艺术，不在于与过去结合，而在于大胆地追求未来。"[1] 未来主义文学形式上看似与传统决裂，实际上其对未来的筹划行为是通过当下的状态和语言所表现的，在当下的视阈中展开。这些文学作品在每一个当下的表现中会有所不同，但其本身所围绕的中心却能够保持一致，是一种"变化中的永恒性，差别中的同一性"[2]。在这里，作品本身的时间渗透于传统之中，对传统和当下的回归是试图探索某种普遍性的价值在当下及未来的表现，即个人的某个行为所体现的本质性的、具有象征性的神话意义及当下意义。伽达默尔则从节日概念入手，对作品本身的时间性进行了阐述。他认为作品的每次复现都与节日有着共同的本质，那就是这种复现不仅是对原来庆祝的东西的一种回顾，也同样是"庆典的进行（Begehung），一种独特的现在（eine Gegenwart sui generis）"[3]。因此，文学的这种节日的特征体现着诠释学真理，即文学作品在表现中对某种普遍性真理的反映，也就是对存在的揭示。这使得20世纪文学不仅保持着与自身的一致，它也在每次表现中围绕着这种一致性变化着，在自身的一致性中展开。

以"荒诞派"戏剧为代表的文学体现了读者对文学作品的理解的时间性，这种时间性是读者与作品的共在（Dabeisein），是遵守效果历史原则的真理性的理解，伽达默尔认为读者通过阅读，使外在于自身的存在得以切近，由此获得对自身的认识。伽达默尔指出，艺术作品的独立性使读者忘我地参与到艺术游戏之中以获得作品的意义，"正是他作为观赏者而丧失自身这一点出发，他才有可能指望达到意义的连续性"[4]。在荒诞派戏剧中，荒诞成为世界的本体，作家通过匪夷所思的形式和内容表现人物与

---

[1] 袁可嘉：《现代主义文学研究》，中国社会科学出版社1988年版，第188页。
[2] 洪汉鼎：《理解的真理：解读伽达默尔〈真理与方法〉》，山东人民出版社2001年版，第103页。
[3] [德]伽达默尔：《真理与方法》Ⅰ，洪汉鼎译，商务印书馆2010年版，第181页。
[4] [德]伽达默尔：《真理与方法》Ⅰ，洪汉鼎译，商务印书馆2010年版，第188页。

社会的荒诞性。在这里,作家不再通过对戏剧各个因素的限制而体现具有中心性和标准性的意义,而是通过荒诞的表现手法来反映生活的无中心性和无标准性。《等待戈多》中语言、舞台布景以及作品框架所表现的"混乱"与"荒诞",① 以及欣赏者对自身世界真理的敞开都要通过表演实现。在斯托帕德的喜剧《罗森格兰兹和吉尔登斯吞死了》中,作家更是运用"元戏剧"的形式,即揭示戏剧的创作/演出过程,或者以直接与观众对话的形式构建意义。② 这样,对于意义的把握就在于戏剧的表现和观看者的理解中,也就是作品与读者所建构的共同视阈中。伽达默尔认为"艺术品对每个人讲话时都好像是特别为他而讲,好像是当下的,同时代的东西"。③ 在这里,观赏者完全投入到作品当中,展现在其面前的就是带有自身视阈的世界,即"他在这个世界里认识了他自己"。④ 这种作品所表现出来的现在性就是观赏者与作品的共在,它体现在作品每个当下的表现当中。因此,意义在观赏者与作品的共在中展现,文学作品就是"使观赏者脱离任何事物的东西,同时就把观赏者的整个存在交还给了观赏者",⑤ 真理也就在这种当下性中展现。

时间性使得 20 世纪文学成为具有真理性的文学,这种时间性体现真理性并不是正确性,而是一种效果历史性的理解。在诠释学中,效果历史是"现象和作品在历史上所产生的效果",⑥ 即作品的历史性。20 世纪文学的目的就在于将作品与读者之间的距离破坏,使读者能够积极地投入到对作品意义的建构之中,而这种投入总是一种传统与当下的汇合。这样,作品的真理性就此得以敞开。正如伽达默尔所表示:

> 对一个文本或一部艺术作品里的真正意义的汲舀(Ausschöpfung)

---

① 李维屏:《英美现代主义文学概观》,上海外语教育出版社 1998 年版,414 页。
② 傅俊:《荒诞派戏剧的继承与变奏——论斯托帕德的戏仿型荒诞剧》,《外国文学研究》2004 年第 5 期。
③ [德]伽达默尔:《哲学解释学》,夏镇平、宋建平译,上海译文出版社 2004 年版,第 102 页。
④ [德]伽达默尔:《真理与方法》Ⅰ,洪汉鼎译,商务印书馆 2010 年版,第 188 页。
⑤ [德]伽达默尔:《真理与方法》Ⅰ,洪汉鼎译,商务印书馆 2010 年版,第 189 页。
⑥ [德]伽达默尔:《真理与方法》Ⅰ,洪汉鼎译,商务印书馆 2010 年版,第 424 页。

是永无止境的，它实际上是一种无限的过程。这不仅是指新的错误源泉不断被消除，以致真正的意义从一切混杂的东西被过滤出来，而且也指新的理解源泉不断产生，使得意想不到的意义关系展现出来。①

20世纪文学具有时间性特征，以魔幻现实主义、未来主义、荒诞派戏剧等为代表，可以证明文学的时间性是真理的显现的一个维度。文学的时间性表现为作品自身的时间性，即在传统、当下以及未来的时间关系中保持自身的一致性。同时文学的时间性还表现在理解中，在遵循效果历史原则过程中，读者和作品共在，传统和当下汇合，并实现在读者现时的自我理解中。因此，在伽达默尔哲学诠释学真理视阈下，20世纪文学从其时间性出发，具有作为真理性的文学的合法性，同时文学的时间性也证明了诠释学真理发生的时间性特征，文学对哲学具有范式意义。

如果从伽达默尔诠释学出发去审视20世纪文学，可见其在形式上和内容上的创新是真理在20世纪的历史境遇中得以展现的方式，这种方式体现出20世纪文学作为探究真理方式的合法性和可能性。20世纪文学所发生的变化意味着传统上所认为的真理就是与客观的符合已经无法对现代社会进行合理的解释，因此20世纪作家则试图通过文学形式与内容的创新对真理重新进行探索。这些变化反映出20世纪作家在现代语境下、在具有特定历史的当下和理解之中的真理要求，以文学作品的开放性、语言性和游戏性反映文学作品与现实世界之间的关系，通过个性化、具体化的手法探寻某种普遍性，②即对存在的把握和展现。因此，可以将20世纪出现的现代主义、结构主义、后结构主义、后现代主义等多个有限的视角作为整体来看待，即20世纪作家试图通过文学表达真理，20世纪文学是作为真理性的文学。这种对真理的要求与伽达默尔哲学诠释学中对真理的要求相一致。

在伽达默尔的哲学诠释学中，真理主要有三个维度，即开放性、语言性与历史性，体现在20世纪文学中，即游戏性、语言性以及时间性。20世纪文学作品的游戏性体现了文学作品最根本的存在方式。以实验派诗歌

---

① ［德］伽达默尔:《真理与方法》I，洪汉鼎译，商务印书馆2010年版，第422页。
② Albee E., "Philosophy and Literature", *The Philosophical Review*, Vol. 27, No. 4 (Jul., 1918), pp.343–355.

和新小说派为代表的文学形式的创新,体现了文学游戏的重复性;以表现主义及存在主义文学为代表的文学内容的变化,体现了文学游戏的表现性。因此,20世纪文学的真理性就体现在以游戏为意义主体的文学作品的开放性特征中。20世纪文学作品的语言性体现了语言是"无蔽之真理"发生的视阈,世界的意义就在语言中建构。以意识流及超现实主义为代表的文学,体现了语言与意识及经验之间的关系;以意象派以及象征主义为代表的文学,体现了语言与世界之间的关系;后现代主义文学对空间及拼接等写作手法的使用说明真理在语言中建构,语言是将人与世界相联系的中介。20世纪文学的真理性体现在语言之中,语言是揭示真理的视阈。20世纪文学的时间性则体现了文学作品真理显现的时间性,因为理解总是在效果历史原则影响之下的。以魔幻现实主义及未来主义为代表的文学作品本身的时间性,体现了作品的"现在"对传统的回归;以荒诞派戏剧为代表的读者理解的时间性,体现了作品意义的显现总是在某个特定的历史的当下所发生。20世纪文学真理性的发生具有时间性,作品的意义总是遵循效果历史原则,是具有历史性的在当下的敞开。这样,在伽达默尔哲学诠释学的视阈中,20世纪文学实际上探讨的是关于真理的问题,其内容和形式的创新都围绕真理所展开,其游戏性、语言性以及时间性等属性体现了文学探究真理的合法性,使20世纪文学对真理的追问成为可能。

文学的真理性在20世纪文学的内容和形式创新中得到了体现,文学因真理所包含的普遍性要求,而获得探究真理的合法性。伽达默尔对艺术真理性的探究为文学真理性的普遍性论证提供了理论基础,与此同时可进一步探究的是文学真理性对于哲学诠释学真理的范式意义。

第六节 伽达默尔的艺术真理观

伽达默尔为艺术经验的真理性做出辩护。在《真理与方法》中,他以艺术作品作为起点来探讨真理问题,并进一步将诠释学问题推进到人文科学领域以及语言本质的探讨中。伽达默尔反对18世纪美学把艺术经验科学化,同时继承和发展了海德格尔后期关于艺术作品的存在方式、艺术的本质、艺术作为解蔽、艺术作为真理的显现等主张,为艺术作品的真理合法性辩护。在《言辞与图像中的艺术作品——"如此的真实,如此的存在!"》一文中,伽达默尔从言辞类艺术(诗歌、音乐等)以及非言辞类艺术即图像(绘画、建筑、雕塑、装饰品等)两类艺术作品的共性出发,指出艺术作品的真理性在于其存在、真实的存在,艺术是真理的去蔽。伽达默尔强调两类艺术作品都具有超越时间而存在、克服时间距离而在场的力量,它们吸引我们逗留于其中,引发我们的思考,感染我们,对我们产生影响,并激发我们产生不同于往常的存在,而这也是海德格尔所强调的"真理的发生",因此艺术作品具有作为真理的合法性。

伽达默尔对艺术真理性的追问继承和发展了海德格尔对艺术本源、艺术本质的探讨。海德格尔从存在出发,认为艺术的本质即在于艺术使得存在者进入无蔽之中,即真理自行设置入作品之中,艺术是对存在者之无蔽的显现。艺术作品建立了一个世界,制造了大地,使得世界整体、大地整体以及存在者整体都在作品中涌现出来并获得意义。同时,海德格尔对艺术本质的探讨也将艺术作为本质之源,即作为真理的本质来源来看待。艺术作品呈现世界与大地的争执,并在这种争执中保持为自身统一体;艺术作品呈现存在者在自行遮蔽和自行显现之间的关系,并在这种关系中为存在者争得无蔽的存在状态,从而实现真理的解蔽,因此艺术也是真理的本源。例如海德格尔强调诗歌即是切近真理之本质的一种方式。"艺术让真理脱颖而出","艺术是使存在者之真理在作品中一跃而出的源泉",而"作为真理之自行设置入作品,艺术就是诗"。[①] 诗歌强调语言性,语言就是诗。在海德格尔关于艺术与真理关系的追问基础上,伽达默尔对艺术真理的探讨从艺术作品所具有的共性出发,理查德·E.帕尔默将其归结为"同时性"(Gleichzeitigkeit,又译为"共时性")、"美"(Kalon)、"精神能量"(Energeia)和"实现"(Vollzug)。[②] 伽达默尔将这些概念的意义追溯到柏拉图和亚里士多德的思想,来探讨和分析艺术作品的真理本质。

在伽达默尔看来,艺术的真理性在于其绝对同时性。艺术的绝对性是

---

① [德]海德格尔:《艺术作品的本源》,孙周兴译,《海德格尔选集》(上下篇),孙周兴选编,上海三联书店1996年版,第295、298页。

② [美]理查德·E.帕尔默:《美、同时性、实现、精神能量》,《世界哲学》2006年第4期。

指艺术是独立自主的存在，不受任何时空条件的限制。艺术的同时性指艺术作品并不是作为过去的东西而停留于过去，相反，艺术在不同的时代都是现身在场的，是与所有时代同时的。艺术的同时性强调过去、未来与现在的同时存在，但更重要的是"现在的经验""当下的瞬间"所具有的意义。每一个时代在同化、占有传统的过程中成就自己的存在，并在此基础上继续前进。伽达默尔反对历史科学认识艺术作品的方式，认为后者把艺术作品当作对过去某个时代的数据或资料的正确性的确证，"这种认识根本不能代表真正的艺术经验的真实的直接性。因为经验之为经验的本性从来不仅仅是期待一种确证，而是一种惊奇"。① 伽达默尔反对以过去的眼光来看待过去时代的艺术创造物，而要求艺术作品的"在场"和"同时性"，不能将艺术作品作为一个观看的对象，"在科学的认识方式和艺术表现的经验方式之间，存在着许多非常不同的东西"。② 相比于科学认识的观察、调查，对于艺术作品，伽达默尔认为应该"更好地去看"，这种"看"就是去经验艺术作品，并在这种经验中占有艺术作品，从而达到与艺术作品的同时性的存在。③ 因此，艺术的真理性首先表现在其绝对同时性中。艺术作品是独立自足的存在，具有绝对性；同时，艺术作品在每个时代的当下都是作为同时性的存在。

伽达默尔对艺术作品的真理性的探讨，以"美"的概念为出发点，不同于将美独立于真、善的美学主张，伽达默尔强调真、善、美的统一性。首先，美与真，美与理论具有相近性。他指出，"亚里士多德将'有益的'看作和实践有关，相反，'美'和那些不变的事物有关，所以，美所处理的就是数和几何学的领域。因此，他指出，有三种美：秩序、对称和'明确'"。④ 可以看出，他援引亚里士多德关于"有益"与"美"的区分，将美与数学、

---

① ［德］伽达默尔：《言辞与图像中的艺术作品——"如此的真实，如此的存在！"》，孙丽君译，《伽达默尔的诠释学美学思想研究》，人民出版社2013年版，第323页。
② ［德］伽达默尔：《言辞与图像中的艺术作品——"如此的真实，如此的存在！"》，孙丽君译，《伽达默尔的诠释学美学思想研究》，人民出版社2013年版，第323页。
③ ［德］伽达默尔：《言辞与图像中的艺术作品——"如此的真实，如此的存在！"》，孙丽君译，《伽达默尔的诠释学美学思想研究》，人民出版社2013年版，第321–322页。
④ ［德］伽达默尔：《言辞与图像中的艺术作品——"如此的真实，如此的存在！"》，孙丽君译，《伽达默尔的诠释学美学思想研究》，人民出版社2013年版，第326页。

几何等理论领域联系起来，强调美与真理的相近性。同时，伽达默尔在《真理与方法》中，将艺术经验的真理问题作为其哲学诠释学探讨的起点，而在该著作的结尾，伽达默尔再次回到美的概念和意义来说明诠释学真理的普遍性问题，这些都表明了美与真理的相关性。其次，伽达默尔将美的概念与善好的生活联系起来进一步推进美与真以及美与善的关系。他从柏拉图的后期思想出发，指出柏拉图在其后期思想中将"善好"看作美、匀称和真理三者之统一，美作为"正确的尺度"是在多种生活要素之间的均衡，以达到"完美的恰当性"，这种恰当性超出了作为纯粹知识的数学的精确性，而是在更高层次上做出正确区分的辩证法，《政治家篇》中的统治者即是被要求具有这种尺度的人。[①]此外，从伽达默尔建构美与善好的关系中，也可以看出来美与伦理的联系，因为在古希腊思想中，美与美德、有益、仁慈等概念有着密切的联系，代表着人类的优点，同时也代表着人的精神品质。柏拉图在其思想中，也将美从形式不断提升为实践层面。因此，通过对古希腊思想的追溯，伽达默尔将美与真和善联系起来，使真、善、美达到统一，共同揭示存在，用帕尔默的话来总结就是"美将存在带入显现并将真理带入世界之中"。[②]伽达默尔从美与数学、数字、理论以及美作为正确的尺度出发，来为艺术揭示真理的合法性辩护。

伽达默尔用于为艺术真理性辩护的另一个重要概念是"精神能量"。在伽达默尔看来，"精神能量"为艺术作品的存在方式。在对柏拉图《菲力帕斯篇》的阐释中，伽达默尔注意到存在与变化之间的统一性，存在是从变化中出现的存在，而这正是我们遭遇艺术作品的经验方式。伽达默尔将这种"精神能量"的含义再次追溯到亚里士多德那里，指出"精神能量"在"实在、真实和行动之间摆动"，[③]是实在和运动的统一体。"精神能量"是一种运动，但它又高于单纯的运动，因为运动以外在的事物为目的，而"精神能量"以自身为目标，单纯的运动没有完成，是运动的持续进行，因此

---

① ［德］伽达默尔：《言辞与图像中的艺术作品——"如此的真实，如此的存在！"》，孙丽君译，《伽达默尔的诠释学美学思想研究》，人民出版社2013年版，第329页。
② ［美］理查德·E.帕尔默：《美、同时性、实现、精神能量》，《世界哲学》2006年第4期。
③ ［德］伽达默尔：《言辞与图像中的艺术作品——"如此的真实，如此的存在！"》，孙丽君译，《伽达默尔的诠释学美学思想研究》，人民出版社2013年版，第334页。

并没有真理，而"精神能量"是实在和运动的统一体，在这个过程中真理自行显现。同时作为运动，"精神能量"又不同于"事实"，因为事实是已经完成了的。艺术作品以"精神能量"的方式存在，它能够吸引我们逗留其中，沉浸于其中，生活于其中，使我们受其影响，获得与艺术的同时性的存在，同时也带来我们自身经验的吩咐，这些构成了艺术真理的发生。作为"精神能量"，艺术作品以美的方式"耀现"，并实现其自身的存在。此外，"精神能量"还指向"精神的在场"，在宗教意义上指与上帝的精神同在。而在古希腊思想中，则指人们参与到节日庆典之中，完全沉浸于其中的方式，将其自身完全实现出来，而这也是"理论"（theoria）的生活方式，是最高的生活方式。因此，借助于"精神能量"的概念，伽达默尔再次将艺术作品与理论、真理联系起来。帕尔默也指出，在引入"精神能量"概念过程中，伽达默尔超越了海德格尔。海德格尔将真理理解为去蔽，而伽达默尔则在"精神能量"概念中，将作品作为真理的存在这一点加以强化。

"实现"也是与艺术真理性密切相关的概念。它的意义在于，当我们沉浸于艺术之中时，艺术实现了自身，"艺术之为艺术的本质在于它的实现过程，这正如语言之为语言的本质在于它的谈话过程一样"。[①]伽达默尔强调，欣赏者与艺术作品的关系，并不是主体与客体的关系，艺术经验不是由于我们"做"什么而产生的，我们在遭遇艺术，我们所能做的就是倾听艺术的讲话，参与对话，应和它。因为在伽达默尔看来，"艺术作品就是一个陈述"，[②]而我们所能做的就是倾听这种陈述，并与之对话。我们的艺术经验虽然难以表达，但在我们惊叹之时，"这是对的！这就是它的存在方式！""它是如此的'正确'""这是对的""那是好的""它出现了"，艺术真理就出现了。同时，艺术作品实现的也是"精神能量"，是在运动过程中活生生的东西。在古希腊思想中，像"制作"（poesie），"技术"（techne）等都代表某种能力和精神品质，它们与作为整全的"自然"（physis）和生命整体相关，"制作"和"技术"都是将存在者带入其存在的方式，

[①] ［德］伽达默尔：《言辞与图像中的艺术作品——"如此的真实，如此的存在！"》，孙丽君译，《伽达默尔的诠释学美学思想研究》，人民出版社2013年版，第346页。

[②] ［德］伽达默尔：《言辞与图像中的艺术作品——"如此的真实，如此的存在！"》，孙丽君译，《伽达默尔的诠释学美学思想研究》，人民出版社2013年版，第336页。

它们的运作方式即是精神能量的实现。艺术作品以精神能量的方式存在，它的实现过程即是对存在者整体的揭示。伽达默尔强调艺术作品的实现还通过"阅读"而达成。"阅读"是对意义的筹划，是艺术经验的实现方式。"只有在艺术作品被说、被理解、被阅读和被解释成它的意义的过程中，艺术作品才有它的完满的存在，这是一个时间事件，在这个时间事件中，有某事发生了。"[①] 通过"阅读"，作为"阅读者"的我们沉浸于其中，随着艺术作品作为"精神能量"的实现过程，我们的存在也在挑战中得以重塑。

艺术的真理性还在于艺术是一种表现事件、存在事件，在艺术作品自身的表现和存在中，存在者得以呈现。伽达默尔质疑传统的模仿观将艺术看作非真理的做法，相反，他认为，艺术作品超出了传统所认为的摹本的意义，艺术作品是表现，通过艺术作品的表现，原型才得以实现和表现自身。原型依赖于艺术作品的表现，在艺术作品的表现中，原型得以敞开和解蔽，因此也获得其存在。"原型是在表现中表现自身的。""原型通过表现好像经历了一种在的扩充。"[②] 因此，在伽达默尔看来，艺术作品是有别于摹本的存在，摹本对原型具有依赖性，而艺术作品具有自身的独立性和实在性。艺术作品作为一种存在事件和表现事件，它就是它所表现的东西，艺术作品就是存在的显现，而原型也依赖于艺术作品的表现，并在艺术作品的每一次表现中达到其存在的扩充，因为艺术作品不断地展开和表现，它能够扩充存在的丰富性。此外，伽达默尔为模仿之于真理的合法性辩护还体现在，他认为模仿是一种再认识。模仿的再认识功能类似于柏拉图有关灵魂对理念的回忆的看法，但两者的不同在于，柏拉图的灵魂回忆说是以理念作为绝对的、完满的存在为前提，回忆的目的是要达到对理念的把握，理念较之于回忆有在先性；而作为再认识的模仿，并不以某种绝对的完满性为前提，而是在已认识的基础上达到对存在的扩充和不断的丰富。在"再认识"中，总是有更多的东西展现出来，而这也是伽达默尔认为艺术作品的合理性所在，即艺术在其模仿中表现存在，并在其"再认识"功能中扩展存在。因此，伽达默尔捍卫了艺术模仿的合法性，并以艺术作品

[①] [美]理查德·E.帕尔默：《美、同时性、实现、精神能量》，《世界哲学》2006年第4期。
[②] [德]伽达默尔：《真理与方法》Ⅰ，洪汉鼎译，商务印书馆2010年版，第206页。

作为表现事件和存在事件来为艺术的真理性辩护。

伽达默尔对艺术真理性的辩护为文学真理性的普遍性提供了进一步佐证。作为言辞类的艺术，文学同样具有伽达默尔所探讨的一般艺术的真理性特征。首先，文学作品具有独立自主性，文学作品不依赖于其所创造的时代而具有与所有时代的同时代性，而在每一时代中又作为当下的、同时的存在。其次，文学具有一般艺术所强调的真善美的统一特征，在文学作品中，存在者整体得以展现并达到无蔽状态。再次，文学具有伽达默尔所强调的"精神能量"的存在方式，文学作品吸引我们逗留于其中，我们在参与其存在的过程中塑造我们自身的存在。同时，文学的真理性也在于其实现过程，尤其表现为通过对其进行阅读、理解和阐释而实现其存在的过程中。此外，文学也具有表现事件性，并在每次表现中实现存在的扩充。

本书回答了真理是如何在文学经验中展现的问题，指出文学对于伽达默尔哲学诠释学真理的意义。近代自然科学从认识论出发以符合论的正确性作为真理的做法带来了对精神科学真理性的质疑。在此背景下，伽达默尔追随海德格尔的存在论转向，在后者从存在论视角对真理的本质进行揭示的基础上，建构了哲学诠释学的真理维度。伽达默尔哲学诠释学的真理性主要表现为三个方面，开放性、语言性和历史性。开放性指真理是存在者的存在得以敞开的事件；语言性是真理开放的视阈，真理在语言中去蔽和显现；历史性指真理发生的时间性以及诠释学理解的历史性。哲学诠释学的真理维度为探讨文学真理性的可能性与合法性提供了视阈。以20世纪文学为例，文学以其游戏性表明了真理的开放性存在方式，文学的语言性成为真理显现的视阈，文学的时间性体现了真理发生的时间性。文学真理性与哲学诠释学真理的关系表明文学具有真理本质，同时表现出文学作为揭示诠释学真理性的范式意义。不仅如此，文学的真理性具有普遍的合法性，这在伽达默尔对艺术真理的探讨中得到佐证，体现为艺术作为绝对同时性的存在、艺术美对存在整体的揭示、艺术作为"精神能量"的存在、艺术经验的实现以及艺术的表现性等方面。伽达默尔对哲学诠释学真理性的建构以及对艺术真理性的捍卫，回应了在自然科学方法论统治下对精神科学真理可能性的质疑，从而为文学的真理性提供了依据。文学经验具有通达哲学诠释学真理的合法性。

第七章　我们相互说故我在：伽达默尔对现代认识论的修正和改造

"我思故我在"是笛卡尔的认识论命题，这个命题凸显了"我"这个认识主体的特殊地位，体现了笛卡尔对确定性和真理的正确性的追求。"我是故我在"，是海德格尔对笛卡尔认识论绝对模式命题的改造。海德格尔认为笛卡尔的"我思故我在"试图将作为主体的我与存在关联在一起，通过我来赋予存在以永恒不变的特性。海德格尔还认为笛卡尔的这种做法忽视了存在的时间性，即此在性维度。由此，海德格尔把笛卡尔的命题改造成为"我的存在基于我的此在"，即"我是故我在"以纠正笛卡尔的偏差。海德格尔的改造实质是将存在的阐释置放在亚里士多德"实践智慧"的平台上，通过结合亚里士多德的《尼各马可伦理学》和《形而上学》对存在进行的澄明，海德格尔把"我思故我在"改造成为"我是故我在"，也就是"我"的存在是通过自我说明和自我阐释的澄明完成的。海德格尔的改造虽然让"遗忘了的存在问题"得到了回归，进而揭示了西方形而上学从揭蔽性的真理（alētheia）向正确性真理（orthoes）转变的本质，实现了他对西方形而上学的重塑。然而海德格尔的改造却将"人"孤独地滞留在沉沦的世界之中，人的实际性境况导致了伽达默尔用"我们相互说——辩证性对话理解"对海德格尔的存在论进行了改造。伽达默尔的命题是通过将存在的理解置放在亚里士多德的实践性（praxis）和柏拉图的对话——辩证性结构之中来实现的。这样理解就可以被视为真理的发生，或一桩存在的事件。①

---

① Kristin Gjesdal, *Gadamer and the Legacy of German Idealism*, Cambridge: Cambridge University Press, 2009, p.2.

第七章　我们相互说故我在：伽达默尔对现代认识论的修正和改造

伽达默尔的目的在于在效果历史意识的制约之中，也即在教化的过程中，在习惯、习俗和传统形成的共同体之中，通过对语言性所达至的归属感之中实现理解。伽达默尔进而得出结论，人通过对话协商，通过自我咨询，咨询他人（其中包括文学作品），通过对文学作品游戏的范例完成视域融合，完成了他的哲学诠释学的构建的核心命题：我们在一起相互说故我在。伽达默尔的哲学诠释学无疑是在海德格尔指引的哲学道路上做出的再发现和创新。

第一节　《存在论（实际性的解释学）》：海德格尔的路

海德格尔对20世纪初的两大哲学主流对康德哲学的阐释，即狄尔泰和胡塞尔对康德问题的阐释并不满意。海德格尔认为狄尔泰和胡塞尔没有摆脱认识论的桎梏，他们仍然滞留在认识论的层面上，对于康德的认识论问题，他们均没有关注到"存在的忘却问题"。[①] 海德格尔指出，在狄尔泰历史文化科学那里没有发现他对存在问题的涉猎，也就是说，他的生命哲学并不关注存在的问题。而且海德格尔还认为胡塞尔也没有发现存在问题（Seinsfrage）的本质，其主要原因是胡塞尔距离新康德主义距离太近。[②] 为此海德格尔采取了不同的技术路线，这条路线被伽达默尔称之为海德格尔的路，也即海德格尔自称为"实际性阐释学现象学道路"。海德格尔的路源于他的"存在论：实际性阐释学"讲座。海德格尔指出："实际性是用来表示'我们的''本己的'此在的存在特征。更确切地说，这个用语系指：当下的这个此在（'当下性'的现象；试比较：'逗留'、停驻、寓于此的存在、此–在），如果它在其存在特征上是存在方式中的'此'的话。存在方式中的此在指：不是而且绝不是最初作为直观和直观规定的对象，不是作为仅仅从中获得知识和占有知识的对象，而是此在为了它自

[①] Ted Sadler, *Heidegger and Aristotle: The Question of Being*, London: The Athlone Press, 1996, p.2.

[②] Ted Sadler, *Heidegger and Aristotle: The Question of Being*, 1996, p.7.

己以其最本己的存在的如何在此存在。"① 海德格尔以"存在问题"开启了他同哲学巨人的战争,② 即他对哲学巨人基本主张的改造。

海德格尔的哲学改造就是他的哲学方式。所谓改造就是寻求另外一条道路,一条有别于传统的道路,一条不循常规的道路。这种哲学方式的实质就是创新,即如何重新讲述和阐释所面临的问题。海德格尔的这条道路有两个核心问题,其一是有限性问题,其二是艺术作品的性质和功能问题。伽达默尔在《海德格尔的路》的前言中指出,他的思想动力来自海德格尔,甚至在他哲学生涯的早期,海德格尔的哲学就开始指引他的哲学之路,而且也设定了他的哲学之路的标准。③ 那么海德格尔的路的开端在哪里呢?丹尼斯·施密特在《海德格尔的路》的导言中指出:点燃伽达默尔想象之火的是海德格尔的亚里士多德讲座。④ 伽达默尔在其《真理与方法》的导言中也曾经论及他在海德格尔的路上继续自己的改造之路:

> 本书的探究力图通过使概念史的研究与对其论题的事实说明最紧密地联系起来而实现这种要求。胡塞尔曾使之成为我们义务的现象学描述的意识,狄尔泰曾用以放置在一切哲学的历史视界广度,以及特别是由于海德格尔在几十年前的推动而引起的这两股力量的结合,指明了作者想用以衡量的标准,这种标准尽管在阐述上还有着不完善性,作者仍然看到它没有保留地被加以利用。⑤

伽达默尔在这里提及的海德格尔之路的总和,实际上就是海德格尔对现象学诠释学的改造,海德格尔的这种改造最终成就了他的实在论诠释学。海德格尔的改造工作来源于胡塞尔的现象学理论,以及其对亚里士多

---

① [德]海德格尔:《存在论(实际性的阐释学)》,何卫平译,商务印书馆2016年版,第8页。

② Ted Sadler, *Heidegger and Aristotle: The Question of Being*, London: The Athlone Press, 1996, p.1.

③ Gadamer, *Heidegger's Way*, trans. by John W. Stanley, Albany: State University of New York, 1994, p.vii.

④ Gadamer, *Heidegger's Way*, 1994, p.xv.

⑤ [德]伽达默尔:《真理与方法》Ⅰ,洪汉鼎译,商务印书馆2010年版,第8页。

德"革命性的解读"。① 可以说，胡塞尔的现象学对于海德格尔的启示之一是使其依此找到了他的哲学之路，即亚里士多德哲学中的实际性所指和实际性内涵。海德格尔对亚里士多德哲学的研究，不仅关注亚里士多德哲学的理性要素，同时也关注亚里士多德的实践哲学内涵。首先，海德格尔对亚里士多德工具论的《前分析篇》和《后分析篇》中关于存在问题的分析给予了十分密切的关注。在《前分析篇》中，亚里士多德指出：

> 我们根本没有发现我们以前具有的对个体的知识，就像我们回忆起它们一样。有些事情我们是直接知道的，例如，如果我们知道 X 是三角形，我们就知道它的内角之和等于两个直角。在其他情况中也相同（67a22ff）。②

个体的知识来源于知觉的直观，而知觉的直观给我们提供了识别类的可能性。亚里士多德进一步指出：

> 我们借助普遍知识思考特殊事物，但借助只为它们特有的知识则不能知道它们。因为关于它们，很可能发生错误，不是因为我们有关它们的相反的知识，而是因为尽管我们拥有关于它们的普遍知识，但却在特殊知识中犯了错误（67a28ff）。③

也就是说，只有个体显示出整体的特征之时，个体存在成为存在的存在时，整体和个体的关系才能真正地被认识。由此，存在显示自身就有了必备的条件。亚里士多德在《后分析篇》中指出：

---

① Walter A. Brogen, *Heidegger and Aristotle: The Twofoldness of Being*, Albany: State University of New York Press, 2005, p.3.
② ［古希腊］亚里士多德：《前分析篇》，苗力田主编，《亚里士多德全集》第1卷，中国人民大学出版社1991年版，第230页，67a22ff。
③ ［古希腊］亚里士多德：《前分析篇》，苗力田主编，《亚里士多德全集》第1卷，中国人民大学出版社1991年版，第230页，67a28ff。

作为哲学范式的文学：伽达默尔文论研究

> 正如我们所确定的，从感官知觉中产生出记忆，从同一事物不断重复的记忆中产生了经验。因为数量众多的记忆构成一个单一的经验。经验在灵魂中作为整体固定下来即是普遍的。它是与众多对立的一，是同等地呈现在它们之中的统一体。经验为创造和科学（在变动世界中是创造，在事实世界中是科学）提供出发点。这样，这些能力既不是以确定的形式天生的，也不是从其他更高层的知识的能力中产生的，它们从感官知觉中产生。比如战斗中溃退时，只要一个人站住了，就会有第二个人站住，直到恢复原来的阵形。……只要有一个特殊的知觉对象"站住了"，那么灵魂中便出现了最初的普遍，然后另一个特殊的知觉对象又在这最初的普遍中"站住了"。这个过程不会停止，直到不可分割的类，或终极的普遍产生（100a16ff）。[①]

因此，特殊和普遍的关系是一种互为的关系，并非绝对的二元对立。

海德格尔对《物理学》《形而上学》《尼各马可伦理学》和《修辞学》进行了特别专题研究。他继承和发扬了巴门尼德式的存在论。巴门尼德对存在的"不生不灭""永恒不变""独一无二"和"完整不可分"的主张使海德格尔意识到，思想和存在具有同一性。据此，海德格尔认为存在具有双重性，即存在在双重意义上呈现其自身。海德格尔的亚里士多德现象学阐释为其哲学的形成发挥了奠基式作用。可以说，海德格尔的亚里士多德哲学阐释和他对亚里士多德哲学的改造是他存在论哲学的开端。海德格尔宣称，对于亚里士多德来说，《形而上学》之于《物理学》，如同《物理学》之于《形而上学》。亚里士多德在《物理学》中提出和规定了每一门科学应该研究什么，即研究对象和如何进行研究，即研究方法的范式。亚里士多德认为研究应该经历一个从易知和明白的东西入手，再到自然说来较为明白和易知的东西的过程。对我们说来明白易知的，起初是一些未经分解的整体事物。而元素和本原，是被从这些整体事物中分析出来以后才为人们所认识的。因此，我们应从具体的整体事物进到它的构成要素，

[①] ［古希腊］亚里士多德：《后分析篇》，苗力田主编，《亚里士多德全集》第1卷，中国人民大学出版社1991年版，第348页，100a16ff。

因为为感觉所易知的是整体事物。① 亚里士多德在《物理学》中总结了关于事物发展变化的四种原因，即质料因、形式因、动力因和目的因，提出了事物发展变化的"四因说"。② 亚里士多德在《形而上学》中指出：

> 不论现在，还是最初，人都是由于好奇而开始哲学思考，开始是对身边所不懂的东西感到奇怪，继而逐步前进，而对更重大的事情发生疑问，例如关于月象的变化，关于太阳和星辰的变化，以及关于万物的生成。③

亚里士多德并没有明确地区分"原因"（aitia）与"本原"（arche），认为它们的意思是一致的。在《物理学》的开篇，他首先确立了科学研究的对象，即"本原、原因或元素"。海德格尔对亚里士多德《物理学》和《形而上学》的阐释构建了这两者之间的互为关系，他的这个构建为其对亚里士多德的改造奠定了坚实的基础。

具体说来，海德格尔的创新就是他对亚里士多研究传统所进行的改造。海德格尔的突破首先是他对亚里士多德哲学中的几个核心词汇的翻译、理解和阐释。首先是phusis，罗马化的natura来源于naci，"诞生"，"从……自身产生"。这个词的现代意义向两个方向转化：其一是nature这个词失去了"诞生，从……自身产生"的含义，转而指涉与自然相比较的本质、本性的超自然的意义；其二是转为同艺术、历史和精神相对比的含义。海德格尔指出，"自然"词义在演化的过程中，形成了自然与神、自然与艺术、自然与精神的对立，自然作为存在的意义并非能够由自己来规定，而是被他者来定性。他创新的关键在于对古希腊词 οὐσία（存在）在亚里士多德哲学的框架下的重新理解和阐释。可以说对 οὐσία（存在）这个词的重新

---

① ［古希腊］亚里士多德：《物理学》，苗力田编，《亚里士多德全集》第2卷，第3页，184a23-26。
② ［古希腊］亚里士多德：《物理学》，苗力田编，《亚里士多德全集》第2卷，第37-38页，194b16-195a3。
③ ［古希腊］亚里士多德：《形而上学》，苗力田编，《亚里士多德全集》第7卷，第31页，982b14-19。

作为哲学范式的文学：伽达默尔文论研究

理解和翻译改变了西方形而上学传统。οὐσία（存在）是由动词 εἰμί, eimi 的现在分词构成的阴性名词，相当于英语的 being。至于亚里士多德在《范畴篇》中提及的实体（οὐσία ousia）和第二实体（δεύτεραι οὐσίαι），① 在海德格尔看来，亚里士多德并没有阐明 οὐσία（存在）的真正含义。海德格尔特别认为，在希腊语拉丁化的过程中，οὐσία（存在）的基本意义丢失了，而且现代欧洲语言延续了这种丢失。海德格尔声称他要恢复 οὐσία 存在的原义，即 οὐσία（存在）意指万物的显现、出场和涌现的过程。海德格尔对 οὐσία（存在）的重新理解和翻译成为他新的哲学发现的核心。瓦尔特·布罗根认为，海德格尔的这个哲学发现，使其能够在古希腊哲学的框架下，思考动感之于存在的核心意义。② 海德格尔在《我进入现象学之路》中对自己进入哲学有过这样的描述：他的哲学拐杖是布伦塔诺的博士论文《论亚里士多德以来存在者的多重含义》。在阅读这部著作时，海德格尔的困惑是，如果存在者具有多重含义，他难以决定哪一种是最基本的含义，以及存在的意义是什么。③ 此时的海德格尔尚未厘清现象学的运思路线，直到胡塞尔《纯粹现象学和现象学观念》的出版，海德格尔才明晰现象学的运思方式。海德格尔指出："'纯粹现象学'是以现象为特征的哲学的'基础科学'。'纯粹的'说的是'先验的现象学'，而认识着、行动着、评价着的主体的主观性就是被确定为'先验的'。"④ 海德格尔进一步指出，纯粹现象学的主观性和先验性使其成为"更为原始和普遍的可规定性"。现象学的这个特性使其被纳入现代哲学的传统之中。⑤ 布罗根指出，海德格尔发现亚里士多德思想的意义在于其对共同体中人的阐释，能够突破规范性和生物性的限制，从而使其实践哲学具有存在论意义。⑥ 海德格尔依

---

① ［古希腊］亚里士多德：《范畴学》，秦典华译，苗力田编，《亚里士多德全集》第 1 卷，中国人民大学出版社 2011 年版，第 6 页，2a11-13。

② Walter A. Brogen, *Heidegger and Aristotle: The Twofoldness of Being*, Albany: State University of New York Press, 2005, p.XI.

③ 《海德格尔选集》（下），孙周兴编，上海三联书店 1996 年版，第 1280 页。

④ 《海德格尔选集》（下），孙周兴编，上海三联书店 1996 年版，第 1283 页。

⑤ 《海德格尔选集》（下），孙周兴编，上海三联书店 1996 年版，第 1283 页。

⑥ Walter A. Brogen, *Heidegger and Aristotle: The Twofoldness of Being*, Albany: State University of New York Press, 2005, p.4.

此完成了对哲学的存在论的革新和改造。

现象学对海德格尔的另外一个方法性启示就是使其掌握了"看"的本质所在。海德格尔回忆到，1916年胡塞尔接替李凯尔特教席来到弗莱堡。胡塞尔的课程采取了现象学"看"的训练方式。胡塞尔主张的"看"要排除两种因素，其一是未经检验的哲学知识，其二是思想家权威的阐释。胡塞尔的"看"演化成为他对超验意识之于"返回事物本身"的意义的阐释。胡塞尔的方法使海德格尔坚定了他转向古希腊哲学和亚里士多德的信念。海德格尔重新回到曾经使他困惑的《逻辑研究》，尤其是其中的第六研究，"现象学的认识启蒙之要素"中胡塞尔对感性直观和范畴直观的区分的分析。海德格尔认为这时他发现"存在者的多重含义"向他显露出来。[①]海德格尔认识到：

> 作为现象学的自身表现的意识行为的现象学所完成的东西，在亚里士多德和整个希腊思想和希腊化此在那里，被原始地思为aletheia，即在场的东西的无蔽状态，它的解蔽，它的自我显现，作为担负着思的行为的现象学研究所重新发现的东西，如果这不就是哲学本身，它至少证明自己是希腊思想的基本特征。[②]

现象学（Phänomenologie）由两个部分构成，一个部分是"Phänomen"（现象），另一个部分是"Logos"（言说，显示自身）。在希腊语中现象的动词形式是"将现象置于光线、把其带入光之中"的意思，而现象具有"自显、显示自身"的含义。"言说，显示自身"带有让自身显示、说出来的意义。现象学的基本含义就是让自身显示自身。海德格尔对现象学的这种理解是改造了胡塞尔超验现象学的结果。在现象学的启发和推动下，海德格尔开始他延续了一生的存在问题研究道路。海德格尔在《存在与时间》中指出，此在是言谈的此在，是语言的此在，此在在言谈之中。"希腊人的日常生活主要在于交谈；虽然他们也'有眼'能看，但他们无论在

---

① ［德］海德格尔：《海德格尔选集》（下），孙周兴编，上海三联书店1996年版，第1285页。
② ［德］海德格尔：《海德格尔选集》（下），孙周兴编，上海三联书店1996年版，第1285页。

作为哲学范式的文学：伽达默尔文论研究

先于哲学的此在解释中，还是在哲学的此在解释中，都把人的本质规定为ζῶον λόγον ζέχον[①]，海德格尔进一步指出，后人把希腊人对人的规定解释成 animal rationale，即人是理性的动物。这种解释虽然不错，但这种解释并不是从希腊人的实际生活出发，掩盖了此在的现象基础。"人表现为有言谈的存在者。这不意味着唯人具有发音的可能性，而是意味着这种存在者以揭示着世界和揭示着此在本身的方式存在着"[②]。存在者使用语言构建与他人和世界的关系，从而能够与他人和世界打交道，自我说明，从沉沦的世界之中恢复自己，进而为生存奠定基础。

海德格尔对亚里士多德的阐释首先是历史性的，他称之为实际性的理解。这种实际性的理解源自于阐释情境（the hermeneutic situation）。阐释情境要求解除传统的束缚，从熟悉和习惯的视域中挣脱出来，使我们敞开视域，开启新的哲学道路，重新审视哲学开端的丰富内涵，让存在如其所是的那样显示其自身。我们的开放和敞开，我们的倾听，把我们调谐到现象的频道之上，使存在的自身的显示成为可能。其次，在这个自身显示的过程中，语言是重要的一环，"语言建筑在不可言说的起源上，原始逻各斯（logos）的揭蔽是对存在基本的创造性和诗性反应"[③]。海德格尔的亚里士多德哲学阐释是一个推陈出新的过程，为海德格尔提供了敞开其视域的典范。海德格尔的这条道路不仅在20世纪初的德国哲学中产生了巨大影响，而且使整个欧陆哲学发生了重大变化，甚至在分析哲学占统治地位的英美哲学中也影响深刻。海德格尔对人的处境的存在论分析将理解视为人类的最基本生存方式，促使伽达默尔重新思考狄尔泰的理解问题，引导伽达默尔哲学并入了海德格尔的哲学轨道。

海德格尔的《存在论（实际性的解释学）》给了伽达默尔"电击般的震撼"，[④]海德格尔的《存在论（实际性诠释学）》可以被视为他批判和改造笛卡尔的起点。海德格尔还在《存在与时间》第二十一节用诠释学方

---

① ［德］海德格尔：《存在与时间》，陈嘉映、王庆节译，商务印书馆2016年版，第234页。
② ［德］海德格尔：《存在与时间》，陈嘉映、王庆节译，商务印书馆2016年版，第234页。
③ Walter A. Brogen, *Heidegger and Aristotle: The Twofoldness of Being*, p.8.
④ Gadamer, *Heidegger's Way*, trans. by John W. Stanley, Albany: State University of New York, 1994, p.xvi.

第七章 我们相互说故我在：伽达默尔对现代认识论的修正和改造

法讨论笛卡尔"世界"存在论，进一步阐明了他的存在论主张。基于实际性生活的此在存在论意义有如下指向。首先，此在的意义并非在唯我论意义上将自己与他人孤立起来，成为一个孤独的主体；也不是使此在在超验的意义上远离实际性处境，成为与实际性生活无关的无血无肉的此在。其次，此在的存在论意义在与他者遭遇中被界定，使此在在他者的生活处境之中发现自己，在与他者的友谊之中完善自己。最后，通过共同体的构建克服现代性造成的主体的双重沉沦，即超验主体的超验沉沦和主体的孤独沉沦，使流离失所的此在能够有家可归。

伽达默尔的《真理与方法》对实践智慧的的讨论就是基于这样的一个奠基而开启的。在海德格尔指引下，伽达默尔在《真理与方法》中思考的核心是"科学方法"是否可以作为唯一的认识世界的方式的问题。他试图用亚里士多德的审慎（phronēsis），即实践智慧，一种带有伦理性质向度的知识，来取代理论知识（epistēmē）。伽达默尔认为海德格尔的实践知识中没有关注实践智慧（phronēsis）和技艺（technē）之间的区分，所以他指出，道德知识和技艺之间的区别在于，技艺可以教授，也可以被忘却。在我们选择某种行为时，我们已经做出了道德决定，我们已经完成了道德的选择。伽达默尔认为历史意识是理论知识所缺乏的，传统是历史意识的最具有特征的体现。而且由传统代表的历史意识是人文科学中自我理解的关键，可以抵御"自然科学"方法的强制"入侵"。伽达默尔由此完成了对海德格尔有关亚里士多德实践智慧阐释的改造。亚里士多德《阐释篇》关于文本的解释，阐明的是静止的认识者和静止的认识对象之间的关系。伽达默尔的诠释则是文本解释和解释者的阐释，阐释者在追逐不断运动的阐释对象，阐释是一个过程，即具有时间性，具有历史性。阐释在这里形成了一个事件，伽达默尔以此构建了他的哲学诠释学。

第二节 《艺术作品的本源》：伽达默尔的路标

伽达默尔将海德格尔的《艺术作品的本源》视为自己哲学之路的路标。这个路标指引伽达默尔把艺术作品的阐释作为他的哲学范式。伽达默尔在沿着海德格尔的路前行的过程中，依然对亚里士多德给予高度重视，但伽

作为哲学范式的文学：伽达默尔文论研究

达默尔并没有完全停留在海德格尔式对存在的聚焦的维度，而是将其关注点放置在亚里士多德哲学中实践智慧之中人如何行为的层面上。伽达默尔在关注柏拉图的过程中还发现，柏拉图的哲学方式——对话—辩证形式，是一个具有存在论意义的与他人在一起的结构。柏拉图的这个与他人在一起的结构能够更加清晰地阐明他的哲学主张。柏拉图的这个结构要求把阐释视为一种主体与客体不断进行交互的运动，在交互运动中对话的双方交流其观点和看法，在不断的交流过程中不断形成新的认识，达成新的协议，实践智慧在这种对话的辩证性中得以实现。

伽达默尔发现，艺术作品的"制作"与科学技术产品的制作虽然都是技术或技艺的应用，但它们的"制作"过程和方法具有不同的性质，因而阐释和理解的方式也不尽相同。伽达默尔《真理与方法》第一部分以艺术现象为例，澄明人文科学的阐释与理解有别于自然科学的阐释与理解。伽达默尔的这种认识来源于海德格尔路标性的指引。海德格尔存在论的改造在伽达默尔这里转化为认识论的改造。伽达默尔在谈及亚里士多德对诠释学的现实意义时指出，诠释学的根本问题是传承物必定总是以不同的方式被理解，"从逻辑上看，这个问题就是关于普遍的东西和特殊的东西之间的关系问题。因此，理解乃是把某种普遍的东西应用于某个个别具体情况的特殊事例"。[①]伽达默尔进一步指出，亚里士多德关注的是理性在道德行为中必须发挥什么作用的问题，而并未关注和涉及理解的历史向度问题。亚里士多德讨论的并非是"与某个存在相脱离的理性和知识，而是被这个存在所规定并对这个存在进行规定的理性和知识"。[②]也就是说，行为者根据实际性存在做出自己的行为选择，而并非根据某种与实际性生活脱离的超验的理念行事。

伽达默尔同海德格尔一样也关注艺术和有限性问题。他聆听了海德格尔1936年在法兰克福做的三场关于艺术的讲座，这三场讲座后来形成了海德格尔1950年正式出版的《文学艺术作品的本源》。真理发生问题是海德格尔讲座的核心。海德格尔认为，"大地"为文学艺术作品提供一个

---

① ［德］伽达默尔：《真理与方法》Ⅰ，洪汉鼎译，商务印书馆2010年版，第441页。
② ［德］伽达默尔：《真理与方法》Ⅰ，洪汉鼎译，商务印书馆2010年版，第441页。

矗立的基点，使其能够拥有立足点并站立在它的上面，"大地"不仅为文学艺术作品提供一个地点，也为其提供了一个位置。伽达默尔意识到，海德格尔的大地概念使其又一次突破了德国哲学语汇的禁锢，摆脱了德国哲学精神的语言经验，充分地显示出他卓越的语言才能。伽达默尔指出，这些讲座直接诉诸他自己的哲学问题，他自己关于艺术和哲学的经验的思考。这三场讲座促使伽达默尔立刻做出了响应。伽达默尔认为海德格尔这三场讲座和其后期哲学中的提问方式，为他开启了一条新的哲学探索之路。

首先，艺术作品具有事件性。伽达默尔在《哲学诠释学》中指出，海德格尔通过艺术作品对存在的澄清，意味着存在经过澄清而揭蔽凸显出来，同时也意味着一个开放的王国呈现出存在在"那里"。把存在带入到"那里"，即此在之中预设了一种开放，在开放之中"那里"可以出现，如果存在不在那里呈现自己本身，这个王国也不会存在。[1]很明显存在与开放性王国是一种共存关系。二者互为对方提供存在的条件，也即作品和世界相互依存。这个"那里"就是置于一个位置，一个地点其本身就是一个事件。同时居于一个位置也意味着建立了一种关系。游戏将游戏者带入游戏成为一个事件，一个具有时间性的事件，一个具有场景性的事件，就是这样的一个文学艺术作品将读者带入作品中的事件。

其次，艺术作品是效果历史意识的呈现。伽达默尔进一步指出，他自己的哲学道路与后期海德格尔思想至少有一个侧面是相同的，但如果只沿着这条路走下去而不创新，就无法成就他自己的哲学。效果历史意识便是他自己的创新之处。[2]伽达默尔认为自己通过这个概念所强调的是历史效果对意识影响所具有的限度。海德格尔的讲座开启了他自己哲学的新方向。这个新方向关涉艺术作品同建立真理的关系，艺术作品作为一个场所(site)，起到了一个栖居之地的作用。大地作为一个场所与世界形成的张力提供和呈现了文学艺术作品的真正意义。作为大地的艺术作品奠基、支撑和提供

---

[1] Gadamer, "Heidegger's Later Philosophy", David E. Linge, trans.and ed., *Philosophical Hermeneutics*, Berkeley: University of California Press, 1976, p.225.

[2] Gadamer, "Reflections on My Philosophical Journey", Lewis Edwin Hahn, ed., *The Philosophy of Hans-Georg Gadamer*, Chicago: Open Court, 1997, p.47.

栖居之地，作为世界的艺术作品敞开、开放和拓展空间。① 伽达默尔的哲学利用文学艺术作品的这种特性为他的哲学诠释学提供了一种哲思的范式。伽达默尔在《真理与方法》中指出，理解归属于我们同艺术作品的遭遇，这种归属性只能通过艺术作品的存在来加以说明。② 海德格尔在关于艺术作品的讨论中对艺术作品本质的新的阐释成为伽达默尔的路标。

最后，艺术作品产生于再创造，产生于模仿的艺术品是一种回忆、一种再认识。这种再认识来自模仿。模仿赋予其模仿对象以第二生命，是一种本源性的本质认识。在模仿的过程中，主体并非将模仿对象客体化，疏远模仿客体，而是通过模仿，进行对模仿主体有意识的学习和体会，从而达至教化。这一点在理解的结构中呈现得更加清晰。理解的结构——依柏拉图是重新认识，在文学艺术作品中把熟悉的东西重新召回，这种召回就是一种把人从"一个沉沦的世界"赎回的过程。艺术的救赎成为海德格尔和伽达默尔哲学的核心要素。伽达默尔的哲学诠释学与海德格尔后期的存在论一样，均把文学艺术视为真理的去蔽。去蔽的过程就是真理显现的过程。文学艺术的存在方式就是精神能量式的变化方式。精神能量决定了文学艺术的存在方式。③ 文学艺术作品与此同时承载了一个民族的文化和传统，一个民族的行为方式。

由此可见，艺术作品存在论的意义首先在于其揭示了艺术作品的真谛，即文学艺术作品试图揭示的是世界流逝的当时性存在。伽达默尔认为，用文学来讲解哲学，说明哲学是西方自古希腊以来的传统：知识、真理、人的身份、伦理、公正、宗教信仰、自由、宿命论和决定论。知识在现时生活中是所有问题的核心，而在知识领域中我们能否确信我们知道我们认为我们知道的一切呢？可以说文学艺术作品所具有的陈述能力是艺术作品的认识方式。伽达默尔认为艺术作品和历史提供了一种认识方式。艺术作品展现了一个认识过程。海德格尔指出：创作是一种汲取，犹如从井泉中取水，而并非主体的天才活动。"艺术让真理脱颖而出。作为创建着的保存，

---

① Jeff Malpas, "Place and Hermeneutics: Towards a Topology of Understanding", Georgia Warnke, ed., *Inheriting Gadamer*, Edinburgh: Edinburgh University Press, 2017, pp.6-7.
② ［德］伽达默尔：《真理与方法》I，洪汉鼎译，商务印书馆 2010 年版，第 147–148 页。
③ ［美］帕尔默：《美、同时性、实现、精神能量》，《世界哲学》2008 年第 4 期。

第七章 我们相互说故我在:伽达默尔对现代认识论的修正和改造

艺术是使存在者之真理在作品中一跃而出的源泉。使某物凭一跃而源出,在出自本质渊源的创造着的跳跃中把某物带入存在之中,这就是本源一词的意思。"① 海德格尔进一步指出:

> 艺术作品的本源,同时也就是创作者和保存者的本源,也就是一个民族的历史性此在的本源,乃是艺术。之所以如此是因为艺术在其本质中就是一个本源:是真理进入存在的突出方式,亦即真理历史性地生成的突出方式。②

也就是说,文学艺术作品能够呈现流逝世界的诞生性存在。

其次,艺术作品的存在论化使作品的陈述能力得以加强和拓展,在加强和拓展的过程中认识过程呈现在读者的面前。也就是海德格尔所说的,艺术是使艺术家之为艺术家,艺术作品之为艺术作品的根本所在,是艺术家和艺术作品的本源。③ 而且艺术家和作品彼此无法相互包含,也无法相互抵消。艺术,这个第三者将其联系在一起,是第一位的。④ 艺术作品充当的是作品的制作物,将别的东西道出来,敞开来,公诸于世,是一种比喻,是一种符号。⑤ 海德格尔认为如果作品中涉及存在者是什么,以及其如何被开启,那么就应该说作品中真理发生。真理自行设置于作品之中。作品中的存在者走入光亮之中。海德格尔认为,存在者进入了闪耀的恒定之中。⑥ 艺术作品以自己的方式开启存在者之存在。文学艺术作品的重要功能是使某些黯然或不可视的东西明亮起来,昭然若睹。古希腊将这种"露面"或"涌现"或"整体"称为自然。自然照亮了人在其上或其中赖以筑居的东西就是"大地"。世界与大地的建立意味着建立世界和创造大地是文学艺术作品的两个特征。作品的存在就是建立一个世界,使世界世界化是作品

---

① [德]海德格尔:《林中路》,孙周兴译,上海译文出版社2008年版,第56—57页。
② [德]海德格尔:《林中路》,孙周兴译,上海译文出版社2008年版,第56—57页。
③ [德]海德格尔:《林中路》,孙周兴译,上海译文出版社2008年版,第1页。
④ [德]海德格尔:《林中路》,孙周兴译,上海译文出版社2008年版,第2页。
⑤ [德]海德格尔:《林中路》,孙周兴译,上海译文出版社2008年版,第4页。
⑥ [德]海德格尔:《林中路》,孙周兴译,上海译文出版社2008年版,第18页。

的本质特征之一。作品的另外一个本质特征就是制造（工具在展开使用性的同时，制作工具的质料消失。而文学艺术作品则使质料持存，因为作品将自己置身于石头的硕大和沉重、木头的坚硬和韧性、金属的刚硬和光泽、颜料的斑斓和明暗以及声音的音调和命名之力量之中）。海德格尔进而指出，作品把自身置回到大地之中，大地被制造出来。词语经过诗人的使用使词语能够被保持为词语。"世界与大地彼此既有区别，又相互依存。世界建基于大地，大地穿过世界而涌现出来。"① 海德格尔认为，世界与大地的对立是一种争执，争执源于大地试图将世界扣留并掩盖其存在，而世界另一方面则力图超越大地，摆脱其束缚。世界与大地处在争执状态，在澄明与遮蔽的争执过程中，大地通过世界而凸现，世界方能通过大地的凸现使自己置身于大地之中。在作品中发生着这样一种开启，也即解蔽，也就是存在者之真理。在艺术作品中，存在者之真理自行设置入作品中了。艺术就是真理自行设置入作品中。② 从海德格尔关于艺术的讨论可以看出，他试图回归古希腊哲学的开端，回到揭蔽真理之路。

海德格尔认为这两个真理命题实为一则。它们都没有对古希腊语 αληθετα（无蔽）做出正确的解释。所谓"无蔽"就是使知识所指的东西处于无蔽状态，以使存在者置身于光亮之中，在光亮的澄明作用下，身处光亮之中的存在者能够站立起来。海德格尔认为，无蔽本身是对正确性或确定性的真理观的驳斥。由此可见，真理发生的首要条件是作品的存在。作品创造世界，制造大地。在世界与大地的不断争执过程中，存在者被澄清，无蔽状态得以显现，真理由此发生。③ 存在者进入无蔽状态，无蔽状态被持存，即被守护。被澄清和照亮的是存在之物的美，而这种美就是无蔽真理现身的方式之一。

海德格尔认为，真理无法在现存的事物和惯常的事物中得以显现："艺术就是：对作品中的真理的创作性保存。因此，艺术就是真理的生成和发生。"④ 而且"艺术作品和艺术家的本源是艺术。本源即是存在者之存在

---

① ［德］海德格尔：《林中路》，孙周兴译，上海译文出版社 2008 年版，第 30 页。
② ［德］海德格尔：《林中路》，孙周兴译，上海译文出版社 2008 年版，第 21 页。
③ ［德］海德格尔：《林中路》，孙周兴译，上海译文出版社 2008 年版，第 31 页。
④ ［德］海德格尔：《林中路》，孙周兴译，上海译文出版社 2008 年版，第 51 页。

于其中的本质的来源"①。而艺术的本质必然来自艺术，我们在作品之中方可以发现艺术的本质。在作品之中世界与大地的争执促使真理发生，真理发生使作品具有现实意义。由此在作品中发挥作用的是真理。作品是由艺术家所制造的真理发生的载体。探究艺术家的创作过程能够对艺术作品的本质有所把握。海德格尔解释说，在艺术家(τεχνιτης)进行创作的过程中，技艺(τε'χνη)成为一个关键。对于古希腊人来说，技艺并不是一种实践活动，而是知道的一种方式。而且知道意味着已经看到，看到即是在场者的觉知。知道的本质就是无蔽，也就是存在者的解蔽。艺术作品，这个被创造之物引导着人们对待存在者的行为。艺术作品使人们看到其所是的本质，其指示和引导作用使存在者绽露出来，被看到。艺术家的创作是生产，艺术家在生产过程中将存在者带入无蔽之中。也就是说艺术家"让某物出现于被生产者之中。作品之成为作品，是真理生成和发生的一种方式。一切全然在于真理的本质中"。②作品与真理存在着什么样的关系？由于"真理是澄明与遮蔽的对抗"有四种表现形式：其一，真理的根本性存在方式是真理的自行设置入作品；其二，建立国家的活动；其三，本质性的牺牲；其四，思想者的追问。③作品通过对自然中裂缝的捕捉，将我们带入艺术作品之中，这种从自然中对裂缝的捕捉就是艺术，艺术通过作品的呈现，把我们移开寻常的平庸。海德格尔引用丢勒的名言："千真万确，艺术存在于自然之中，因此谁能把它从自然中取出，谁就拥有了艺术。"④谁拥有了艺术，谁就拥有了一个有别于科学方法看世界的方式。海德格尔的路标指引伽达默尔思考语言之于构建哲学诠释学的意义。

第三节　我们相互说故我在：伽达默尔的哲学诠释学

语言制约和决定理解。所谓理解就是解释，而解释需要通过语言媒介把对象表述出来，在解释的过程中解释也成为解释者自己的语言。这是诠

---

① ［德］海德格尔：《林中路》，孙周兴译，上海译文出版社2008年版，第38页。
② ［德］海德格尔：《林中路》，孙周兴译，上海译文出版社2008年版，第41页。
③ ［德］海德格尔：《林中路》，孙周兴译，上海译文出版社2008年版，第42页。
④ ［德］海德格尔：《林中路》，孙周兴译，上海译文出版社2008年版，第50页。

释学对阐释的语言性规定。① 为此伽达默提出这样的命题:"语言是理解本身得以进行的普遍媒介,理解的方式就是解释。"② 伽达默尔在这个命题中对诠释学现象进行了定性:"诠释学现象就是表现为思维和讲话这一普遍关系的特殊情况。"③ 在这种情形之中,阐释发生在真实的语言活动之中。伽达默尔把这种关系称之为"真正的历史生命关系"。④ 这种关系是通过对话辩证法结构来呈现的,解释就是在这个结构中一种往来的语言运动。在这个运动中对话的双方,带着各自的历史传承参与到来往的对话辩证法式的澄明和交流之中,通过前概念,在视域融合之中达至理解。因此理解就是伽达默尔所说的:"理解的语言性是效果历史意识的具体化。"⑤ 无疑,辩证性对话,无论是活的人与人之间的对话,还是人与文本之间的对话,都是发生在诠释学情境之中的辩证性对话。在对话的过程中,理解被解释所证明。理解的语言性呈现和澄明了理解的内容。通过对说出的东西的占有,理解得以实现。由此,伽达默尔通过阐释语言性完成了他对海德格尔哲学的改造,"我是故我在"转化为:我们相互说故我在。

伽达默尔对海德格尔的哲学改造所沿袭的是海德格尔的哲学之路。出于对海德格尔理解的有限性和实际性生活之谜破解的疑虑,伽达默尔在胡塞尔、海德格尔提出康德问题之后,又重新提出康德问题。在伽达默尔看来,胡塞尔提出的康德问题指向的是科学认识是如何可能这一认识论问题。胡塞尔问题的意义是要追问科学认识无法真正抓住问题要害在于什么,也即胡塞尔已经发现"逻辑规律的实体含义现已成为问题"。⑥ 胡塞尔的提问无疑将哲学提问上升到一种全新的维度,而新的维度自然需要全新的出发点和全新的方法来解决问题。为此,胡塞尔在他的《现象学的观念》的第二讲提出"悬置"或"终止判断"的概念,他试图让一切现存的预设判断失效,也即把一切"绝对的被给予性(无疑性和确定性;被给予性)"

---

① [德]伽达默尔:《真理与方法》I,洪汉鼎译,商务印书馆2010年版,第556页。
② [德]伽达默尔:《真理与方法》I,洪汉鼎译,商务印书馆2010年版,第547页。
③ [德]伽达默尔:《真理与方法》I,洪汉鼎译,商务印书馆2010年版,第547页。
④ [德]伽达默尔:《真理与方法》I,洪汉鼎译,商务印书馆2010年版,第547页。
⑤ [德]伽达默尔:《真理与方法》I,洪汉鼎译,商务印书馆2010年版,第547页。
⑥ [德]胡塞尔:《现象学的观念》,倪梁康译,商务印书馆2016年版,第22页。

第七章 我们相互说故我在：伽达默尔对现代认识论的修正和改造

置于怀疑之中。胡塞尔在《现象学的观念》中指出："笛卡尔的怀疑考虑方式为我们提供了起点。"①为此胡塞尔提出"生活世界"概念，他试图依此使人回到其具体性之中，与此同时，"生活世界"的概念也是他用来抵制客观主义的重要工具。胡塞尔"生活世界"包含了"我们"参与和生活于其中的含义，并非一个"我们"冷静地站在一旁去观察的世界。在胡塞尔之后，黑格尔和狄尔泰也相继针对康德问题提出了自己的解决方案。黑格尔在他的《精神现象学》中提出过回到生命之后寻找认识的本质的做法。狄尔泰也提出了类似的主张，他的精神科学的方法则是"体验"，而且狄尔泰把"体验"作为他生命哲学的主要概念。体验 Erlebginis 是拉丁词 experior，意为"去证明"（to prove）或"验证"（to test），一般指从感觉而非推理得来的信息。精神世界是生活体验的世界，不断被新的形式和直觉修正，世界是精神的效果语境。他的体验因此"使人返回到生命的具体性"。②狄尔泰的问题是，他试图通过"认识论反思"，根据生命和体验以及生活世界之间的关系推导出"科学的客观逻辑性"。

海德格尔处理康德问题的路径则与胡塞尔、黑格尔和狄尔泰不同。海德格尔的问题并非"康德的判断如何可能"，而是"使得任何一种判断认知活动成为可能的'在—世界—存在着'如何可能？"③亦即此在如何可能。海德格尔的提问回避了康德主客体二分所带来的认识论问题。海德格尔认为任何意义上的判断认识活动都只不过是"在—世界—存在着"，即此在的一种形式，并非最原初和最本真的存在方式。只有回到最原初和最本真的方式，才能得出真正意义上的判断知识。王庆节认为，此在有四个特点：其一是此在与存在本身具有本质性的关联，这种关联性使其具有构建和创造存在的作用，"可以不断超出它的实时性现在，逾越、突破其现有的自身，不断生长出或者彰显出新的与存在的关联与面相，从而成就出新的自我生

---

① ［德］胡塞尔：《现象学的观念》，倪梁康译，商务印书馆2016年版，第13页。
② ［德］伽达默尔：《真理与方法》Ⅰ，洪汉鼎译，商务印书馆2010年版，第357页。
③ ［德］海德格尔：《翻译、解释与理解》，王庆节、张任之编，生活·读书·新知三联书店2017年版，第19页。

存"。① 其二是此在强调自我的存在,即我的存在,同时也承认共在。其三,此在还具有不断出离自身又构建自身的特性。不过这种构建不是康德意义上的理性认知和科学知识活动,而是"在切切实实的生活世界中操忙、操虑、操心的在世生存活动"中的构建。最后,此在在时间性和历史性中发生,时间性和历史性制约此在,即此在是历史和时间中"在—世界—存在者"。②基于此,海德格尔从语言入手,把语言当作解决康德问题的核心。海德格尔指出:

> 语言用于会谈和约会,一般来讲就是用于相互理解。然而,语言不只是,而且并非首先是对要传达的东西的声音表达和文字表达。语言并非仅仅是把或明或暗如此这般的意思转运到词语和句子中去,而不如说,唯语言才使存在者作为存在者进入敞开领域之中。……语言首度命名存在者,这种命名才把存在者带向词语而显现出来,这一命名指派存在者,使之源于存在而达于其存在。这样一种道说乃澄明之筹划,它宣告出存在者作为什么东西进入敞开领域。③

海德格尔进一步指出:语言本身就是根本意义上的诗。诗歌在语言中发生,在语言中保持原始的本质。由于真理的自行设置,艺术作品就是诗。诗的本质就是真理创建,具有三重意义:(1)作为赠予的创建;(2)作为建基的创建;(3)作为开端的创建。海德格尔的思考为伽达默尔提供了新的认识维度。

伽达默尔认为胡塞尔、黑格尔和狄尔泰虽然都从生命出发去阐释世界的基本构成,却没有完成生命的思辨任务,而约克伯爵承担了这一历史任务。伽达默尔指出:"约克伯爵把胡塞尔后来要在其现象学中广为发展的

---

① [德]海德格尔:《翻译、解释与理解》,王庆节、张任之编,生活·读书·新知三联书店2017年版,第19页。
② [德]海德格尔:《翻译、解释与理解》,王庆节、张任之编,生活·读书·新知三联书店2017年版,第22页。
③ [德]海德格尔:《林中路》,孙周兴译,上海译文出版社2008年版,第52-53页。

东西提高到方法论原则。"①约克伯爵的具体做法是从生命概念中推导出生命与自我意识的对应性,只有将此做法发展成为两个概念,"投射"和"抽象",使这两个概念成为生命行为的具体体现,才能为哲学反思的合法性奠定基础。"约克伯爵却在黑格尔的精神现象学和胡塞尔的先验体验主体性现象学之间架设了一座一直被人忽视的桥梁。"②伽达默尔哲学的最大困难是如何克服认识论所带来的问题,他解决这个问题的路径是超越康德制造的认识论障碍。康德问题的基本内涵是对先天综合判断如何可能的问题的澄明和回答。基于这个问题,康德将自己哲学建立在主客体二分的前提下。在这个前提中,主体作为观察者在一定距离上观看一个静止不动的对象,一个被客观化了的对象。在康德看来,以主客二分为前提能够使我们真正认识世界。康德的主体意识认识论解决了笛卡尔悬而未决的问题,回答了"人的认识如何可能"这个问题。

事实性生活理论为伽达默尔的哲学诠释学奠基。伽达默尔于1923年聆听了海德格尔的弗莱堡演讲,从此海德格尔的"存在论",即实际性的阐释学成为伽达默尔理论的立足点。伽达默尔沿着海德格尔的现象学研究路径,超越了狄尔泰历史主义的局限性。③不过海德格尔这场讲座的原意是要克服胡塞尔的现象学。海德格尔的实际性诠释学是实际性本身的特别实现,是照亮本身对存在的照亮。伽达默尔认为《存在与时间》并未给此在对存在的理解提供最终的基础。伽达默尔坚持认为,海德格尔应该把历史置放在前景之中,因为实际性本身的问题是历史问题的核心。传统意识和传统的作用成为伽达默尔关注的核心,④这也是伽达默尔效果历史意识思想定型的基础。效果历史意识成为伽达默尔诠释学蜕变的代名词。"经验就是历史实体的效果,经验即是真实。由此可以看出,在黑格尔思想土壤上成长起来的海德格尔诠释学,为伽达默尔从主体到实体的道路奠定了

---

① [德]伽达默尔:《真理与方法》I,洪汉鼎译,商务印书馆2010年版,第361页。
② [德]伽达默尔:《真理与方法》I,洪汉鼎译,商务印书馆2010年版,第362页。
③ Günter Figal, *Objectivity: The Hermeneutical and Philosophy*, trans. by Theodore D. George, Albany: State University of New York Press, 2010, p.9.
④ Günter Figal, *Objectivity: The Hermeneutical and Philosophy*, trans. by Theodore D. George, Albany: State University of New York Press, 2010, p.11.

基础"。① 伽达默尔用封闭的电路意象来阐明黑格尔的历史观，他认为只有撕开这个封闭的电路才能够体验到电路的封闭性。视域融合指以多元性视域弥合视域的差异，用过去来捕捉现在世界的差异性，即将历史视为他者以更清晰地观察过去历史和传统，而海德格尔则认为过去的概念如同被水冲刷过的石头，其锐利性随着时间推移而减退。巴门尼德认为，女神给他指的路是真理的整体，整体中的意见之路和真理之路能够捕捉整体意义。而海德格尔已经不再查视事物的本质，他关注的是事物的本质如何是其所是，即存在作为一个整体如何被体验到的根源。② 海德格尔对这个问题的解答使他停留在对"此在"的存在论维度之上。

伽达默尔深受海德格尔对亚里士多德阐释的启发。海德格尔对亚里士多德的阐释使其认识到实践智慧的实质是决定人的时空坐标，这个坐标决定了人的所是，即人的存在论基础和人的存在论意义。换句话说，海德格尔从笛卡尔的"我思，故我在"转化为"我是故我在"。伽达默尔的柏拉图阐释实现了其存在论的定性，即我们相互说话，决定我们的存在。也就是说，伽达默尔从柏拉图的哲思方式中找到了自己的哲学诠释学意义。伽达默尔从柏拉图的"说话的鲜活虚拟"③——伽达默尔对黑格尔的一种改造——中挖掘出柏拉图的辩证存在论的实质。罗德·考特曼指出，伽达默尔将柏拉图的对话视为柏拉图对其真正哲学方式的一种模仿式反思。④ 伽达默尔认为，虽然柏拉图将世界一分为二，即感觉王国和观念王国，但柏拉图通过对话这种哲思方式，在辩证式运动的引导下，对话的参与者在相互交流的过程中，澄清了讨论问题的实质，阶段性地达成了协议。这个对话过程无形之中也呈现出其存在论的性质与价值。由此可以断定，在柏拉图看来，善的理念和实际生活之间的通道是存在的，抑或是柏拉图根本就没有实质性地做出这种区分。为此，伽达默尔并不赞同亚里士多德用强调实践智慧的方式来批评柏拉图。约翰·赛里斯也指出，柏拉图的线喻虽然

---

① Günter Figal, *Objectivity: The Hermeneutical and Philosophy*, p.13.
② Günter Figal, *Objectivity: The Hermeneutical and Philosophy*, p.33.
③ Rod Coltman, *The Language of Hermeneutics: Gadamer and Heidegger in Dialogue*, p.58.
④ Rod Coltman, *The Language of Hermeneutics: Gadamer and Heidegger in Dialogue*, p.58.

第七章　我们相互说故我在：伽达默尔对现代认识论的修正和改造

对认识的线进行了划分，但这条线毕竟还是一条线。①

伽达默尔用对话取代了独白式结构的逻辑命题，这在伽达默尔看来是清算西方形而上学的关键所在。伽达默尔没有完全沿着海德格尔的语言理解路线继续前行。在伽达默尔看来，海德格尔的"诗性"语言阐释把语言视为"存在的居所"，存在之家赋予其存在论意义的同时，也在一定程度上偏离了形而上学的方向，以"诗性"哲思取代形而上学的概念。尽管如此，海德格尔仍然没有从根本上突破形而上学的桎梏。伽达默尔提出用对话式结构替代独白式结构的新的解决方案。在这个方案中，伽达默尔把对话视为一个提问和回答的辩证法结构，这个结构一方面是对超验知识，甚至绝对知识的否定；另一方面也是对人的有限性的一种承认。在这种对话性结构中，参与对话的双方的目的是相互理解并达成一致。

对话式辩证法结构的意义在于视域融合，在视域融合之中理解的事情变成了共同的事情。在对话之中，"语言能让某种东西'显露出来'和涌现出来，而这种东西自身才有存在"。② 伽达默尔指出，理解的意义并非在于潜入他人的心理，知道他人的感受和体验，而是在语言上与他人达成一致。③ 也即在与他人的谈话中，在实现相互了解的同时，与他人的看法达成一致。因为通过谈话，语言性本身成为相互了解的媒介，而且通过语言媒介的作用，语言所表达的意义的"传达"被制造出来。伽达默尔认为这个过程实则是一个生活过程，而且这个生活过程不仅包括活的语言，废弃不用的语言也包括在其中。

我们相互说决定了我是。这是伽达默尔在澄清了柏拉图《克拉底鲁篇》中关于语言的讨论之后，对柏拉图对话辩证法意义的总结。柏拉图的《克拉底鲁篇》几乎囊括了所有古希腊人关于语言问题的讨论，特别是关于"名称正确性"的讨论。可以说《克拉底鲁篇》是柏拉图针对古希腊人对语言问题的疑问所做的阐释。柏拉图认为，坚持语言约定主义和语言相似主义的人，没有真正认识到语言的本质，这两种观点也都没有给语言的本质提

---

① John Sallis, *Being and Logos: The Way of Platonic Dialogue*, Atlantic Highlands: Humanities, 1986, p.414.
② ［德］伽达默尔：《真理与方法》Ⅰ，洪汉鼎译，商务印书馆2010年版，第539页。
③ ［德］伽达默尔：《真理与方法》Ⅰ，洪汉鼎译，商务印书馆2010年版，第540页。

供令人信服的解释。由此,伽达默尔指出:

> 柏拉图想用当时关于语言理论的讨论指出,在语言中、在语言对正确性的要求中(orthotēs tōn onomatōn),是不可能达到实际真理的(alētheia tōn ontōn),因此我们必须不能借助语词(aneu tōn onomatōn)而纯粹从事物自身出发(auta ex heautōn)认识事物(das seiende)。这样问题就可以彻底深化到一种新的层次。柏拉图所欲达到的辩证法显然要求思维单独依据于自身,即开启思维的真正对象,亦即'理念',从而克服语词的力量(dynamis tōn onomatōn)和语词在诡辩术中恶魔般的技术作用。语词的领域(onamata)被辩证法所超过,这当然不是说,真的有与语词没有关系的认识,而只是说,并不是语词开辟了通向真理的道路,恰好相反,语词的'恰当性'(Angemessenheit)只有从事物的知识出发才能得到判断。①

柏拉图虽然清楚地认识到语言与事物的联系具有一定的局限性,然而他的承认并不彻底。②伽达默尔在综合《克拉底鲁篇》和第七封信中柏拉图关于语言的讨论后指出,柏拉图对语言的局限性或束缚性在第七封信中得到了进一步承认,但还不彻底:"语言是工具,是对来自原型、事物本身这一类东西的描摹、制作和判断。"③不过伽达默尔认为柏拉图语言讨论的意义在于,柏拉图在语言与思想的斗争中向前迈进了一大步。④

柏拉图进步的关键是他使用了辩证法式的对话。辩证性对话的要素之一是对话者的态度。伽达默尔在对《吕西斯篇》的分析中指出,柏拉图式辩证性对话的关键不在于其对话的逻辑性推进,而在于对话的往来之中,这是对话的主要参与者苏格拉底执着的生活方式,也是他的使命,换句话

---

① [德]伽达默尔:《真理与方法》Ⅰ,洪汉鼎译,商务印书馆2010年版,第572页。
② [德]伽达默尔:《真理与方法》Ⅰ,洪汉鼎译,商务印书馆2010年版,第573页。
③ [德]伽达默尔:《真理与方法》Ⅰ,洪汉鼎译,商务印书馆2010年版,第573页。
④ [德]伽达默尔:《真理与方法》Ⅰ,洪汉鼎译,商务印书馆2010年版,第588页。

说，就是对话时的态度，这也是苏格拉底与智者学派的根本区别。① 亚里士多德也曾在《形而上学》中指出，他们的区别在于他们的生活意图或生活目的的不同。② 据此，苏格拉底才能让吕西斯明白，友谊意味着首先要了解自己，然后才能明白自己需要什么，才能知晓友谊的真正含义。辩证性对话的另外一个要素是将语言视为世界经验。"语言是一种世界观"是这种观点的极致，其提倡者是洪堡。这意味着语言可以使用有限的手段去把握无限的内容，特别是去把握精神的历史使命。如果语言是世界观，那么辩证性对话的参与者在对话的过程中便把自己的世界观带入到对话之中。在对话的过程中，对话的参与者通过双方世界观的相互交流，使相互了解和理解成为可能。在视域融合的前提下，对话的参与者就对话的内容达成一致，使理解成为可能。柏拉图的辩证性对话的参与者在对话结束之时完成了协议的达至。辩证性对话的最后一个要素就是语言的事实性在对话中的体现。伽达默尔指出："语言并非只是生活在世界上人类所适于使用的装备，相反以语言作为基础，并在语言中得以表现的是，人拥有世界。世界就是对于人而存在的世界，……世界对于人的这个此在即是通过语言来表述的。"③ 这意味着世界在语言中呈现出自己，世界通过语言得以表述。

人在表述世界和自身的同时不断地超越自己，超越自己的环境，人对同一事件具有各种表述的装备；与此同时，这也意味着人也在各种表述的可能性之中不断寻求一致性、协调性和同一性，在辩证式对话之中不断达成谅解和理解，更重要的是相互理解，因为相互理解是一种生活方式，一个生活过程，是人类建立生命共同体的基础。有了这样的基础，人类才能在一个共同体之内达成协议走向和谐。伽达默尔指出：

> 人类世纪经验的语言性给予我们诠释学经验的分析以一种扩展的视域。在翻译的例子当中以及超越自己语言界限可能达到相互理解的

---

① Gadamer, *Dialogue and Dialectic*, trans. by P. Christopher Smith, New Haven and London: Yale University Press, 1980, p. 6.
② ［古希腊］亚里士多德：《形而上学》，苗力田主编，《亚里士多德全集》第 7 卷，中国人民大学出版社 1991 年版，第 88 页，1004b22。
③ ［德］伽达默尔：《真理与方法》Ⅰ，洪汉鼎译，商务印书馆 2010 年版，第 623 页。

> 不是一种阻碍对自己存在认识的栅栏，相反，它基本上包含了能使我们的观点得以扩展和提升的一切，在某个确定的语言和文化传统中成长起来的人看世界显然不同于另一种传统的人。因此，在历史过程中相互分离的历史"世界"显然相互不同，而且也与当今的世界不同，不过，在不管怎样的传承物中表现自己的却总是一种人类的世界，亦即一种语言构成的世界。每一个这样的世界由于作为语言构成的世界就从自身出发而对一切可能的观点并从而对其自己的拓展保持开放并相应地向其他世界开放。①

伽达默尔给我们四点启示：其一，世界的构建具有语言性，人类关于世界的经验突出了这一特性；其二，人在世界中隶属于各自的传统，在传统中人形成了自己个性化的世界观；其三，世界是一个你、我和他的世界，与他人的交往是人的基本生存方式，也即人生活的方式就是与他人打交道，就是要相互把自己说给他人，向他人解释自己，向他人敞开；其四，理解在人相互把自己说给他人，各自向他人解释的过程中发生。在这个过程中，人把自己的传统和观点解释给他人，在解释的过程中，人即持存了自己的传统，又吸收和接纳了他人的传统，各自的世界都得到了拓展，因此最后的理解是相互协商的新的理解。这种理解并非意味着我们失去自己的传统，而是像一个旅行者那样，"带着新的经验又重新回到自己的家乡"。②这是语言事实性的基本规定。在语言事实性的基本规定的意义上，人相互说决定了人的存在。

"我们相互说故我在"，是人的存在论意义所在。我们相互说呈现出"与他人在一起"的存在结构，语言的存在也依赖于这个结构。这个显而易见的问与答结构的意义在于沟通和交流。区分和澄清，更在于呈现他人所不知，拓展他人眼界，因而它还是一个启蒙他人和自己的事件。③伽达默尔

---

① ［德］伽达默尔：《真理与方法》Ⅰ，洪汉鼎译，商务印书馆2010年版，第629页。
② ［德］伽达默尔：《真理与方法》Ⅰ，洪汉鼎译，商务印书馆2010年版，第631页。
③ Gadamer, "Towards a Phenomenology of Ritual and Language", Lawrence K. Schmidt and Monika Reuss, trans., Lawrence K. Schmidt, ed., *Language and Linguisticality in Cadamer's Hermeneutics*, Maryland: Lexington Books, 2000, pp.22-24.

认为问答式的对话—辩证结构具有修辞属性。修辞在伽达默尔的视域之中涉猎所有人类沟通和交往的领域。[①] 伽达默尔的对话—辩证结构，首先摆脱了笛卡尔式绝对自我反思主体的束缚，使对话的双方进入对话的游戏之中，通过把自己的意见讲给对方，听取对方的意见，拒绝自我独白式的宣称。其次，对话—辩证性结构也解脱了康德的认识论对经验对象化的规定桎梏。康德的规定对存在做了时间性和空间性审定限定。他的限定将观察者排除在审定之外，其结果是使观察者脱离了自身的生活世界，生活在一个超验的真空之中。在这种情形下，人也就无从把握和占有自己的生存世界。伽达默尔的修辞性对话—辩证结构是将观察者包括在内的一种规定。伽达默尔的这个规定既包括了语言的束缚性，即观察者应该在游戏中进行游戏，遵守游戏规则；同时也包括了语言的创造性和无限性，在游戏中不断创新使游戏能够持存。这就意味着在说话者在讲给他人和他人讲给说话者的过程中，一边在向他人解释自己的"说"的内容，一边在"说"给他人的过程中，听取和吸收了他人的说法，意义已经远远超出了客观构建的局限。对话双方在相互交流和沟通交换的过程中，实现了视域融合，各自进入对方的传统对意义进行重新构建，直至理解的实现。这种修辞性的对话—辩证结构在相互说的过程中既体现出对话双方对所听到内容的反思，也体现了说话双方对实际听到内容的持续性理解，以及在理解基础上的进一步理解和创新性理解。伽达默尔的哲学诠释学不仅克服了笛卡尔认识论把"我思故我在"这种简单的反思作为理解模式所带来的问题，而且也超越了康德审美意识的主体化倾向。与此同时也克服了现代哲学回归基础主义和相对主义的弊端。由此可见，在修辞性对话—辩证结构之中，参与对话的双方在相互说的过程中通过构成和不断构成新的表达方式，在相互对话的过程中均突破了各自的有限性，拓展了各自的疆域，实现了对世界的实际性占有，也自然拥有了世界。伽达默尔的修辞性对话—辩证结构无疑是一个与他人在一起的结构，具有三个维度上的意义，即存在论意义、政治学意

---

① Gadamer, "Towards a Phenomenology of Ritual and Language", Lawrence K. Schmidt and Monika Reuss, trans., Lawrence K. Schmidt, ed., *Language and Linguisticality in Cadamer's Hermeneutics*, p.24.

义和伦理学意义。这个结构把个体与共同体、理性与欲望、理性与历史紧密地捆绑在一起。不仅如此,这个结构把对人的认识和理解置放在一个政治学、伦理学和存在论相互编织的网中,使人成为一个多维的人、一个立体的人,更关键的是,一个生活中的人。

结语 作为哲学范式的文学：21世纪文学研究的新思路

文学能否同哲学一样，在真理得以发生的区域同哲学一样发挥认识作用，是文学研究在21世纪需要解决的问题。人们可能认为，文学以实际生活经验的特殊形式为显示方式，为自身划定了仅属于自身的、与哲学分离的区域，无须哲学作为证明真理的合法范式为自身正名。哲学以普遍化的方式，在能否达成真理这个意义上，因柏拉图和黑格尔最直接的维护，业已作为真理认知的最高范式在哲学史范围内得到广泛承认。文学与真理意义的哲学分野，也是21世纪的当下所显示出的文学与哲学的关系。文学的区域与真理发生的区域彻底分裂的现象，一方面是由于文学的方式与现代科学方法被区分开来；另一方面是由于现代科学方法从20世纪起至21世纪，进一步占据了人们认知真理的意识领域。

伽达默尔的文学理论是其哲学诠释学的一种扩展。[①] 在他的哲学诠释学范围内，包含着以作为哲学范式的文学为基础的文学理论系统，这个文论系统的核心问题是文学经验能否达到真理，或者说，文学是否具有知识和真理意义上的哲学价值。围绕这个问题，伽达默尔在诠释学意义上，在梳理西方哲学史的过程中，对柏拉图的模仿说、笛卡尔认识论的主体化和追求确定性的定式、康德的审美无利害主张、黑格尔的艺术终结论进行了审视，同时也对现代科学方法意识下审美领域与知识领域分离的状况进行了反思，试图找寻由于现代科学方法扩大化所引起的焦虑的症结所在。古希腊哲学给伽达默尔的启示是，事物的隐蔽性和遮蔽性使人们在认识事物

---

① ［德］伽达默尔：《真理与方法》Ⅱ，洪汉鼎译，商务印书馆2010年版，第4页。

的时候必须清除掩盖在事物上的这层障碍。伽达默尔认为掩饰性是人的行为中所固有的，这就要求人们呈现其行为举止中真实的东西，即揭蔽成为人们认识事物的关键所在，揭蔽因而被理解为真理。然而近现代以来认识事物的真实性在方法上的变化，导致了自笛卡尔以来形成的以确实性和正确性为代表的一方，与古希腊存在思想中揭蔽性真理的主张对立和冲突。这种冲突的本质是去历史化的"客观认识"和置身于传统的主观经验之间的冲突，或概念的单义性和语言的多义性之间的冲突。这个冲突意味着真理认识和其陈述性之间的关系并非完全由可验证性和确实性来决定。伽达默尔将真理视为一个整体，为此他主张真理和知识对人类全部的世界经验都有要求，包括文学经验和哲学经验。文学经验与哲学经验都有知识和真理诉求，二者在此处并无对立。这也就意味着伽达默尔使哲学诠释学又回到了"人被称呼、被询问和自问的境遇"，[①]即在修辞的对话-辩证性结构和在传统中来思考他的哲学问题。

伽达默尔在构建他的哲学诠释学的过程中，向自己提出了文学以怎样的方式才能使自身在真理问题上达到哲学性的问题。围绕这个问题，伽达默尔以本体性、知识性、实践性、游戏性、传统观、语言性，确定了一种理解文学的哲学范式，以此确立了文学在真理意义上的哲学性。他在《真理与方法》《哲学诠释学》《诠释学的实施》《美学与诗学Ⅰ》《美学与诗学Ⅱ》《伽达默尔论策兰》《文学与哲学的对话》《美的现实性》《柏拉图的对话伦理》《健康之谜》《诠释学，宗教与伦理》《言辞艺术与图像艺术》《解释学 美学 实践哲学：伽达默尔与杜特对话录》《知识的开端》等专著中，围绕文学问题，以哲学诠释学为思考路径，凭借前见、效果历史、时间性、诠释循环、视域融合、对话性、节庆、友谊、团结等诠释学及西方哲学的基本概念和范畴，在本体性、知识性、实践性、游戏性、传统观、语言性这六个维度上赋予了文学以哲学意义。这六个哲学范畴关联而成一种看待文学的哲学范式，成为伽达默尔在真理意义上赋予文学的哲学性。

在伽达默尔的哲学范式意义上，文学在本体论意义上具有达及真理的可能性。伽达默尔认为文学具有解释的视角性和再现性，作者、读者以及

---

① ［德］伽达默尔：《真理与方法》Ⅱ，洪汉鼎译，商务印书馆2010年版，第62页。

文学作品形成由理解发挥作用的诠释循环，作者和读者通过文学作品发生遮蔽与揭蔽的对话性冲突。在通过对话实现视域融合解决冲突后，真理显现。也就是说，文学体验和文学经验构成了对事物的认知。这是文学的本体性意义。

在伽达默尔的哲学范式意义上，文学是获得知识的领域。伽达默尔认为，文学是完整的经验形式，也就是说，是经验积累与反省过程的综合和实现。通过这种模仿事物本质的文学经验，读者获得顿悟事物本质的前提条件。然后通过文学体验，读者与前见发生视域融合。在这种诠释循环中，读者实现对事物的认知和对自我的理解。在哲学诠释学的理解意义上，文学是获得知识的一种方式。

伽达默尔哲学范式意义上的文学的实践性在于，伽达默尔认为文学是典范化的传统、宗教、文化、教化与历史，它是对理论性的知识及技艺所无法把握的生存行为的把握。通过文学作品的典范性，生存行为能够达到适宜或最高的道德境界。

伽达默尔哲学范式文学的传统意义在于，文学传统是文化转换的构成物，是此在内涵在以现在性为参照系之外的维度内的显现。它具有独立于宗教和哲学的绝对性、超越时间与现在同在的同时性以及通过视域融合获得的运动性。文学传统具有友谊性和团结性，具有克服异质性和他者性的能力，能够有效地抵制怀疑论和真理方法单一论，能使真理显现。

游戏性在伽达默尔哲学范式意义上是文学展现真理问题的方式。伽达默尔认为文学作品是游戏主体，而作者和读者分别是游戏者和游戏观察者，前者要求后两者以实现作品意义和游戏意义为终极目的。因时空条件和游戏策略转换，作为游戏者的作者和作为游戏观察者的读者具有可变性，同时，作为游戏主体的文学作品的意义在具体化时也具有了不同于作者意图的意义。

在伽达默尔哲学范式意义上，作为存在本身的语言使文学遮蔽与揭蔽真理成为可能，语言与真理意义的理解是人此在不可分割的结构相，语言观与世界观同质。语言使文学作品得以作为前见显现出来，同时使文学的真理意义被理解也成为可能。

伽达默尔以哲学范式化的方式看待文学，这种化解了21世纪文学无关真理的困境的方式，目的不在于为文学正名，而在于开启一种显示方式，用以标识文学与哲学的真理意义的关系。在伽达默尔的范式中，本体性、知识性、实践性、游戏性、传统观、语言性这些达及真理的哲学范畴，通过哲学诠释学意义的理解的关联，作用于文学这种在意识中显现为以感性经验为特质的实际生活经验，作为一种涉及真理的现象被突出出来。与此同时，伽达默尔的范式因其理解的历史性和语言性，使自身及所包含的哲学范畴避免作为一种预先给出的论断，去规定文学的意义，以至于文学即便达及真理，但却在黑格尔的艺术终结论之后，再次受到形而上学传统的控制和统辖。

伽达默尔的文学理论赋予文学以哲学品性，在真理意义上为把握文学确立了一种哲学范式，为文学与哲学在21世纪重建对话关系提供了范例。伽达默尔通过探讨文学的哲学性，来说明文学在认识与自我认识方面的真理性价值。伽达默尔的文论使文学成为可以认知和体验的具有价值取向的世界，使文学成为人类获得真理的哲学范式。从柏拉图驱逐诗人和诗歌，到康德主张审美无利害，黑格尔暗示艺术终结，再到科学方法意识在知识和真理问题上的普遍诉求，艺术及文学在真理意义上遭到哲学不同程度的拒斥，形成了文学与真理分离的局面。从19世纪到20世纪，叔本华、尼采、海德格尔、伽达默尔不断探索，力图用艺术及文学改造、修改以形而上学为基础的西方哲学传统。修改和克服西方形而上学传统中的弊端，对海德格尔来说并非彻底放弃西方传统哲学，而是回到西方哲学的原点，在古希腊哲学中寻找实践智慧的源泉。伽达默尔沿着这条路径，以审视康德审美经验为切入点，以厘清康德审美经验割裂文学与真理联系的机理，清算这种割裂对哲学所带来的影响，重新建立文学同真理的联系，完成以理解为核心的哲学诠释学的任务。从而建立起文学与哲学的对话关系，为21世纪重思文学与哲学的关系提供了新的思路。

伽达默尔赋予文学以哲学品性，也为解决当下文学研究界的理论危机提供了新思路。当下，"西方文学理论枯竭论""西方文学理论死亡论"等观点，已在国内外文学研究领域蔓延开来。所谓困境，简单描述，是指20世纪至今的各种文学理论，集体性地经历了从产生到广泛用于文学批评实践再到被批评者摒弃的运动。细致分析，决定这个历史性运动的力量是文学理论与文学的辩证性互动。文学作为人类的一种经验方式，以诗性话语为存在方式，为文学理论提供了质料。经过对质料的反思，以思辨话语为存在方式的文学理论得以产生。这种文学理论，作为文学理论家和批评家的一种经验方式，为理解文学经验提供了一种方式。采用这种方式理解或者说解释和评价文学经验，会使批评者获得新的洞见。这种关于文学经验的新的洞见，也以思辨话语为存在方式，在文学批评实践中被表达。在文学批评实践达到广泛规模的条件下，批评者在理解文学经验时无法再持续获得新的洞见，文学理论对于理解文学经验而言失去功能，因此失去了"价值"。当代西方文学理论困境的形而上学或者大而化之的哲学基础，是理论与经验的紧张关系以及在这种关系结构视角下的文学理论与文学经验的关系。伽达默尔以哲学为进路，探究了文学的本质、意义、功能、价值、创作、诠释、样式等问题，为外国文学研究提供了新思路。

本书的最终目的是依照伽达默尔的方式，在当代的历史语境中，把当前的视域与历史视域相融合，用同时性放弃过去的距离，以哲学为进路，展开与过去和国外理论的对话，探索当代欧美哲学家的文学理论，尝试为我国当代外国文学研究寻求新途径、开拓新疆域、重构新格局。

参考文献[①]

一 伽达默尔著作、论文（德文、英文、中文）

Hanz-Georg Gadamer, *Ästhetik und Poetik I, Kunst als Aussage, Gesammelte Werke, Band 8*, Stuttgart: UTB, 1993.

——, *Ästhetik und Poetik II, Gesammelte Werke, Band 8*, Tübingen: J.C.B. Mohr Paul Siebeck, 1993.

——, *Griechische Philosophie Ⅲ, Gesammelte Werke, Band 7*, Tübingen: J. C. B. Mohr Paul Siebeck, 1991.

——, *Wahrheit und Methode: Grundzüge einer philosophen Hermeneutik*, Tübingen: Mohr Siebeck Tübingem, 2010.

——, *A Century of Philosoph*, Sigrid Koepke, trans., London and New York: The Continuum International Publishing Group, 2003.

——, "Hermeneutics as Practical Philosophy", in Frederick G. Lawrence, trans., *Reason in the Age of Science*, Cambridge: The MIT Press, 1982.

——, *Hermeneutics Between History and Philosophy: The Selected Writings of Hans-Georg Gadamer, Volume I*, Pol Vandevelde and Arun Iyer, eds. & trans., New York: Bloomsbury Academic, 2016.

——, *Hermeneutics, Religion, and Ethics*, Joel Weinsheimer, trans., New Haven:

[①] 本研究的参考文献包括引用文献和未引用文献两部分。其中，未引用文献构成了本研究得以开展的不可或缺的基础。伽达默尔的哲学诠释学来自伽达默尔与古希腊哲学以来的西方哲学传统及诠释学传统的对话，从前苏格拉底哲学、柏拉图哲学、亚里士多德哲学，到康德哲学、黑格尔哲学，再到现象学、海德格尔的存在论、20世纪和21世纪的艺术哲学，其间还涉及狄尔泰、施莱尔马赫的诠释学。为此，本研究根据实际研究情况，将相关文献列入参考文献。

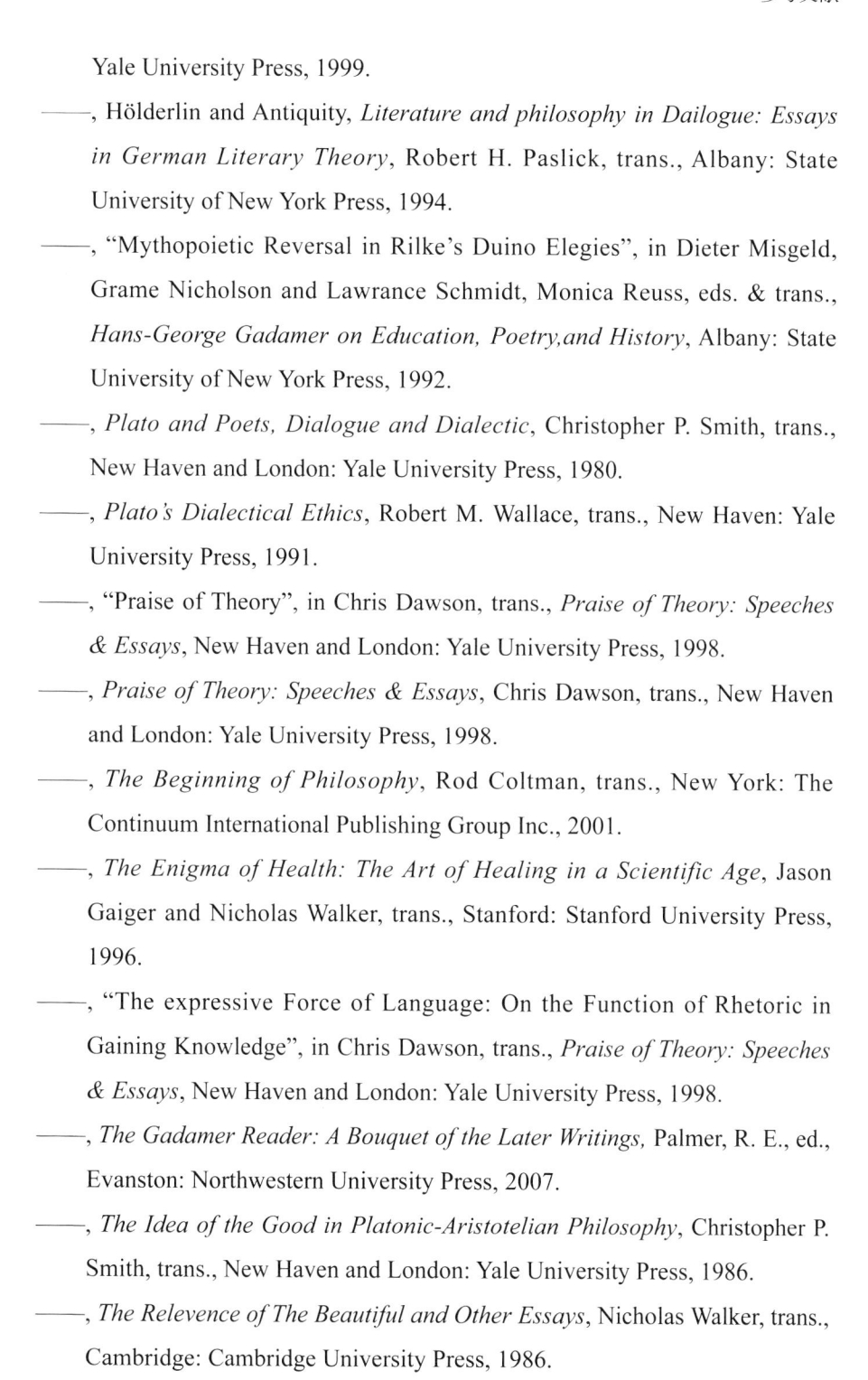

Yale University Press, 1999.

——, Hölderlin and Antiquity, *Literature and philosophy in Dailogue: Essays in German Literary Theory*, Robert H. Paslick, trans., Albany: State University of New York Press, 1994.

——, "Mythopoietic Reversal in Rilke's Duino Elegies", in Dieter Misgeld, Grame Nicholson and Lawrance Schmidt, Monica Reuss, eds. & trans., *Hans-George Gadamer on Education, Poetry,and History*, Albany: State University of New York Press, 1992.

——, *Plato and Poets, Dialogue and Dialectic*, Christopher P. Smith, trans., New Haven and London: Yale University Press, 1980.

——, *Plato's Dialectical Ethics*, Robert M. Wallace, trans., New Haven: Yale University Press, 1991.

——, "Praise of Theory", in Chris Dawson, trans., *Praise of Theory: Speeches & Essays*, New Haven and London: Yale University Press, 1998.

——, *Praise of Theory: Speeches & Essays*, Chris Dawson, trans., New Haven and London: Yale University Press, 1998.

——, *The Beginning of Philosophy*, Rod Coltman, trans., New York: The Continuum International Publishing Group Inc., 2001.

——, *The Enigma of Health: The Art of Healing in a Scientific Age*, Jason Gaiger and Nicholas Walker, trans., Stanford: Stanford University Press, 1996.

——, "The expressive Force of Language: On the Function of Rhetoric in Gaining Knowledge", in Chris Dawson, trans., *Praise of Theory: Speeches & Essays*, New Haven and London: Yale University Press, 1998.

——, *The Gadamer Reader: A Bouquet of the Later Writings,* Palmer, R. E., ed., Evanston: Northwestern University Press, 2007.

——, *The Idea of the Good in Platonic-Aristotelian Philosophy*, Christopher P. Smith, trans., New Haven and London: Yale University Press, 1986.

——, *The Relevence of The Beautiful and Other Essays*, Nicholas Walker, trans., Cambridge: Cambridge University Press, 1986.

——, "Towards a Phenomenology of Ritual and Language", in Lawrence K Schmidt ed., *Language and Linguisticality in Gadamer's Hermeneutics*, London: Lexington Books, 2000.

——, *Truth and Method*, Joel Weinsheimer and Donald G. Marshall, trans., New York: Continuum, 2004.

——, *Who Am I and Who Are You?*, in Richard Heinemann and Bruce Krajewski, eds. & trans., *Gadamer on Clean: "Who Am I and Who Are You?" and Other Essays*, Albany: State University of New York Press, 1997.

［德］伽达默尔：《黑格尔与海德格尔》,《伽达默尔论黑格尔》, 张志伟译, 光明日报出版社 1992 年版。

——：严平编：《伽达默尔集》, 邓安庆等译, 上海远东出版社 1997 年版, 2003 年版。

——：《伽达默尔论黑格尔》, 张志伟译, 光明日报出版社 1992 年版。

——：《科学时代的理性》, 薛华等译, 国际文化出版公司 1988 年版。

——：《历史意识问题》（上）, 王鑫鑫译,《世界哲学》2016 年第 4 期。

——：《历史意识问题》（下）, 王鑫鑫译,《世界哲学》2016 年第 5 期。

——：《论一门哲学伦理学的可能性》, 邓安庆译,《世界哲学》2007 年第 3 期。

——：《美的现实性——作为游戏、象征、节日的艺术》, 张志扬等译, 生活·读书·新知三联书店 1991 年版。

——：《美学与诗学——诠释学的实施》, 吴建广译, 北京大学出版社 2013 年版。

——：《诠释学Ⅰ：真理与方法》, 洪汉鼎译, 商务印书馆 2010 年版。

——：《诠释学Ⅱ：真理与方法》, 洪汉鼎译, 商务印书馆 2010 年版。

——：《诠释学Ⅱ真理与方法——补充和索引》, 洪汉鼎译, 商务印书馆 2010 年版。

——：《言辞与图像中的艺术作品——"如此的真实, 如此的存在！"》,《诠释学美学思想研究》, 孙丽君译, 人民出版社 2013 年版。

——：《赞美理论——伽达默尔选集》, 夏镇平译, 上海三联书店 1983 年版。

——:《哲学解释学》,夏镇平、宋建平译,上海译文出版社 2016 年版。

——:《哲学生涯》,陈春文译,商务印书馆 2010 年版。

——:《哲学学徒生涯》,Cambridge:MIT Press,1985 年。

——:《真理与方法》Ⅰ,洪汉鼎译,商务印书馆 2010 年版。

——:《真理与方法》Ⅱ,洪汉鼎译,商务印书馆 2010 年版。

——:《真理与方法》下卷,洪汉鼎译,译文出版社 1999 年版。

——:德里达:《德法之争——伽达默尔与德里达对话》,孙周兴、孙善春译,同济大学出版社 2004 年版。

——:《德法之争——伽达默尔与德里达对话》,孙周兴、孙善春译,商务印书馆 2015 年版。

伽达默尔、杜特:《解释学美学实践哲学:伽达默尔与杜特对谈录》,金惠敏译,商务印书馆 2005 年版。

——:《什么是实践哲学——伽达默尔访谈录》,金惠敏译,《西北师大学报》2005 年第 1 期。

二　伽达默尔研究的相关文献

Burhanettin Tatar, *Interpretation and the Problem of the Intention of the Author: H-G Gadamer vs E.D. Hirsch*, Washington D.C.: The Council for Research in Values and Philosophy, 1998.

Chris Lawn and Niall Keane, *The Gadamer Dictionary*, London: Continuum International Publishing Group, 2011.

C. H. Zuckert, *Postmodern Platos: Nietzsche, Heidegger, Gadamer, Strauss, Derrida*, Chicago: The University of Chicago Press, 1996.

Dennis J Schmidt, *Between the World and Image: Heidegger, Klee, and Gadamer on Gesture and Genesis*, Bloomington: Indiana University Press, 2013.

Dieter Misgeld, Graeme Nicholson and Lawarence Schimdt, Monica Reuss, eds. & trans., *Hans-Georg Ggadamer on Education, Poetry, and History*, Albany: State University of New York Press, 1992.

Donatella Di Cesare, *Gadamer: A philosophical Portrait*, Niall Keane, trans.,

Indianapolis: Indiana University Press, 2007.

D. Weberman, "A New Defense of Gadamer's Hermeneutics", *Philosophy and Phenomenological Research* 01, 2000.

James Risser, *Hermeneutics and the Voice of the Other: Re-reading Gadamer's Philosophical Hermeneutics*, Albany: State University of New York Press, 1997.

Jason Paul Bourgeois, *The Aesthetic Hermeneutics of Hans-Georg Gadamer and Hans Urs von Balthasar*, New York: Peter Lang Publishing, 2007.

Jeff Malpas and Santiago Zabala, *Consequences of Hermeneutics: Fifty Years after Gadamer's Truth and Method*, Illinois: Northwestern University Press, 2010.

Jeff Malpas, *Gadamer's Century: Essays in Honor of Hans-Georg Gadamer*, Ulrich Arnswald and Jens Kertscher, eds., Massachusetts: MIT Press, 2002.

Jerome Veith, *Gadamer and the Transmission of History*, Bloomington: Indiana University Press, 2015.

John Arthos, *Gadamer's Poetics: A Critique of Modern Aesthetics*, London: Bloomsbury, 2013.

——, *The Inner World in Gadamer's Hermeneutics*, Notre Dame: University of Notre Dame, 2009.

Kathleen Wright, ed., *Festivals of Interpretation: Essays on Hans-Georg Gadamer's Work*, Albany: State University of New York Press, 1990.

Kristin Gjesdal, *Gadamer and the Legacy of German Idealism*, Cambridge: Cambridge University Press, 2009.

Lewis E Hahn, ed., *The Philosophy of Hans-Georg-Gadamer*, Peru: Open Court Publishing Company, 1997.

Madeleine Kasten, Herman Paul and Rico Sneller, eds., *Hermeneutics and the Humanities: Dialogues with Hans-Georg Gadamer*, Zuid-Holland: Leiden University Press, 2012.

Marmara Universitesi Ilahiyat Fakultesi Dergisi, Sahibi: Marmara Universitesi Ilahiyat Fakultesi adina, 2010.

Monica Vilhauer, *Gadamer's Ethics of Play: Hermeneutics and the Other*, London: Lexington Books, 2010.

Nicholas Davey, *Unquiet Understanding: Gadamer's Philosophical Hermeneutics*, New York: State University of New York Press, 2006.

Osman Bilen, *The Historicity of Understanding and The Problem of Relativism in Gadamer's Philosophical Hermeneutics*, Washington D.C.: The Council for Research in Values and Philosophy, 2000.

Patrick Rogers Horn, *Gadamer and Wittgenstein on the Unity of Language: Reality an Discourse without Metaphysics*, Burlington: Ashgate, 2005.

Rod Coltman, *The Language of Hermeneutics: Gadamer and Heidegger in Dialogue*, Albany: State University of New York Press, 1998.

Robert J. Dostal, *The Cambridge Companion to Gadamer*, Cambridge: Cambridge University Press, 2002.

Schmidt Lawrence K, *Language and Linguisticality in Gadamer's Hermeneutics*, Boston: Lexington Books, 2000.

德维尔诺:《艺术能拯救我们吗?——关于伽达默尔的沉思》,吴伯凡译,《哲学与文学》1991年第1期。

登克尔等:《海德格尔与尼采》,孙周兴等译,商务印书馆2015年版。

蒂茨:《伽达默尔》,朱毅译,中国人民大学出版社2010年版。

格朗丹:《伽达默尔与奥古斯丁——论"诠释学的普遍性主张"之本源》,《中国诠释学》第四辑,山东人民出版社2007年版。

——:《诠释学真理?论伽达默尔的真理概念》,洪汉鼎译,商务印书馆2015年版。

——:《哲学诠释学导论》,何卫平译,商务印书馆2009年版。

何平:《伽达默尔科学技术反思研究》,人民出版社2010年版。

何卫平:《解释学和伦理学关于伽达默尔实践哲学核心》,《哲学研究》2000年第12期。

——:《通向解释学辩证法之途——伽达默尔哲学思想研究》,上海三联书店2001年版。

洪汉鼎:《理解的真理:解读伽达默尔〈真理与方法〉》,山东人民出版社

2001年版。

——:《论伽达默尔的"事情本身"概念》,《武汉大学学报》(人文科学版)2011年第2期。

——:《〈真理与方法〉之后伽达默尔思想的发展》,《中国诠释学》第八辑,山东人民出版社2011年版。

——:《作为想象艺术的诠释学——伽达默尔思想晚年定论》,《中国诠释学》第二辑,山东人民出版社2004年版。

李岩:《谁拥有语言,谁就拥有世界——浅析伽达默尔的语言观》,《科教文汇》2007年第2期。

穆尔:《命运的驯化——悲剧重生于技术精神》,麦永雄译,广西师范大学出版社2014年版。

潘德荣编:《西方诠释学史》,北京大学出版社2012年版。

——:《中西学术视野下的诠释学——纪念伽达默尔逝世十周年论文集》,安徽人民出版社2014年版。

隋晓荻:《存在、变化、语言的统一体——论伽达默尔的传统观》,《理论探索》2011年第6期。

孙丽君:《伽达默尔的诠释学美学思想研究》,人民出版社2013年版。

王业伟:《伽达默尔对艺术作品存在方式的分析——兼论何以伽达默尔反对》,《外国文学》2008年第2期。

——:《伽达默尔现代性思想研究》,中央民族大学出版社2010年版。

沃恩克:《伽达默尔——诠释学、传统和理性》,洪汉鼎译,商务印书馆2009年版。

徐令:《康德、席勒与伽达默尔的美学游戏观》,《美术大观》2012年第4期。

章启群:《伽达默尔传》,河北人民出版社1998年版。

张汝伦:《艺术:审美经验,还是存在经验?——伽达默尔视域中的艺术经验》,《河北学刊》2004年第5期。

张志平:《试论维特根斯坦语言思想与伽达默尔解释学的关系》,《复旦学报》2006年第6期。

三 柏拉图、亚里士多德、康德、黑格尔、海德格尔等哲学家的著作及相关研究文献（英文、中文）

Alan G. Gross and W. M. Keith, eds., *Rhetorical Hermeneutics: Invention and Interpretation in the Age of Science*, Albany: State University of New York Press, 1997.

Albert Hofstadter and Richard Kuhns, eds., *Philosophies of Art and Beauty: Selected Readings in Aesthetics from Plato to Heidegger*, Chicago: The University of Chicago Press, 1964.

Allan Megill, *Prophets of Extremity: Nietzsche, Heidegger, Foucault, Derrida*, Berkeley: University of California Press, 1987.

Anthony C. Thiselton, *Hermeneutics: An Introduction*, Cambridge: Wm. B. Eerdmans Pulishing Co., 2009.

——, *New Horizons in Hermenuetics: The theory and Practice of Transforming Biblical Reading*, Michigan: Zondervan Publishing House, 1992.

——, *The Two Horizons: New Testament Hermeneutics and Philosophical Description*, Carlisle: The Paternoster Press, 1980.

Bernard Micallef, "Surprised by Sameness", in Madellene Kasten, ed., *Hermeneutics and the Humanities*, Amsterdam: Leiden University Press, 2012.

Bret W. Davis, *Martin Heidegger: Key Concepts*, Durham: Acumen, 2010.

Brian Elliott, *Phenomenology and Imagination in Husserl and Heidegger*, Abingdon: Routledge, 2005.

C. Eichelberger, "Caming in the lexical playfields of Nabokov's Pale Fire", in Phyllis A. Roth, ed., *Critical Essays on Vladimir Nabokov*, Massachusetts: G. K. Hall & Co, 1984.

Charles B. Guignon, *The Cambridge Companion to Heidegger*, Cambridge: Cambridge University Press, 1993.

C. Lafont, *The Linguistic Turn in Hermeneutic Philosophy*, Cambridge: The MIT Press, 1999.

C. Mantzavinos, *Naturalistic Hermeneutics*, Darrell Arnold, trans., Cambridge:

Cambridge University Press, 2005.

D. A. Carson and John D. Woodbridge, eds., *Hermeneutics, Authority, and Canon*, Eugene: Wipf and Stock Publishers, 2005.

Dana R. Villa, *Arendt and Heidegger: The Fate of the Political*, Princeton: Princeton University Press, 1996.

Daniel Maier-Katkin, *Stranger from Abroad: Hannah Arendt, Martin Heidegger, Friendship and Forgiveness*, London: W. W. Norton & Company, 2010.

Daniel M. Gross and Ansgar Kemmann, *Heidegger and Rhetoric*, Albany: State University of New York Press, 2005.

Daniel O. Dahlstrom, *The Heidegger Dictionary*, London: Bloomsbury, 2013.

David Michael Kleinberg-Levin, *Gestures of Ethical Life: Reading Hölderlin's Question of Measure After Heidegger*, Stanford: Standord University Press, 2005.

David Parker, *Ethics, Theory and the Novel*, Cambridge: Cambridge University Press, 1994.

David Rudrum, *Literature and philosophy: A Guide to Contemporary Debates*, New York: Palgrave Macnillan, 2006.

Davis Simpson, *The Origins of Modern Critical Thought*, Cambridge: Cambridge University Press, 1988.

David Zane Shaw, *Freedom and Nature in Schelling's Philosophy of Art*, London: Continuum, 2012.

Dermot Moran and Timothy Mooney, eds., *The Phenomenology Reader*, London: Routledge, 2002.

Donn Welton, ed., *The New Husserl: A Critical Reader*, Bloomington: Indiana University Press, 2003.

Drew A. Hyland and J. P. Manoussakis, eds., *Heidegger and the Greeks*, Indianapolis: Indiana University Press, 2006.

Drucilla Cornell, *The Philosophy of the Limit*, New York: Routledge, 1992.

Edmund Husserl, *Cartesian Meditations: An Introduction to Phenomenology*, Dorion Cairns, trans., Dordrecht: Kluwer Academic Publishers, 1999.

Emmanuel Faye, *Heidegger: The Introduction of Nazism into Philosophy*, Michael B. Smith, trans., New Haven: Yale University Press, 2009.

Ernst Pawel, *The Nightmare of Reason-A Life of Franz Kafka*, New York: Farrar, Straus and Giroux, 1984.

F. M. Nunn, " 'Mendacious Inventions,' Veracious Perceptions: 'The Peruvian Reality of Vargas Llosa's La ciudad y losperros' ", *The Americas*, vol.43, no.4, 1987.

Friedrich-Wilhelm von Herrmann, *Hermeneutics and Reflection: Heidegger and Husserl on the Concept of Phenomenology*, Kenneth Maly, trans., Toronto: University of Toronto Press, 2013.

F. Roger Devlin, *Alexandre Kojève, and the Outcome of Modern Thought*, New York: University Press of America, 2004.

George Dickie, *Introduction to Aesthetics: An Analytic Approach*, Oxford: Oxford University Press, 1997.

George Steiner, *Martin Heidegger*, Chicago: The University of Chicago Press, 1989.

Gert-Jan van der Heiden, *The Truth (and Untruth) of Language: Heidegger, Ricoeur, and Derrida on Disclosure and Displacement*, Pittsburgh: Duquesne University Press, 2010.

Gertrud Heidegger, *Martin Heidegger: Letters to his Wife 1915-1970*, R. D. V. Glasgow, trans., Cambridge: Polity Press, 2010.

Günter Figal, *Subjectivity The Hermeneutical and Philosophy*, Theodore D. George, trans., Albany: State University of New York Press, 2010.

Hans-Herbert Kögler, *The Power of Dialogue: Critical Hermeneutics after Gadamer and Foucault*, Paul Hendrickson, trans., Cambridge: The MIT Press, 1999.

Hans Robert Jauss, *Aesthetic Experience and Literary Hermeneutics*, Michael Shaw, trans., Minneapolis: University of Minnesota Press, 1984.

H. A. Prichard, *Kant's Theory of Knowledge*, Oxford: Clarenden Press, 1909.

Henry A. Virkler and Karelynne Gerber Ayayo, *Hermeneutics: Principles and*

Processes of Biblical Interpretation, Grand Rapids: Baker Academics, 2007.

Herman Rapaport, *Heidegger and Derrida: Reflections on Time and Language*, Lincoln: University of Nebraska Press, 1991.

Hubert L. Dreyfus, *Being-in-the World: A Commentary on Heidegger's* Being and Time, Cambridge: The MIT Press, 1991.

—— and Mark A. Wrathall, eds., *A Companion to Heidegger*, Oxford: Blackwell Publishing, 2007.

Iain D. Thomson, *Heidegger, Art, and Postmodernity*, Cambridge: Cambridge University Press, 2011.

I. Calvino, *The Uses of Literature*, Creagh P, trans., San Diego: Harcourt Brace & Company, 1987.

James K. Lyon, *Paul Gelan & Martin Heidegger: An Unresolved Conversation, 1951-1970*, Baltimore: The Johns Hopkins University Press, 2006.

Jane Elliot and Derek Attridge, eds., *Theory After Theory*, London: Routledge, 2011.

J. Arthosm, "The Poetry of E. E. Cummings", *American Literature* 04, 1943.

Jean-Marie Schaeffer, *Art of the Modern Age: Philosophy of Art from Kant to Heidegger*, Princeton: Princeton University Press, 2000.

Jerome Veith, trans., *The Heidegger Reader*, Bloomington: Indiana University Press, 2009.

Joel Weinsheimer, *Philosophical Hermeneutics and Literary Theory*, New Haven & London: Yale University Press, 1991.

John B. Thompson, *Critical Hermeneutics: A Study in the Thought of Paul Ricoeur and Jürgen Habermas*, Cambridge: Cambridge University Press, 1981.

John Gardener, *The Art of Action: Notes on Craft for Young Writers*, New York: Vintage Books, 1985.

John J. Davenport, *Narrative Identity, Autonomy, and Morality: From Frankfurt and MacIntyre to Kierkegaard*, New York: Routledge, 2012.

John van Buren, ed., *Supplements From the Earliest Essays to* Being and Time *and Beyond*, Albany: State of University of New York Press.

Jorge J. E. Gracia, Carolyn Korsmeyer and Rodolphe Gasché, eds., *Literary Philosophers: Borges, Calvino, Eco*, New York: Routledge, 2002.

Joseph J. Kockelmans, *On the Truth of Being: Reflections on Heidegger's Later Philosophy*, Indiana: Indiana University Press, 1984.

Joseph Margolis and Tom Rockmore, eds., *The Philosophy of Interpretation*, Oxford: Blackwell Publishers, 2000.

Julian Young, *Schopenhauer*, New York: Routledge, 2005.

Kant, *Critique of Practical Reason*, Mary Gregor, ed., Cambridge: Cambridge University Press, 2012.

——, *The Metaphysics of Morals*, Mary Gregor, ed., Cambridge: Cambridge University Press, 2012.

Karl Jasper, *Man in the Modern Age*, New York: Routledge Rivals, 2010.

Karl-Otto Apel, *Understanding and Explanation: A Transcendental-Pragmatic Perspective*, Georgia Warnke, trans., Cambridge: The MIT Press, 1984.

Kurt Mueller-Vollmer, *The Hermeneutics Reader*, New York: Continuum, 2006.

Kurt Salamun and Gregory J Walters, eds., *Karl Jaspers's Philosophy: Expositions& Interpretations*, New York: Humanity Books, 2008.

Lee Braver, *Groundless Grounds: A Study of Wittgenstein and Heidegger*, Massachusetts: The MIT Press, 2012.

Magda King, *A Guide to Heidegger's* Being and Time, John Llewelyn, ed., Albany: State University of New York Press, 2001.

Mark Sinclair, *Heidegger, Aristotle and the Work of Art: Poiesis in Being*, New York: Palgrave Macmillan, 2006.

Martin Heidegger, *Hegel's Phenomenology of Spirit*, Indiana: Indiana University Press, 1988.

——, *Parmenides*, Indiana: Indiana University Press, 1992.

——, *Elucidations of Hölderlin's Poetry*, Keith Hoeller, trans., Amherst: Humanity Books, 2000.

——, *Phenomenological Interpretations of Aristotle*, Richard Rojcewicz, trans., Indiana: Indiana University Press, 2001.

——, *Being and Time*, John Macquarrie and Edward Robinson, trans., New York: Harper & Row, 1962.

——, *Aristotle's Metaphysics Θ 1-3: On the Essence and Actuality of Force*, Walter Brogen and Peter Warnek, trans., Indianapolis: Indiana University Press, 1990.

——, *Hölderlin's Hymn "The Ister"*, W. McNeill and J. Davis, trans., Indianapolis: Indiana University Press, 1996.

——, *Towards the Definition of Philosophy*, Ted Sadler, trans., London: The Athlone Press, 2008.

——, *History of the Concept of Time: Prolegomena*, Theodore Kisiel, trans., Bloomington: Indiana University Press, 1985.

——, *The Event*, Richard Rojcewicz, trans., Bloomington: Indiana University Press, 2013.

——, *Basic Concepts of Ancient Philosophy*, Richard Rojcewicz, trans., Bloomington: Indiana University Press, 2008.

——, *Hölderlin's Hymns: "Germania" and "The Rhine"*, William McNeill and Julia Ireland, trans., Bloomington: Indiana University Press, 2014.

——, *Being and Truth*, Gregory Fried and Richard Polt, trans., Bloomington: Indiana University Press, 2010.

——, *An Introduction to Metaphysics*, Gregory Fried and Richard Polt, trans., New Haven: Yale University Press, 2000.

——, *Discourse on Thinking*, John Anderson and E. Hans Freund, trans., New York: Harper & Row, 1966.

——, *Logic: The Question of Truth*, Thomas Sheehan, trans., Bloomington: Indiana University Press, 2010.

——, *Kant and the Problem Metaphysics (Fifth Edition, Enlarged)*, Richard Taft, trans., Bloomington: Indiana University Press, 1997.

——, *Plato's* Sophist, Richard Rojcewicz and Andre Schuwer, trans.,

Bloomington: Indiana University Press, 1997.

——, *Basic Concepts of Aristotelian Philosophy*, D. Metcalf and Mark B. Tanzer, trans., Bloomington: Indiana University Press, 2009.

——, *The Fundamental Concepts of Metaphysics: World, Finitude, Solitude*, William McNeill and Nicholas Walker, trans., Bloomington: Indiana University Press, 1995.

——, *On the Way to Language*, Peter D. Hertz, trans., New York: Harper & Row, 1971.

——, *Pathmarks*, William McNeill, ed., Cambridge: Cambridge University Press, 2009.

——, *What is Called Thinking?*, J. Glenn Gray, trans., New York: Harper & Row, 2004.

——, *Basic Writings (Revised & Expanded Edition)*, David Farrell Krell, ed., New York: Harper & Row, 1993.

——, *Poetry, Language, Thought*, Albert Hofstadter, trans., New York: Harper & Row, 1971.

Martin Jay, *The Dialectical Imagination: A History of the Frankfurt School and the Institute of Social Research, 1923-1950*, Berkeley: University of California Press, 1996.

Maurice Natanson, *The Erotic Bird: Phenomenology in Literature*, Princeton: Princeton University Press, 1998.

Michael Grenfell, ed., *Pierre Bourdieu: Key Concepts*, Stocksfield: Acumen, 2008.

Mikel Dufrenne, *The Notion of the A Priori*, Evanston: Northwestern University Press, 1966.

M. Levenson, ed., *The Cambridge Companion to Modernism*, Cambridge: Cambridge University Press, 2011.

Murdoch, *The Sovereignty of Good*, London: Routledge, 1971.

Otto Pöggeler, *Martin Heidegger's Path of Thinking*, Daniel Magurshak, trans., New Jersey: Humanities Press International, Inc., 1990 .

Paola Marrati, *Genesis and Trace: Derrida Reading Husserl and Heidegger*, Stanford: Stanford University Press, 2005.

Paul Gorner, *Heidegger's Being and Time: An Introduction*, Cambridge: Cambridge University Press, 2009.

——, *Twentieth Century German Philosophy*, Oxford: Oxford University Press, 2000.

Pol Vandevelde, *Heidegger and the Romantics: The Literary Invention of Meaning*, New York: Routledge, 2012.

René Girard, *Mimesis& Theory*, Robert Doran, ed., Stanford: Stanford University Press, 2008.

Ricardo J. Quinones, *Dualisms: The Agons of the Modern World*, Toronto: University of Toronto Press, 2007.

Richard E Palmer, *Hermeneutics*, Evanston: Northwestern University Press, 1969.

Richard Kraut, ed., *The Cambridge Companion to Plato*, Cambridge: Cambridge University Press, 1992.

Richard Polt, *Heidegger: An Introduction*, Ithaca: Cornell University Press, 1999.

Richard Wolin, *Heidegger's Children: Hannah Arendt, Karl Lowith, Hans Jonas and Herbert Marcuse*, Princeton: Princeton University Press, 2003.

Robert Bernasconi, *Heidegger in Question: The Art of Existing*, Amherst: Humanity Books, 1993.

——, ed., "The Relevance of the Beautiful-Arts as Play, Symbol, and Festival", in Nicholas Walk, trans., *The Relevance of the Beautiful and Other Essays*, Cambridge: Cambridge University Press, 1986.

Ronald Bruzina, *Edmund Husserl & Eugen Fink: Beginnings and Ends in Phenomenology 1928-1938*, New Haven: Yale University Press, 2004.

Rüdiger Safranski, *Martin Heidegger: Between Good and Evil*, Ewald Osers, trans., Massachusetts: Harvard University Press, 2002.

Rudolf Ritsema and Shantena Augusto Sabbadini, *The Original I Ching Oracle:*

The Pure and Complete Texts with Concordance, London: Watkins, 2005.

Scott M. Campbell, *The Early Heidegger's Philosophy of Life: Facticity, Being, and Language*, New York: Fordham University Press, 2012.

Sebastian Gardner, *Kant and the Critique of Pure Reason*, London: Routledge, 1999.

Severin Schroeder, *Philosophy of Literature*, Malden: Blackwell, 2010.

Shaun Gallagher, ed., *Hegel, History, and Interpretation*, Albany: State University of New York Press, 1997.

Stanley E. Porter and M. R. Malcolm, eds., *Horizons in Hermeneutics: A Festschrift in Honor of Anthony C. Thieselton*, Cambridge: William B. Eerdmans Publishing Company, 2013.

Stanley Rosen, *The Question of Being: A Reversal of Heidegger*, Indiana: St. Augustine's Press South Bend, 2002.

——, *The Elusive of the Ordinary: Studies in the Possibility of Philosophy*, New Haven: Yale University Press, 2002.

Stephanie Nelson, *Hesiod: Theogony & Works and Days*, Newburyport: Focus Publishing, 2009.

Stephen Greenbalt, *Shakespeare Negotiations: The Circulation of Social Energy in Renaissance England*, Berkeley: University of California Press, 1988.

Steven Helmling, *Adorno's Poetics of Critique*, London: Continuum, 2009.

Theodore D. George, *Tragedies of Spirit: Tracing Finitude in Hegel's Phenomenology*, Albany: State University of New York Press, 2006.

Theodore Kisiel, *The Genesis of Heidegger's* Being and Time, Berkeley: University of California Press, 1995.

Thomas Sheehan, ed., *Heidegger: The Man and the Thinker*, New Brunswick: Transaction Publishers, 2010.

Timothy Chappell, *Reading Plato's* Theaetetus, Cambridge: Hackett Publishing Company, Inc., 2005.

Timothy Clark, *Martin Heidegger*, London: Routledge, 2002.

T. Kisiel and J. van. Buren, eds., *Reading Heidegger from the Start: Essays in*

His Earliest Thought. Albany: State University of New York Press, 1994.

Umberto Eco, *Experiences in Translation*, Alastair McEwen, trans., Toronto: University of Toronto Press, 2001.

Véronique M. Fóti, *Heidegger and the Poets: Poiēsis/ Sophia/ Technē*, New Jersey: Humanities Press, 1995.

Walter J. Biemel, *Martin Heidegger: An Illustrated Study*, L. Mehta, trans., New York: Harcourt Brace Jovanovich, Inc., 1976.

Werner Hamacher, *Premises: Essays on Philosophy and Literature from Kant to Celan*, Peter Fenves, trans., Stanford: Stanford University Press, 1966.

Werner Marx, *Towards a Phenomenological Ethics: Ethos and the Life-World*, Albany: State University of New York Press, 1992.

William S. Ellen, *Ellipsis: Of Poetry and the Experience of Language after Heidegger, Hölderlin and Blanchot*, Albany: State University of New York Press, 2007.

William Walker, *Locke, Literary Criticism and Philosophy*, Cambridge: Cambridge University Press, 1994.

W. J. T. Mitchell, ed., *Against Theory : Literary Studies and the New Pragmatism*, Chicago: The University of Chicago Press, 1982.

阿多尔诺:《美学理论》,王柯平译,四川人民出版社 1998 年版。

阿尔弗雷德·登克尔等编:《海德格尔与其思想的开端》,靳希平等译,商务印书馆 2009 年版。

阿伦特:《康德政治哲学讲稿》,曹明、苏婉儿译,上海人民出版社 2013 年版。

《艾略特诗选》,赵萝蕤译,山东大学出版社 1998 年版。

埃斯库罗斯:《索福克勒斯》,罗念生译:《罗念生全集》,上海人民出版社 2007 年版。

安德鲁·苏博格:《海德格尔和马尔库塞:历史的灾难与救赎》,文成伟译,上海社会科学院出版社 2010 年版。

安塞尔-皮尔逊:《尼采反卢梭——尼采的道德—政治思想研究》,宗成河等译,华夏出版社 2005 年版。

奥尔巴赫：《模仿论——西方文学中所描绘的现实》，吴麟绶、周新建、高艳婷译，百花文艺出版社 2002 年版。

奥尔苏奇：《东方—西方：尼采摆脱欧洲世界图景的尝试》，徐畅译，华东师范大学出版社 2015 年版。

奥弗洛赫蒂编：《尼采与古典传统》，田立年译，华东师范大学出版社 2007 年版。

奥斯汀：《如何以言行事——1955 年哈佛大学威廉·詹姆斯讲座》，杨玉成、赵京超译，商务印书馆 2012 年版。

巴什拉：《火的精神分析》，杜小真、顾嘉琛译，河南大学出版社 2016 年版。

巴斯奈特：《比较文学：批评导论》，查明建译，北京大学出版社 2015 年版。

巴特：《神话修辞术：批评与真实》，屠友祥、温晋仪译，上海人民出版社 2009 年版。

拜伦、雪莱、济慈：《拜伦雪莱济慈抒情诗精选集》，穆旦译，当代世界出版社 2007 年版。

北京大学哲学系外国哲学史教研室编译：《西方哲学原著选读》（上卷），商务印书馆 2004 年版。

贝斯特、凯尔纳：《后现代转向》，陈刚等译，南京大学出版社 2004 年版。

比默尔：《海德格尔与雅思贝尔斯往复书简（1920—1963 年）》，汉斯·萨纳尔编，李雪涛译，上海人民出版社 2012 年版。

彼肖普编：《尼采与古代：尼采对古典传统的反应和回答》，田立年译，华东师范大学出版社 2011 年版。

波爱修斯：《神学论文集哲学的慰藉》，荣震华译，商务印书馆 2012 年版。

博德尔：《在场的特权？》，何卫平译，《世界哲学》2006 年第 1 期。

——：《争论》，何卫平译，《世界哲学》2006 年第 1 期。

伯格：《尼各马可伦理学义疏——亚里士多德与苏格拉底的对话》，柯小刚译，华夏出版社 2011 年版。

柏格森：《道德与宗教的两个来源》，王作虹、成穷译，贵州人民出版社 2007 年版。

——：《时间与自由意志》，吴士栋译，商务印书馆 2004 年版。

伯克：《关于我们崇高与美观念之根源的哲学探讨》，郭飞译，大象出版社

2010年版。

《柏拉图全集》(第3卷),王晓朝译,人民出版社2003年版。

——:《理想国》,黄颖译,中国华侨出版社2013年版。

伯林:《反潮流:观念史论文集》,冯克利译,译林出版社2011年版。

——:《现实感:观念及其历史研究》,潘荣荣、林茂译,译林出版社2011年版。

伯纳德特:《情节中的论辩——希腊诗与哲学》,严蓓雯、蒋文惠等译,华东师范大学出版社2016年版。

布莱德雷:《批判历史学的前提假设》,何兆武、张丽艳译,北京大学出版社2007年版。

布鲁姆:《人应该如何生活——柏拉图〈王制〉》释义,刘晨光译,华夏出版社2015年版。

——:《西方正典》,江宁康译,译林出版社2002年版。

布伦塔诺:《根据亚里士多德论"是者"的多重含义》,溥林译,商务印书馆2015年版。

陈嘉明:《知识论研究的问题与实质》,《文史哲》2004年第2期。

陈嘉映:《海德格尔哲学概论》,商务印书馆2014年版。

——:《语言哲学》,北京大学出版社2003年版。

陈世丹:《虚构亦真实——美国后现代主义小说研究》,中国人民大学出版社2005年版。

陈思红:《陀思妥耶夫斯基创作中的内心独白》,《国外文学》2002年第3期。

茨威格:《与魔鬼作斗争:荷尔德林、克莱斯特、尼采》,徐畅译,译林出版社2016年版。

戴维森:《真理、意义与方法——戴维森哲学文选》,牟博选编,商务印书馆2008年版。

戴维斯:《哲学之诗——亚里士多德〈诗学〉解诂》,陈明珠译,华夏出版社2012年版。

但丁:《神曲·炼狱篇》,田德望译,人民文学出版社1997年版。

——:《神曲·天国篇》,田德望译,人民文学出版社2001年版。

德勒兹:《斯宾诺莎的实践哲学》,冯炳昆译,商务印书馆2004年版。

德里达:《论精神——海德格尔与问题》,朱刚译,上海译文出版社 2014 年版。

邓安庆:《诠释学的伦理学》,《中国诠释学》第二辑,山东人民出版社 2004 年版。

登克尔等:《海德格尔与尼采》,孙周兴等译,商务印书馆 2015 年版。

邓晓芒:《康德〈判断力批判〉释义》,生活·读书·新知三联书店 2008 年版。

——:《论作为"成己"的 Ereignis》,《世界哲学》2008 年第 3 期。

狄尔泰:《体验与诗》,胡其鼎译,生活·读书·新知三联书店 2003 年版。

蒂茨:《伽达默尔》,朱毅译,中国人民大学出版社 2010 年版。

笛卡尔:《第一哲学沉思集》,庞景仁译,商务印书馆 2007 年版。

——:《谈谈方法》,王太庆译,商务印书馆 2007 年版。

董强:《梁宗岱:穿越象征主义》,北京出版社出版集团 2005 年版。

法拉比:《论完美城邦——卓越城邦居民意见诸原则之书》,董修元译,华东师范大学出版社 2016 年版。

方向红:《时间与存在——胡塞尔与海德格尔现象学的基本问题》,商务印书馆 2014 年版。

——:《幽灵之舞——德里达与现象学》,江苏人民出版社 2009 年版。

傅俊:《荒诞派戏剧的继承与变奏——论斯托帕德的戏仿型荒诞剧》,《外国文学研究》2004 年第 5 期。

弗里德曼:《分道而行:卡尔纳普、卡西尔和海德格尔》,张卜天译,北京大学出版社 2010 年版。

弗里斯比:《现代性的碎片》,卢晖临、周怡、李林艳译,商务印书馆 2003 年版。

弗罗芒-默里斯:《海德格尔诗学》,冯尚译,上海译文出版社 2005 年版。

傅似逸:《〈都柏林人〉和〈呐喊〉、〈彷徨〉比较研究》,《外语与外语教学》2003 年第 12 期。

高宣扬:《后现代论》,中国人民大学出版社 2005 年版。

歌德:《浮士德》,樊修章译,译林出版社 1993 年版。

——:《浮士德》,绿原译:《歌德文集》第 1 卷,人民文学出版社 1999

年版。
格朗丹：《伽达默尔与奥古斯丁——论"诠释学的普遍性主张"之本源》，《中国诠释学》2004年第4期。
——：《哲学解释学导论》，何卫平译，商务印书馆2009年版。
龚汉熊：《现代西方文学思潮》，四川大学出版社1987年版。
古典文明研究工作坊编：《拉伯雷与赫尔墨斯秘学》，华夏出版社2014年版。
顾易生、蒋凡：《先秦两汉文学批评史》，上海古籍出版社1990年版。
哈特曼：《道德意识现象学——情感道德篇》，倪梁康译，商务印书馆2012年版。
海德格尔：《柏拉图的〈智者〉》，熊林译，商务印书馆2015年版。
——：《从莱布尼茨出发的逻辑学的形而上学始基》，赵卫国译，西北大学出版社2015年版。
——：《存在论：实际性的解释学》，何卫平译，人民出版社2009年版。
——：《存在论：实际性的解释学》，何卫平译，商务印书馆2016年版。
——：《存在于时间》，陈嘉映、王庆节译，商务印书馆2016年版。
——：《存在与时间》（修订译本），陈嘉映、王庆节译，生活·读书·新知三联书店2014年版。
——：《存在与在》，王作虹译，民族出版社2005年版。
——：《德国观念论与当前哲学的困境》，庄振华等译，西北大学出版社2016年版。
——：《翻译、解释与理解》，王庆节、张任之编，生活·读书·新知三联书店2017年版。
——：《根据律》，张柯译，商务印书馆2016年版。
——：《海德格尔存在哲学》，孙周兴等译，九州出版社2011年版。
——：《海德格尔谈诗意地栖居》，丹明子编，中国工人出版社2011年版。
——：《海德格尔选集》（上、下），孙周兴选编，上海三联书店1996年版。
——：《海德格尔与布洛赫曼通信集》，约阿希姆·W.斯托克编，李乾坤、李逸超译，南京大学出版社2017年版。
——：《海德格尔与妻书》，常晅、祁沁雯译，南京大学出版社2016年版。
——：《海德格尔自述》，张一兵等译，南京大学出版社2015年版。

——：《荷尔德林诗的阐释》，孙周兴译，商务印书馆 2014 年版。

——：《荷尔德林与诗的本质》，孙周兴译：《荷尔德林的阐释》，商务印书馆 2014 年版。

——：《林中路》，孙周兴译，上海译文出版社 2008 年版。

——：《林中路》，孙周兴译，商务印书馆 2015 年版。

——：《路标》，孙周兴译，商务印书馆 2000 年版。

——：《论哲学的规定》，孙周兴译，商务印书馆 2015 年版。

——：《论真理的本质》，孙周兴译：《路标》，商务印书馆 2000 年版。

——：《论真理的本质：柏拉图的洞喻和〈泰阿泰德〉讲疏》，赵卫国译，华夏出版社 2008 年版。

——：《面向思的事情》，孙周兴译，商务印书馆 2014 年版。

——：《尼采》，孙周兴译，商务印书馆 2015 年版。

——：《时间概念史导论》，孙周兴译，商务印书馆 2014 年版。

——：《同一与差异》，孙周兴译，商务印书馆 2014 年版。

——：《物的追问：康德关于先验原理的学说》，赵卫国译，上海译文出版社 2010 年版。

——：《形而上学导论》，熊伟、王庆节译，商务印书馆 1996 年版。

——：《形式显示的现象学：海德格尔早期弗莱堡文选》，孙周兴编译，同济大学出版社 2006 年版。

——：《熊译海德格尔》，熊伟译，同济大学出版社 2004 年版。

——：《演讲与论文集》，孙周兴译，生活·读书·新知三联书店 2005 年版。

——：《艺术作品的本源》，孙周兴选编：《海德格尔选集》（上、下），上海三联书店 1996 年版。

——：《在通向语言的途中》，孙周兴译，商务印书馆 2008 年版。

——：《早期著作》，孙周兴译，商务印书馆 2015 年版。

——：《哲学论稿》，孙周兴译，商务印书馆 2014 年版。

——：《哲学论稿》，孙周兴译，商务印书馆 2016 年版。

赫尔德：《论语言的起源》，姚小平译，商务印书馆 2014 年版。

荷尔德林：《追忆》，林克译，四川文艺出版社 2010 年版。

何平:《伽达默尔科学技术反思研究》,人民出版社2010年版。

何卫平:《解释学和伦理学关于伽达默尔实践哲学核心》,《哲学研究》2000年第12期。

——:《通向解释学辩证法之途》,上海三联书店2001年版。

赫西俄德:《工作与时日·神谱》,张竹明、蒋平译,商务印书馆2009年版。

黑尔:《道德语言》,万俊人译,商务印书馆2005年版。

黑格尔:《精神现象学》(上、下),贺麟、王玖兴译,商务印书馆1987年版。

——:《精神现象学》(上、下),贺麟、王玖兴译,商务印书馆2010年版。

——:《美学Ⅰ》,朱光潜译,商务印书馆2003年版。

洪堡特:《论人类语言结构的差异及其对人类精神发展的影响》,姚小平译,商务印书馆2002年版。

洪汉鼎:《当代西方哲学两大思潮》(下册),商务印书馆2010年版。

——:《理解的真理:解读伽达默尔〈真理与方法〉》,山东人民出版社2001年版。

胡塞尔:《纯粹现象学通论》,李幼蒸译,商务印书馆1995年版。

——:《现象学的观念》,倪梁康译,商务印书馆2016年版。

——:《现象学和科学基础——纯粹现象学和现象学哲学的观念第3卷》,李幼蒸译,中国人民大学出版社2013年版。

——:《形式逻辑和先验逻辑》,李幼蒸译,中国人民大学出版社2012年版。

华特生:《康德哲学讲解》,韦卓民译,华中师范大学出版社2000年版。

黄裕生:《时间与永恒——论海德格尔哲学中的时间问题》,江苏人民出版社2012年版。

吉布森、沃尔夫冈·休默:《文人维特根斯坦》,袁继红等译,吉林出版集团有限责任公司2008年版。

吉尼翁编:《海德格尔》,生活·读书·新知三联书店2006年版。

季星星:《陀思妥耶夫斯基小说的戏剧化》,首都师范大学出版社1999年版。

江怡编:《理性与启蒙:后现代经典文选》,东方出版社2004年版。

卡尔:《现代与现代主义——艺术家的主权1985—1925》,陈永国、傅景川译,中国人民大学出版社2004年版。

卡西尔:《康德与形而上学问题——评海德格尔对康德的解释》,《世界哲学》2007 年第 3 期。

康德：《纯粹理性批判》，邓晓芒译，人民出版社 2004 年版。

——：《道德形而上学奠基》，杨云飞译，人民出版社 2013 年版。

——：《道德形而上学的奠基》（注释本），李秋零译注，中国人民大学出版社 2013 年版。

——：《道德形而上学探本》，唐钺译，商务印书馆 2012 年版。

——：《道德形而上学原理》，苗力田译，上海世纪出版集团 2012 年版。

——：《法的形而上学原理——权利的科学》，沈叔平译，商务印书馆 2012 年版。

——：《历史理性批判文集》，何兆武译，商务印书馆 2013 年版。

——：《论优美感和崇高感》，何兆武译，商务印书馆 2011 年版。

——：《判断力批判》，邓晓芒译，人民出版社 2002 年版。

——：《判断力批判》（上、下），韦卓民译，商务印书馆 1996 年版。

——：《判断力批判：注释本》，李秋零译注，中国人民大学出版社 2010 年版。

考夫曼：《存在主义》，陈鼓应译，商务印书馆 1987 年版。

科凡克斯：《海德格尔论作为原初科学的哲学——出自他 1919 年的讲课稿》，蔡祥元译，《世界哲学》2005 年第 3 期。

科克尔曼斯：《海德格尔的〈存在与时间〉》，陈小文等译，商务印书馆 2003 年版。

克莱因伯格：《存在的一代：海德格尔哲学在法国 1927—1961》，陈颖译，新星出版社 2010 年版。

克劳特编：《布莱克维尔〈尼各马可伦理学〉指南》，刘玮、陈玮译，北京大学出版社 2014 年版。

克罗科夫：《决定——论恩斯特·云格尔、卡尔·施米特、马丁·海德格尔》，卫茂平译，上海人民出版社 2016 年版。

克罗齐：《作为思想和行动的历史》，田时纲译，商务印书馆 2012 年版。

——：《思想的起兴》，同济大学出版社 2007 年版。

柯小刚：《海德格尔与黑格尔时间思想比较研究》，同济大学出版社 2006 年版。

科耶夫：《驯服欲望——施特劳斯笔下的色诺芬撰述》，贺志刚、程志敏等译，华夏出版社2002年版。

昆德拉：《小说的艺术》，董强译，上海译文出版社2011年版。

拉古-拉巴特：《海德格尔、艺术与政治》，刘汉全译，漓江出版社2014年版。

拉蒙-卡哈尔：《致青年学者：一位诺贝尔获得者的人生忠告》，刘璐译，新华出版社2009年版。

拉塞尔·雅各比：《不完美的图像：反乌托邦时代的乌托邦思想》，姚建彬等译，新星出版社2007年版。

拉索尔：《向着大地和天空、凡人和诸神：海德格尔导读》，姜奕晖译，中信出版社2015年版。

朗格：《感受与形式：自〈哲学新解〉发展出来的一种艺术理论》，高艳萍译，江苏人民出版社2013年版。

朗佩特：《尼采的教诲——〈扎拉图斯特拉如是说〉解释一种》，娄林译，华东师范大学出版社2013年版。

——：《尼采的使命——〈善恶的彼岸〉绎读》，李致远等译，华夏出版社2009年版。

——：《尼采与现时代——解读培根、笛卡尔与尼采》，李致远等译，华夏出版社2009年版。

利德尔、斯科特编：《希英词典》（中型本），北京大学出版社2015年版。

里尔克等：《〈杜伊诺哀歌〉中的天使》，林克译，华东师范大学出版社2005年版。

李建盛：《理解事件与文本意义：文学诠释学》，上海译文出版社2002年版。

李欧：《世界名诗精选：想象力的轮回》，外语教学与研究出版社1998年版。

李维屏：《英美现代主义文学概观》，上海外语教育出版社1998年版。

——：《乔伊斯的美学思想和小说艺术》，上海外语教育出版社2000年版。

李文堂：《真理之光——费希特与海德格尔论Sein》，江苏人民出版社2008年版。

李岩：《谁拥有语言，谁就拥有世界——浅析伽达默尔的语言观》，《科教文汇》2007年第2期。

林恩:《策兰与海德格尔:一场悬而未决的对话(1951—1970)》,李春译,北京大学出版社2010年版。

刘皓明:《荷尔德林后期诗歌》(评注卷下),华东师范大学出版社2009年版。

刘小枫编:《海德格尔与有限性思想》(重订版),孙周兴等译,华夏出版社2007年版。

——、陈少明编:《海德格尔的政治时刻》,华夏出版社2009年版。

——:《〈王制〉要义》,张映伟译,华夏出版社2006年版。

——:《尼采与古典传统续编》,田立年译,华东师范大学出版社2014年版。

——:《尼采与基督教——尼采的〈敌基督〉论集》,田立年等译,华夏出版社2014年版。

——:《尼采在西方》(重订本),华东师范大学出版社2014年版。

刘旭光:《海德格尔与美学》,上海三联书店2004年版。

卢卡奇:《历史与阶级意识》,杜章智、任立、燕红远译,商务印书馆2004年版。

——:《审美特性》,徐恒醇译,中国社会科学出版社1986年版。

陆苏拉德:《柏拉图密码》,云南人民出版社2012年版。

——:《文之悦》,屠友祥译,上海人民出版社2000年版。

伦特里奇亚:《新批评之后》,王丽明等译,南京大学出版社2017年版。

洛克:《人类理解论》(上册),关文运译,商务印书馆1981年版。

——:《人类理解论》(下册),关文运译,商务印书馆1981年版。

——:《诗性正义:文学想象与公众生活》,丁晓东译,北京大学出版社2010年版。

罗克摩尔:《黑格尔:之前和之后》,柯小刚译,北京大学出版社2005年版。

罗森:《诗与哲学之争》,张辉译,华夏出版社2004年版。

罗素:《人类的知识》,张金言译,商务印书馆2012年版。

洛维特:《从黑格尔到尼采》,李秋零译,生活·读书·新知三联书店2014年版。

——:《海德格尔——贫困时代的思想家》,彭超译,西北大学出版社2015年版。

马克思:《海德格尔与传统——存在之基本规定的一个问题史式导论》,朱松峰、张瑞臣译，上海人民出版社 2012 年版。
马特：《海德格尔与存在之谜》，汪炜译，华东师范大学出版社 2011 年版。
美国《人文》杂志社编：《人文主义：全盘反思》，多人译，生活·读书·新知三联书店 2003 年版。
门罗：《幸福过了头》，张小意译，译林出版社 2013 年版。
穆尔：《命运的驯化——悲剧重生于技术精神》，麦永雄译，广西师范大学出版社 2014 年版。
纳吉编：《诗歌与城邦——希腊贵族的代言人忒奥格尼斯》，张芳宁、陆炎等译，华夏出版社 2014 年版。
纳斯鲍姆：《善的脆弱性：古希腊悲剧和哲学中的运气与伦理》，徐向东、陆萌译，译林出版社 2007 年版。
奈斯克、克特林编：《回答——马丁·海德格尔说话了》，陈春文译，江苏教育出版社 2005 年版。
尼采：《1885—1887 年遗稿》，孙周兴译，商务印书馆 2010 年版。
——：《1887—1889 年遗稿》，孙周兴译，商务印书馆 2010 年版。
——：《悲剧的诞生·不合时宜的思考》，杨恒达等译，中国人民大学出版社 2011 年版。
——：《查拉图斯特拉如是说》，孙周兴译，商务印书馆 2010 年版。
——：《重估一切价值》，林笳译，华东师范大学出版社 2013 年版。
——：《狄奥尼索斯颂歌》，孙周兴译，商务印书馆 2016 年版。
——：《敌基督者——对基督教的诅咒》，余明峰译，商务印书馆 2016 年版。
——：《快乐的科学》，黄明磊译，华东师范大学出版社 2007 年版。
——：《论道德的谱系》，赵千帆译，商务印书馆 2016 年版。
——：《偶像的黄昏》，李超杰译，商务印书馆 2016 年版。
——：《瞧，这个人：人如何成其所》，孙周兴译，商务印书馆 2016 年版。
——：《权力意志》（上卷），孙周兴译，商务印书馆 2017 年版。
——：《权力意志》（下卷），孙周兴译，商务印书馆 2017 年版。
——：《人性的，太人性的：一本献给自由精灵的书》，杨恒达译，中国人民大学出版社 2009 年版。
——：《善恶的彼岸》，赵千帆译，商务印书馆 2015 年版。

——：《苏鲁支语录》，徐梵澄译，商务印书馆1992年版。

——：《瓦格纳事件·尼采反瓦格纳》，孙周兴译，商务印书馆2013年版。

——：《朝霞》，田立年译，华东师范大学出版社2007年版。

倪梁康：《胡塞尔与海德格尔——弗莱堡的相遇与背离》，商务印书馆2016年版。

——：《面对实事本身：现象学经典文选》，东方出版社2006年版。

帕尔默：《美、同时性、实现、精神能量》，《世界哲学》2006年第4期。

——：《诠释学》，潘德荣译，商务印书馆2012年版。

潘德荣编：《中西学术视野下的诠释学——纪念伽达默尔逝世十周年论文集》，安徽人民出版社2014年版。

普拉特：《里尔克传：鸣响的杯子》，张兴文译，浙江大学出版社2016年版。

齐良骥：《康德的知识学》，商务印书馆2011年版。

秦明利：《对此在的把握——论T.S.艾略特的传统观》，《国外文学》2011年第4期。

——：《现代主义之父T.E.休姆的思想体系》，《国外文学》2009年第4期。

——：《休姆诗学的现代主义本质》，《英美文学研究论丛》2010年第2期。

屈荣英、王阿芳：《寻找精神家园——〈尤利西斯〉的神话原型解析》，《辽宁师范大学学报》2009年第2期。

萨弗兰斯基：《来自德国的大师——海德格尔和他的时代》，靳希平译，商务印书馆2008年版。

——：《尼采思想传记》，卫茂平译，华东师范大学出版社2007年版。

桑塔格：《反对阐释》，程巍译，上海译文出版社2003年版。

莎士比亚：《罗密欧与朱丽叶》，朱生豪译，人民文学出版社2003年版。

——：《莎士比亚十四行诗全集》，曹明伦译，漓江出版社1995年版。

绍伊博尔德：《海德格尔分析新时代的技术》，宋祖良译，中国社会科学出版社1998年版。

舍斯托夫：《尼采与陀思妥耶夫斯基：关于悲剧哲学的随笔》，田全金译，华东师范大学出版社2015年版。

史丹纳：《海德格尔》（修订版），李河等译，浙江大学出版社2013年版。

施特劳斯：《修辞术与城邦——亚里士多德〈修辞术〉讲疏》，何博超译，华东师范大学出版社 2016 年版。

斯鲁格:《海德格尔的危机——纳粹德国的哲学与政治》,赵剑等译,北京出版社 2015 年版。

斯坦纳:《海德格尔》,李刘继译,浙江大学出版社 2012 年版。

——:《斯坦纳回忆录:审视后的生命》,李根芳译,浙江大学出版社 2012 年版。

宋继杰:《海德格尔论亚里士多德的时间观》,《世界哲学》2006 年第 6 期。

——:《海德格尔与存在论历史的解构——〈现象学的基本问题〉引论》,江苏人民出版社 2008 年版。

隋晓荻:《存在、变化、语言的统一体——论伽达默尔的传统观》,《理论探索》2011 年第 6 期。

孙丽君:《伽达默尔的诠释学美学思想研究》,人民出版社 2013 年版。

孙周兴:《存在与超越:海德格尔与西哲汉译问题》,复旦大学出版社 2013 年版。

塔米尼奥:《论海德格尔的知觉现象学》,靳宝译,《世界哲学》2008 年第 6 期。

汤用彤:《魏晋玄学论稿》,上海古籍出版社 2007 年版。

特拉夫尼:《海德格尔导论》,张振华、杨小刚译,同济大学出版社 2012 年版。

特鲁别茨科伊:《文学论著》,王加为译,商务印书馆 2016 年版。

托多罗夫:《濒危的文学》,栾栋译,华东师范大学出版社 2016 年版。

瓦蒂莫:《现代性的终结》,李建盛译,商务印书馆 2013 年版。

瓦莱加-诺伊:《海德格尔〈哲学献文〉导论》,李强译,华东师范大学出版社 2010 年版。

王艾明:《第二十二条军规和尤索林现象》,《外国文学研究》1988 年第 4 期。

王恒:《时间性:自身与他者——从胡塞尔、海德格尔到列维纳斯》,江苏人民出版社 2008 年版。

王庆节:《海德格尔与哲学的开端》,生活·读书·新知三联书店 2015 年版。

王业伟:《伽达默尔对艺术作品存在方式的分析——兼论何以伽达默尔反对》,《外国文学》2008 年第 2 期。

——：《伽达默尔现代性思想研究》，中央民族大学出版社 2010 年版。

王元化：《文心雕龙讲疏》，上海三联书店 2012 年版。

维柯：《新科学》，朱光潜译，商务印书馆 2012 年版。

维柯：《新科学》，朱光潜译，人民文学出版社 1986 年版。

韦勒克、沃伦：《文学理论》，刘象愚等译，文化艺术出版社 2010 年版。

威廉姆森：《知识及其限度》，刘占峰、陈丽译，人民出版社 2013 年版。

威廉斯：《真理与真诚：谱系论》，徐向东译，上海译文出版社 2013 年版。

韦斯特法尔：《解释学、现象学与宗教哲学——世俗哲学与宗教信仰的对话》，郝长墀、何卫平、张建华译，中国社会科学出版社 2005 年版。

魏因斯海默：《哲学诠释学与文学理论》，中国人民大学出版社 2011 年版。

文德尔班：《古代哲学史》，詹文杰译，上海三联书店 2009 年版。

翁绍军：《形而上学》论稿，中西书局 2014 年版。

沃恩克：《伽达默尔——诠释学、传统和理性》，洪汉鼎译，商务印书馆 2009 年版。

沃尔海姆：《艺术及其对象》，刘悦笛译，北京大学出版社 2012 年版。

沃林：《海德格尔的弟子：阿伦特、勒维特、约纳斯和马尔库塞》，张国清、王大林译，江苏教育出版社 2005 年版。

伍蠡甫、胡经之编：《西方文艺理论名著选编》，北京大学出版社 1988 年版。

吴晓东：《从卡夫卡到昆德拉——20 世纪的小说和小说家》，生活·读书·新知三联书店 2002 年版。

席勒：《美育书简》，徐恒醇译，中国文联出版社 1984 年版。

肖尔兹：《简明逻辑史》，张家龙译，商务印书馆 1977 年版。

谢林：《近代哲学史》，先刚译，北京大学出版社 2016 年版。

休谟：《人类理解研究》，关文运译，商务印书馆 1981 年版。

徐令：《康德、席勒与伽达默尔的美学游戏观》，《美术大观》2012 年第 4 期。

亚里士多德：《范畴学》，秦典华译，苗力田编：《亚里士多德全集》第一卷，中国人民出版社 2011 年版。

——：《后分析篇》，苗力田主编：《亚里士多德全集》第一卷，中国人民出版社 1991 年版。

——：《马可伦理学》，苗力田译，中国社会科学出版社 1990 年版。

——：《尼各马可伦理学》，廖申白译，商务印书馆 2003 年版。

——：《前分析篇》，苗力田主编：《亚里士多德全集》第一卷，中国人民出版社 1991 年版。

——：《物理学》，苗力田主编：《亚里士多德全集》第二卷，中国人民出版社 1991 年版。

——：《形而上学》，苗力田编：《亚里士多德全集》第七卷，中国人民出版社 1991 年版。

——：《形而上学》，苗力田编：《亚里士多德全集》第七卷，中国人民出版社 2011 年版。

杨伯峻、杨逢彬注释：《孟子》，岳麓书社 2002 年版。

杨伯峻译注：《论语译注》（简体字本），中华书局 2011 年版。

杨大春：《感性的诗学：梅洛－庞蒂与法国哲学主流》，人民出版社 2005 年版。

杨祖陶：《康德黑格尔哲学研究》，武汉大学出版社 2006 年版。

伊格尔顿：《理论之后》，商正译，商务印书馆 2009 年版。

——：《现象学，阐释学，接受理论——当代西方文艺理论》，王逢振译，江苏教育出版社 2006 年版。

袁可嘉：《欧美现代派文学概论》，广西师范大学出版社 2003 年版。

——：《现代主义文学研究》，中国社会科学出版社 1988 年版。

曾军：《一个孤独者的精神漫游——读萨特的〈恶心〉》，《外国文学研究》1993 年第 1 期。

曾艳兵：《西方后现代主义文学研究》，中国社会科学出版社 2006 年版。

扎巴拉：《存在的遗骸：形而上学之后的诠释学存在论》，吴闻仪、吴晓番、刘梁剑译，华东师范大学出版社 2015 年版。

詹姆逊：《詹姆逊文集第 5 卷论现代主义文学》，苏仲乐等译，中国人民大学出版社 2010 年版。

张剑：《艾略特：诗歌和戏剧的解读》，外语教学与研究出版社 2006 年版。

章启群：《伽达默尔传》，河北人民出版社 1998 年版。

张汝伦：《德格尔〈存在与时间〉释义》，上海人民出版社 2014 年版。

——：《德国哲学十论》，复旦大学出版社 2004 年版。

张世英:《现象学口号"面向事情本身"的源头——黑格尔的〈精神现象学〉》,《江海学刊》2007年第2期。

张唯嘉:《罗伯-格里耶的"非意义论"》,《外国文学研究》2001年第4期。

张祥龙:《海德格尔思想与中国天道》,生活·读书·新知三联书店1996年版。

——:《海德格尔思想与中国天道:终极视域的开启与交融》,中国人民大学出版社2011年版。

——:《海德格尔传》,商务印书馆2008年版。

——:《〈尚书·尧典〉解说:以时、孝为源的正治》,生活·读书·新知三联书店2015年版。

——:《现象学导论七讲:从原著阐发原意》(修订新版),中国人民大学出版社2010年版。

张晓红:《记忆的家园,历史的想象——解读拉什迪的〈午夜的孩子〉》,《当代外国文学》2007年第2期。

张志平:《试论维特根斯坦语言思想与伽达默尔解释学的关系》,《复旦报》2006年第6期。

赵猛:《"美德即知识":苏格拉底还是柏拉图?》,《世界哲学》2007年第6期。

周小莉:《卡尔维诺小说的空间实验》,《国外文学》2011年第1期。

周振甫译注:《〈易经〉译注》,江苏教育出版社2006年版。

致 谢

本书既是本人《作为哲学范式的文学：伽达默尔文论研究》国家社科项目的成果，也是本人学术研究诠释学转向后聚焦文学与哲学关系研究的结晶。十几年来本人得到了中国诠释学界洪汉鼎先生、傅永军教授、潘德荣教授、何卫平教授、张能为教授不倦的教诲和无私的帮助，在此向他们表示由衷的感谢。本书的部分内容以论文的形式先后发表于《国外文学》《中国诠释学》《山东大学学报》（社会科学版）《大连理工大学学报》（社会科学版）《外语教育研究》等国内学术期刊和中国诠释学学会年会论文集，这里要特别感谢隋晓荻教授、丁蔓教授、宋薇博士、罗俏鹃博士、王晶石博士、白雪花博士、严璐博士、刘春鸽博士、刘孟妍博士、杨立博士、王艳冰博士、柴一凡博士、徐培钧博士以及傅莉、林春和刘季陶等同学的学术贡献。本人还要特别感谢中国社会科学院张江教授和张跣教授对本书出版的鼎力支持和具体指导。